高职高专交通土建类系列教材

普通高等学校省级规划教材

路基路面试验检测技术

LUJI LUMIAN SHIYAN JIANCE JISHU

主　编　齐永生　王佳宾

副主编　许建斌　李洪岩

　　　　李　峰　项　静

主　审　王丰胜

合肥工业大学出版社

内容提要

本书是普通高等学校省级规划教材,依据最新交通运输部颁布的公路工程行业标准体系进行编写。全书共分十个章节,主要介绍了公路工程的质量检验评定、试验检测数据的处理、道路常用的面层、基层混合料试验检测、路基路面现场试验检测技术等相关内容。

本书主要作为由职业型本科、高职高专土木工程等学校开设的道路桥梁与渡河工程、土木工程检测、工程监理、公路养护与管理等专业的课程教材,也可供市政、建筑类等其他专业作为参考用书,可作为公路工程试验检测人员考试用书,与中职有关专业的教学中也可使用,同时可供从事公路与桥梁工程设计、施工、检测的人员参考使用。

图书在版编目(CIP)数据

路基路面试验检测技术/齐永生,王佳宾主编. —合肥:合肥工业大学出版社,2021.8(2025.10 重印)
ISBN 978 - 7 - 5650 - 5399 - 3

Ⅰ.①路… Ⅱ.①齐…②王… Ⅲ.①路基工程—检测②路面—道路工程—检测 Ⅳ.①U416

中国版本图书馆 CIP 数据核字(2021)第 170209 号

路基路面试验检测技术

齐永生　王佳宾　主编　　　　　责任编辑　张择瑞

出　版	合肥工业大学出版社	版　次	2021 年 8 月第 1 版
地　址	合肥市屯溪路 193 号	印　次	2025 年 10 月第 2 次印刷
邮　编	230009	开　本	787 毫米×1092 毫米　1/16
电　话	理工图书出版中心:0551 - 62903204	印　张	22.25
	营销与储运管理中心:0551 - 62903198	字　数	570 千字
网　址	press. hfut. edu. cn	印　刷	安徽联众印刷有限公司
E-mail	hfutpress@163. com	发　行	全国新华书店

ISBN 978 - 7 - 5650 - 5399 - 3　　　　　　　　定价:56.00 元

前　言

目前，我国公路建设取得了举世瞩目的新成就，高速公路总里程位居世界第一，交通科技也取得了不少重大、突破性成果。新的技术标准和规范（细则）陆续重新修订和颁布实施。《路基路面试验检测技术》作为省级规划教材，在原有《公路工程检测技术》的基础上进行了修编。依据现行交通运输部颁布的公路工程行业标准体系，以应用为主导，力争满足新时期职业教育的最新要求，突出课程的工程性和实践性，实现传承与创新。本教材具有以下特色：

（1）本书旨在使学生能把所学知识与工程现场实际紧密结合在一起，达到"实习能顶岗，毕业能上岗"的目的，做到实习、就业的无缝衔接，为学生职业的成长提供相关的知识技能。

（2）本书由安徽立质工程试验检测有限公司与本书编写组共同开发完成。为适应高职课程改革的总体思路，教材在编写过程中邀请了工程一线人员参加，同时征求了行业企业资深专家及其他兄弟院校同行的建议。

（3）本书强调将行业标准与教学内容结合，引入公路水运试验检测人员职业资格证书标准，课程内容与职业资格证书的考证要求接轨，把学历证书与职业技能等级证书结合起来，完善职业教育和培训体系，推进"1"和"X"的有机衔接，旨在提升职业教育质量和学生就业能力。

本书第一、四、五、八、九章由安徽交通职业技术学院齐永生编写，第二章由安徽交通职业技术学院李洪岩编写，第三章由安徽交通职业技术学院王佳宾、安徽省公路工程检测中心项静共同编写，第六、七章由安徽交通职业技术学院许建斌编写，第十章由安徽立质工程试验检测有限公司李峰编写。全书由齐永生统稿，安徽交通职业技术学院王丰胜教授担任主审。

本书在编写过程中得到了合肥工业大学出版社和有关专家的大力支持，在此一并致谢。限于编者水平，书中仍难免有不足之处，诚挚希望广大读者在学习使用过程中及时将发现的问题函告我们，以便进一步修改和补充。

编　者

2021 年 4 月

目　　录

第一章 概 论

第一节 试验检测的目的和意义

【学习要求】

1. 了解试验检测工作对工程质量控制的目的与意义。
2. 熟悉试验检测对试验检测人员的要求。
3. 熟悉公路工程试验检测管理办法。

【学习内容】

一、公路工程试验检测的目的与意义

公路工程试验检测工作是公路工程施工技术管理中的一个重要组成部分,同时也是公路工程施工质量控制和交(竣)工验收评定工作中不可缺少的一个主要环节。试验检测能充分地利用当地原材料,迅速推广应用新材料、新技术和新工艺;能用定量的方法科学地评定各种材料和构件的质量,合理地控制并科学地评定工程质量,并为科学养护决策提供客观依据。因此,公路工程试验检测对于提高工程质量、加快工程进度、降低工程造价、提高养护水平、推动公路工程施工技术进步,将起到极为重要的作用。公路工程试验检测技术是一门正在发展的新兴学科,它融试验检测基本理论和测试操作技能以及公路工程相关学科基础知识于一体,是工程设计参数、施工质量控制、交(竣)工验收评定、养护管理决策的主要依据。

为使公路满足使用要求,工作人员必须在精心设计的基础上,严格按照设计文件和现行施工技术规范的要求认真组织施工。作为施工技术人员和工程试验检测人员或质量控制管理人员,在整个施工期间,应在熟悉并领会设计文件、熟悉现行施工技术规范和试验检测规程的前提下,严格做好路用材料质量、施工控制参数、现场施工过程质量和分部分项过程验收这四个关键环节的把关工作。各级公路管理部门和施工单位已对加强质量检测、控制施工质量和提高验收水平给予了高度重视,但在许多工程中,仍有部分单位不具备原材料质量试验检测和施工质量控制试验检测的基本条件,有些单位虽然已购置了一些数量的试验检测仪器设备,也建立了试验检测机构,并配备了相应的试验技术人员,但由于多种原因,已建成的试验室不能发挥应有的作用。工程实践经验证明,不重视施工检测和施工现场质量的控制管理工作,而仅靠经验评估是造成工程出现早期破坏的重要原因之一。因

此，要想切实提高公路工程施工质量，缩短施工工期，降低工程投资，在建立健全工程质量控制检测制度的同时，必须配备符合工程要求的试验检测设备和相应的专职试验检测技术人员。

二、我国公路工程试验检测机构状况

目前，各地从事公路工程试验检测的专业机构大体有以下几种类型：

1. 专门从事公路工程检测的专业公司；
2. 一些大专院校设立的以教师为主体的试验检测中心或教学实验室；
3. 设计部门成立的试验检测公司；
4. 科研机构成立的试验检测部门或公司；
5. 公路养护部门和施工企业组建的试验检测部门或公司。

三、公路工程试验检测管理办法

公路工程试验检测，是指根据国家有关法律、法规的规定，依据工程建设技术标准、规范、规程，对公路工程所用材料、构件、工程制品、工程实体的质量和技术指标等进行的试验检测活动。公路工程试验检测人员，是指具备相应公路工程试验检测知识、能力，并承担相应公路工程试验检测业务的专业技术人员。公路工程试验检测活动应当遵循科学、客观、严谨、公正的原则。交通运输部负责公路工程试验检测活动的统一监督管理。交通运输部工程质量监督机构具体实施公路工程试验检测活动的监督管理工作。省级人民政府交通运输主管部门负责本行政区域内公路工程试验检测活动的监督管理工作。省级交通质量监督机构具体实施本行政区域内公路工程试验检测活动的监督管理工作。

（一）检测机构等级评定

检测机构等级，是依据检测机构的工程试验检测水平、主要试验检测仪器设备及检测人员的配备情况、试验检测环境等基本条件对检测机构进行的能力划分。检测机构等级分为公路工程和水运工程专业。公路工程专业分为综合类和专项类。公路工程综合类设甲、乙、丙三个等级。公路工程专项类分为交通工程和桥梁隧道工程。部质量监督机构负责公路工程综合类甲级、公路工程专项类和水运工程材料类及结构类甲级的等级评定工作。

省级交通质监机构负责公路工程综合类乙、丙级和水运工程材料类乙、丙级，水运工程结构类乙级的等级评定工作。

检测机构可以同时申请不同专业、不同类别的等级。检测机构被评为丙级、乙级后须满 1 年且具有相应的试验检测业绩方可申报上一等级的评定。

（二）试验检测活动

检测机构取得等级证书，同时按照《中华人民共和国计量法》的要求经过计量行政部门考核合格，通过计量认证的检测机构，可向社会提供试验检测服务。取得等级证书的检测机构在等级证书注明的项目范围内出具的试验检测报告，可以作为公路水运工程质量评定和工程验收的依据。对于公路水运工程质量事故鉴定、大型水运工程项目和高速公路项目验收的质量鉴定检测，质监机构应当委托通过计量认证并具有甲级或者相应专项能力等级的检测机构承担。取得等级证书的检测机构，可设立工地临时试验室，承担相应公路水运工程的试验检测业务,并对其试验检测结果承担责任。工程所在地省级交通质监机构应当对工地临时试验室进行监督。

四、试验检测人员的要求

检测人员分为试验检测师和助理试验检测师。检测机构的技术负责人应当由试验检测师担任。试验检测报告应当由试验检测师审核、签发。为确保检测工作质量,试验检测人员应认真履行岗位职责,做好本职工作。

1. 检测人员应熟悉检测任务、内容、项目,合理选择检测仪器,熟悉仪器的性能。使用精密、贵重、大型检测仪器设备者,应经过培训,考核合格后,取得操作证书方可上岗操作。熟悉设备日常养护,进行一般或常规仪器的检验与校正。

2. 检测人员应掌握与所检测项目相关的技术标准,了解本领域国内外测试技术、检测仪器的现状及发展方向,具有学习并应用国内外最新检测技术的能力。

3. 检测人员应能正确如实地填写原始记录。原始记录不得用铅笔、圆珠笔填写,必须有检测人员、计算和校核人员的签名。若原始记录确需更改,作废数据上应画两条水平线,将正确数据填在上方,盖更改人的印章。原始记录保管期不得少于两年。检测结果必须由在本领域有五年以上工作经验者校核,校核者必须在检测记录和报告中签字,以示负责。

4. 检测人员应了解计量法常识及国际单位制的基本内容,能运用数理统计方面的知识对检测结果进行数据处理。

5. 检测人员应当严守职业道德和工作程序,独立开展检测工作,保证试验检测数据的科学、客观、公正,并对试验检测结果承担法律责任。

6. 检测人员不得同时受聘于两家及两家以上检测机构,不得借工作之便推荐或监制建筑材料、构件和设备。

第二节 公路工程质量检验评定办法

【学习要求】

1. 了解单位、分部、分项工程的概念及划分方法,关键项目、规定极值等概念。
2. 熟悉公路工程质量检验评定程序。
3. 掌握新建和改建公路工程质量评分方法,公路工程质量的评定。
4. 学会进行新建和改建,公路工程质量评分与质量等级评定。

【学习内容】

公路工程质量检验与评定是对公路工程施工质量的客观评价。部颁《公路工程质量检验评定标准》(JTG F80/1—2017)是对各等级公路新建、改扩建工程施工质量的检验评定和验收的依据。

公路建设项目完工,建设质量合格后应进行交工及竣工验收,交工及竣工验收应遵循《公路工程竣(交)工验收办法》和《公路工程竣(交)工验收办法实施细则》。

本节围绕路基路面工程介绍《公路工程质量检验评定标准》(JTG F80/1—2017)、《公路工程竣(交)工验收办法》和《公路工程竣(交)工验收办法实施细则》的有关内容。

部颁《公路工程质量检验评定标准》(JTG F80/1—2017)适用于公路工程施工单位、工程监理单位、建设单位、质量检测机构和质量监督部门对公路工程质量的管理、监控和检验评定。

一、公路工程项目划分

1. 根据建设任务、施工管理和质量检验评定的需要,应在施工准备阶段按表1−1将建设项目划分为单位工程、分部工程和分项工程。施工单位、工程监理单位和建设单位应按相同的工程项目划分进行工程质量的监控和管理。

(1)单位工程:在合同段中,具有独立施工条件和结构功能的工程。

(2)分部工程:在单位工程中,按路段长度、结构部位及施工特点等划分的工程。

(3)分项工程:在分部工程中,根据施工工序、工艺或材料等划分的工程。

2. 分项工程完工后,应根据《公路工程质量检验评定标准》(JTG F80/1—2017)进行检验,对工程质量进行评定,隐蔽工程在隐蔽前应检查合格。

3. 分部工程、单位工程完工后,应汇总评定所属分项工程、分部工程质量资料,检查外观质量,对工程质量进行评定。

4. 施工单位应对各分项工程按《公路工程质量检验评定标准》(JTG F80/1—2017)所列基本要求、实测项目和外观鉴定进行自检,按公路工程质量检验评定标准附录中"分项工程质量检验评定表"及相关施工技术规范提交真实、完整的自检资料,对工程质量进行自我评定。

工程监理单位应按规定要求对工程质量进行独立抽检,对施工单位检评资料进行签认,对工程质量进行评定。

建设单位根据对工程质量的检查及平时掌握的情况,对工程监理单位所做的工程质量评分及等级进行审定。

质量监督部门、质量检测机构可依据《公路工程质量检验评定标准》(JTG F80/1—2017)对公路工程质量进行检测评定。

一般公路建设项目单位工程、分部工程和分项工程划分内容见表1-1所列。

表1-1　一般建设项目的工程划分

单位工程	分部工程	分项工程
路基工程 (每10km或 每标段)	路基土石方工程(1～3km路段)①	土方路基、填石路基、软土地基处治,土工合成材料处置层等
	排水工程(1～3km路段)①	管节预制,混凝土排水管安装,检查(雨水)井砌筑,土沟、浆砌水沟、盲沟、跌水、急流槽、水簸箕、排水泵站沉井、沉淀池等
	小桥及符合小桥标准的通道、人行天桥、渡槽(每座)	钢筋加工及安装,砌体,混凝土扩大基础,钻孔灌注桩,混凝土墩、台、墩、台身安装,台背填土,就地浇筑梁、板,预制安装梁、板,就地浇筑拱圈,混凝土桥面板,桥面防水层,支座垫石和挡块,支座安装,伸缩装置安装,栏杆安装,混凝土护栏,桥头搭板,砌体坡面护坡,混凝土构件表面防护,桥梁总体等
	涵洞、通道(1～3km路段)①	钢筋加工及安装、涵台、管节预制、混凝土涵管安装、波形钢管涵安装、盖板制作、盖板安装、箱涵浇筑、拱涵浇(砌)筑、倒虹吸竖井砌筑、集水井砌筑、一字墙和八字墙、涵洞填土、顶进施工的涵洞、砌体坡面防护、涵洞总体等
	防护支挡工程(1～3km路段)①	砌体挡土墙、墙背填土、边坡锚固防护、土钉支护、砌体坡面防护、石笼防护、导流工程等
	大型挡土墙、组合挡土墙(每处)	钢筋加工及安装,砌体挡土墙,悬臂式挡土墙,扶壁式挡土墙,锚杆、锚定板和加筋土挡土墙、墙背填土等
路面工程 (每10km或 每标段)	路面工程(1～3km路段)①	垫层、底基层、基层、面层、路缘石、路肩等

单位工程	分部工程	分项工程
桥梁工程② （每座或 每合同段）	基础及下部构造（1～3墩台）③	钢筋加工及安装,预应力筋加工和张拉,预应力管道压浆,混凝土扩大基础,钻孔灌注桩,挖孔桩,沉入桩,灌注桩桩底压浆,地下连续墙,沉井,沉井、钢围堰的混凝土封底,承台等大体积混凝土结构,砌体,混凝土墩、台,墩台身安装,支座垫石和挡块,拱桥组合桥台,台背填土等
	上部构造预制和安装（1～3跨）③	钢筋加工及安装,预应力筋加工和张拉,预应力管道压浆,预制安装梁、板,悬臂施工梁,顶推施工梁,转体施工梁,拱圈节段预制,拱的安装,转体施工拱,中下承式拱吊杆和柔性系杆,刚性系杆,钢梁制作,钢梁安装,钢梁防护等
	上部构造现场浇筑（1～3跨）③	钢筋加工及安装,预应力筋加工和张拉,预应力管道压浆,就地浇筑梁、板,悬臂施工梁,就地浇筑拱圈,劲性骨架混凝土拱,钢管混凝土拱,中下承式拱吊杆和柔性系杆,刚性系杆等
桥梁工程② （每座或 每合同段）	桥面系、附属工程及桥梁总体	钢筋加工及安装、混凝土桥面板桥面防水层、钢桥面板上防水黏结层、混凝土桥面板桥面铺装、钢桥面板上沥青混凝土铺装、支座安装、伸缩装置安装、人行道铺设、栏杆安装、混凝土护栏、钢桥上钢护栏安装、桥头搭板、混凝土小型构件预制、砌体坡面护坡、混凝土构件表面防护、桥梁总体等
	防护工程	砌体坡面护坡、护岸④、导流工程等。
	引道工程	见路基工程、路面工程的分项工程
隧道工程⑤ （每座或 每合同段）	总体及装饰装修（每座或每合同段）	隧道总体、装饰装修工程
	洞口工程（每个洞口）	洞口边仰坡防护、洞门和翼墙的浇（砌）筑、截水沟、洞口排水沟、明洞浇筑、明洞防水层、明洞回填
	洞身开挖（200延米）	洞身开挖
	洞身衬砌（200延米）	喷射混凝土、锚杆、钢筋网、钢架、仰拱、仰拱回填、衬砌钢筋、混凝土衬砌、超前锚杆、超前小导管、管棚
	防排水（200延米）	防水层、止水带、排水
	路面（1～3km路段）①	基层、面层
	辅助通道⑥（200延米）	洞身开挖、喷射混凝土、锚杆、钢筋网、钢架、仰拱、仰拱回填、衬砌钢筋、混凝土衬砌、超前锚杆、超前小导管、管棚、防水层、止水带、排水

单位工程	分部工程	分项工程
绿化工程（每合同段）	分隔带绿地、边坡绿地、护坡道绿地、碎落台绿地、平台绿地（每2km路段） 互通式立体交叉区与环岛绿地、管理养护设施区绿地、服务设施区绿地、取、弃土场绿地（每处）	绿地整理、树木栽植，草坪、草本地被及花卉种植，喷播绿化
声屏障工程（每合同段）	声屏障工程（每处）	砌块体声屏障、金属结构声屏障、复合结构声屏障
交通安全设施（每20km或每标段）	标志、标线、突起路标、轮廓标（5～10km路段）①	标志、标线、突起路标、轮廓标
	护栏（5～10km路段）①	波形梁护栏、缆索护栏、混凝土护栏、中央分隔带开口护栏
	防眩设施、隔离栅、防落物网（5～10km路段）①	防眩板、防眩网、隔离栅、防落物网等
	里程碑和百米桩（5km路段）	里程碑、百米桩
	避险车道（每处）	避险车道
交通机电工程	其分部、分项工程划分见《公路工程质量检验评定标准 第二册 机电工程》	
附属设施	管理中心、服务区、房屋建筑、收费站、养护工区等设施	按其专业工程质量检验评定标准评定

注：①按路段长度划分的分部工程,高速公路、一级公路宜取低值,二级及二级以下公路可取高值。

②分幅桥梁按照单幅划分,特大斜拉桥和悬索桥按照《公路工程质量检验评定标准》（JTG F80/1—2017）附表 A-2 进行划分,其他斜拉桥和悬索桥可作为一个单位工程参照《公路工程质量检验评定标准》（JTG F80/1—2017）附表 A-2 进行划分。

③按单孔跨径确定的特大桥取1,其余根据规模取2或3。

④护岸可参照挡土墙进行划分。

⑤双洞隧道每单洞作为一个单位工程。

⑥辅助通道包括竖井、斜井、平行导坑、横通道、风道、地下风机房等。

二、公路工程质量检验方法

分项工程质量检验应按基本要求、实测项目、外观质量和质量保证资料等检验项目分别检查。只有在其使用的原材料、半成品、成品及施工控制要点符合基本要求的规定,无外观质量限制缺陷且质量保证资料真实齐全时,才能对分项工程质量进行检验评定。

(一)基本要求检查

分项工程应按所列基本要求进行逐项检查,经检查,不符合基本要求规定时,不得进行工程质量的检验和评定。分项工程所用的各种原材料的品种、规格、质量及混合料配合比和半成品、成品应符合有关技术标准规定并满足设计要求。

(二)实测项目检验

1. 检查项目合格率

(1)对检查项目按规定的检查方法和频率进行随机抽样检验并计算合格率。

(2)标准规定的检查方法为标准方法,采用其他高效检测方法应经比对确认。

(3)标准中以路段长度规定的检查频率为双车道路段的最低检查频率,对多车道应按车道数与双车道之比相应增加检查数量。

(4)应按式(1-1)计算检查项目合格率:

$$检查项目合格率(\%) = \frac{合格的点(组)数}{该检查项目的全部检查点(组)数} \times 100 \qquad (1-1)$$

2. 检查项目合格判定

根据重要性不同,将分项工程的检查项目分为关键项目和一般项目。关键项目是分项工程中对结构、耐久性和主要使用功能起决定性作用的检查项目,在实测项目表中以"△"标识;一般项目是分项工程中除关键项目以外的检查项目。

关键项目的合格率应不低于95%(机电工程为100%),否则该检查项目不合格。

一般项目的合格率应不低于80%,否则该检查项目不合格。

有规定极值的检查项目,任一检测值均不应突破规定极值,否则该检查项目不合格。

采用标准中规定的数理统计方法进行检验评定的检查项目,不满足要求时,该检查项目不合格。

(三)外观质量检查

外观质量是通过观察和进行必要的量测所反映出的工程外在质量及功能状态。

对外观质量应进行全面检查,并满足规定要求,否则该检验项目不合格。

(四)质量保证资料

工程应有真实、准确、齐全、完整的施工原始记录、试验检测数据、质量检验结果等质量保证资料。质量保证资料应包括以下六个方面:

(1)所用原材料、半成品和成品质量检验结果。

(2)材料配比、拌和加工控制检验和试验数据。

(3)地基处理、隐蔽工程施工记录和桥梁、隧道施工监控资料。

(4)质量控制指标的试验记录和质量检验汇总图表。

(5)施工过程中遇到的非正常情况记录及其对工程质量产生影响的分析评价资料。

(6)施工过程中如发生质量事故,经处理补救后,达到设计要求的认可证明文件等。

检验项目评为不合格的,应进行整修或返工处理,直至合格。

三、公路工程质量评定方法

评定是对分项工程、分部工程、单位工程和合同段的质量进行检验,并确定其质量等级的活动。

工程质量等级分为合格与不合格。

分项、分部、单位工程质量评定应分别填写分项工程质量检验评定表、分部工程质量检验评定表、单位工程质量检验评定表。

检验记录完整、实测项目合格、外观质量满足要求的分项工程质量评定为合格。

评定资料完整、所含分项工程及实测项目合格、外观质量满足要求的分部工程质量评定为合格。

评定资料完整、所含分部工程合格、外观质量满足要求的单位工程质量评定为合格。

评定为不合格的分项工程、分部工程,经返工、加固、补强或调测,满足设计要求后,可以重新进行检验评定。

所含单位工程合格,该合同段评定为合格;所含合同段合格,该建设项目评定为合格。

第三节　路基土石方工程

【学习目标】

1. 了解土方路基、石方路基、软土地基处置、土工合成材料处置层的基本要求，土方路基、石方路基的外观鉴定，软土地基处置、土工合成材料处置层的实测项目。

2. 熟悉一般规定，土方路基、石方路基的实测项目，软土地基处置层、土工合成材料处置层的实测关键项目。

3. 掌握土方路基、石方路基的实测关键项目。

4. 学会土方路基、石方路基、软土地基处置、土工合成材料处置层分项工程质量检验评定

5. 学会土方路基实测项目的压实度、弯沉、几何尺寸等的检查和评定。

【学习内容】

一、一般规定

土方路基和填石路基实测项目的规定值或允许偏差按高速公路、一级公路和其他等级公路(指二级及以下公路)两档确定,其中土方路基压实度按高速公路和一级公路、二级公路、三四级公路三档确定。

路基压实度应分层检测,上路床压实度应按压实度评定的规定进行评定。路基工程其他检查项目应在上路床进行检查测定。

土质路肩工程可作为路面工程的一个分项工程进行检查评定。

收费广场及服务区道路、停车场的土方工程压实标准可按土方路基要求进行检验。

二、土方路基

(一)土方路基的基本要求

1. 在路基用地和取土坑范围内,应清除地表植被、杂物、积水、淤泥和表土,处理坑塘,并按施工技术规范和设计要求对基底进行压实。表土应充分利用。

2. 填方路基应分层填筑压实,每层表面平整,路拱合适,排水良好,不得有明显碾压轮迹,不得亏坡。

3. 应设置施工临时排水系统,避免其冲刷边坡,路床顶面不得积水。

4. 在设定取土区内合理取土,不得滥开滥挖。完工后应按要求对取土坑和弃土场进行修整。

(二)土方路基实测项目

土方路基实测项目见表1-2所列。

表 1-2 土方路基实测项目

项次	检查项目			规定值或允许偏差/%			检查方法和频率
				高速公路一级公路	其他公路		
					二级公路	三、四级公路	
1△	压实度	上路床	0~0.3m	≥96	≥95	≥94	按压实度评定规定检查；密度法：每200m每压实层测2处
		下路床 轻、中及重交通荷载等级	0.3~0.8m	≥96	≥95	≥94	
		下路床 特重、极重交通荷载等级	0.3~1.2m	≥96	≥95	—	
		上路堤 轻、中及重交通荷载等级	0.8~1.5m	≥94	≥94	≥93	
		上路堤 特重、极重交通荷载等级	1.2~1.9m	≥94	≥94	—	
		下路堤 轻、中及重交通荷载等级	>1.5m	≥93	≥92	≥90	
		下路堤 特重、极重交通荷载等级	>1.9m				
2△	弯沉(0.01mm)			≤设计验收弯沉值			按弯沉值评定规定检查
3	纵断高程/mm			+10,−15	+10,−20		水准仪：中线位置每200m测2点
4	中线偏位/mm			50	100		全站仪：每200m测2点，弯道加HY、YH两点
5	宽度/mm			满足设计要求			尺量：每200m测4点
6	平整度/mm			≤15	≤20		3m直尺：每200m测2处×5尺
7	横坡/%			±0.3	±0.5		水准仪：每200m测2个断面
8	边坡			满足设计要求			尺量：每200m测4点

注：①表列压实度系按现行《公路土工试验规程》(JTG 3430—2020)重型击实试验所得最大干密度求得的压实度。评定路段内的压实度平均值下置信界限不得低于规定标准，单个测定值不得小于极值(表列规定值减5个百分点)。按测定值不小于表列规定值减2个百分点的测点占总检查点数的百分率计算合格率。

②特殊干旱、特殊潮湿地区或过湿土路基等，可按路基设计、施工规范所规定的压实度标准进行评定。

③三、四级公路铺筑沥青混凝土或水泥混凝土路面时，路基压实度应采用二级公路标准。

(三)土方路基外观质量要求

1. 路基边线与边坡不应出现单向累计长度超过50m的弯折。
2. 路基边坡、护坡道、碎落台不得有滑坡、塌方或深度超过100mm的冲沟。

三、填石路基

(一)填石路基基本要求

1. 填石路基应分层填筑压实,每层表面平整,路拱合适,排水良好,上路床不得有碾压轮迹,不得亏坡。

2. 修筑填石路基时应进行地表清理,填筑层厚度应符合规范规定并满足设计要求,填石空隙用石渣、石屑嵌压稳定。

3. 填石路基应通过试验路段确定沉降差控制标准。

(二)填石路基实测项目

填石路基实测项目见表1-3所列。

表1-3 填石路基实测项目

项次	检查项目		规定值或允许偏差		检查方法和频率
			高速公路 一级公路	其他公路	
1△	压实①		孔隙率满足设计要求		密度法:每200m每压实层测1处
			沉降差≤试验路 确定的沉降差		精密水准仪: 每50m测1个断面,每个断面测5点
2△	弯沉(0.01mm)		≤设计验收弯沉值		按弯沉值评定规定检查
3	纵断高程/mm		+10,-20	+10,-30	水准仪:中线位置每200m测2点
4	中线偏位/mm		≤50	≤100	全站仪:每200m测2点,弯道加HY、YH两点
5	宽度/mm		满足设计要求		尺量:每200m测4点
6	平整度/mm		≤20	≤30	3m直尺:每200m测2处×5尺
7	横坡/%		±0.3	±0.5	水准仪:每200m测2个断面
8	边坡	坡度	满足设计要求		尺量:每200m测4点
		平顺度	满足设计要求		

注:①上下路床填土时压实度检验标准同土方路基,土石混填路基压实度可根据实际情况进行检验。

(三)填石路基外观质量要求

1. 路基边线与边坡不应出现单向累计长度超过50m的弯折。

2. 上边坡不得有危石。

四、软土地基处置

(一)软土地基处置基本要求

1. 换填地基的填筑压实要求同土方路基。

2. 砂垫层:应分层碾压施工;砂垫层宽度应宽出路基边脚0.5~1.0m,两侧端以片石护砌;砂垫层厚度及其上铺设的反滤层应满足设计要求。

3. 反压护道:护道高度、宽度应满足设计要求,压实度不低于90%。

4. 袋装砂井、塑料排水板:沙袋和塑料排水板下沉时不得出现扭结、断裂等现象;井(板)底高程应满足设计要求,塑料排水板超过孔口的长度应伸入砂垫层不小于500mm。

5. 粒料桩:施工工艺应符合规范规定;施工前应进行成桩工艺和成桩挤密试验,桩体应连续、密实。

6. 加固土桩:施工前应进行成桩工艺和成桩强度试验,施工设备必须安装喷粉(浆)自动记录装置,施工工艺应符合规范规定。

7. 水泥粉煤灰碎石桩:施工前应进行成桩工艺和成桩强度试验,混合料应拌和均匀,桩体施工应选择合理的施打顺序,成桩过程中应对已打桩的桩顶进行位移监测。

8. 刚性桩:施工前应进行成桩试验,施工工艺应符合规范规定。

9. 软土地基上的路堤应满足沉降标准和稳定性的设计要求。

(二)软土地基处置实测项目

软土地基的实测项目见表1-4~表1-9所列。

表1-4 砂垫层实测项目

项次	检查项目	规定值或允许偏差	检查方法和频率
1	砂垫层厚度	≥设计值	尺量:每200m测2点,且不少于5点
2	砂垫层宽度	≥设计值	尺量:每200m测2点,且不少于5点
3	反滤层设置	满足设计要求	尺量:每200m测2点,且不少于5点
4	压实度/%	≥90	密度法:每200m测2点,且不少于5点

表1-5 袋装砂井、塑料排水板实测项目

项次	检查项目	规定值或允许偏差	检查方法和频率
1	井(板)距/mm	±150	尺量:抽查2%且不少于5点
2△	井(板)长	>设计值	查施工记录
3	井径/mm	+10,0	挖验2%且不少于5点
4	灌砂率/%	-5	查施工记录

表1-6 粒料桩实测项目

项次	检查项目	规定值或允许偏差	检查方法和频率
1	桩距/mm	±150	抽查2%且不少于5点
2	桩径/mm	≥设计值	抽查2%且不少于5点
3△	桩长/m	≥设计值	查施工记录
4	粒料灌入率	≥设计值	查施工记录
5	地基承载力	满足设计要求	抽查桩数的0.1%且不少于3处

表 1-7 加固土桩实测项目

项次	检查项目	规定值或允许偏差	检查方法和频率
1	桩距/mm	±100	尺量:抽查2%且不少于5点
2	桩径/mm	≥设计值	尺量:抽查2%且不少于5点
3△	桩长/m	≥设计值	查施工记录并结合取芯检查0.2%,且不少于3根
4	单桩每延米喷粉(浆)量	≥设计值	查施工记录
5△	强度/MPa	满足设计要求	取芯法:抽查桩数的0.5%,且不少于3组
6	地基承载力	满足设计要求	抽查桩数的0.1%且不少于3处

表 1-8 水泥粉煤灰碎石桩实测项目

项次	检查项目	规定值或允许偏差	检查方法和频率
1	桩距/mm	±100	尺量:抽查2%且不少于5点
2	桩径/mm	≥设计值	尺量:抽查2%且不少于5点
3△	桩长/m	≥设计值	查施工记录并结合取芯检查0.2%,且不少于3根
4△	强度/MPa	满足设计要求	取芯法:抽查桩数的0.5%,且不少于3组
5	地基承载力	满足设计要求	抽查桩数的0.1%且不少于3处

表 1-9 刚性桩实测项目

项次	检查项目	规定值或允许偏差	检查方法和频率
1△	混凝土强度	在合格标准内	按水泥混凝土抗压强度评定规定检查
2	桩距/mm	±100	尺量:抽查2%且不少于5点
3	桩径/mm	≥设计值	尺量:抽查2%且不少于5点
4△	桩长/m	≥设计值	查施工记录
5	单桩承载力	满足设计要求	抽查桩数的0.1%且不少于3根

五、土工合成材料处置层

(一)土工合成材料处置层基本要求

1. 土工合成材料应无老化,外观应无破损、污染。

2. 土工合成材料应紧贴下承层,按设计和施工要求铺设、张拉、固定。

3. 土工合成材料的接缝搭接、黏结强度和长度应满足设计要求,上、下层土工合成材料搭接缝应交替错开。

(二)土工合成材料处置层实测项目

土工合成材料处置层实测项目见表 1-10~表 1-13 所列。

表 1-10　加筋工程土工合成材料处置层实测项目

项次	检查项目	规定值或允许偏差	检查方法和频率
1	下承层平整度、拱度	满足设计要求	每200m检查4处
2	搭接宽度/mm	+50,0	尺量:抽查2%
3	搭接缝错开距离/mm	满足设计要求	尺量:抽查2%
4	锚固长度/mm	满足设计要求	尺量:抽查2%

表 1-11　隔离工程土工合成材料处置层实测项目

项次	检查项目	规定值或允许偏差	检查方法和频率
1	下承层平整度、拱度	满足设计要求	每200m检查4处
2	搭接宽度/mm	+50,0	尺量:抽查2%
3	搭接缝错开距离/mm	满足设计要求	尺量:抽查2%
4	搭接处透水点	不多于1个点	每缝

表 1-12　过滤排水工程土工合成材料处置层实测项目

项次	检查项目	规定值或允许偏差	检查方法和频率
1	下承层平整度、拱度	满足设计要求	每200m检查4处
2	搭接宽度/mm	+50,0	尺量:抽查2%
3	搭接缝错开距离/mm	满足设计要求	尺量:抽查2%

表 1-13　防裂工程土工合成材料处置层实测项目

项次	检查项目	规定值或允许偏差	检查方法和频率
1	下承层平整度、拱度	满足设计要求	每200m检查4处
2	搭接宽度/mm	≥50(横向) ≥150(纵向)	尺量:抽查2%
3	黏结力/N	≥20	抽查2%

(三)土工合成材料处置层外观质量要求

1. 土工合成材料无重叠、褶皱。
2. 土工合成材料固定处不应松动。

第四节 排水工程

【学习目标】

1. 了解排水工程的一般规定及质量评定内容。
2. 熟悉管道基础及管节安装、检查（雨水）井砌筑、浆砌排水沟等分项工程的实测项目。
3. 掌握水泥混凝土抗压强度、水泥砂浆强度的检测方法。

【学习内容】

一、一般规定

1. 排水工程的施工应满足设计要求并符合施工规范的规定,依照实际地形,选择合适的位置,将地面水和地下水排出路基以外。
2. 边沟、截水沟、排水沟等应按土沟和浆砌水沟的要求进行检验。
3. 跌水、急流槽、水簸箕等其他排水工程应按浆砌水沟的要求进行检验。
4. 路面拦水带纳入路面工程中的路缘石分项工程,排水基层应按路面工程的有关要求进行检验。
5. 沟槽回填土应符合施工规范的规定并满足设计要求。
6. 排水泵站明开挖基础可按桥梁工程的有关要求进行检验。
7. 钢筋混凝土构件应包含钢筋加工及安装分项工程,预应力混凝土构件应包括预应力钢筋的加工和张拉分项工程。

二、管节预制

(一)管节预制基本要求

1. 混凝土应满足耐久性(抗冻、抗渗、抗侵蚀)等设计要求。
2. 不得出现露筋和空洞现象。

(二)管节预制实测项目

管节预制实测项目见表 1-14 所列。

表 1-14 管节预制实测项目

项次	检查项目	规定值或允许偏差	检查方法和频率
1△	混凝土强度/MPa	在合格标准内	按水泥混凝土抗压强度评定规定检查
2	内径/mm	≥设计值	尺量:抽查 10%管节,每管节测 2 个断面,且不少于 5 个断面
3	壁厚/mm	-3	尺量:抽查 10%管节,每管节测 2 个断面,且不少于 5 个断面

项次	检查项目	规定值或允许偏差	检查方法和频率
4	顺直度	矢度不大于0.2%管节长	抽查10%管节,沿管节拉线量,取最大矢高
5	长度/mm	+5,0	尺量:抽查10%管节,每管节测1点,且不少于5点

（三）管节预制外观质量要求

管节预制不应出现"结构混凝土外观质量限制缺陷"中有关小型预制构件的外观限制性缺陷,包括裂缝、孔洞、露筋、蜂窝、疏松、夹渣、麻面、外形缺陷、其他表面缺陷等。"结构混凝土外观质量限制缺陷"详见《公路工程质量检验评定标准》(JTG F80/1—2017)附录 P。

三、混凝土排水管安装

（一）混凝土排水管安装基本要求

1. 排水管基础应满足设计要求。

2. 管材应逐节检查,不得有裂缝、破损。

3. 管节铺设应平顺、稳固,管底坡度不得出现反坡,管节接头处流水面高差不得大于5mm。管内不得有泥土、砖石、砂浆等杂物。

4. 管径大于750mm 时,应在管内做整圈勾缝。

5. 抹带前,管口应洗刷干净,管口表面应平整密实,无裂缝现象,抹带后应及时覆盖养护。

6. 设计中要求对于防渗漏的排水管应做渗漏试验,渗漏量应满足设计要求。

（二）混凝土排水管安装实测项目

混凝土排水管安装实测项目见表 1-15 所列。

表 1-15　混凝土排水管安装实测项目

项次	检查项目		规定值或允许偏差	检查方法和频率
1△	混凝土抗压强度或砂浆强度/MPa		在合格标准内	按水泥混凝土抗压强度评定规定检查;按水泥砂浆强度评定规定检查
2	管轴线偏位/mm		15	全站仪或尺量:每两井间测3处
3	流水面高程/mm		±10	水准仪、尺量:每两井间进出水口各1处,中间1~2处
4	基础厚度/mm		≥设计值	尺量:每两井间测3处
5	管座	肩宽/mm	+10,-5	尺量:每两井间测2处
		肩高/mm	±10	
6	抹带	宽度	≥设计值	尺量:按10%抽查
		厚度	≥设计值	

（三）混凝土排水管安装外观质量要求

1. 不应出现"结构混凝土外观质量限制缺陷"中有关基础的外观限制缺陷。
2. 管口缝带圈不得开裂脱皮；管口内缝砂浆不得有空鼓。
3. 抹带接口表面不应有间断和空鼓。

四、检查（雨水）井砌筑

（一）检查（雨水）井砌筑基本要求

1. 砌筑材料及井基混凝土强度应满足设计要求。
2. 井盖质量应满足设计要求。
3. 砌筑砂浆配合比准确，井壁砂浆饱满，灰缝平整。检查井内壁应平顺，抹面密实光洁无裂缝，收分均匀，踏步安装牢固。

（二）检查（雨水）井砌筑实测项目

检查（雨水）井砌筑实测项目见表 1-16 所列。

表 1-16　检查（雨水）井砌筑实测项目

项次	检查项目		规定值或允许偏差	检查方法和频率
1△	砂浆强度/MPa		在合格标准内	按水泥砂浆强度评定规定检查
2	中心点位/mm		50	全站仪：逐井检查
3	圆井直径或方井长、宽/mm		±20	尺量：逐井检查，每井测 2 点
4	壁厚/mm		-10,0	尺量：逐井检查，每井测 2 点
5	井底高程/mm		±20	水准仪：逐井检查
6	井盖与相邻路面高差/mm	雨水井	0，-4	水准仪、水平尺：逐井检查
		检查井	+4,0	

（三）检查（雨水）井砌筑外观质量要求

井框、井盖安装不应松动，井口周围不得有积水。

五、土沟

（一）土沟基本要求

土沟边坡应平整、密实、稳定。

（二）土沟实测项目

土沟实测项目见表 1-17 所列。

表 1-17　土沟实测项目

项次	检查项目	规定值或允许偏差	检查方法和频率
1	沟底高程/mm	0，-30	水准仪：每 200m 测 4 点，且不少于 5 点
2	断面尺寸/mm	≥设计值	尺量：每 200m 测 2 点，且不少于 5 点

项次	检查项目	规定值或允许偏差	检查方法和频率
3	边坡坡度	不陡于设计值	尺量：每200m测2点，且不少于5点
4	边棱直顺度/mm	50	尺量：20m拉线，每200m测2点，且不少于5点

（三）土沟外观质量要求

沟内不得有杂物，无排水不畅情况。

六、浆砌水沟

（一）浆砌水沟基本要求

1. 浆砌片（块）石、混凝土预制块的质量和规格，应符合国家和行业强制性标准以及合同约定的其他标准中的规定，并满足设计要求。

2. 砌体砂浆配合比准确，砌缝内砂浆均匀饱满，勾缝密实。

3. 基础中缩缝应与墙身缩缝对齐。

（二）浆砌水沟实测项目

浆砌水沟实测项目见表1-18所列。

表1-18 浆砌水沟实测项目

项次	检查项目	规定值或允许偏差	检查方法和频率
1△	砂浆强度/MPa	在合格标准内	按水泥砂浆强度评定规定检查
2	轴线偏位/mm	50	全站仪或尺量：每200m测5点
3	沟底高程/mm	±15	水准仪：每200m测5点
4	墙面直顺度/mm	30	20m拉线：每200m测2点
5	坡度	满足设计要求	坡度尺：每200m测2点
6	断面尺寸/mm	±30	尺量：每200m测2个断面，且不少于5个断面
7	铺砌厚度/mm	≥设计值	尺量：每200m测2点
8	基础垫层宽度、厚度/mm	≥设计值	尺量：每200m测2点

（三）浆砌水沟外观质量要求

1. 砌体抹面不得有空鼓。

2. 沟内不应有杂物，无排水不畅情况。

七、盲沟

（一）盲沟基本要求

盲沟的设置、填料规格、质量等应符合规范规定，并满足设计要求。

（二）盲沟实测项目

盲沟实测项目见表 1-19 所列。

表 1-19　盲沟实测项目

项次	检查项目	规定值或允许偏差	检查方法和频率
1	沟底高程/mm	±15	水准仪:每 20m 测 1 点
2	断面尺寸/mm	不小于设计值	尺量:每 20m 测 1 点

（三）盲沟外观质量要求

进出水口不应排水不畅。

八、排水泵站沉井

（一）排水泵站沉井基本要求

1. 地基应具有足够的承载能力。
2. 井壁混凝土应密实,混凝土强度达到合格标准后方可进行下沉。
3. 沉井下沉过程中,应随时注意正位,发现偏位及倾斜时应及时纠正。
4. 沉井封底应密实不漏水。
5. 水泵、管及管件应安装牢固,位置正确。

（二）排水泵站沉井实测项目

排水泵站沉井实测项目见表 1-20 所列。

表 1-20　排水泵站沉井实测项目

项次	检查项目	规定值或允许偏差	检查方法和频率
1△	混凝土强度/MPa	在合格标准内	按水泥混凝土抗压强度评定规定检查
2	轴线平面偏位/mm	50	全站仪:纵、横向各 2 点
3	竖直度/mm	1%H	铅锤法:纵、横向各 1 点
4	几何尺寸/mm	±50	尺量:长、宽、高各 2 点
5	壁厚/mm	−5,0	尺量:每井测 5 点
6	井口高程/mm	±50	水准仪:测 4 点

注:H 为井深,计算规定值和允许偏差时以 mm 计。

（三）排水泵站沉井外观质量要求

不应出现"结构混凝土外观质量限制缺陷"中有关沉井的外观限制缺陷。

九、沉淀池

（一）沉淀池基本要求

1. 进出水口位置及高程应满足设计要求。

2. 设计中要求防渗漏的沉淀池应做渗漏试验,渗漏量应符合要求。

（二）沉淀池实测项目

沉淀池实测项目见表1-21所列。

表1-21　沉淀池实测项目

项次	检查项目	规定值或允许偏差	检查方法和频率
1△	混凝土强度/MPa	在合格标准内	按水泥混凝土抗压强度评定规定检查
2	轴线平面偏位/mm	±50	全站仪:纵、横向各2点
3	几何尺寸/mm	±50	尺量:长、宽、高、壁厚各2点
4	底板高程/mm	±50	水准仪:测2点

（三）沉淀池外观质量要求

不应出现"结构混凝土外观质量限制缺陷"中有关沉井外观的限制缺陷。

第五节　防护支挡工程

【学习要求】

1. 了解挡土墙、墙背填土、抗滑桩和锚喷防护等砌筑防护工程。
2. 熟悉砌筑防护工程的基本要求和实测项目。
3. 掌握挡土墙、抗滑桩和锚喷防护的实测关键项目。
4. 了解挡土墙、抗滑桩和锚喷防护等防护支挡工程的分项工程质量检验和评定方法。

【学习内容】

一、一般规定

砌体、片石混凝土挡土墙,当平均墙高大于或等于 6m 且墙身面积大于或等于 1200m²时为大型挡土墙,每处应作为分部工程进行检验。

桩板式、锚杆、锚定板等组合式挡土墙,每处应作为分部工程进行检验。

桩板式挡土墙的桩按照桥梁工程中的基础相关规定检验,面板预制及安装按照锚杆、锚定板和加筋土挡土墙相关规定检验。

抗滑桩应根据成桩工艺,可按桥梁工程中的基础相关规定检验。

丁坝、护岸可参照挡土墙的相关规定进行检验。

未包含的小型砌石构造物的检验参照"其他砌石构筑物"执行。

钢筋混凝土结构或构件均应包含钢筋加工及安装分项工程,按桥梁工程中的钢筋、预应力筋及管道压浆的相关规定进行检验。

二、砌体、片石混凝土挡土墙

(一)砌体、片石混凝土挡土墙基本要求

1. 勾缝砂浆强度不得小于砌筑砂浆强度。
2. 地基承载力、基础埋置深度应满足设计要求。
3. 砌筑应分层错缝。浆砌时应坐浆挤紧,嵌填饱满密实,不得出现空洞;干砌时不得出现松动、叠砌和浮塞现象。
4. 混凝土应分层浇筑,施工缝及片石埋放应符合施工技术规范的规定。
5. 沉降缝、伸缩缝、泄水孔的位置、尺寸和数量应满足设计要求;沉降缝及伸缩缝应竖直、贯通,采用弹性材料填充密实,填充深度应满足设计要求。

(二)砌体、片石混凝土挡土墙实测项目

浆砌、干砌、片石混凝土挡土墙实测项目见表 1-22～表 1-24 所列。

表 1-22　浆砌挡土墙实测项目

项次	检查项目		规定值或允许偏差	检查方法和频率
1△	砂浆强度/MPa		在合格标准内	按水泥砂浆强度评定规定检查
2	平面位置/mm		≤50	全站仪:测墙顶外边线,长度不大于30m时测5点,每增加10m增加1点
3	墙面坡度/%		≤0.5	铅锤法:长度不大于30m时测5处,每增加10m增加1处
4△	断面尺寸/mm		≥设计值	尺量:长度不大于50m时测10个断面,每增加10m增加1个断面
5	顶面高程/mm		±20	水准仪:长度不大于30m时测5点,每增加10m增加1点
6	表面平整度/mm	块石	≤20	2m直尺:每20m测3处,每处测竖直、墙长两个方向
		片石	≤30	
		混凝土预制块、料石	≤10	

表 1-23　干砌挡土墙实测项目

项次	检查项目	规定值或允许偏差	检查方法和频率
1	平面位置/mm	≤50	全站仪:测墙顶外边线,长度不大于30m时测5点,每增加10m增加1点
2	墙面坡度/%	≤0.5	铅锤法:长度不大于30m时测5处,每增加10m增加1处
3△	断面尺寸/mm	≥设计值	尺量:长度不大于50m时测10个断面,每增加10m增加1个断面
4	顶面高程/mm	±50	水准仪:长度不大于30m时测5点,每增加10m增加1点
5	表面平整度/mm	≤50	2m直尺:每20m测3处,每处测竖直、墙长两个方向

表 1-24　片石混凝土挡土墙实测项目

项次	检查项目	规定值或允许偏差	检查方法和频率
1△	混凝土强度/MPa	在合格标准内	按水泥混凝土抗压强度评定规定检查
2	平面位置/mm	≤50	全站仪:测墙顶外边线,长度不大于30m时测5点,每增加10m增加1点
3	墙面坡度/%	≤0.3	铅锤法:长度不大于30m时测5处,每增加10m增加1处
4△	断面尺寸/mm	≥设计值	尺量:长度不大于50m时测10个断面,每增加10m增加1个断面

项次	检查项目	规定值或允许偏差	检查方法和频率
5	顶面高程/mm	±20	水准仪:长度不大于 30m 时测 5 点, 每增加 10m 增加 1 点
6	表面平整度/mm	≤8	2m 直尺:每 20m 测 3 处,每处测竖直、墙长两个方向

（三）砌体、片石混凝土挡土墙外观质量要求

1. 浆砌缝开裂、勾缝不密实和脱落的累计换算面积不得超过该面面积的 1.5%,且单个最大换算面积不应大于 0.08m²。换算面积应按照缺陷缝长度乘以 0.1m 计算。

2. 混凝土表面不应存在"结构混凝土外观质量限制缺陷"所列限制缺陷。

3. 墙体不得出现外鼓变形现象。

4. 泄水孔应无反坡、堵塞现象。

三、悬臂式和扶壁式挡土墙

（一）悬臂式和扶壁式挡土墙基本要求

1. 地基承载力应满足设计要求。

2. 沉降缝、伸缩缝、泄水孔的位置、尺寸和数量应满足设计要求;沉降缝及伸缩缝应竖直、贯通,采用弹性材料填充密实,填充深度满足设计要求。

（二）悬臂式和扶壁式挡土墙实测项目

悬臂式和扶壁式挡土墙实测项目见表 1-25 所列。

表 1-25　悬臂式和扶壁式挡土墙实测项目

项次	检查项目	规定值或允许偏差	检查方法和频率
1△	混凝土强度/MPa	在合格标准内	按水泥混凝土抗压强度评定规定检查
2	平面位置/mm	≤30	全站仪:长度不大于 30m 时测 5 点, 每增加 10m 增加 1 点
3	墙面坡度/%	≤0.3	铅锤法:长度不大于 30m 时测 5 处, 每增加 10m 增加 1 处
4△	断面尺寸/mm	≥设计值	尺量:长度不大于 50m 时测 10 个断面及 10 个扶壁, 每增加 10m 增加 1 个断面及 1 个扶壁
5	顶面高程/mm	±20	水准仪:长度不大于 30m 时测 5 点, 每增加 10m 增加 1 点
6	表面平整度/mm	≤8	2m 直尺:每 20m 测 3 处,每处测竖向、纵向两个方向

（三）悬臂式和扶壁式挡土墙外观质量要求

1. 混凝土表面不应存在"结构混凝土外观质量限制缺陷"所列的限制缺陷。

2. 墙体不得出现外鼓变形现象。

3. 泄水孔应无反坡、堵塞现象。

四、锚杆、锚定板和加筋土挡土墙

（一）锚杆、锚定板和加筋土挡土墙基本要求

1. 锚杆、拉杆或筋带根数不得少于设计数量。
2. 地基承载力应满足设计要求。
3. 筋带应理顺,放平拉直,筋带与面板、筋带与筋带连接牢固。
4. 锚杆的长度应大于或等于设计长度,锚杆插入锚孔内的长度不得小于设计长度的 98%。
5. 锚杆注浆性能应符合相关施工技术规范规定,锚孔内注浆应密实,注浆压力满足设计要求。
6. 沉降缝、伸缩缝、泄水孔的位置、尺寸和数量应满足设计要求;沉降缝及伸缩缝应竖直、贯通,采用弹性材料填充密实,填充深度应满足设计要求。
7. 拉杆、锚杆的防护应满足设计要求。

（二）锚杆、锚定板和加筋土挡土墙实测项目

基础和肋柱预制应分别按照桥梁工程的基础、桥面系和附属工程有关的规定进行检查,其他实测项目见表 1-26～表 1-31 所列。

表 1-26　筋带实测项目

项次	检查项目	规定值或允许偏差	检查方法和频率
1	筋带长度/m	≥设计值	尺量:每 20m 测 5 根(束)
2	筋带与面板连接	满足设计要求	目测:全部
3	筋带与筋带连接	满足设计要求	目测:全部
4	筋带铺设	满足设计要求	目测:全部

表 1-27　拉杆实测项目

项次	检查项目	规定值或允许偏差	检查方法和频率
1△	长度/mm	≥设计值	尺量:每 20m 测 5 根
2	拉杆间距/mm	±100	尺量:每 20m 测 5 根
3	拉杆与面板、锚定板连接	满足设计要求	目测:全部

表 1-28　锚杆实测项目

项次	检查项目	规定值或允许偏差	检查方法和频率
1△	注浆强度/MPa	在合格标准内	砂浆按水泥砂浆强度评定规定检查; 其他按水泥基浆体抗压强度评定规定检查
2	锚孔孔深/mm	≥设计值	尺量:抽查 20%

项次	检查项目	规定值或允许偏差	检查方法和频率
3	锚孔孔径/mm	满足设计要求	尺量:抽查20%
4	锚孔轴线倾斜/%	2	倾角仪:抽查20%
5	锚孔间距/mm	±100	尺量:抽查20%
6△	锚杆抗拔力/kN	满足设计要求。设计未要求时,抗拔力平均值≥设计值;80%锚杆的抗拔力≥设计值;最小抗拔力≥0.9设计值	抗拔力试验:检查数量按设计要求,设计未要求时按锚杆数5%,且检查数量不少于3根
7	锚杆与面板连接	满足设计要求	目测:全部

表1-29　面板预制实测项目

项次	检查项目		规定值或允许偏差	检查方法和频率
1△	混凝土强度/MPa		在合格标准内	按水泥混凝土抗压强度评定规定检查
2	边长/mm	边长<1m	±5	尺量:抽查10%,每板长宽各测1次
		其他	±0.5%边长	
3	两对角线差/mm	边长<1m	≤10	尺量:抽查10%,每板测2对角线
		其他	≤0.7%最大对角线长	
4△	厚度/mm		+5,-3	尺量:抽查10%,每板测2处
5	表面平整度/mm		≤5	2m直尺:抽查10%,每板长方向测1处
6	预埋件位置/mm		≤5	尺量:抽查10%

表1-30　面板安装实测项目

项次	检查项目	规定值或允许偏差	检查方法和频率
1	每层面板顶高程/mm	±10	水准仪:长度不大于30m时测5组,每增加10m增加1组
2	轴线偏位/mm	≤10	挂线、尺量:长度不大于30m时测5点,每增加10m增加1点
3	面板坡度/%	+0,-0.5	铅锤法:长度不大于30m时测5处,每增加10m增加1处
4	相邻面板错台	≤5	尺量:长度不大于30m时测5条缝最大处,每增加10m增加1条
5	面板缝宽/mm	≤10	尺量:每30m检查5条,每增加10m增加1条

注:面板安装以同层相邻两板为一组。

表 1−31　锚杆、锚定板和加筋土挡土墙总体实测项目

项次	检查项目		规定值或允许偏差	检查方法和频率
1	墙顶和肋柱平面位置/mm	路堤式	+50，−100	全站仪：长度不大于 30m 时测 5 点，每增加 10m 增加 1 点
		路肩式	±50	
2	墙顶和柱顶高程/mm	路堤式	±50	水准仪：长度不大于 30m 时测 5 点，每增加 10m 增加 1 点
		路肩式	±30	
3	肋柱间距/mm		±15	尺量：每柱间
4	墙面平整度/mm		≤15	2m 直尺：每 20m 测 3 处，每处测竖直、墙长两个方向

（三）锚杆、锚定板和加筋土挡土墙外观质量要求

1. 混凝土构件不应存在"结构混凝土外观质量限制缺陷"所列限制缺陷。
2. 锚头不得外露，封锚混凝土或砂浆应无裂缝、疏松。
3. 墙体不得出现外鼓变形现象。
4. 泄水孔应无反坡、堵塞现象。

五、墙背填土

（一）墙背填土基本要求

1. 墙背填土应采用设计要求的填料，不应含有机物、冰块、草皮、树根等杂物或生活垃圾，其化学及电化学性能应符合锚杆、拉杆、筋带的防腐和耐久性要求，严禁采用膨胀土、高液限黏土、腐殖土、盐渍土、淤泥和冻土块等不良填料。
2. 墙背填土应和挖方路基、填方路基搭接，并应满足设计要求。
3. 应分层填筑压实，每层表面平整，顶层路拱合适。
4. 反滤层的材料、铺设范围应满足设计要求。
5. 墙身强度达到设计强度的 75% 以上时方可开始填土。

（二）墙背填土实测项目

锚杆、锚定板和加筋土挡土墙距面板 1m 范围以内压实度实测项目见表 1−32 所列，其他部分填土和其他类型挡土墙填土的压实度要求均与路基相同。

表 1−32　锚杆、锚定板和加筋土挡土墙墙背填土实测项目

项次	检查项目	规定值或允许偏差	检查方法和频率
1△	距面板 1m 范围以内压实度/%	≥90	按压实规定检查，每 50m 时，每压实层测 1 处，且不得少于 1 处
2	反滤层厚度/mm	≥设计厚度	尺量：长度不大于 50m 时测 5 处，每增加 10m 增加 1 处

（三）墙背填土外观质量要求

1. 填土表面不平整的累计长度不得超过总长度的 10%。

2. 不得出现亏坡现象。

六、边坡锚固防护

(一)边坡锚固防护基本要求

1. 边坡坡度、坡面应满足设计要求,坡面应无风化、无浮石,喷射前应用水冲洗干净。
2. 锚杆、锚索的数量不得少于设计数量。
3. 框格梁钢筋、钢筋网与锚杆或其他锚固装置连接牢固,喷射混凝土时钢筋不得晃动。
4. 注浆性能应符合相关施工技术规范规定,锚孔内注浆应密实,注浆压力满足设计要求。
5. 对坡面喷射混凝土前应对坡面的渗漏水、流水等问题进行处理。
6. 预应力锚杆、锚索的基本要求应符合桥梁工程预应力筋加工和张拉的规定,并按设计要求的工艺进行张拉。
7. 锚杆、锚索的长度应大于或等于设计长度,插入锚孔内的长度预应力锚杆、锚索不得小于设计长度的97%,其他不得小于98%。非锚固段套管安装位置应满足设计要求。
8. 预应力锚杆、锚索应采用机械切割方式,锁定力应满足设计要求。
9. 沉降缝、伸缩缝的位置、缝宽应满足设计要求,采用弹性材料填充密实,填充深度应满足设计要求。
10. 锚杆、锚索的防护应满足设计要求。

(二)边坡锚固防护实测项目

边坡锚固防护实测项目见表1-33所列。

表1-33　边坡锚固防护实测项目

项次	检查项目		规定值或允许偏差	检查方法和频率
1△	注浆强度/MPa		在合格标准内	砂浆按水泥砂浆强度评定规定检查;其他按水泥基浆体抗压强度评定规定检查
2	锚孔深度/mm		≥设计值	尺量:抽查20%
3	锚孔孔径/mm		满足设计要求	尺量:抽查20%
4	锚孔轴线倾斜/%		2	倾角仪:抽查20%
5	锚孔位置/mm	设置框格梁	±50	尺量:抽查20%
		其他	±100	
6△	锚杆、锚索抗拔力/kN		满足设计要求。设计未要求时,抗拔力平均值≥设计值;80%锚杆的抗拔力≥设计值;最小抗拔力≥0.9设计值	抗拔力试验:检查数量按设计要求,设计未要求时按锚杆数5%,且检查数不少于3根

项次	检查项目	规定值或允许偏差	检查方法和频率
7△	张拉力/kN	满足设计要求	查油压表:逐根(束)检查
8	张拉伸长率/%	满足设计要求; 设计未要求时:±6	尺量:逐根(束)检查
9	断丝、滑丝数	每束1根,且每断面 不超过钢丝总数的1%	目测:逐根(束)检查

注:实际工程中未涉及的项目不检查。

（三）边坡锚固防护外观质量要求

1. 喷射混凝土应无突变、漏喷、脱落现象,空鼓、开裂的累计面积不得超过喷射面积的1.5%,且单个缺陷最大面积不大于0.02m²,开裂按裂缝长度乘以0.1m计算面积。

2. 锚索墩、框格梁、地梁、边梁、封锚等混凝土构件表面不应存在"结构混凝土外观质量限制缺陷"中所列限制缺陷。

3. 钢筋网、土工格栅及锚杆、锚索不得外露。

4. 框格梁不得与坡面脱空。

七、土钉支护

（一）土钉支护基本要求

1. 应按设计要求的程序和分层深度开挖边坡,坡面平整,坡度满足设计要求,严禁超挖、欠挖。

2. 土钉的数量及其接头的质量应满足设计要求。

3. 土钉与框格梁钢筋、钢筋网连接应牢固,喷射混凝土时钢筋网不得晃动。

4. 土钉插入锚孔的深度不得小于设计长度的95%。

5. 注浆性能应符合相关施工技术规范规定,锚孔内注浆应密实饱满。

6. 应按设计要求设置施工排水系统。

（二）土钉支护实测项目

坡面结构实测项目见表1-34所列,土钉支护实测项目见表1-35所列。

表1-34 坡面结构实测项目

项次	检查项目	规定值或允许偏差	检查方法和频率
1△	混凝土强度/MPa	在合格标准内	喷射混凝土按喷射混凝土抗压强度评定规定检查,其他按水泥混凝土抗压强度评定规定检查
2	喷层厚度/mm	平均厚度≥设计厚度; 80%测点的厚度≥设计厚度; 最小厚度≥0.6且大于或等于设计规定的最小值	凿孔法或工程雷达法: 每50m²测1处,检查总数不少于5处

项次	检查项目	规定值或允许偏差	检查方法和频率
3	锚墩尺寸/mm	+10,-5	尺量:抽查20%,每件测顶底面边长及高度
4	框格梁、地梁、边梁断面尺寸/mm	≥设计值	尺量:抽查20%,每梁测2个断面
5	框格梁、地梁、边梁平面位置/mm	±150	尺量:抽查10%

注:实际工程中未涉及的项目不检查。

表1-35　土钉支护实测项目

项次	检查项目	规定值或允许偏差	检查方法和频率
1△	注浆强度/MPa	在合格标准内	砂浆按水泥砂浆强度评定规定检查,其他按水泥基浆体抗压强度评定规定检查
2	土钉孔深/mm	+200,-50	尺量:抽查10%
3	土钉倾角/°	2	倾角仪:抽查10%
4	土钉孔距/mm	±100	尺量:抽查10%
5	土钉孔径/mm	+20,-5	尺量:抽查10%
6△	土钉抗拔力/kN	抗拔力平均值≥设计值;80%抗拔力≥设计值;最小抗拔力≥0.9设计值	抗拔力试验:检查土钉总数的1%,且不少于3根

（三）土钉支护外观质量要求

1. 钢筋网、土钉不得外露。
2. 喷射混凝土、框格梁、地梁、边梁应符合边坡锚固防护外观质量的要求。

八、砌体坡面防护

（一）砌体坡面防护基本要求

1. 勾缝砂浆强度不得小于浆砌砂浆强度。
2. 坡面下端基础埋置深度及其地基承载力应满足设计要求。
3. 护面下填土密实度应满足设计要求,对坡面刷坡整平后方可铺砌。
4. 砌块应相互错缝、咬扣紧密,嵌缝饱满密实。
5. 应按设计要求设置沉降缝、伸缩缝、泄水孔、坡面防排水设施。

（二）砌体坡面防护实测项目

砌体坡面防护实测项目见表1-36所列。

表 1-36 砌体坡面防护实测项目

项次	检查项目		规定值或允许偏差	检查方法和频率
1△	砂浆强度/MPa		在合格标准内	按水泥砂浆强度评定规定检查
2	顶面高程/mm	料、块石	±30	水准仪:长度不大于30m时测5点,每增加10m增加1点
		片石	±50	
3	表面平整度/mm	料、块石	≤25	2m直尺:除锥坡外每50m测3处,每处纵、横向各1尺;锥坡处顺坡测3处
		片石	≤35	
4	坡度		≤设计值	坡度尺:长度不大于30m时测5处,每增加10m增加1处
5△	厚度或断面尺寸/mm		≥设计值	尺量:长度不大于50m时测10个断面,每增加10m增加1个断面
6①	框格间距/mm		±150	尺量:抽查10%

注:①仅适用于框格式护面。

（三）砌体坡面防护外观质量要求

1. 浆砌缝开裂、勾缝不密实和脱落的累计换算面积不得超过该面面积的1.5%,且单个最大换算面积不应大于0.08m²。换算面积按缺陷缝长度乘以0.1m计算。

2. 框格梁不得与坡面脱空。

3. 坡面不得出现塌陷、外鼓变形现象。

九、石笼防护

（一）石笼防护基本要求

1. 石笼、绑扎线及填充料的种类、规格和质量应满足设计要求。

2. 地基处理及承载力应满足设计要求。

3. 石笼应充填饱满,填充料密实。

4. 石笼的坐码或平铺应错缝,绑扎应牢固,不得出现松脱、遗漏现象。

（二）石笼防护实测项目

石笼防护实测项目见表 1-37 所列。

表 1-37 石笼防护实测项目

项次	检查项目	规定值或允许偏差	检查方法和频率
1	平面位置偏位/mm	≤300	全站仪:按设计控制坐标测
2	长度/mm	≥设计长度-300	尺量:每段测
3	宽度/mm	≥设计宽度-200	尺量:每段测5处
4	高度/mm	≥设计值	水准仪或尺量:每段测5处

（三）石笼防护外观质量要求

1. 坐码石笼不得出现通缝。
2. 不得出现外鼓变形现象。

十、其他砌石构筑物

（一）其他砌石构筑物基本要求

1. 勾缝砂浆强度不得小于浆砌砂浆强度。
2. 砌块应错缝砌筑、相互咬紧；浆砌时砌块应坐浆挤紧，砂浆饱满；干砌时无松动、无叠砌和浮塞现象。

（二）其他砌石构筑物实测项目

其他砌石构筑物（浆砌、干砌片石砌体）实测项目见表 1-38、表 1-39 所列。

表 1-38 浆砌砌体实测项目

项次	检查项目		规定值或允许偏差	检查方法和频率
1△	砂浆强度/MPa		在合格标准内	按水泥砂浆强度评定规定检查
2	顶面高程/mm	料、块石	±15	水准仪：长度不大于30m时测5点，每增加10m增加1点
		片石	±20	
3	坡度/%	料、块石	≤0.3	铅锤法：长度不大于30m时测5处，每增加10m增加1处
		片石	≤0.5	
4△	断面尺寸/mm	料石	±20	尺量：长度不大于50m时测10个断面，每增加10m增加1个断面
		块石	±30	
		片石	±50	
5	表面平整度/mm	料石	≤15	2m直尺：每20m测3处，每处测竖直、水平两个方向
		块石	≤25	
		片石	≤35	

表 1-39 干砌片石砌体实测项目

项次	检查项目		规定值或允许偏差	检查方法和频率
1	顶面高程/mm		±30	水准仪：长度不大于30m时测5点，每增加10m增加1点
2	断面尺寸/mm	高度	±100	尺量：长度不大于30m时测5处，每增加10m增加1处
		厚度	±50	
3	表面平整度/mm		≤50	2m直尺：每20m测3处，每处测竖直、水平两个方向

（三）其他砌石构筑物外观质量要求

1. 浆砌缝开裂、勾缝不密实和脱落的累计换算面积不得超过该面积的 1.5%，且单个最大换算面积不应大于 0.08m², 换算面积应按缺陷缝长度乘以 0.1m 计算。

2. 砌体不得出现塌陷、外鼓变形现象。

十一、导流工程

(一)导流工程基本要求

1. 导流堤、坝的基础埋置深度及地基承载力应满足设计要求。

2. 填筑材料应分层压实。

3. 导流堤、坝的接缝应按设计要求施工,与边坡、岸坡的结合处理应稳定、牢靠。

(二)导流工程实测项目

导流工程实测项目见表 1-40 所列。

表 1-40 导流工程实测项目

项次	检查项目	规定值或允许偏差	检查方法和频率
1△	砂浆和混凝土强度/MPa	在合格标准内	混凝土按水泥混凝土抗压强度评定规定检查,砂浆按水泥砂浆强度评定规定检查
2△	堤(坝)体压实度/%	满足设计要求	密度法:每压实层测 3 处
3	平面位置偏位/mm	30	全站仪:按设计控制坐标测
4	长度/mm	≥设计长度-100	尺量:测量全部
5	断面尺寸/mm	≥设计值	尺量:测 5 个断面
6	坡度	≤设计值	坡度尺:测 5 处
7	顶面高程/mm	±30	水准仪:测 5 点

(三)导流工程外观质量要求

1. 导流堤、坝体不得出现亏坡现象。

2. 表面不规整、边线不顺畅的累计长度不得超过总长度的 10%。

第六节　路面工程

【学习目标】

1. 了解路面基层、面层的一般规定及分类和外观鉴定。
2. 熟悉路面基层、面层的基本要求和实测项目。
3. 掌握路面面层和基层的实测关键项目。
4. 掌握路面面层、基层的分项工程质量检验评定方法。
5. 掌握路面面层、基层的实测关键项目的压实度、弯沉、厚度、平整度等的检查和评定方法。

【学习内容】

一、一般规定

路面工程的实测项目规定值或允许偏差应按高速公路、一级公路和其他等级公路两档确定,路面结构层厚度检验标准均为允许偏差。

垫层应按相同材料的底基层检验。透层、黏层和封层的基本要求应与沥青表面处置面层的基本要求相同。水泥混凝土面层中钢筋加工及安装分项工程应按桥梁工程的要求进行检验。

对于水泥混凝土上加铺沥青面层的复合式路面来说,其两种结构均应进行检验评定。其中,水泥混凝土路面结构可不检查抗滑构造深度,平整度应符合相应等级公路的标准;沥青面层可不检查弯沉。

稳定土基层和底基层包括水泥土、石灰土、石灰粉煤灰、水泥粉煤灰土等;稳定粒料基层和底基层包括水泥稳定粒料、石灰稳定粒料、石灰粉煤灰稳定粒料、水泥粉煤灰稳定粒料等。

粒料基层完工后应及时洒布透层油并铺筑封层,透层油透入深度应不小于5mm,无机结合料稳定材料基层透层油透入深度不宜小于3mm。

二、水泥混凝土面层

(一)水泥混凝土面层基本要求

1. 基层质量应符合规范规定并满足设计要求,表面清洁、无浮土。
2. 接缝填缝料应符合规范规定并满足设计要求。
3. 接缝的位置、规格、尺寸及传力杆、拉力杆的设置应满足设计要求。
4. 混凝土路面铺筑后按施工规范要求进行养护。
5. 应对干缩、温缩产生的裂缝进行处理。

(二)水泥混凝土面层实测项目

水泥混凝土面层实测项目见表1-41所列。

表 1-41　水泥混凝土面层实测项目

项次	检查项目		规定值或允许偏差		检查方法和频率
			高速公路 一级公路	其他公路	
1△	弯拉强度/MPa		在合格标准内		按水泥混凝土弯拉强度评定规定检查
2△	板厚度/ mm	代表值	−5		按路面结构层厚度评定规定检查, 每200m测2点
		合格值	−10		
		极值	−15		
3	平整度①	σ/mm	≤1.32	≤2.0	平整度仪:全线每车道连续检测, 每100m计算 σ、IRI
		IRI/(m·km⁻¹)	≤2.2	≤3.3	
		最大间隙 h/ mm	3	5	3m 直尺:每半幅车道每200m 测2处×5尺
4	抗滑构造 深度/mm	一般路段	0.7~1.1	0.5~1.0	铺砂法:每200m测1处
		特殊路段②	0.8~1.2	0.6~1.1	
5	横向力系数 SFC	一般路段	≥50	—	按路面横向力系数评定规定 检查:每20m测1点
		特殊路段②	≥55	≥50	
6	相邻板高差/mm		≤2	≤3	尺量:胀缝每条测2点;纵、横缝 每200m抽查2条、每条测2点
7	纵、横缝顺直度/mm		≤10		纵缝20m拉线尺量:每200m测4处; 横缝沿板宽拉线尺量:每200m测4条
8	中线平面偏位/mm		20		全站仪:每200m测2点
9	路面宽度/mm		±20		尺量:每200m测4点
10	纵断高程/mm		±10	±15	水准仪:每200m测2个断面
11	横坡/%		±0.15	±0.25	水准仪:每200m测2个断面
12	断板率③/%		≤0.2	≤0.4	目测:全部检查,数断板面板 块数,计算其占总块数比例

注:①表中 σ 为平整度仪测定的标准差;IRI 为国际平整度指数;h 为 3m 直尺与面层的最大间隙。

②特殊路段:高速公路、一级公路特殊路段包括立体交叉匝道、平面交叉口、弯道、变速车道、组合坡度不小于3%坡度段、桥面、隧道路面及收费站广场等处;其他公路特殊路段包括设超高路段、组合坡度大于或等于4%坡度段、交叉口路段、桥面及其上下坡段、隧道路面及集镇附近路段等处。

③断板率中包含断角率,应统计行车道与超车道面板,不计入硬路肩板,不计入修复后的面板。

(三)水泥混凝土面层外观质量要求

1. 不应出现"结构混凝土外观质量限制缺陷"中板的外观限制缺陷。

2. 面板不应有坑穴、鼓包和掉角。

3. 接缝填注不得漏填、松脱,不应污染路面。

4. 路面应无积水。

三、沥青混凝土面层和沥青碎(砾)石面层

(一)沥青混凝土面层和沥青碎(砾)石面层基本要求

1. 基层质量应符合规范规定并满足设计要求,表面应干燥、清洁、无浮土。

2. 应严格控制沥青混合料拌和的加热温度。拌和后的沥青混合料应均匀、无花白料,无粗细料分离和结团成块现象。

3. 应按规定要求控制碾压工艺,严格控制摊铺和碾压温度。

(二)沥青混凝土面层和沥青碎(砾)石面层实测项目

沥青混凝土面层和沥青碎(砾)石面层实测项目见表1-42所列。

表 1-42 沥青混凝土面层和沥青碎(砾)石面层实测项目

项次	检查项目		规定值或允许偏差		检查方法和频率
			高速公路 一级公路	其他等级公路	
1△	压实度①/%		≥试验室标准密度的96%(＊98%) ≥最大理论密度的92%(＊94%) ≥试验段密度的98%(＊99%)		按压实度评定规定检查,每200m测1点。核子(无核)密度仪每200m测1处,每处5点
2	平整度	σ/mm	≤1.2	≤2.5	平整度仪:全线每车道连续检测,按每100m计算IRI或σ
		IRI/(m·km⁻¹)	≤2.0	≤4.2	
		最大间隙 h/mm	—	≤5	3m直尺:每200m测2处×5尺
3	弯沉值(0.01mm)		≤设计验收弯沉值		按弯沉值评定规定检查
4	渗水系数/ (mL·min⁻¹)	SMA路面	≤120		渗水试验仪:每200m测1处
		其他沥青 混凝土路面	≤200	—	
5	摩擦系数		满足设计要求	—	摆式仪:每200m测1处 横向力系数测定车:全线连续检测,按路面横向力系数评定规定检查
6	构造深度		满足设计要求	—	铺砂法:每200m测1处
7△	厚度②/ mm	代表值	总厚度:−5%H 上面层:−10%h	−8%H	按路面结构层厚度评定规定检查,每200m测1点
		合格值	总厚度:−10%H 上面层:−20%h	−15%H	
8	中线平面偏位/mm		20	30	全站仪:每200m测2点
9	纵断高程/mm		±15	±20	水准仪:每200m测2个断面

项次	检查项目		规定值或允许偏差		检查方法和频率
			高速公路 一级公路	其他等级公路	
10	宽度/ mm	有侧石	±20	±30	尺量:每200m测4个断面
		无侧石	≥设计值		
11	横坡/%		±0.3	±0.5	水准仪:每200m测2个断面
12△	矿料级配		满足生产配合比要求		T 0725,每台班1次
13△	沥青含量		满足生产配合比要求		T 0722、T 0721、T 0735, 每台班1次
14	马歇尔稳定度		满足生产配合比要求		T 0709,每台班1次

注:①表内压实度,高速公路、一级公路应选用2个标准评定,以合格率低的作为评定结果;其他公路选用1个标准进行评定。带＊号者是指SMA路面。

②表列沥青层厚度仅规定负允许偏差。H为沥青层总厚度,h为沥青上面层厚度;其他公路的厚度代表值和合格值允许偏差按总厚度计,当$H \leqslant 60mm$时,允许偏差分别为$-5mm$和$-10mm$;当$H > 60mm$时,允许偏差分别为 $8\%H$和$-15\%H$。

(三)沥青混凝土面层和沥青碎(砾)石面层外观质量要求

1. 表面裂缝、松散、推挤、碾压轮迹、油丁、泛油、离析的累计长度不得超过50m。
2. 搭接处烫缝应无枯焦。
3. 路面应无积水。

四.沥青贯入式面层(或上拌下贯式面层)

(一)沥青贯入式面层(或上拌下贯式面层)基本要求

1. 上拌沥青混合料每日应做沥青含量、矿料级配和马歇尔稳定度试验。
2. 沥青贯入式面层在施工前,应先做好路面结构层与路肩的排水工作。
3. 碎石层应平整坚实,嵌挤稳定;沥青贯入应深透,浇洒应均匀,不得污染其他构筑物。
4. 嵌缝料应趁热撒铺,扫料均匀,不应有重叠现象。
5. 上层采用拌和料时,混合料应均匀、无花白料,无粗细料分离和结团成块现象;摊铺应平整,接茬平顺,及时碾压。

(二)沥青贯入式面层(或上拌下贯式面层)实测项目

沥青贯入式面层(或上拌下贯式面层)实测项目见表1-43所列。

表1-43 沥青贯入式面层(或上拌下贯式面层)实测项目

项次	检查项目		规定值或允许偏差	检查方法和频率
1	平整度	σ/mm	≤3.5	平整度仪:全线每车道 连续按每100m计算IRI或σ
		IRI/(m·km^{-1})	≤5.8	
		最大间隙 h/mm	≤8	3m直尺:每200m测2处×5尺

项次	检查项目		规定值或允许偏差	检查方法和频率
2	弯沉值(0.01mm)		不大于设计验收弯沉值	按弯沉值评定规定检查
3△	厚度①/mm	代表值	−8%H 或 −5	按路面结构层厚度评定规定检查,每200m测2点
		合格值	−15%H 或 −10	
4	沥青总用量		±0.5%	每台班每层洒布检查1次
5	中线平面偏位/mm		30	全站仪:每200m测2点
6	纵断高程/mm		±20	水准仪:每200m测2个断面
7	宽度/mm	有侧石	±30	尺量:每200m测4点
		无侧石	不小于设计值	
8	横坡/%		±0.5	水准仪:每200m测2个断面
9△	矿料级配		满足生产配合比要求	T 0725,每台班1次
10△	沥青含量		满足生产配合比要求	T 0722、T 0721、T 0735,每台班1次

注:①H 为设计厚度。当 H≥60mm 时,按厚度百分率计算;当 H<60mm 时,直接选用固定值。

（三）沥青贯入式面层（或上拌下贯式面层）外观质量要求

　　1. 面层不得松散,不得漏洒,应无波浪、油包。

　　2. 路面应无积水。

五、沥青表面处置面层

（一）沥青表面处置面层基本要求

　　1. 下承层表面应坚实、稳定、平整、清洁、干燥。

　　2. 沥青浇洒应均匀,无露白,不得污染其他构筑物。

　　3. 集料应趁热撒铺,扫布均匀,不得有重叠现象,压实平整。

（二）沥青表面处置面层实测项目

　　沥青表面处置面层实测项目见表 1-44 所列。

表 1-44　沥青表面处置面层实测项目

项次	检查项目		规定值或允许偏差	检查方法和频率
1	平整度	σ/mm	≤4.5	平整度仪:全线每车道连续按每100m计算 IRI 或 σ
		IRI/(m·km^{-1})	≤7.5	
		最大间隙 h/mm	≤10	3m 直尺:每200m测2处×5尺
2	弯沉值(0.01mm)		不大于设计验收弯沉值	按弯沉值评定规定检查
3△	厚度/mm	代表值	−5	按路面结构层厚度评定规定检查,每200m每车道测1点
		合格值	−10	
4	沥青用量		±0.5%	每工作日每层洒布查1次

项次	检查项目		规定值或允许偏差	检查方法和频率
5	中线平面偏位/mm		30	全站仪：每200m测2点
6	纵断高程/mm		±20	水准仪：每200m测2个断面
7	宽度/ mm	有侧石	±30	尺量：每200m测4处
		无侧石	不小于设计值	
8	横坡/%		±0.5	水准仪：每200m测2个断面

（三）沥青表面处置面层外观质量要求

1. 表面应无拖痕，松散、推挤、油丁、泛油、离析的累计长度不得超过50m。

2. 路面应无积水。

六、稳定土基层和底基层

（一）稳定土基层和底基层基本要求

1. 石灰应经充分消解，路拌深度应达到层底。

2. 应在石灰类材料处于最佳含水率状态下进行碾压，水泥类材料碾压终了的时间不应超过水泥的终凝时间。

3. 碾压检查合格后立即覆盖或进行洒水养护，养生期应符合规范规定。

（二）稳定土基层和底基层实测项目

稳定土基层和底基层实测项目见表1-45所列。

表1-45　稳定土基层和底基层实测项目

项次	检查项目		规定值或允许偏差				检查方法和频率
			基层		底基层		
			高速公路 一级公路	其他 公路	高速公路 一级公路	其他 公路	
1△	压实度/ %	代表值	—	≥95	≥95	≥93	按压实度评定规定检查， 每200m测2点
		极值	—	≥91	≥91	≥89	
2	平整度/mm		—	≤12	≤12	≤15	3m直尺：每200m测2处×5尺
3	纵断高程/mm		+5，−15	+5，−15	+5，−15	+5，−20	水准仪：每200m测2个断面
4	宽度/mm		满足设计要求		满足设计要求		尺量：每200m测4个断面
5△	厚度/ mm	代表值	—	−10	−10	−12	按路面结构层厚度评定 规定检查，每200m测2点
		合格值	—	−20	−25	−30	
6	横坡/%		—	±0.5	±0.3	±0.5	水准仪：每200m测2个断面
7△	强度/MPa		满足设计要求		满足设计要求		按无机结合料 稳定材料强度评定规定检查

（三）稳定土基层和底基层外观质量要求

表面应无松散、无坑洼、无碾压轮迹。

七、稳定粒料基层和底基层

（一）稳定粒料基层和底基层基本要求

1. 应选择质坚干净的粒料，石灰应充分消解，矿渣应分解稳定，对于未分解渣块应予剔除。
2. 路拌深度应达到层底。
3. 应在石灰类材料处于最佳含水率状态下进行碾压，水泥类材料碾压终了的时间不应超过水泥的终凝时间。
4. 碾压检查合格后立即覆盖或洒水养护，养护期应符合规范规定。

（二）稳定粒料基层和底基层实测项目

稳定粒料基层和底基层实测项目见表 1-46 所列。

表 1-46 稳定粒料基层和底基层实测项目

项次	检查项目		规定值或允许偏差				检查方法和频率
			基层		底基层		
			高速公路一级公路	其他公路	高速公路一级公路	其他公路	
1△	压实度/%	代表值	≥98	≥97	≥96	≥95	按压实度评定规定检查，每 200m 测 2 点
		极值	≥94	≥93	≥92	≥91	
2	平整度/mm		≤8	≤12	≤12	≤15	3m 直尺：每 200m 测 2 处×5 尺
3	纵断高程/mm		+5，−10	+5，−15	+5，−15	+5，−20	水准仪：每 200m 测 2 个断面
4	宽度/mm		满足设计要求		满足设计要求		尺量：每 200m 测 4 点
5△	厚度/mm	代表值	−8	−10	−10	−12	按路面结构层厚度评定规定检查，每 200m 测 2 点
		合格值	−10	−20	−25	−30	
6	横坡/%		±0.3	±0.5	±0.3	±0.5	水准仪：每 200m 测 2 个断面
7△	强度/MPa		满足设计要求		满足设计要求		按无机结合料稳定材料强度评定规定检查

（三）稳定粒料基层和底基层外观质量要求

1. 表面应无松散、无坑洼、无碾压轮迹。
2. 表面连续离析不得超过 10m，累计离析不得超过 50m。

八、级配碎（砾）石基层和底基层

（一）级配碎（砾）石基层和底基层基本要求

1. 配料应准确。
2. 塑性指数应满足设计要求。

（二）级配碎（砾）石基层和底基层实测项目

级配碎（砾）石基层和底基层实测项目见表 1-47 所列。

表 1-47　级配碎（砾）石基层和底基层实测项目

项次	检查项目		规定值或允许偏差				检查方法和频率
			基层		底基层		
			高速公路 一级公路	其他 公路	高速公路 一级公路	其他 公路	
1△	压实度/ %	代表值	≥98	≥98	≥96	≥96	按压实度评定规定检查， 每 200m 测 2 点
		极值	≥94	≥94	≥92	≥92	
2	弯沉值(0.01mm)		满足设计要求		满足设计要求		按弯沉值评定规定检查
3	平整度/mm		≤8	≤12	≤12	≤15	3m 直尺：每 200m 测 2 处×5 尺
4	纵断高程/mm		+5,-10	+5,-15	+5,-15	+5,-20	水准仪：每 200m 测 2 个断面
5	宽度/mm		满足设计要求		满足设计要求		尺量：每 200m 测 4 点
6△	厚度/ mm	代表值	-8	-10	-10	-12	按路面结构层厚度评定 规定检查，每 200m 测 2 点
		合格值	-10	-20	-25	-30	
7	横坡/%		±0.3	±0.5	±0.3	±0.5	水准仪：每 200m 测 2 个断面

（三）级配碎（砾）石基层和底基层外观质量要求

1. 表面应无松散、无坑洼、无碾压轮迹。

2. 表面连续离析不得超过 10m，累计离析不得超过 50m。

九、填隙碎石（矿渣）基层和底基层

（一）填隙碎石（矿渣）基层和底基层基本要求

1. 所用材料的规格、质量应满足设计要求。

2. 应采用振动压路机碾压至填隙饱满密实。

（二）填隙碎石（矿渣）基层和底基层实测项目

填隙碎石（矿渣）基层和底基层实测项目见表 1-48 所列。

表 1-48　填隙碎石（矿渣）基层和底基层实测项目

项次	检查项目		规定值或允许偏差				检查方法和频率
			基层		底基层		
			高速公路 一级公路	其他 公路	高速公路 一级公路	其他 公路	
1△	固体体 积率/%	代表值	—	≥98	≥96	—	密度法：每 200m 测 2 点
		极值	—	≥82	≥80	—	

项次	检查项目	规定值或允许偏差				检查方法和频率
		基层		底基层		
		高速公路 一级公路	其他 公路	高速公路 一级公路	其他 公路	
2	弯沉值(0.01mm)	满足设计要求		满足设计要求		按弯沉值评定规定检查
3	平整度/mm	—	≤12	≤12	≤15	3m 直尺:每200m 测2处×5尺
4	纵断高程/mm	—	+5,－15	+5,－15	+5,－20	水准仪:每200m 测2个断面
5	宽度/mm	满足设计要求		满足设计要求		尺量:每200m 测4点
6△	厚度/mm 代表值	—	—10	—10	—12	按路面结构层厚度评定 规定检查,每200m 测2点
	厚度/mm 合格值	—	—20	—25	—30	
7	横坡/%	—	±0.5	±0.3	±0.5	水准仪:每200m 测2个断面

（三）填隙碎石(矿渣)基层和底基层外观质量要求

1. 表面应无松散、无坑洼、无碾压轮迹。
2. 表面连续离析不得超过10m,累计离析不得超过50m。

十、路缘石铺设

（一）路缘石铺设基本要求

1. 水泥混凝土强度应满足设计要求。
2. 安装应砌筑稳固,顶面平整,缝宽均匀,勾缝密实,线条直顺。
3. 槽底基础和后背填料应夯打密实。

（二）路缘石铺设实测项目

路缘石铺设实测项目见表1-49所列。

表 1-49 路缘石铺设实测项目

项次	检查项目		规定值或允许偏差	检查方法和频率
1	直顺度/mm		15	20m 拉线尺量:每200m 测4处
2	预制铺设	相邻两块 高差/mm	3	水平尺:每200m 测4点
		相邻两块 缝宽/mm	±3	尺量:每200m 测4点
	现浇	宽度/mm	±5	尺量:每200m 测4点
3	顶面高程/mm		±10	水准仪:每200m 测4点

（三）路缘石铺设外观质量要求

1. 路缘石不应破损。
2. 平缘石不应阻水。

十一、路肩

(一)路肩基本要求

1. 路肩表面应平整密实,无积水。
2. 肩线应直顺,曲线圆滑。

(二)路肩实测项目

路肩实测项目见表1-50所列。

表1-50 路肩实测项目

项次	检查项目		规定值或允许偏差	检查方法和频率
1	压实度/%		不小于设计值, 设计未规定时不小于90%	按压实度评定规定检查,每200m测1点
2	平整度/ mm	土路肩	≤20	3m直尺;每200m测2处×5尺
		硬路肩	≤10	
3	横坡/%		±1.0	水准仪;每200m测2个断面
4	宽度/mm		满足设计要求	尺量;每200m测2点

(三)路肩外观质量要求

路肩应无阻水、无杂物。

第七节　工程项目验收鉴定

【学习要求】

1. 了解交工验收和竣工验收等概念。
2. 熟悉交工验收和竣工验收的条件、程序和内容。
3. 掌握新建和改建公路工程质量鉴定,以及工程质量等级的评定方法。
4. 掌握进行新建和改建、公路工程质量鉴定与质量等级评定方法。

【学习内容】

公路工程验收分为交工验收和竣工验收两个阶段。

交工验收阶段的主要工作是:检查施工合同的执行情况,评价工程质量,对各参建单位工作进行初步评价。

竣工验收阶段的主要工作是:对工程质量、参建单位和建设项目进行综合评价,并对工程建设项目做出整体性综合评价。

一、交(竣)工验收内容

(一)交工验收主要工作内容

1. 检查合同执行情况。
2. 检查施工自检报告、施工总结报告及施工资料。
3. 检查监理单位独立抽检资料、监理工作报告及质量评定资料。
4. 检查工程实体,审查有关资料,包括主要产品的质量抽(检)测报告。
5. 核查工程完工数量是否与批准的设计文件相符,是否与工程计量数量一致。
6. 对合同是否全面执行、工程质量是否合格做出结论。
7. 按合同段分别对设计、监理、施工等单位进行初步评价。

(二)竣工验收主要工作内容

1. 成立竣工验收委员会。
2. 听取公路工程项目执行报告、设计工作报告、施工总结报告、监理工作报告及接管养护单位项目使用情况报告。
3. 听取公路工程质量监督报告及工程质量鉴定报告。
4. 竣工验收委员会成立专业检查组检查工程实体质量,审阅有关资料,形成书面检查意见。
5. 对项目法人建设管理工作进行综合评价。审定交工验收对设计单位、施工单位、监理单位的初步评价。
6. 对工程质量进行评分,确定工程质量等级,并综合评价建设项目。
7. 形成并通过《公路工程竣工验收鉴定书》。
8. 负责竣工验收的交通运输主管部门印发《公路工程竣工验收鉴定书》。

9. 质量监督机构依据竣工验收结论,对各参建单位签发"公路工程参建单位工作综合评价等级证书"。

二、工程质量鉴定

(一)总体要求

构造物混凝土强度、路面面层厚度的代表值、路面弯沉代表值等评定结果均合格;桩基的无破损检测、预应力构件的张拉应力、桥梁荷载试验等均符合设计要求,桥梁主要受力部位上无超过规范要求的裂缝,桥梁通航净空尺寸满足设计要求;隧道支护、衬砌厚度无严重不足,隧道支护、衬砌背后无严重空洞;重要支挡工程无严重变形、高填方无严重沉陷变形、高边坡无失稳等现象。只有上述要求得到满足后,方可对工程质量进行鉴定。

(二)工程实体检测

1. 路基工程压实度、边坡每 1km 抽查不少于一处,每个合同段路基压实度检查点数不少于 10 个。路基弯沉检测,高速公路、一级公路以每半幅每千米为评定单元,其他等级公路以每千米为评定单元。

2. 排水工程的断面尺寸每 1km 抽查 2~3 处,铺砌厚度按合同段抽查不少于 3 处。

3. 小桥的混凝土强度和主要结构尺寸抽查数不少于总数的 20%,且每种类型抽查不少于 1 座。

4. 涵洞的混凝土强度与结构尺寸抽查数不少于总数的 10%,且每种类型抽查不少于 1 道。

5. 支挡工程的混凝土强度和断面尺寸抽查不少于总数的 10% 且每种类型抽查不少于 1 处。

6. 路面工程的弯沉、平整度检测,高速公路、一级公路以每半幅每 1km 为评定单元,其他等级公路以每 1km 为评定单元。其他抽查项目如压实度、车辙、混凝土强度、抗滑、厚度等每千米不少于 1 处。

7. 特大桥、大桥逐座检查;中桥抽查数不少于总数的 30% 且每种桥型抽查不少于 1 座。

8. 桥梁下部工程抽查数不少于墩台总数的 20% 且不少于 5 个,墩台数量少于 5 个时全部检测。每种结构抽查不少于 1 个。

9. 桥梁上部工程抽查数不少于总孔数的 20% 且不少于 5 个,孔数少于 5 个时全部检测。每种结构抽查不少于 1 个。

10. 隧道逐座检查。

11. 交通安全设施中防护栏、标线每千米抽查数不少于 1 处;标志抽查数不少于总数的 10%。

12. 机电工程各类设施抽查数不少于 10%,每类设施少于 3 个时全部检测。

13. 房屋建筑工程逐处检查。

(三)抽查项目

1. 抽查项目与权值

在公路工程质量鉴定抽查项目中与路基路面工程有关的抽查项目及其权值、分部工程权值见表 1-51 所列。

表 1-51　公路工程质量鉴定抽查项目

单位工程	分部工程类别	抽查项目	权值	备　注	权值
路基工程	路基土石方	压实度	3	每处每车道不少于1点	3
		弯沉	3	每评定单元检测不少于40点,各车道交替检测	
		边坡	1	每处两侧各测不少于2个坡面	
	排水工程	断面尺寸	1	每处抽不小于2个断面	1
		铺砌厚度	3	每处开挖检查不少于1个断面	
	小桥	混凝土强度	3	每座用回弹仪或超声波测上、下部结构各不少于10个测区	2
		主要结构尺寸	1	每座抽10~20个	
	涵洞	混凝土强度	3	每处用回弹仪或超声波测不少于10个测区	1
		结构尺寸	2	每道5~10个	
	支挡工程	混凝土强度	3	每处用回弹仪或超声波测不少于10个测区	2
		断面尺寸	3	每处开挖检查不少于1个断面	
路面工程	路面面层	沥青路面压实度	3	每处不少于1点	1
		沥青路面弯沉*	3	每评定单元检测不少于40点,各车道交替检测	
		沥青路面车辙*	1	允许偏差:≤10mm;每处每车道至少测1个断面	
		沥青路面渗水系数	2	每处不少于1点	
路面工程	路面面层	混凝土路面强度	3	每处不少于1点	1
		混凝土路面相邻板高差*	1	每处测膨胀缝位置相邻板高差不少于3点	
		平整度*	2	高速公路、一级公路连续检测	
		抗滑*	2	高速公路、一级公路检测摩擦系数、构造深度	
		厚度	3	每处不少于1点	
		横坡	1	每处1~2个断面	

注:表中"支挡工程"指挡土墙、抗滑桩、铺砌式坡面防护、喷锚等防护工程。

2. 抽查要求

抽查项目均应在合同段交工验收前完成检测。竣工验收前,应对上表中带"*"的抽查项目进行复测,复测结果和其他抽查项目在交工验收时的检测结果,作为竣工验收质量评定的依据。沥青路面弯沉、平整度、抗滑等复测指标的质量评定标准根据相关规范及当地实际情况确定。

未列出的检查项目、竣工验收复测项目以及技术复杂的悬索桥、斜拉桥等工程,质量监督机构均可根据工程实际情况增加检测、复测项目。

未明确规定抽查项目的规定值或允许偏差的,按照《公路工程质量检验评定标准》执行。

对弯沉、路面厚度、平整度、摩擦系数、隧道衬砌混凝土强度及厚度等抽查项目优先采用自动化检测(或无损检测)设备进行检测,也可采用常规方法进行检测。采用无测试规程的自动化检测(或无损检测)得出的结果有争议时,由交通运输主管部门组织有关专家确定。

竣工验收前复测的沥青路面弯沉值评定方法:采用数理统计方法评定,以每评定单元计算实测弯沉代表值,可采用3倍标准差方法对特异数据进行一次性舍弃;若计算实测弯沉代表值满足设计要求,该评定单元为合格,否则为不合格;以合同段内合格的评定单元数与总的评定单元数比值为该合同段内竣工验收复测路面弯沉合格率。对于超出大于3倍标准差的舍弃点及不合格单元要加强观察。

(四)外观检查

由该项目工程质量鉴定的质量监督机构或其委托的有资质的检测单位负责在交工验收前和竣工验收前对工程外观进行全面检查。

工程外观存在严重缺陷和安全隐患或已降低服务水平的建设项目不予验收,经整修达到设计要求后方可组织验收。

项目交工验收前应对桥梁、隧道、重点支挡工程、高边坡等涉及安全运营的重要工程部位进行详细检查。

对外观检查不符合要求的分部工程按标准要求予以扣分。

(五)内业资料审查

内业资料主要审查以下质量保证资料:

1. 所用原材料、半成品和成品质量检验结果。
2. 材料配比、拌和加工控制检验和试验数据。
3. 地基处理、隐蔽工程施工记录和大桥、隧道施工监控资料。
4. 各项质量控制指标的试验记录和质量检验汇总图表。
5. 施工过程中遇到的非正常情况记录及其对工程质量的影响分析。
6. 施工过程中如发生质量事故,经处理补救后,达到设计要求的认可证明文件。
7. 中间交工验收资料。
8. 施工过程各方发生的较大质量问题、交工验收遗留问题及试运营期出现的质量问题处理情况资料。

质量保证资料及最基本的数据、资料齐全后方可组织进行工程质量鉴定。

内业资料存在伪造涂改、不齐全、不满足有关标准和规范要求、不规整等现象和问题时,予以扣分。

三、交工验收工程质量等级评定

各合同段的设计、施工、监理等单位参加交工验收工作,由项目法人负责组织。路基工程作为单独合同段进行交工验收时,应邀请路面施工单位参加。拟交付使用的工程,应邀请运营、养护管理等相关单位参加。交通运输主管部门、公路管理机构、质量监督机构视情况参加交工验收。

合同段工程质量评分值为所含各单位的工程质量评分的加权平均值。即

$$合同段工程质量评分值 = \frac{\sum(单位工程质量评分值 \times 该单位工程投资额)}{\sum 单位工程投资额} \qquad (1-2)$$

工程各合同段交工验收结束后,由项目法人对整个工程项目进行工程质量评定,工程项目质量评分值为各合同段工程质量评分的加权平均值。即

$$工程项目质量评分值 = \frac{\sum (合同段工程质量评分值 \times 该合同段投资额)}{\sum 合同段投资额} \quad (1-3)$$

投资额原则上使用结算价,当结算价暂时未确定时,可使用招标合同价,但在评分计算时应统一。

交工验收工程质量等级评定分为合格和不合格,工程质量评分值大于等于 75 分的为合格,小于 75 分的为不合格。交工验收不合格的工程应返工整改,直至合格。交工验收提出的工程质量缺陷等遗留问题,由项目法人责成施工单位限期完成整改。对通过的交工验收工程,应及时安排养护管理。

公路工程各合同段验收合格后,质量监督机构应向交通主管部门提交项目的检测报告。交通主管部门在 15 天内未对备案的项目交工验收报告提出异议,项目法人可开放交通使项目进入试运营期,试运营期不得超过 3 年。

四、竣工验收

(一)公路工程竣工验收应具备的条件

1. 通车试运营 2 年以上。

2. 交工验收提出的工程质量缺陷等遗留问题已全部处理完毕,并经项目法人验收合格。

3. 工程决算编制完成,竣工决算已经审计,并经交通运输主管部门或其授权单位认定。

4. 竣工文件已完成"公路工程项目文件归档范围"的全部内容。

5. 档案、环保等单项验收合格,土地使用手续已办理。

6. 各参建单位完成工作总结报告。

7. 质量监督机构对工程质量检测鉴定合格,并形成工程质量鉴定报告。

(二)竣工验收工程质量评分及质量等级评定

竣工验收工程质量评分采取加权平均法计算,其中交工验收工程质量得分权值为 0.2,质量监督机构工程质量鉴定得分权值为 0.6,竣工验收委员会对工程质量的评分权值为 0.2。

工程质量评分大于等于 90 分的为优良,小于 90 分且大于等于 75 分的为合格,小于 75 分的为不合格。

(三)竣工验收建设项目综合评分

竣工验收委员会对项目法人及设计、施工、监理单位工作进行综合评价。评定得分大于等于 90 分且工程质量等级优良的为好,小于 90 分且大于等于 75 分的为中,小于 75 分的为差。

竣工验收建设项目综合评分采取加权平均法计算,其中竣工验收工程质量得分权值为

0.7,参建单位工作评价得分权值为 0.3(项目法人占 0.15,设计、施工、监理各占 0.05)。

评定得分大于等于 90 分且工程质量等级优良的为优良,小于 90 分且大于等于 75 分的为合格,小于 75 分的为不合格。对于发生过重大及以上生产安全事故的建设项目,综合评定等级不得评为优良。

五、质量检验评定样表(表 1 - 52～表 1 - 54)

表 1 - 52 分项工程质量检验评定表

分项工程名称: 　　工程部位(桩号、墩台号、孔号): 　　所属建设项目(合同段):

所属分部工程名称: 　　所属单位工程: 　　施工单位: 　　分项工程编号:

基本要求	1. 2. ...														
实测项目	项次	检查项目	规定值或允许偏差	实测值或实测偏差值										质量评定		
				1	2	3	4	5	6	7	8	9	10	平均值、代表值	合格率/%	合格判定
	外观鉴定							质量保证资料								
	工程质量等级评定															

检验负责人: 　　检测: 　　记录: 　　复核: 　　　年 月 日

表 1 - 53 分部工程质量检验评定表

分部工程名称: 　　工程部位(桩号、墩台号、孔号): 　　所属建设项目(合同段):

所属单位工程: 　　施工单位: 　　分部工程编号:

分项工程			备注
分项工程编号	分项工程名称	质量等级	
外观质量			
评定资料			

分项工程			备注
分项工程编号	分项工程名称	质量等级	
质量等级			
评定意见			

检验负责人： 记录： 复核： 年 月 日

表 1-54 单位工程质量检验评定表

单位工程名称： 工程地点、桩号： 所属建设项目(合同段)：

施工单位： 单位工程编号：

分部工程			备注
分部工程编号	分部工程名称	质量等级	
外观质量			
评定资料			
质量等级			
评定意见			

检验负责人： 记录： 复核： 年 月 日

【课后任务】

1. 通过信息搜索,收集最新的交通运输部部颁的试验检测规程和相关规范的电子版内容,已备以后工作需要。

2. 加强试验检测工作对工程质量控制有何意义?

3. 简述对检测人员的基本要求。

4. 土方路基的实测项目有哪些? 其中哪些属于关键项目?

5. 稳定粒料基层和底基层的实测项目有哪些? 其中哪些属于关键项目?

6. 沥青混凝土面层的实测项目有哪些? 其中哪些属于关键项目?

7. 简述检测机构等级评定、试验检测活动及检测人员管理。

8. 简述如何进行公路工程交(竣)工验收工程质量评分及质量等级评定。

9. 某二级公路仅有路基、路面两个单位工程,经检验评定土方路基工程得分为 91 分,路面工程得分为 89 分,涵洞工程得分为 85 分,浆砌排水沟工程得分为 79 分。请评定此二级公路各分部工程和单位工程的质量等级。

第二章 试验检测数据处理

第一节 检测数据的处理

【学习要求】

1. 了解有效数字和有效位数。
2. 掌握基本的数字修约规则。

【学习内容】

工程质量的评价是以各种试验检测数据为依据的,试验检测采集得到的大量原始数据必须经过分析处理,如有些数据要经过无量纲化处理之后才具备可比性,况且数据中还存在各种误差,甚至还有一些要剔除的错误数据。所以,原始数据一定要被分析处理,才能取得可靠的试验检测成果。

一、有效数字

在测量工作中,由于测量结果总会有误差,因此表示测量结果的位数不宜太多,也不宜太少,太多容易使人误认为测量精度很高,太少则会损失精度。

在测量过程中,由于受到一系列不可控制和不可避免的主观和客观因素的影响,所获得的测量值必定含有误差,即获得的测量值仅仅是被测量的近似值。另一方面,在数据处理过程中引入的诸如 π、$\sqrt{2}$ 等一些常量,在大多数情况下,是以无穷小数形式的无理数来表示的,这就需要确定一项原则,将测得的或计算的数截取到所需的位数。凡是认为在一个数值中小数点后面的位数愈多,这个数值就愈准确,或者在计算中,保留的位数愈多,这个数值就愈准确的想法都是错误的。第一种想法的错误在于没有弄清楚小数点的位置不是决定数值准确与否的标准,而仅与所用计量单位的大小有关。如长度为 21.3mm 与 0.0213m,其准确程度完全相同。第二种想法的错误在于不了解所有测量仪器,由于仪器和人们的感官只能做到一定的准确程度,这个准确程度一方面决定于所用仪器刻度的精细程度,另一方面也与所用方法有关。因此在计算结果中,无论取多少位数都不可能把准确程度增加到超过测量误差所允许的范围。反之,表示一个数值时,如果书写的位数过少,即数值所取的有效位数少于实际所能达到的精度,不能把已经达到的精度表示出来,这种做法也是错误的。例如,不考虑测量误差,单从有效数字来考虑,在数学上 23 与 23.00 两个数是相等的,而作为表示测量结果的数值,两者相差却是很悬殊的。用 23 表示的测量结果，其误差可能为±0.5；而用 23.00 表示的测量结果，其误差可能是±0.005。再如，1 和 0.1 在数值上相差 10 倍，单从数值上看两数是不相等的，而作为测量结果时，可能因所用单位的不同，二者所表示的测量结果和所达到的精度是相同的。因此，在对测量数据的处理中，掌握有效数字的有关知识是十分重要的。

有效数字的概念可表述为：由数字组成的一个数，除最末一位数字是不确切值或可疑值外，其余均为可靠性正确值，则组成该数的所有数字包括末位数字在内的称为有效数字，除有效数字外，其余数字为多余数字。对于"0"这个数字，它在数中的位置不同，可能是有效数字，也可能是多余数字。

整数前面的"0"无意义，是多余数字。

对纯小数，在小数点后，数字前的"0"只起定位和决定数量级的作用，相当于所取的单位不同，是多余数字。

处于数中间位置的"0"是有效数字。

处于数后面位置的"0"是否算有效数字可分三种情况：

(1)数后面的"0"，若把多余数字的"0"用 10 的乘幂来表示，使其与有效数字分开，这样在 10 的乘幂前面所有数字包括"0"皆为有效数字；

(2)作为量测结果并注明误差值的数值，其表示的数值等于或大于误差值的所有数字，包括"0"皆为有效数字；

(3)对于上面两种情况以外的数后面的"0"则很难判断是有效数字还是多余数字，因此，应避免采用这种不确切的表示方法。

对于 个数来说，其有效数字占有的位数，即有效数字的个数，为该数的有效位数。

为弄清有效数字的概念，举例如下：

00703,0.0703,7.03,7.03×10² 这四个数的有效位数均为 3，有效数字都是 3 个。

再如，测量某一试件面积并得其有效面积 $A=0.0501502\text{m}^2$，测量的极限误差 $\delta_{\lim}=0.000005\text{m}^2$，则测量结果应当表示为 $A=(0.050\pm0.000005)\text{m}^2$。误差的有效数字为 1 位，即 5，而有效面积的有效数字应为 5 个，即 50150，因 2 小于误差的数量级，故为多余数字。

用 71300 表示数值则为不确切的表示方法。它可能是 71.3×10^3，也可能是 7.130×10^4，也有可能是 7.1300×10^4，即有效数字可能是 3 个、4 个或 5 个。若无其他说明，则很难判定其有效数字究竟是几个。

在量测或计量中应取多少位有效数字，可根据下述准则判定：

(1)对不需要标明误差的数据，其有效位数应取到最末一位数字为可疑数字(也称不确切或参考数字)；

(2)对需要标明误差的数据，其有效位数应取到与误差为同一数量级。

二、数字修约规则

(一)修约间隔

修约间隔是指确定修约保留位数的一种方式。修约间隔的数值一经确定，修约值即应为该数值的整数倍。

例如指定修约间隔为 0.1,修约值即应在 0.1 的整数倍中选取,相当于将数值修约到一位小数。又如指定修约间隔为 100,修约值即应在 100 的整数倍中选取,相当于将数值修约到"百"数位。

0.5 单位修约(半个单位修约)是指修约间隔为指定数位的 0.5 单位,即修约到指定数位的 0.5 单位。

0.2 单位修约是指修约间隔为指定数位的 0.2 单位,即修约到指定数位的 0.2 单位。

最基本的修约间隔是 10^n(n 为整数),它等同于确定修约到某数位。

(二)数值修约进舍规则

(1)拟舍弃数字的最左一位数字小于 5 时,则舍去,即保留的各位数字不变。

如:将 13.2476 修约到一位小数,得 13.2。

如:将 13.2476 修约成两位有效位数,得 13。

(2)拟舍弃数字的最左一位数字大于 5 或者该数字是 5,而且后面的数字并非全部为 0 时,则进 1,即保留的末位数字加 1。

如:将 1167 修约到"百"数位,得 12×10^2(特定时可写为 1200)。

如:将 1167 修约成三位有效位数,得 117×10(特定时可写为 1170)。

如:将 10.502 修约到"个"数位,得 11。

(3)拟舍弃数字的最左一位数字为 5,而后面无数字或全部为 0 时,若所保留的末位数字为奇数(1,3,5,7,9)则进一,为偶数(2,4,6,8,0)则舍弃。

【学习案例 2－1】

修约间隔为 0.1(或 10^{-1}),

拟修约数值	修约值
2.050	2.0
0.150	0.2

【学习案例 2－2】

修约间隔为 1000(或 10^3),

拟修约数值	修约值
4500	4×10^3(特定时可写为 4000)
5500	6×10^3(特定时可写为 6000)

【学习案例 2－3】

将下列数字修约成两位有效位数。

拟修约数值	修约值
0.0345	0.034
34500	34×10^3(特定时可写为 34000)

(4)负数修约时,先将它的绝对值按上述三条规定进行修约,然后在修约值前面加上负号。

【学习案例 2-4】

将下列数字修约至"十"数位。

拟修约数值	修约值
-255	-26×10(特定时可写为-260)
-245	-24×10(特定时可写为-240)

【学习案例 2-5】

将下列数字修约成两位有效位数。

拟修约数值	修约值
-285	-28×10(特定时可写为-280)
-0.0285	-0.028

(5)进行 0.5 单位修约时,将拟修约数值乘以 2,按指定数位依进舍规则修约,将所得数值再除以 2。

【学习案例 2-6】

将下列数字修约到"个"数位的 0.5 单位(或修约间隔为 0.5)。

拟修约数值	乘以 2	2A 修约值	A 修约值
A	2A	修约间隔为 1	修约间隔为 0.5
50.25	100.50	100	50.0
50.38	100.76	101	50.5
-50.75	-101.50	-102	-51.0

(6)进行 0.2 单位修约时,将拟修约数值乘以 5,按指定数位依进舍规则修约,将所得数值再除以 5。

【学习案例 2-7】

将下列数字修约到"百"数位的 0.2 单位(或修约间隔为 20)。

拟修约数值	乘以 5	5A 修约值	A 修约值
A	5A	修约间隔为 100	修约间隔为 20
830	4150	4200	840
842	4210	4200	840
-930	-4650	-4600	-920

上述数值修约规则(有时称之为"奇升偶舍法")与常用的"四舍五入法"区别在于,用

"四舍五入法"对数值进行修约时,从很多修约后的数值中得到的均值偏大。而用上述的修约规则时,进舍的状况具有平衡性,进舍误差也具有平衡性,若干数值经过这种修约后,修约值之和变大的可能性与变小的可能性是一样的。

(三)数值修约注意事项

实行数值修约,应在明确修约间隔、确定修约位数后一次完成,而不应连续修约,否则会导致产生不正确的结果。然而,实际工作中常有这种情况,有的部门先将原始数据按修约要求多一位至几位报出,而后另一个部门按此报出值再按规定位数进行修约和判定,这样就产生了连续修约的错误。

(1)拟修约数字应在确定修约后,进行一次修约便获得结果,而不得多次按进舍规则连续修约。

例如:修约 15.4546,修约间隔为 1,

正确的做法:15.4546 →15;

不正确的做法:15.4546→15.455→15.46→15.5→16。

(2)在具体实施中,有时测量与计算部门先将获得数值按指定的修约数位多一位或几位报出,而后由其他部门判定。为避免产生连续修约的错误,应按下列步骤进行。

① 报出数值最右的非 0 数字为 5 时,应在数值后面加"(+)"号或"(-)"号或不加符号,以分别表明已进行过舍、进或未舍未进。

例如:15.50(+)表示实际值大于 15.50,经修约舍弃成为 15.50;15.50(-)表示实际值小于 15.50,经修约进 1 成为 15.50。

② 如果判定报出值需要进行修约,当拟舍弃数字的最左一位数字为 5,后面无数字或全部为 0 时,数值后面有(+)号者进 1,数值后面有( )号者舍去,其他仍按进舍规则进行。

【学习案例 2-8】

将下列数字修约到个数位后进行判定(报出值多留一位到一位有效小数)。

实测值	报出值	修约值
15.4546	15.5(-)	15
15.5203	15.5(+)	16
16.5000	16.5	16
-14.4546	-14.5(-)	-14

第二节　数据的统计特征与分布

【学习要求】

1. 了解总体与样本的概念。
2. 掌握数据的统计特征量的计算方法。
3. 掌握正态分布以及 t 分布研究方法。

【学习内容】

一、总体与样本

在工程质量检验中，对无限总体中的个体，逐一考察其某个质量特性显然是不可能的；对有限总体，所含个体数量虽不大，但考察方法往往是破坏性的，同样不能进行全数考察。所以，通过抽取总体中的一小部分个体加以检测，以了解和分析总体质量状况，这是工程质量检验的主要方法（有关工程质量的抽样检验方法将在后面章节中讨论）。因此，除特殊项目外，大多采用抽样检验法，这就涉及总体与样本的概念。

总体又称母体，是统计分析中所要研究对象的全体；而组成总体的每个单元称为个体。例如，在沥青混合料拌和工地上需要确定某公司运来的一批沥青质量是否合格，则这批沥青就是总体。总体分为有限总体和无限总体。如果是一批产品，由于其数量有限，因此称其为有限总体；如果是一道工序，由于工序总在源源不断地生产出产品，有时是一个连续的整体，因此这样的总体称为无限总体。

样本是按一定规则从总体中抽取的一部分个体。所谓"按一定规则"就是指总体中每个个体有同等的被抽出的机会。例如，从每一桶沥青中取两个试样，一批沥青有 100 桶，抽查了 200 个试样做试验，则这 200 个试样就是样本。而组成样本的每一个个体，即为样品。例如，上述 200 个试样中的某一个，就是该样本中的一个样品。样本容量是样本中所含样品的数量，通常用 n 来表示。上例中样本容量 $n=200$。样本容量的大小，直接关系到判断结果的可靠性。一般来说，样本容量愈大，可靠性愈好，但检测所耗费的工作量亦愈大，成本也就愈高。样本容量与总体中所含个体的数量相等时，是一种极限情况，因此，全数检验是抽样检验的极限。

二、数据的表达方法

如何对通过试验检测获得的一系列数据进行深入的分析，以便得到各参数之间的关系，甚至用数学解析的方法，导出各参数之间的函数关系，这是数据处理的任务之一。测量数据的表达方法通常有表格法、图示法和经验公式法三种。

（一）表格法

表格法为首先将试验中的一系列测量数据列成表格，然后再进行其他的处理。列成表格可表示出测量结果，也便于以后的计算，同时也是图示法和经验公式法的基础。

表格一般分为两种：一种是试验检测数据记录表，另一种是试验检测结果表。

试验检测数据记录表是该项试验检测数据的原始记录表，它包括的内容应有试验检测目的、内容摘要、试验日期、环境条件、检测仪器设备、原始数据、测量数据、结果分析以及参加人员和负责人等。

试验检测结果表只反映试验检测结果的最后结论，一般只有几个变量之间的对应关系。试验检测结果表应力求简明扼要，能说明问题。

（二）图示法

图示法的最大优点是一目了然，即从图形中可非常直观地看出测量值的变化规律，如递增性或递减性，最大值或最小值，是否具有周期性变化规律等。

图示法的基本要点如下：

（1）在直角坐标系中绘制测量数据的图形时，应以横坐标为自变量，纵坐标为对应的测量值。例如，分析平整度检测结果随路面纵向的变化情况，可设横坐标为桩号，纵坐标为国际平整度指数 IRI。

（2）坐标纸的大小与分度的选择应与测量数据的精度相适应。坐标分度值不一定自零起，可用低于试验数据的某一数值作为起点和高于试验数据的某一数值作为终点，曲线以基本占满全幅坐标纸为宜。

（3）坐标轴应注明分度值的有效数字和名称、单位，必要时还应标明试验条件，坐标的文字书写方向应与该坐标轴平行，在同一图上表示不同数据时应该用不同的符号加以区别。

（4）将每个试验数据在坐标系中标出成为一个点，然后用直线将这些点相连接，即可大致看出一组试验数据的变化特点。

（三）经验公式法

运用最小二乘法原理，通常可利用统计分析软件，对一组试验数据进行曲线拟合或回归分析得到经验公式，使测量数据不仅可用一条直线或曲线表示，而且可用与图形对应的一个经验公式来表示。应通过检验其相关性，明确所建立经验公式的准确性。精度达到一定要求的经验公式才能用于工程中。

三、数据的统计特征量

用来表示统计数据分布及其某些特性的特征量分为两类：一类表示数据的集中位置，例如算术平均值、中位数等；一类表示数据的离散程度，主要有极差、标准差、变异系数等。

（一）算术平均值

算术平均值是表示一组数据集中位置最有用的统计特征量，经常用样本的算术平均值来代表总体的平均水平。总体的算术平均值用 μ 表示，样本的算术平均值则用 $\bar{x}$ 表示。如果 n 个样本数据为 x_1、x_2、$\cdots$、x_n，那么，计算样本的算术平均值为：

$$\bar{x} = \frac{1}{n}(x_1 + x_2 + \cdots + x_n) = \frac{1}{n}\sum_{i=1}^{n} x_i \qquad (2-1)$$

【学习案例 2-9】

关于某路段沥青混凝土面层抗滑性能检测,摩擦系数的检测值(共 10 个测点)分别为:58、56、60、53、48、54、50、61、57、55(摆值),求摩擦系数的算术平均值。

解 根据式(2-1),摩擦系数的算术平均值为

$$\overline{F}_B = \frac{1}{10}(58+56+60+53+48+54+50+61+57+55) = 55.2(摆值)$$

当样本数据很多时,可用等距分组相加法求算术平均值。

(二)中位数

在一组数据 x_1、x_2、$\cdots$、x_n 中,按其大小次序排序,以排在正中间的一个数表示总体的平均水平,称之为中位数,或称中值,用 $\tilde{x}$ 表示。n 为奇数时,正中间的数只有一个;n 为偶数时,正中间的数有两个,则取这两个数的平均值作为中位数,即

$$\tilde{x} = \begin{cases} \dfrac{1}{2}\left(x_{\frac{n}{2}} + x_{\frac{n}{2}+1}\right) & n \text{ 为偶数} \\[2mm] x_{\frac{n+1}{2}} & n \text{ 为奇数} \end{cases} \quad (2-2)$$

【学习案例 2-10】

检测值同"学习案例 2-9",求中位数。

解 检测值按大小次序排列为:61、60、58、57、56、55、54、53、50、48(摆值),共 10 个数值,则中位数为

$$\tilde{F}_B = \frac{1}{2}\left[(F_{B(5)} + F_{B(6)})\right] = \frac{1}{2}(56+55) = 55.5(摆值)$$

(三)极差

在生产中,只反映产品的平均水平经常是不够的,如混凝土强度不宜太高或太低,即使平均水平符合要求,当强度波动太大时,产品质量也不能令人满意。因此,需要了解数据波动范围的大小。波动大小可用极差 R 表示。

在一组数据中,最大值与最小值之差称为极差,记作 R

$$R = x_{\max} - x_{\min} \quad (2-3)$$

【学习案例 2-11】

检测值同"学习案例 2-9",其检测数据的极差为

$$R = F_{B\max} - F_{B\min} = 61 - 48 = 13(摆值)$$

极差虽没有充分利用数据的信息,但计算起来十分简单,仅适用于样本容量较小($n <$ 10)的情况。

（四）标准偏差

标准偏差有时也称标准离差、标准差或均方差，即方差的开方，它是衡量样本数据波动性（离散程度）的指标。在质量检验中，总体的标准偏差 σ 一般不易求得，样本的标准偏差 S 按下式计算：

$$S = \sqrt{\frac{(x_1 - \overline{x})^2 + (x_2 - \overline{x})^2 + \cdots + (x_n - \overline{x})^2}{n-1}} = \sqrt{\frac{\sum\limits_{i=1}^{n}(x_i - \overline{x})^2}{n-1}}$$

$$= \sqrt{\frac{1}{n-1}\sum\limits_{i=1}^{n}(x_i^2 - n\overline{x}^2)} \tag{2-4}$$

【学习案例 2-12】

仍利用"学习案例 2-9"的数据，求样本标准偏差 S。

解　由式（2-4）可知，样本标准偏差为

$$S = \left\{ \frac{1}{10-1}\Big[(58-55.2)^2 + (56-55.2)^2 + (60-55.2)^2 + (53-55.2)^2 + (48-55.2)^2 \right.$$

$$\left. + (54-55.2)^2 + (50-55.2)^2 + (61-55.2)^2 + (57-55.2)^2 + (55-55.2)^2 \Big] \right\}^{\frac{1}{2}} = 4.13$$

（五）变异系数

标准偏差反映了样本数据的绝对波动状况，当测量较大的量值时，绝对误差一般较大；而测量较小的量值时，绝对误差一般较小，因此，用相对波动的大小，即变异系数更能反映样本数据的波动性。

变异系数用 C_v 表示，是标准偏差 S 与算术平均值 $\overline{x}$ 的比值。即

$$C_v = \frac{S}{\overline{x}} \times 100\% \tag{2-5}$$

【学习案例 2-13】

若甲路段沥青混凝土面层的摩擦系数算术平均值为 55.2（摆值），标准偏差为 4.13（摆值）；乙路段的摩擦系数算术平均值为 60.8（摆值），标准偏差为 4.27（摆值），则两路段的变异系数为

甲路段：$C_v = \dfrac{4.13}{55.2} \times 100\% \approx 7.48\%$

乙路段：$C_v = \dfrac{4.27}{60.8} \times 100\% \approx 7.02\%$

从标准偏差看，$S_甲 < S_乙$。但从变异系数看，$C_{v甲} > C_{v乙}$，说明甲路段沥青混凝土面层的摩擦系数相对波动比乙路段的大，面层抗滑稳定性较差。

四、检测数据的代表值

代表值的确定与测定值的概率分布有关。实践表明,公路路基路面工程试验检测项目的测定值的大小所出现的频率分布大多服从正态分布或 t 分布。

在公路工程质量检验与评价中,对于有些指标限定了下限,例如压实度、路面结构层厚度、半刚性基层和底基层材料强度;对于有的指标限定了上限,例如弯沉值。某个质量指标只规定了低限 L 时,其代表值取平均值的单边置信下限,应满足 $x \geqslant L$ 的要求。某个质量指标只规定了高限 U 时,其代表值取平均值的单边置信上限,应满足 $x \leqslant U$ 的要求。

一般来说,对于测点数 n 大于 30 时,按正态分布计算试验检测数据的代表值,测点数 n 较少时,则按 t 分布计算代表值。

(一)正态分布

正态分布是应用最多、最广泛的一种概率分布曲线,且是其他概率分布的基础。

正态分布的概率密度函数为

$$f(x) = \frac{1}{\sqrt{2\pi} \cdot \sigma} e^{-\frac{(x-\mu)^2}{2\sigma^2}} \quad (-\infty < x < +\infty) \qquad (2-6)$$

式中:x—— 随机变量,曲线的横坐标值;

$\quad f(x)$—— 相应的值出现的概率密度,曲线的纵坐标值;

$\quad \mu$—— 正态分布总体平均值;

$\quad \sigma$—— 正态分布的总体标准偏差;

$\quad \pi$—— 圆周率($\pi = 3.1416$);

$\quad e$—— 自然对数的底($e \approx 2.7183$)。

平均值 μ 是 $f(x)$ 曲线的位置参数,决定曲线最高点的横坐标。标准偏差 σ 是 $f(x)$ 曲线的形状参数,它的大小反映了曲线的宽窄程度。σ 愈大,曲线平缓而宽,随机变量在平均值 μ 附近出现的密度愈小;σ 愈小,曲线陡峭而窄,随机变量在平均值 μ 附近出现的密度愈大。

当已知平均值 μ 和标准 σ 后,就可绘出正态分布曲线,如图 2-1 所示。

正态分布具有以下特点:

(1)正态分布曲线对称于 $x = \mu$,即以平均值为中心;

(2)当 $x = \mu$ 时,曲线处于最高点、当 x 向左右偏离时,曲线逐渐降低,整个曲线呈中间高、两边低的形状;

(3)曲线与横坐标轴所围成的面积等于 1,即

$$\int_{-\infty}^{+\infty} \frac{1}{\sqrt{2\pi} \cdot \sigma} e^{-\frac{(x-\mu)^2}{2\sigma^2}} dx = 1 \quad (2-7)$$

一般地,随机变量 x 服从参数 μ 与 σ 的

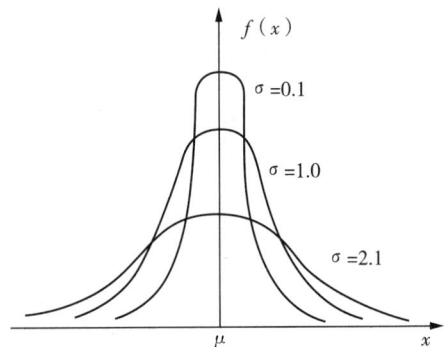

图 2-1 标准正态分布曲线

正态分布时,可记作 $x \sim N(\mu,\sigma)$。特别地,当 $\mu=0,\sigma=1$ 时的正态分布,称为标准正态分布,用 $N(0,1)$ 表示。它的概率密度函数为

$$f(x)=\frac{1}{\sqrt{2\pi}}\,\mathrm{e}^{-\frac{x^2}{2}} \qquad (2-8)$$

对于正态分布 $N(\mu,\sigma)$,它的测量值落入区间 (a,b) 的概率 $P(a<x<b)$ 即测量值落入区间 (a,b) 的可能性是明确的,它等于 $x_1=a,x_2=b$ 时横坐标与曲线所围成的面积,用下式表示:

$$P(a<x<b)=\int_a^b f(x)\,\mathrm{d}x=\int_a^b \frac{1}{\sqrt{2\pi}\cdot\sigma}\,\mathrm{e}^{-\frac{(x-\mu)^2}{2\sigma^2}}\,\mathrm{d}x \qquad (2-9)$$

作一次变换,令

$$t=\frac{x-\mu}{\sigma}$$

$$P(a<x<b)=\int_{\frac{a-\mu}{\sigma}}^{\frac{b-\mu}{\sigma}}\mathrm{e}^{-\frac{t^2}{2}}\,\mathrm{d}t=\Phi\left(\frac{b-\mu}{\sigma}\right)-\Phi\left(\frac{a-\mu}{\sigma}\right) \qquad (2-10)$$

式中积分变量的上下限由 a,b 变为 $\dfrac{a-\mu}{\sigma},\dfrac{b-\mu}{\sigma}$,且命

$$\Phi(t)=\frac{1}{\sqrt{2\pi}}\int_{\frac{a-\mu}{\sigma}}^{\frac{b-\mu}{\sigma}}\mathrm{e}^{-\frac{t^2}{2}}\,\mathrm{d}t \qquad (2-11)$$

利用式(2-11),可以求得几个重要数据(图 2-2):

$$P\{\mu-\sigma<x<\mu+\sigma\}=68.26\%$$
$$P\{\mu-2\sigma<x<\mu+2\sigma\}=95.44\%$$
$$P\{\mu-3\sigma<x<\mu+3\sigma\}=99.73\%$$
$$P\{\mu-1.96\sigma<x<\mu+1.96\sigma\}=95.00\%$$

双边置信区间可以统一写成:

$$\mu-\mu_{1-\beta/2}\cdot\sigma<x<\mu+\mu_{1-\beta/2}\cdot\sigma \qquad (2-12)$$

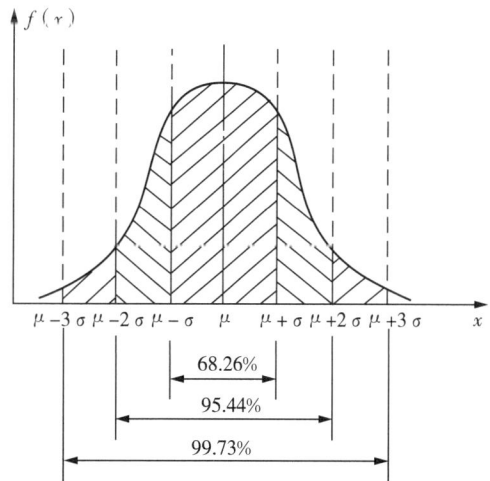

图 2-2　正态分布与置信区间

式中:β—— 显著性水平,一般用 a 表示,由于公路工程中 a 用于表示保证率(即置信水平),为便于区别,故改用 β 表示显著性水平,保证率 $a=1-\beta$;

　　$1-\beta$—— 置信水平;

　　$\mu_{1-\beta/2}$—— 双边置信区间的正态分布临界值;

　　$\mu-\mu_{1-\beta/2}\cdot\sigma,\mu+\mu_{1-\beta/2}\cdot\sigma$—— 双边置信下限与上限。

从上面的结论可知,若一个随机变量服从正态分布,随机变量所取的值绝大部分集中在以均值 μ 为中心、3σ 为半径的区间里面。

同理可得,单边置信区间时:

$$P\{x < \mu + \sigma\} = P(x > \mu - \sigma) = 84.13\%$$

$$P\{x < \mu + 2\sigma\} = P(x > \mu - 2\sigma) = 97.72\%$$

$$P\{x < \mu + 3\sigma\} = P(x > \mu - 3\sigma) = 99.87\%$$

$$P\{x < \mu + 1.645\sigma\} = P(x > \mu - 1.645\sigma) = 95.00\%$$

其置信区间可以表示为

$$x < \mu + \mu_{1-\beta} \cdot \sigma \text{ 或 } x > \mu - \mu_{1-\beta} \cdot \sigma \tag{2-13}$$

式中:$\mu - \mu_{1-\beta} \cdot \sigma$—— 单边置信下限;

$\mu + \mu_{1-\beta} \cdot \sigma$—— 单边置信上限。

在公路工程质量检验与评价中,把式(2-12)、式(2-13)中 $\mu_{1-\beta/2}$、$\mu_{1-\beta}$ 称为保证率系数(常用 Z_a 表示),其取值与公路等级有关,而且常常用样本的平均值 $\bar{x}$、标准偏差 S 代替上述公式中 μ 和 σ。

公路路基路面工程质量检验评定方法中,对于服从正态分布的检测数据,计算代表值时考虑保证率 a,用 Z_a 表示保证率系数。

当限定上限时,代表值 X 的评定标准为

$$X = \bar{x} + Z_a S \leqslant U \tag{2-14}$$

当限定下限时,代表值 X 的评定标准为

$$X = \bar{x} - Z_a S \geqslant L \tag{2-15}$$

当保证率为 90% 时,$Z_a = 1.282$;当保证率为 93% 时,$Z_a = 1.5$;当保证率为 95% 时,$Z_a = 1.645$;当保证率为 97.72% 时,$Z_a = 2.0$;当保证率为 99.87% 时,$Z_a = 3.0$。

(二)t 分布

t 分布的概率密度函数为

$$t(x, n) = \frac{\Gamma\left(\dfrac{n+1}{2}\right)}{\Gamma\left(\dfrac{n}{2}\right)\sqrt{n\pi}}\left(1 + \frac{x^2}{n}\right)^{-\frac{(n+1)}{2}} \tag{2-16}$$

式中:x—— 随机变量;

n—— 样本容量,在数理统计学中称自由度。

当随机变量 x 服从自由度为 n 的 t 分布时,记作 $x \sim t(n)$,其分布图形如图 2-3 所示。

可以证明:当 $n \to \infty$ 时,t 分布趋于正态分布,一般来说,当 $n > 30$ 时,t 分布与标准正态分布就非常接近了。但对较小的 n 值,t 分布与正态分布之间有较大的差异,且

$$P\{|T| \geqslant t_0\} \geqslant P\{|x| \geqslant t_0\} \tag{2-17}$$

其中 $X \sim N(0,1)$，即在 t 分布的尾部比在标准正态分布的尾部有着更大的概率。

在施工质量评价中，常需要解决总体标准偏差 σ 未知时，如何估计平均值置信区间的问题。

为解决这一问题，一个很自然的想法，就是利用样本标准偏差 S 代替总体标准偏差 σ。

设 $(x_1,x_2,\cdots,x_n)$ 来自正态分布总体，根据抽样分布定理可知

$$T = \frac{\bar{x} - \mu}{S/\sqrt{n}} \sim t(n-1) \tag{2-18}$$

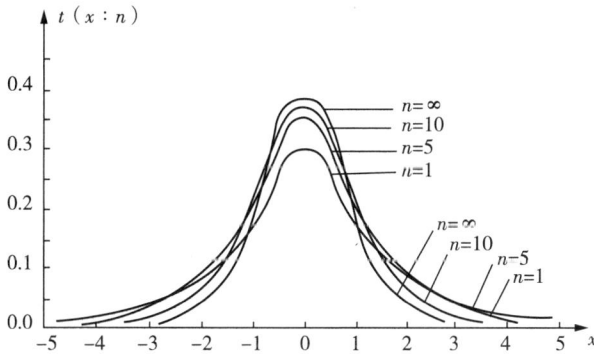

图 2-3　t 分布曲线

因此，根据给定的 β 和自由度 $n-1$，由附录二"t 分布概率系数表"查得 $t_{1-\beta/2}(n-1)$ 之值，由此得平均值 μ 的双边置信区间

$$\left[\bar{x} - t_{1-\beta/2}(n-1)\frac{S}{\sqrt{n}}, \bar{x} + t_{1-\beta/2}(n-1)\frac{S}{\sqrt{n}}\right] \tag{2-19}$$

同理可得 μ 的单边置信区间

$$\mu < \bar{x} + t_{1-\beta}(n-1)\frac{S}{\sqrt{n}} \text{ 或 } \mu > \bar{x} - t_{1-\beta}(n-1)\frac{S}{\sqrt{n}} \tag{2-20}$$

对于服从 t 分布的检测数据，计算代表值时考虑保证率 α。

当限定上限时，代表值 X 的评定标准为

$$X = \bar{x} + t_\alpha \frac{S}{\sqrt{n}} \leqslant U \tag{2-21}$$

当限定下限时，代表值 X 的评定标准为

$$X = \bar{x} - t_\alpha \frac{S}{\sqrt{n}} \geqslant L \tag{2-22}$$

式中 t_α 的数值不仅与保证率 α 有关，还随测点数 N 的不同而改变，因其计算复杂，有专用表格可查用，具体见本书附录二"t 分布概率系数表"。

第三节　可疑数据的取舍方法

【学习要求】

1. 了解可疑数据的概念。
2. 掌握常用的甄别可疑数据的方法。

【学习内容】

对于任何一种产品,不可能也没有必要要求每件产品的质量完全一样,同样,公路工程中所有材料的质量或者构造物的修建质量也不可能丝毫不差。例如在水泥混凝土路面施工中,同一批混凝土的质量特征是参差不齐的,但只要这些数据以一定的概率落在规定的范围之内,就可以认为这批混凝土是合格产品。又如在路基施工中,对某段路基测得的几组压实度数据存在着一定的偏差,但只要这些数据均不低于所要求的压实度,则认为是合格的。

我们在检测产品是否合格的过程当中,就要采集各种必要的数据,这些数据往往并非一目了然。例如,在新修建好的路基上进行弯沉测定,所测得的弯沉数据往往是参差不齐的,这就要我们从大量的数据中去粗取精,去伪存真,对数据进行科学的整理和分析,尽可能充分和正确地从中提取有用的结果。因此,所谓数据,就是只能客观地反映事实的资料和数字。由于质量的波动,必然引起质量检测数据的参差不齐,有时会出现一些明显过大或过小的数据,我们称这些数据为可疑数据。如果有可疑数据混入整个检测质量数据之中,将可能导致对检测结果的分析判断出完全不同的结论,因此,在进行数据分析之前,必须对这些可疑数据做出甄别,或将其从整个数据中剔除。本节将介绍几种甄别可疑数据的准则。

一、3σ 准则

在一组条件完全相同的重复试验中,个别的测量值可能会出现异常,如测量值过大或过小,这些过大或过小的测量数据是不正常的,或称为可疑的。对于这些可疑数据应该用数理统计的方法判别其真伪,并决定取舍。

可疑数据的舍弃可按照 k 倍标准差作为舍弃标准,即在数据分析中,舍弃那些在 $x \pm k\sigma$ 范围以外的实测值。当试验数据 N 为 3、4、5、6 个时,k 值分别为 1.15、1.46、1.67、1.82;N 等于或大于 7 时,k 值采用 3。

取 3σ 的理由是:根据随机变量的正态分布规律,在多次试验中,测量值落在 $\overline{x} - 3\sigma$ 与 $\overline{x} + 3\sigma$ 之间的概率为 99.73%,出现在此范围之外的概率仅为 0.27%,也就是在近 400 次试验中才能遇到一次,这种事件为小概率事件,出现的可能性很小,几乎是不可能的。因而在实际试验中一旦出现,就认为该测量数据是不可靠的,应将其舍弃。

另外,当测量值与平均值之差大于 2 倍标准差(即 $|x_i - \overline{x}| > 2\sigma$ 时,则该测量值应保留,但需存疑。如发现在生产(施工)、试验过程中有可疑的变异时,该测量值则应予舍弃。

舍弃可疑值后,应重新计算平均值、标准差、变异系数等统计量,并分析测量值出现异常的原因,对路基路面质量检测出现异常测量值的测点及区域进行妥善处理。

判断方法如下:

设 $x_1, x_2, \cdots, x_k, \cdots, x_n$ 是从总体中抽取的样本,其中 x_k 为过大或者过小值。

(1)计算数据的平均值 $\bar{x}$,如总体标准差 σ 未知时,同时求出样本标准差 S;

(2)计算 $|x_k - \bar{x}|$,如果

$$|x_k - \bar{x}| > 3\sigma \qquad (2-22)$$

则将 x_k 剔除,否则保留。

当总体标准偏差 σ 未知时,以样本的标准偏差 S 来估计 σ 值,这是美国混凝土标准中所采用的方法。由于该方法是以 3 倍样本标准偏差作为判别标准的,因此亦称 3S 法。3S 准则应用比较广泛,我国有关混凝土试验过程中对混凝土一组 3 块试件抗压强度值的取舍原则就是按 3S 准则制定的。混凝土试件的抗压强度值按以下原则取舍:当 3 块试件的抗压强度最大值或最小值中有一个与 3 块试件的中间值之差超过中间值的 15% 时,将该最大值或最小值予以剔除,并以中间值作为该组试件的抗压强度代表值。

二、肖维勒准则

设 $x_1, x_2, \cdots, x_n$ 是从总体中抽取的样本,判断方法如下:

(1)计算数据的平均值 $\bar{x}$,如总体标准差 σ 未知时,同时求出样本标准差 S;

(2)对每个样本值 x_i,计算 $|x_i - \bar{x}|$,如果

$$|x_i - \bar{x}| > k_n \sigma \quad (\sigma \text{ 未知时,以 } S \text{ 估计 } \sigma)$$

则将 x_i 剔除,否则保留。上式中 k_n 是与样本容量 n 有关的系数,可查表 2-1。

表 2-1 肖维勒准则 k_n 数值表

n	k_n	n	k_n	n	k_n
5	1.65	19	2.22	50	2.58
6	1.73	20	2.24	60	2.64
7	1.80	21	2.26	70	2.69
8	1.86	22	2.28	80	2.73
9	1.92	23	2.30	90	2.78
10	1.96	24	2.31	100	2.81
11	2.00	25	2.33	150	2.93
12	2.03	26	2.34	185	3
13	2.07	27	2.35	200	3.02
14	2.10	28	2.37	250	3.11
15	2.13	29	2.38	500	3.20
16	2.15	30	2.39	1000	3.48
17	2.17	35	2.45	2000	3.66
18	2.20	40	2.49	5000	3.89

三、拉格布斯准则

设 $x_1, x_2, \cdots, x_i, \cdots, x_n$ 是从总体中抽取的样本,判断方法如下:

(1)计算数据的平均值 $\overline{x}$,如总体标准差 σ 未知时,同时求出样本标准差 S;

(2)对每个样本值 x_i,计算 $|x_i - \overline{x}|$,如果

$$|x_i - \overline{x}| > g_0(\alpha, n)\sigma \quad (\sigma \text{未知时,以} S \text{估计} \sigma)$$

则将 x_i 剔除,否则保留。

上式中 $g_0(\alpha, n)$ 是与样本容量 n 及给定的检验水平 α(即把不是可疑的数据错判为可疑数据而被剔除的概率)有关的系数,α 通常取 0.01 和 0.05,$g_0(\alpha, n)$ 的值可查表 2-2。

表 2-2　拉格布斯准则 $g_0(\alpha, n)$ 数值表

n	α		n	α		n	α	
	0.01	0.05		0.01	0.05		0.01	0.05
3	1.15	1.15	12	2.55	2.28	21	2.91	2.58
4	1.49	1.46	13	2.61	2.33	22	2.94	2.60
5	1.75	1.67	14	2.66	2.37	23	2.96	2.62
6	1.94	1.82	15	2.70	2.41	24	2.99	2.64
7	2.10	1.94	16	2.75	2.44	25	3.01	2.66
8	2.22	2.03	17	2.78	2.48	30	3.10	2.74
9	2.32	2.11	18	2.82	2.50	35	3.18	2.81
10	2.41	2.18	19	2.85	2.53	40	3.24	2.87
11	2.48	2.23	20	2.88	2.56	50	3.34	2.99

应用上述三种判断准则时应注意以下几点:

(1)剔除可疑数据时,首先应对样本观测值中的最小值和最大值进行判断,因为这两个值有可能是可疑数据。

(2)可疑数据每次只能剔除一个,然后按剩下的样本观测值重新计算,再做第二次判断,如此逐个的剔除,直到所剩下的值不再是可疑数据为止,不允许一次同时剔除多个样本观测值。

(3)采用不同准则对可疑数据进行判断时,可能会出现不同的结论,此时要对所选用准则的适用范围、给定的检验水平的合理性,以及产生可疑数据的原因等做出进一步的分析。

【学习案例 2-14】

对一盘混凝土,取 15 个试件进行抗压试验,测试结果如下(单位:MPa):31.2　33.1　30.5　31.0　32.3　31.2　29.4　24.0　30.4　33.0　32.2　31.0　28.6　29.2　30.3,试判断这些数据中是否混有可疑数据?

解　分别用不同准则进行判断,以作比较

(1)3σ 准则

$n=15, x_{\max}=33.1, x_{\min}=24.0$;

首先，怀疑最小值 24.0，对数据进行统计计算，得

$$\overline{x}=30.49, S=2.23, 3S=6.69$$

$$|24.0-30.49|=6.49<6.69$$

说明此值在 $3S$ 内，不应剔除。

其次，怀疑最大值 33.1，同上计算，得

$$|33.1-30.49|=2.61<6.69$$

故 33.1 应保留，全部数据中均无须剔除。

(2)肖维勒准则

由 $n=15$，查表 $2-1$ 得 $k_x=2.13$，并计算出

$$\overline{x}=30.49, S=2.23$$

$$k_x S=2.13\times2.23=4.75$$

首先，怀疑最小值 24.0，由于

$$|24.0-30.49|=6.49>4.75$$

故认为特异数据 24.0 应剔除；

对剩下的 14 个数据重新计算得

$$\overline{x}'=30.96, S'-1.37$$

由 $n=14$，在表 $2-1$ 中查出 $k_x=2.10$，并算出 $k_x S'=2.10\times1.37=2.88$，再怀疑最大值 33.1 和最小值 28.6，因

$$|33.1-30.96|=2.14<2.88$$

$$|28.6-30.96|=2.36<2.88$$

所以认为 33.1 和 28.6 应保留，至此全部数据中已不含有可疑数据。

采用格拉布斯准则也可得出应剔除特异数据 24.0 而保留其他数据的结论。

此案例计算结果表明，3σ 准则相对于其他准则在特异数据取舍方面偏于保守。

第四节　抽样检验基础

【学习要求】

1. 了解检验的基本概念。
2. 了解随机抽样方法。
3. 掌握抽样检验评定方法。

【学习内容】

一、检验的一般概念

检验是指通过测量、试验等质量检测方法,将工程产品与其质量要求相比较并做出质量评判的过程。工程质量检验是工程质量控制的一个重要环节,是保证工程质量的必要手段。检验按阶段分类可分为接收检验、工序检验和最终检验三类;按检验的性质分类可分为非破坏性检验和破坏性检验;检验按方法分类可分为全数检验和抽样检验两大类。全数检验是对一批产品中的每一个产品进行检验,从而判断该批产品的质量状况;抽样检验是从一批产品中抽出少量的单个产品进行检验,从而推断该批产品质量状况。全数检验较抽样检验可靠性好,但检验工作量非常大,往往难以实现;抽样检验方法以数理统计学为理论依据,具有很强的科学性和经济性,在许多情况下,只能采用抽样检验方法。公路工程不同于一般产品,它是一个连续的整体,且采用的质量检测手段又多为破坏性的。所以,就公路工程质量检验而言,不可能采用全数检验,而只能采用抽样检验。即从待检工程中抽取样本,根据样本的质量检查结果,推断整个待检工程的质量状况,如图 2-5 所示。

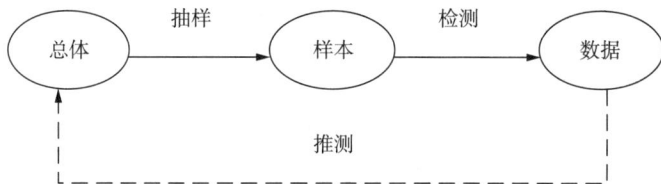

图 2-5　总体与样本的关系

质量检验的目的在于准确判断工程质量状况,以促进工程质量的提高,其有效性取决于检验的可靠性,而检验的可靠性与以下因素有关:

(1)质量检测手段的可靠性;

(2)抽样检验方法的科学性;

(3)抽样检验方案的科学性。

在质量检验过程中,必须全面考虑上述 3 个因素,以提高质量检验的可靠性。

本节仅讨论抽样检验方法,至于检测手段将在其他各学习章节中进行讨论。

二、抽样检验的类型

抽样是从总体中抽取样本的过程,并通过样本了解总体。总的来说,抽样检验分为非随机抽样与随机抽样两大类。

(一)非随机抽样

进行人为的有意识的挑选取样即为非随机抽样。非随机抽样中,人的主观因素占主导作用,由此所得到的质量数据往往会使人对总体做出错误的判断。因此,采用非随机抽样方法所得的检验结论可信度较低。

(二)随机抽样

随机抽样排除了人的主观因素,使待检总体中的每一个产品具有同等被抽取到的机会。只有随机抽取的样本才能客观地反映总体的质量状况。这类方法所得到的数据代表性强,质量检验的可靠性得到了基本保证。因此,随机抽样是以数理统计为原理,根据样本取得的质量数据来推测、判断总体的一种科学抽样检验方法,因而被广泛使用。

三、随机抽样的方法

先举一个例子,说明随机抽样的方法。假如有一批产品,共100箱,每箱20件,从中选择200个样品。一般有以下几种抽样方法:

(1)从整批中,任意抽取200件;

(2)从整批中,先分成10组,每组为10箱,然后分别从各组中任意抽取20件;

(3)从整批中,分别从每箱中任意抽取2件;

(4)从整批中,任意抽取10箱,对这10箱进行全数检验。

上述四种方法,分别称为单纯随机抽样、系统抽样、分层抽样、密集群抽样。因此,随机抽样的方法有多种,适合于公路工程质量检验的随机抽样方式一般采用以下3种。

(一)单纯随机抽样

在总体中,直接抽取样本的方法即为单纯随机抽样。这是一种不完全随机化的抽样方法。

要实现单纯随机抽样,应对总体中各个个体进行编码。随机抽样并不意味着随便、任意地取样,而是应采取一定的方式获取随机数,以确保抽样的随机性。随机数可以利用随机数表获得,也可以利用掷骰子和抽签的方法获得。

(二)系统抽样

有系统地将总体分成若干部分,然后从每一个部分抽取一个或若干个个体,组成样本,这一方法称之为系统抽样。在工程质量控制中,系统抽样的实现主要有3种方式。

(1)将比较大的工程分为若干部分,再根据样本容量的大小,在每部分按比例进行单纯随机抽样,将各部分抽取的样品组合成一个样本。

(2)间隔定时法,每隔一定的时间,从工作面抽取一个或若干个样品。该方法适合于工序质量控制。

(3)间隔定量法,每隔一定数量的产品,抽取一个或若干个样品,该方法主要适合于工序质量控制。

（三）分层抽样

一项工程或工序往往是由若干不同的班组施工的。分层抽样就是根据此类情况,将工程或工序分为若干层。如:以同一个班组施工的工程或工序为一层,若某项工程或工序是由 3 个不同的班组施工的,则可分为 3 层,然后按一定比例确定每层应抽取样品数,对每层则按单纯随机抽样的方法抽取样品。分层时,应尽量使层内均匀,而层间不均匀。分层抽样法便于了解每层的质量状况,分析每层产生质量问题的原因。

四、抽样检验的评定方法

抽样检验的目的,就是根据样本取得的质量数据来推测样本所属的一批产品或工序的质量状况,并判断该批产品或该工序是否合格。抽样检验评定基本原理可以用图 2-6 表示。

图中,N 为一批产品数量(即批量),n 为从批量中随机抽取的样本数;d 为抽出样本中不合格品数;c 为抽样中允许不合格品数(或称合格判定数)。若 $d \leqslant c$,则认为该批产品合格,可以接受;若 $d > c$,则说明该批产品不合格,应拒绝接收。

根据《公路工程质量检验评定标准》(JTG F80/1—2017),公路工程质量评定采用合格率评定的方法,也就是根据检测值是否符合质量标准进行评定,按合格率进行评定。

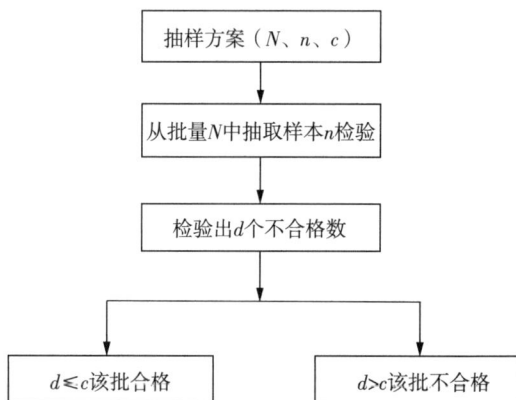

图 2-6　抽样检验评定原理

对于路基路面压实度、弯沉值、路面结构层厚度,半刚性基层材料强度,水泥混凝土抗折强度等检验项目,应采用数理统计的方法进行评定。下面以案例说明上述检验项目的评定方法,具体的评定方法请参阅《公路工程质量检验评定标准》(JTG F80/1—2017)。

【学习案例 2-15】

某新建公路路基施工中,对其中的一段压实质量进行检查,压实度检测结果见表 2-7 所列,压实度标准 $K_0 = 95\%$。请按保证率 95% 计算该路段的代表性压实度并进行质量评定。

表 2-7　压实度检测结果

序号	1	2	3	4	5	6	7	8	9	10
压实度/%	96.4	95.4	93.5	97.3	96.3	95.8	95.9	96.7	95.3	95.6
序号	11	12	13	14	15	16	17	18	19	20
压实度/%	97.6	95.8	96.8	95.7	96.1	96.3	95.1	95.5	97.0	95.3

　　　　　　　　　　　　　　　　　　路基路面试验检测技术

解 经计算

$$\overline{K}=95.97\% \quad S=0.91\%$$

压实度代表值 K 为算术平均值的下置信界限，根据 $n=20$，保证率 95%，查本书附表2 得 $\dfrac{t_a}{\sqrt{n}}=0.387$，即

$$K=\overline{K}-\frac{t_a}{\sqrt{n}}\cdot S$$

$$=95.97-0.387\times0.91$$

$$=95.6(\%)$$

由于压实度代表值 $K > K_0 = 95\%$，因此该路段的压实检验质量是合格的。

【课后任务】

1. 有效数字及有效位数的概念是什么，它们之间有何联系？

2. 什么叫总体、样本？

3. 什么叫抽样检验？随机抽样方法有哪几种？

4. 弯沉检测时，某测点的百分表初读数为 $62.5(0.01\text{mm})$，终读数为 $29.0(0.01\text{mm})$，请问读数的有效数字有几个？

5. 某路段路基施工质量检查中，用标准轴载测得 10 点的弯沉值（单位：0.01mm）分别为 100、101、102、110、95、98、93、96、103、104，试计算该路段路基弯沉值的算术平均值、中位数、极差、标准偏差和变异系数；并计算该路段的代表性弯沉值（保证率系数 $Z_a=2.0$）。

6. 某新建高速公路路基施工中，对其中某一路段压实质量进行检查，压实度检测结果（单位：%）分别为 96.6、95.4、93.9、97.3、96.3、95.9、95.9、96.9、95.3、95.8，请按保证率 95% 计算该路段的代表性压实度，并判断该路段的压实质量是否符合要求（压实度标准为 $K_0=95\%$）。

7. 某一级公路水泥稳定砂砾基层压实厚度检测值（单位：cm）为 21、22、20、19、18、20、21、21、22、19，试计算其厚度代表值（保证率为 99%）。

8. 某路段石灰稳定土底基层无侧限抗压强度试验结果（单位：MPa）为：0.792、0.306、0.968、0.804、0.447、0.894、0.702、0.424、0.498、1.075、0.815，请分别用 $3S$ 法、肖维勒准则、拉格布斯准则对上述数据进行取舍判别。

第三章 道路常用面层和基层试验检测

第一节 路面基层、底基层材料及其技术要求

【学习要求】

1. 了解路面基层、底基层材料类型与适用场合。
2. 熟悉路面基层、底基层的技术性能。
3. 熟悉路面基层、底基层材料的技术要求。

【学习内容】

一、概　述

基层是路面结构的重要承重层，承担着由面层传来的竖向力，并将力传递到下面的垫层与土基中。基层的受力情况要求其必须具备足够的强度和刚度、抗疲劳开裂性能、足够的耐久性和水稳定性，由于该结构层使用的材料比较多样化，针对不同材料与结构特点还应有具体的要求。

二、路面基层、底基层材料类型与适用场合

公路路面基层、底基层按材料力学行为划分为半刚性类、柔性类和刚性类；按材料组成可划分为有结合料稳定类、无黏结粒料类，还应包括再生类材料；按结合料类型分为有机结合料（沥青）稳定类和无机结合料稳定类。

我国常用的路面基层形式多为半刚性基层，是指在粉碎或原状松散的土中掺入适量石灰、水泥等无机结合料，经拌和、摊铺、压实、养护成型的具有一定板体性的基层形式。这种基层形式具有强度高、稳定性好、扩散应力的能力强、抗冻性能优越、造价低廉的特点。柔性基层包括沥青结合料类以及无黏结料的粒料类基层。

应依据交通荷载等级、材料供应情况和结构层组合要求来选择基层、底基层的种类，常用的基层和底基层材料类型与适用场合见表3-1所列。

表 3-1　基层、底基层材料类型与适用场合

类型	材料类型	适用场合
无机结合料类	水泥稳定碎石、石灰-粉煤灰稳定碎石	各交通荷载等级的基层和底基层
	贫混凝土	特重或极重交通的基层
	水泥稳定开级配碎石	多雨地区、特重或重交通的排水基层
	水泥稳定未筛分碎(砾)石、石灰-粉煤灰稳定未筛分(砾)石、石灰稳定未筛分(砾)石	轻交通的基层、各交通荷载等级的底基层
	水泥土、石灰土、石灰-粉煤灰土	轻交通的基层、中等交通和轻交通的底基层
沥青结合料类	密级配沥青碎石、半开级配沥青碎石	特重和重交通的基层
	开级配沥青碎石	多雨地区、特重或重交通的排水基层
	沥青贯入碎石	中等和轻交通的基层
粒料类	级配碎石	重交通、中等交通和轻交通的基层和底基层
	级配砾石、未筛分碎石、天然砂砾、填隙碎石	轻交通的基层、各交通荷载等级的底基层
再生类材料	厂拌热再生混合料	特重、重交通的基层
	乳化沥青冷再生混合料、泡沫沥青冷再生混合料、无机结合料冷再生混合料	各交通荷载等级的基层和底基层

三、路面基层、底基层的技术性能

路面基层、底基层的技术性能主要包括力学性能和路用性能两个方面,具体体现为以下内容。

(一)力学性能

力学性能是指材料在不同环境下,承受各种外加荷载时所表现出的力学特征。

1. 半刚性基层的力学性能主要用无侧限抗压强度和劈裂强度(抗弯拉强度)来表征,用 7d 龄期的无侧限抗压强度来进行配合比的设计与施工质量的控制;路面结构设计时采用 90d 或 180d 龄期的抗压回弹模量与劈裂强度,水泥稳定类采用 90d 龄期,石灰与二灰稳定类采用 180d 龄期的试验结果。半刚性基层的力学性能都是在饱水 24h 后的力学特征,因而也是水稳定性能的反映。

2. 水泥稳定材料的 7d 龄期无侧限抗压强度标准 R_d 应符合表 3-2 的规定。

表 3-2　水泥稳定材料的 7d 龄期无侧限抗压强度标准 R_d　　(单位:MPa)

结构层	公路等级	极重、特重交通	重交通	中、轻交通
基层	高速公路和一级公路	5.0~7.0	4.0~6.0	3.0~5.0
	二级及二级以下公路	4.0~6.0	3.0~5.0	2.0~4.0

结构层	公路等级	极重、特重交通	重交通	中、轻交通
底基层	高速公路和一级公路	3.0～5.0	2.5～4.5	2.0～4.0
	二级及二级以下公路	2.5～4.5	2.0～4.0	1.0～3.0

注：①公路等级高或交通荷载等级高或结构安全性要求高时，推荐取上限强度标准。

②表中强度标准指的是 7d 龄期无侧限抗压强度的代表值，本节以下各表同。

3. 石灰粉煤灰稳定材料的 7d 龄期无侧限抗压强度标准 R_d 应符合表 3-3 的规定，其他工业废渣稳定材料宜参照此标准。

表 3-3　石灰粉煤灰稳定材料的 7d 龄期无侧限抗压强度标准 R_d　（单位：MPa）

结构层	公路等级	极重、特重交通	重交通	中、轻交通
基层	高速公路和一级公路	≥1.1	≥1.0	≥0.9
	二级及二级以下公路	≥0.9	≥0.8	≥0.7
底基层	高速公路和一级公路	≥0.8	≥0.7	≥0.6
	二级及二级以下公路	≥0.7	≥0.6	≥0.5

注：石灰粉煤灰稳定材料强度不满足表 3-3 的要求时，可外加混合料质量 1%～2% 的水泥。

4. 石灰稳定材料的 7d 龄期无侧限抗压强度标准 R_d，应符合表 3-4 的规定。

表 3-4　石灰稳定材料的 7d 龄期无侧限抗压强度标准 R_d　（单位：MPa）

结构层	高速公路和一级公路	二级及二级以下公路
基层	—	≥0.8
底基层	≥0.8	0.5～0.7

5. 碾压贫混凝土 7d 龄期无侧限抗压强度应不低于 7MPa，且不宜高于 10MPa。

6. 级配碎石的强度用 CBR 来表示。对于不同公路等级、交通荷载等级和结构层位的级配碎石，CBR 强度标准应满足表 3-5 的要求。

表 3-5　级配碎石材料的 CBR 强度标准

结构层	公路等级	极重、特重交通	重交通	中、轻交通
基层	高速公路和一级公路	≥200	≥180	≥160
	二级及二级以下公路	≥160	≥140	≥120
底基层	高速公路和一级公路	≥120	≥100	≥80
	二级及二级以下公路	≥100	≥80	≥60

(二)收缩特性

半刚性基层的收缩主要表现为干燥收缩和温度收缩。干燥收缩是由半刚性基层中水分不断减少所引起的材料体积收缩现象；温度收缩是不同矿物颗粒所组成的固相、液相和气相等在温度变化、特别是降温过程中相互作用，使得材料产生体积收缩造成的现象。虽然干缩和温缩发生的原因不同,但都会引起半刚性结构体积的变化,从而诱发裂缝产生。

半刚性基层的干、温缩特性与结合料的类型、剂量,试件的含水率和龄期等因素有关,干缩特性常用最大干缩应变与平均干缩系数表征,温缩特性多用温缩系数表征。干缩破坏主要发生在基层成型初期尚未被沥青面层覆盖的阶段,而温缩破坏主要是基层在使用初期因昼夜交替产生温差引起的。集料中 0.075mm 以下的含量对半刚性基层材料的收缩影响非常大,因此,在施工时应严格控制 0.075mm 以下的材料用量。

收缩裂缝的危害主要表现在两个方面:外界水分通过裂缝渗入会引起面层的冲刷剥落或基层的冲刷唧泥;过小的裂缝间距破坏了路面结构的整体性,改变了受力状态。

无机结合料稳定材料的干缩试验方法和温缩试验方法见《公路工程无机结合料稳定材料试验规程》(JTG E51—2009)。

(三)冲刷特性

沥青路面开裂或水泥混凝土路面接缝的填缝料丧失,通过面层进入基层的水若不能及时排出,路表水进入基层顶面使其遇水后湿软,原本非结合料联结的颗粒间联结力减弱或丧失,在高速、重载车辆的作用下产生很大的动水压力,将细料冲刷带到路表,造成唧泥和路面面层脱空。基层冲刷破坏的程度与水量和材料中细集料的含量有关,水量越人、细集料含量越多,冲刷破坏越严重。

有试验研究表明,通常混合料的抗压强度越高,其抗冲刷性能越好,因此可通过适当提高抗压强度来提高半刚性基层的抗冲刷性能。

无机结合料稳定材料的抗冲刷性试验方法具体见《公路工程无机结合料稳定材料试验规程》(JTG E51—2009)。

(四)抗冻性

半刚性基层有着比较好的抗冻性。针对这一性能,现行规范以规定龄期(28d 或 180d)的材料经过若干个冻融循环后的饱水无侧限抗压强度与冻前饱水无侧限抗压强度之比来表征。在抗冻性试验过程中,试件的平均质量损失率应不超过 5%。

常用半刚性材料中,二灰稳定类材料的抗冻性能会随龄期的增长而增强,这是由于随着水化过程的深入,材料内水化产物含量增加,在提高材料强度的同时减少了内部毛细孔隙,从而提高了材料的抗冻性;水泥稳定类材料则不然。虽然水泥稳定类材料的早期强度较高,但其抗冻性能并不会随龄期的延长出现明显的增强,这是由水泥稳定类材料中水泥用量偏少(5%左右)、材料内部孔隙较大所造成的。

为减少半刚性基层的冻胀破坏,应尽量在晚春、夏初季节成型,这样在冬季来临前,材料有充分的水化时间,既能产生较多的水化产物填补材料内部孔隙,又能减少基层内部水分,降低发生冻胀破坏的可能性。

无机结合料稳定材料的抗冻性试验方法具体见《公路工程无机结合料稳定材料试验规程》(JTG E51—2009)。

四、路面基层、底基层原材料及其技术要求

基层、底基层材料在应用前必须符合《公路路面基层施工技术细则》(JTG/T F20—2015)的规定。只有当原材料符合要求时,路面基层结构的性能才能得到保障。

（一）水泥

宜采用强度等级为 32.5 或 42.5 的水泥。普通硅酸盐水泥、矿渣硅酸盐水泥和火山灰质硅酸盐水泥都可用于稳定土。所用水泥初凝时间应大于 3h，终凝时间应大于 6h 且小于 10h。

（二）石灰

（1）高速公路和一级公路所用石灰应不低于Ⅱ级技术要求，二级公路所用石灰应不低于Ⅲ级技术要求，二级以下宜不低于Ⅲ级技术要求。生石灰和消石灰的技术指标分别见表 3-6、表 3-7 所列。

表 3-6　生石灰的技术指标　　　　　　（单位：%）

指标	钙质生石灰			镁质生石灰		
	Ⅰ	Ⅱ	Ⅲ	Ⅰ	Ⅱ	Ⅲ
有效氧化钙加氧化镁含量/%	≥85	≥80	≥70	≥80	≥75	≥65
未消化残渣含量/%	≤7	≤11	≤17	≤10	≤14	≤20
钙镁石灰的分类界限，氧化镁含量/%	≤5			>5		

表 3-7　消石灰的技术指标　　　　　　（单位：%）

指标		钙质消石灰			镁质消石灰		
		Ⅰ	Ⅱ	Ⅲ	Ⅰ	Ⅱ	Ⅲ
有效氧化钙加氧化镁含量/%		≥65	≥60	≥55	≥60	≥55	≥50
含水率/%		≤4	≤4	≤4	≤4	≤4	≤4
细度	0.6mm 方孔筛的筛余/%	0	≤1	≤1	0	≤1	≤1
	0.15mm 方孔筛的筛余/%	≤13	≤20	—	≤13	≤20	—
钙镁石灰的分类界限，氧化镁含量/%		≤4			>4		

（2）高速公路和一级公路的基层，宜采用磨细消石灰。

（三）粉煤灰

当粉煤灰中 CaO 含量为 2%～6% 时，称其为硅铝粉煤灰；CaO 含量为 10%～40% 时，其称作高钙粉煤灰。干排或湿排的硅铝粉煤灰和高钙粉煤灰等均可用作基层或底基层的结合料。粉煤灰技术要求见表 3-8 所列。

表 3-8　粉煤灰技术要求

检测项目	技术要求
SiO_2、Al_2O_3、Fe_2O_3 总含量/%	>70
烧失量/%	≤20
比表面积/($cm^2 \cdot g^{-1}$)	>2500
0.3mm 筛孔通过率/%	≥90

检测项目	技术要求
0.075mm 筛孔通过率/%	≥70
湿粉煤灰含水率/%	≤35

（四）粗集料

1. 用作被稳定材料的粗集料宜采用由各种硬质岩石或砾石加工成的碎石,也可直接采用天然砾石。粗集料应符合表 3-9 中Ⅰ类规定,用作级配碎石的粗集料应符合表 3-9 中Ⅱ类的规定。

表 3-9　粗集料技术要求　　　　　　　　（单位:%）

指标	层位	高速公路和一级公路				二级及二级以下公路	
		极重、特重交通		重、中、轻交通			
		Ⅰ类	Ⅱ类	Ⅰ类	Ⅱ类	Ⅰ类	Ⅱ类
压碎值/%	基层	≤22	≤22	≤26	≤26	≤35	≤30
	底基层	≤30	≤26	≤30	≤26	≤40	≤35
针片状颗粒含量/%	基层	≤18	≤18	≤22	≤18	—	≤20
	底基层	—	≤20	—	≤20	—	≤20
0.075mm 以下粉尘含量/%	基层	≤1.2	≤1.2	≤2	≤2	—	—
	底基层	—	—	—	—	—	—
软石含量/%	基层	≤3	≤3	≤5	≤5	—	—
	底基层	—	—	—	—	—	—

2. 用作基层、底基层的粗集料规格要求宜符合表 3-10 的规定。

表 3-10　粗集料规格要求

规格名称	工程粒径/mm	通过下列筛孔(mm)的质量百分率/%									公称粒径/mm
		53	37.5	31.5	26.5	19.0	13.2	9.5	4.75	2.36	
G1	20~40	100	90~100	—	—	0~10	0~5	—	—	—	19~37.5
G2	20~30	—	100	90~100	—	0~10	0~5	—	—	—	19~31.5
G3	20~25	—	—	100	90~100	0~10	0~5	—	—	—	19~26.5
G4	15~25	—	—	100	90~100	—	0~10	0~5	—	—	13.2~26.5
G5	10~20	—	—	—	100	90~100	0~10	0~5	—	—	13.2~19
G6	10~30	—	100	90~100	—	—	—	0~10	0~5	—	9.5~31.5
G7	10~25	—	—	100	90~100	—	—	0~10	0~5	—	9.5~26.5
G8	10~20	—	—	—	100	90~100	—	0~10	0~5	—	9.5~19
G9	10~15	—	—	—	—	100	90~100	0~10	0~5	—	9.5~13.2

规格 名称	工程 粒径/ mm	通过下列筛孔(mm)的质量百分率/%									公称粒径/ mm
		53	37.5	31.5	26.5	19.0	13.2	9.5	4.75	2.36	
G10	5～15	—	—	—	—	100	90～100	40～70	0～10	0～5	4.75～13.2
G11	5～10	—	—	—	—	—	100	90～100	0～10	0～5	4.75～9.5

3. 用于高速公路和一级公路极重、特重交通荷载等级基层的 4.75mm 以上粗集料应采用单一粒径的规格料。

4. 用于高速公路、一级公路底基层和二级及二级以下公路基层、底基层被稳定材料的天然砾石材料宜满足表 3-9 的要求，级配稳定、塑性指数应不大于 9。

5. 用作级配碎石或砾石的粗集料应采用具有一定级配的硬质石料，且不应含有黏土块、有机物等。

6. 级配碎石或砾石用作基层时，高速公路和一级公路公称最大粒径应不大于 26.5mm，二级及二级以下公路公称最大粒径应不大于 31.5mm；用作底基层时，公称最大粒径应不大于 37.5mm。

（五）细集料

1. 细集料应洁净、干燥、无风化、无杂质，并有适当的颗粒级配。

2. 高速公路和一级公路所用细集料技术要求应符合表 3-11 的规定。

表 3-11 细集料技术要求

项目	水泥稳定[①]	石灰稳定	石灰粉煤灰综合稳定	水泥粉煤灰综合稳定
颗粒分析	满足级配要求			
塑性指数[②]	≤17	适宜范围 15～20	适宜范围 12～20	—
有机质含量/%	<2	≤10	≤10	<2
硫酸盐含量/%	≤0.25	≤0.8	—	≤0.25

注：①水泥稳定包含水泥石灰综合稳定。

②应测定 0.075mm 以下材料的塑性指数。

3. 细集料规格要求应符合表 3-12 的规定。

表 3-12 细集料规格要求

规格 名称	工程粒径/ mm	通过下列筛孔(mm)的质量百分率/%								公称粒径/ mm
		9.5	4.75	2.36	1.18	0.6	0.3	0.15	0.075	
XG1	3～5	100	90～100	0～15	0～5	—	—	—	—	2.36～4.75
XG2	0～3	—	100	90～100	—	—	—	—	0～15	0～2.36
XG3	0～5	100	90～100	—	—	—	—	—	0～20	0～4.75

4. 用于高速公路和一级公路时，细集料中小于 0.075mm 的颗粒含量应不大于 15%；用于二级及二级以下公路时，细集料中小于 0.075mm 的颗粒含量应不大于 20%。

5. 级配碎石或砾石中的细集料可使用细筛余料或专门轧制的细碎石集料。

（六）材料分档与掺配

1. 材料分档应符合表 3-13 的规定。

表 3-13　材料分档要求

层位	高速公路和一级公路		二级及二级以下公路
	极重、特重交通	重、中、轻交通	
基层	≥5	≥4	≥3 或 4
底基层	≥4	≥3 或 4	≥3

2. 用于二级及二级以上公路基层和底基层的级配碎石或砾石，应由不少于 4 种规格的材料掺配而成。

3. 天然材料用于高速公路和一级公路的基层时，应筛分成表 3-10 中规定的规格，并按表 3-14 中的备料规格进行掺配。天然材料的规格不满足设计级配的要求时，可掺配一定比例的碎石或轧碎砾石。

表 3-14　不同粒径混合料的备料规格

公称最大粒径/mm	类型	一档	二档	三档	四档	五档	六档
19	三档备料	XG3	G11	G8	—		
	四档备料Ⅰ	XG2	XG1	G11	G8	—	
	四档备料Ⅱ	XG3	G11	G9	G5	—	
	四档备料Ⅲ*	XG3(1)	XG3(2)	G11	G8	—	
	五档备料Ⅰ	XG2	XG1	G11	G9	G5	
	五档备料Ⅱ*	XG3(1)	XG3(2)	G11	G9	G5	
26.5	四档备料	XG3	G11	G8	G3	—	
	五档备料Ⅰ	XG3	G11	G9	G5	G3	
	五档备料Ⅱ	XG2	XG1	G11	G8	G3	
	五档备料Ⅲ*	XG3(1)	XG3(2)	G11	G8	G3	
	六档备料Ⅰ	XG2	XG1	G11	G9	G5	G3
	六档备料Ⅱ*	XG3(1)	XG3(2)	G11	G9	G5	G3
31.5	四档备料	XG3	G11	G8	G2	—	—
	五档备料Ⅰ	XG3	G11	G9	G5	G2	—
	五档备料Ⅱ	XG3	G11	G9	G4	G2	—
	五档备料Ⅲ*	XG3(1)	XG3(2)	G11	G8	G2	—
	六档备料Ⅰ	XG2	XG1	G11	G9	G5	G2
	六档备料Ⅱ*	XG3(1)	XG3(2)	G11	G9	G5	G2

注：* 表中 XG3(1) 和 XG3(2) 为两种不同级配规律的 0~5mm 的细集料。

4. 级配碎石或砾石类材料中宜掺加石屑、粗砂等材料。

5. 级配碎石或砾石细集料的塑性指数应不大于 12。不满足要求时，可掺配石灰、无塑性的砂或石屑进行处理。

第二节　无机结合料稳定材料的取样、成型与试验方法

【学习要求】

1. 了解无机结合料稳定材料的取样、水泥或石灰剂量测定、标准击实、养生、无侧限抗压强度测定及室内 CBR 值测定的适用范围。

2. 熟悉无机结合料稳定材料的取样、水泥或石灰剂量测定、标准击实、养生、无侧限抗压强度测定及室内 CBR 值测定的准备工作和测试步骤。

3. 掌握无机结合料稳定材料的取样、水泥或石灰剂量测定、标准击实、养生、无侧限抗压强度测定及室内 CBR 值测定的计算与处理、试验检测记录表格填写、试验检测报告编制等工作。

【学习内容】

本节介绍与无机结合料稳定材料相关的主要试验与检测方法,包括从混合料中取样、混合料剂量的检验、最大干密度的确定、试件的成型、养生与试件强度的测定方法。

一、无机结合料稳定材料的取样方法

(一)适用范围

本方法适用于无机结合料稳定材料室内试验、配合比设计以及施工过程中的质量抽查等。本方法规范了无机结合料及稳定材料的现场取样操作。

(二)分料方法

可以用下列方法将整个样品缩小到每个试验所需材料的合适质量。

1. 四分法

需要时应加清水使主样品变湿。充分拌和主样品:在一块清洁、平整、坚硬的表面上将试样堆成一个圆锥体,用铲翻动此锥体并形成一个新锥体,这样重复进行 3 次。在形成每一个锥体堆时,铲中的料要放在锥顶,使滑落到边的那部分料尽可能分布均匀,使锥体的中心不移动。

将平头铲反复交错垂直插入最后一个锥体的顶部,使锥体顶变平,每次插入后提起铲时不要带有试料。沿两个垂直的直径,将已变成平顶的锥体料堆分成 4 部分,尽可能使这 4 部分料的质量相同。

将对角的一对料(如一、三象限为一对,二、四象限为另一对)铲到一边,将剩余的一对料铲到一块。重复上述拌和以及缩小的过程,直到试样达到要求的质量,如图 3-1 所示。

2. 分料器法

如果集料中含有粒径为 2.36mm 以下的细料,材料应该是表面干燥的。将材料充分拌和后通过分料器,保留一部分,将另一部分再次通过分料器。这样重复进行,直到将原样品缩小到需要的质量。

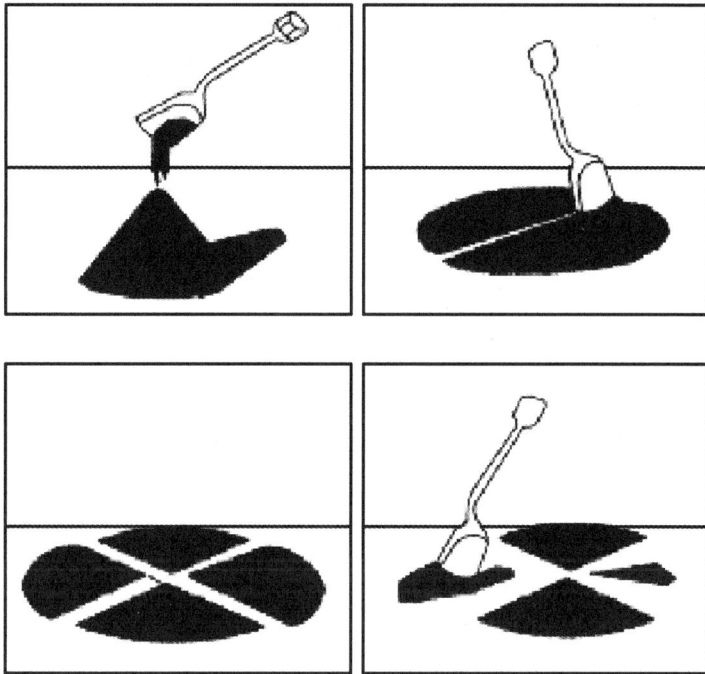

图 3-1　四分法示意图

(三)料堆取料

在料堆上取样时应提前确定取样方案,视堆料方式、料堆形状、料堆大小、材料规格及离析情况确定具体的取样方法和取样数量;应清除料堆表面部分,从内部取样。

对于分层堆积成扁平状料堆,在顶部选择至少均匀分布的 3 处位置,如图 3-2 进行取样。在每处位置取样时,用铁锹或装载机等开挖一定深度的料槽,其深、宽尺寸应不小于30cm(对于钢渣、重矿渣、再生集料,其槽深不小于 100cm);槽底应水平,沿每个槽底等间距 3 个点位置用铁锹或料铲取 3 份等量材料。共取至少 9 份等量材料组成一组样品。每处取样深度应不同。

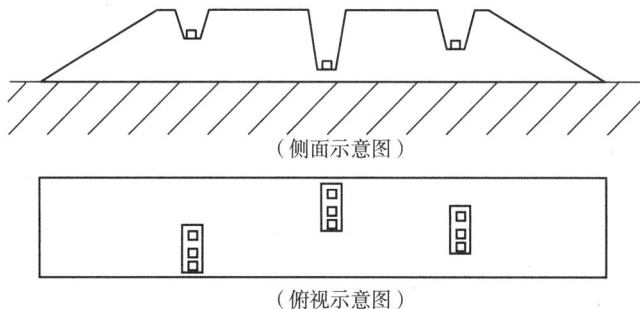

(侧面示意图)

(俯视示意图)

图 3-2　扁平状料堆取样位置示意图

对于锥体状料堆,宜采用装载机按如下方法沿料堆四周均匀分布的至少 3 个坡面位置取样。①将装载机靠近选定的一个坡面,但其前轮不得接触料堆;保持装料机在原地,操作装载机使铲斗从离地约150mm高度处插入料堆中,沿坡面从下向上铲出一满斗材料,倾斜铲斗使材料滚落、倾倒在原坡面上,然后再次操作装料机将前述倾倒材料从下向上一次性铲到铲斗中;②倒开装载机至一处干净的平地上,向前倾斜铲斗使材料沿铲斗宽度方向均匀、缓慢滚落,并形成一个锥状小料堆,铲斗离地不要过高以避免产生离析;调整铲斗高度至小料堆高度的一半处,用铲斗后背一次性将小料堆刮成扁平状,将铲斗置于扁平状小料堆中心,将小料堆进一步整理成椭圆形饼状小料堆;③在椭圆形饼状小料堆顶面均匀分布选点,在每个选定点的位置用料铲(或铁锹)在顶部垂直插入料堆取一满铲(锹)料,逐点取样组成一份材料。避免在靠近边缘处取样。④按照上述步骤完成各坡面位置取样,共取至少3份等量材料组成一组样品。

对于锥体状料堆,当不具备装载机取样条件时,选择均匀分布的至少3个坡面进行人工取样。①如图3-3所示,在每个坡面的上1/3、中1/3和下1/3的3个区域分别选点取样,在各区域取样点数,细集料为1、1、2,粗集料为1、2、3。

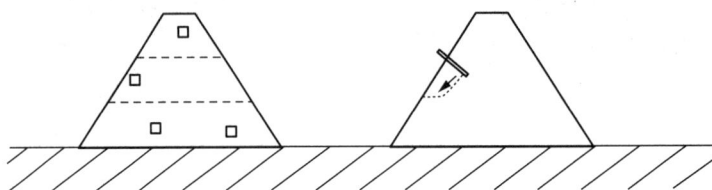

图3-3 锥体状细集料堆人工取样示意图

② 取样时,应在取样点稍上位置用木板或金属盘等垂直插入料堆,以减少表面集料滚落发生的概率;清除表面材料(厚度不少于集料公称最大粒径2倍)后,在取样点底部用料铲或铁锹垂直插入料堆快速取一份材料。③按照上述要求在所有选定坡面各点上取样,取至少2份(粗集料至少18份)等量材料组成一组样品。

(四)试验室分料

在目标配合比阶段,应逐级筛分各种石料,然后按设定级配进行配料。

生产配合比阶段可采用四分法进行分料,且取料总质量应大于分料取样后每份质量的4~8倍。

(五)施工过程中混合料取样

在进行混合料验证时,宜在摊铺机后取料,且取料应分别来源于3~4台不同的料车,然后混合到一起进行四分法取样,进行无侧限抗压强度成型及试验。

在评价施工离散性时,宜在施工现场取料。应在施工现场的不同位置按随机性取样原则分别取样,对于结合料剂量还需要在同一位置的上层和下层分别取样,试验应单独成型。

二、水泥或石灰稳定材料中水泥或石灰剂量测定——EDTA滴定法

(一)目的和适用范围

1. 本试验方法适用于在工地快速测定水泥和石灰稳定材料中水泥和石灰的剂量,并

可用以检查现场拌和和摊铺的均匀性。适用于在水泥终凝之前的水泥含量测定,现场土样的石灰剂量应在路拌后尽快测试,否则需要用相应龄期的乙二胺四乙酸二钠(简称 EDTA 二钠)标准溶液消耗量的标准曲线确定。

2. 本方法也可以用来测定水泥和石灰综合稳定材料中结合料的剂量。

(二)仪器设备

1. 滴定管(酸式)50mL:1 支。

2. 滴定台:1 个。

3. 滴定管夹:1 个。

4. 大肚移液管:10mL、50mL,各 10 支。

5. 锥形瓶(即三角瓶):200mL,20 个。

6. 烧杯:2000mL(或 1000mL),1 只;3000mL,10 只。

7. 容量瓶:1000mL,1 个。

8. 搪瓷杯:容量大于 1200mL,10 只。

9. 不锈钢棒(或粗玻璃棒):10 根。

10. 量筒:100mL 和 5mL,各 1 只;50mL,2 只。

11. 棕色广口瓶:60mL,1 只(装钙红指示剂)。

12. 电子天平:量程不小于 1500g,感量 0.01g。

13. 秒表:1 只。

14. 表面皿:ϕ9cm,10 个。

15. 研钵:ϕ12～ϕ13cm,1 个。

16. 洗耳球:1 个。

17. 精密试纸:pH 12～14。

18. 聚乙烯桶 20L,3 个(装蒸馏水和氯化铵及 EDTA 二钠溶液);5L,1 个(装氢氧化钠),5L(大口桶)10 个。

19. 毛刷、去污粉、吸水管、塑料勺、特种铅笔、厘米纸。

20. 洗瓶(塑料):500mL,1 只。

(三)试剂

1. 0.1mol/m³ EDTA 二钠标准溶液:准确称取 EDTA 二钠(分析纯)37.23g,用 40～50℃的无二氧化碳蒸馏水溶解,待全部溶解并冷至室温后,用蒸馏水定容至 1000mL。

2. 10%氯化铵(NH_4Cl)溶液:将 500g 氯化铵(分析纯或化学纯)放在 10L 聚乙烯桶内,加蒸馏水 4500mL,充分振荡,使氯化铵完全溶解。也可以分批在 1000mL 的烧杯内配制,然后倒入塑料桶内摇匀。

3. 1.8%氢氧化钠(内含三乙醇胺)溶液:用电子天平称 18g 氢氧化钠(NaOH)(分析纯),放入洁净干燥的 1000mL 烧杯中,加入 1000mL 蒸馏水使其全部溶解,待溶解冷至室温后,加入 2mL 三乙醇胺(分析纯),搅拌均匀后储存于塑料桶中。

4. 钙红指示剂:将 0.2g 钙试剂羟酸钠(分子式 $C_{21}H_{13}N_2NaO_7S$,分子量 460.39)与 20g 预先在 105℃烘箱中烘 1h 的硫酸钾混合。一起放入研钵中,研成极细粉末,储存于棕色广口瓶中,以防吸潮。

（四）准备标准曲线

1. 取样：取工地用石灰和土，风干后用烘干法测其含水率（如果为水泥，可假定其含水率为 0%）。

2. 混合料组成的计算公式：

$$干料质量＝湿料质量/(1＋含水率)$$

计算步骤：

(1)干混合料质量＝湿混合料质量/(1＋最佳含水率)；

(2)干土质量＝干混合料质量/(1＋石灰或水泥剂量)；

(3)干石灰或水泥质量＝干混合料质量－干土质量；

(4)湿土质量＝干土质量×(1＋土的风干含水率)；

(5)湿石灰质量＝干石灰质量×(1＋石灰的风干含水率)；

(6)石灰土中应加入的水的质量＝湿混合料质量－湿土质量－湿石灰质量。

3. 准备五种试样，每种两个样品(以水泥稳定材料为例)，如为水泥稳定中、粗粒土，每个样品取 1000g 左右(如为细粒土，则可称取 300g 左右)准备试验。为了减少中、粗粒土的离散，宜按设计级配单份掺配的方法备料。

5 种混合料的水泥剂量应为：水泥剂量为 0，最佳水泥剂量左右、最佳水泥剂量±2% 和最佳水泥剂量的 4%[①]，每种剂量取两个(为湿质量)试样，共 10 个试样，并分别放在 10 个大口聚乙烯桶(如为稳定细粒土，可用搪瓷杯或 1000mL 具塞三角瓶；如为粗粒土，可用 5L 的大口聚乙烯桶)内。土的含水率应等于工地预期达到的最佳含水率，土中所加的水应与工地所用的水相同。

注①：在此，准备标准曲线的水泥剂量可为 0、2%、4%、6%、8%。如水泥剂量较高或较低，应保证工地实际所用水泥或石灰剂量位于标准曲线所用剂量的中间。

4. 取一个盛有试样的盛样器，在其中加入两倍试样质量(湿料质量)体积的 10% 氯化铵溶液(如湿料质量为 300g，则氯化铵溶液为 600mL；如湿料质量为 1000g，则氯化铵溶液为 2000mL)。料为 300g，则搅拌 3min(每分钟搅拌 110～120 次)；料为 1000g，则搅拌 5min。如用 1000mL 具塞三角瓶，则手握三角瓶(瓶口向上)用力振荡 3min(每分钟 120 次±5 次)，以代替搅拌棒搅拌。放置沉淀 10min[②]，然后将上部清液转移到 300mL 烧杯内，搅匀，加盖表面皿待测。

注②：如果 10min 后得到的是混浊悬浮液，则应增加放置沉淀时间，直到出现无明显悬浮颗粒的悬浮液为止，并记录所需时间。以后所有该种水泥(或石灰)稳定材料的试验，均应以同一时间为准。

5. 用移液管吸取上层(液面上 1～2cm)悬浮液 10.0mL 于 200mL 的三角瓶内，用量管量取 1.8% 氢氧化钠(内含三乙醇胺)溶液 50mL 倒入三角瓶中，此时溶液 pH 值为 12.5～13.0(可用 pH 12～14 精密试纸检验)，然后加入钙红指示剂(质量约为 0.2g)，摇匀后溶液呈玫瑰红色。记录滴定管中 EDTA 二钠标准溶液体积 V_1，然后用 EDTA 二钠标准溶液滴定，边滴边摇匀，并仔细观察溶液的颜色；在溶液颜色变为紫色时，放慢滴定速度，并摇匀；直到终点呈现纯蓝色，记录滴定管中 EDTA 二钠标准溶液体积 V_2(以 mL 计，读至 0.1mL)。计算 $V_1－V_2$，即为 EDTA 二钠标准溶液的消耗量。

6. 对其他几个盛样器中的试样，用同样的方法进行试验，并记录各自的 EDTA 二钠标准溶液的消耗量。

7. 以同一水泥或石灰剂量稳定材料 EDTA 二钠标准溶液消耗量的平均值为纵坐标，以水泥或石灰剂量为横坐标制图。两者的关系应是一根顺滑的曲线，如图 3-4 所示。如素土、水泥或石灰改变，必须重做标准曲线。

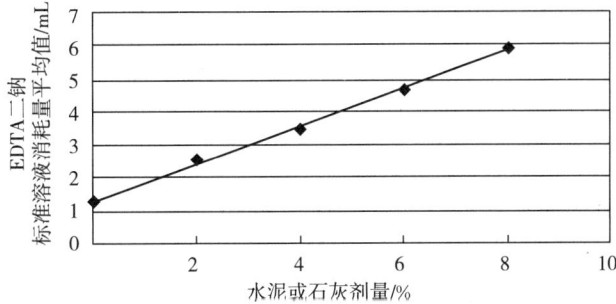

图 3-4　EDTA 二钠标准曲线图

（五）试验步骤

1. 选取有代表性的无机结合料稳定材料，对稳定中、粗粒土取试样约 3000g，对稳定细粒土取试样约 1000g。

2. 对水泥或石灰稳定细粒土，称 300g 放在搪瓷杯中，用搅拌棒将结块搅散，加 600mL 10％氯化铵溶液，对水泥或石灰稳定中、粗粒土，可直接称取 1000g 左右，放入 2000mL 10％氯化铵溶液，然后如前述步骤进行试验。

3. 利用所绘制的标准曲线，根据所消耗的 EDTA 二钠标准溶液消耗量，确定混合料中的水泥或石灰剂量。

（五）结果整理

本试验应进行两次平行测定，取算术平均值，精确至 0.1mL。允许重复误差不得大于均值的 5％，否则，重新进行试验。

【学习案例 3-1】

表 3-15　水泥（石灰）剂量标准曲线试验检测记录表

试验室名称：×××工程试验检测有限公司　　　　　　　　　　　记录编号：

工程部位/用途	路面底基层	委托/任务编号	—
试验依据	JTG E51	样品编号	—
样品描述	集料：干燥、无杂质；水泥：干燥、无结块	样品名称	3％水泥稳定碎石
试验条件	温度：20℃；相对湿度：55％	试验日期	
主要仪器设备及编号	电子天平、滴定设备等		
结合料剂量	3％	结合料种类	P·C 32.5 复合硅酸盐水泥

剂量/ %	初读数/ mL	终读数/ mL	消耗量/ mL	消耗量平均值/ mL	备注
1.0	4.3	8.1	3.8	3.7	—
	8.1	11.7	3.6		
2.0	3.5	9.4	5.9	5.9	—
	9.4	15.3	5.9		
3.0	6.7	14.8	8.1	8.0	—
	14.8	22.7	7.9		
4.0	4.4	14.5	10.1	10.2	—
	14.5	24.8	10.3		
5.0	7.8	20.3	12.5	12.5	—
	20.4	32.9	12.5		
—	—	—	—	—	—
	—	—	—		

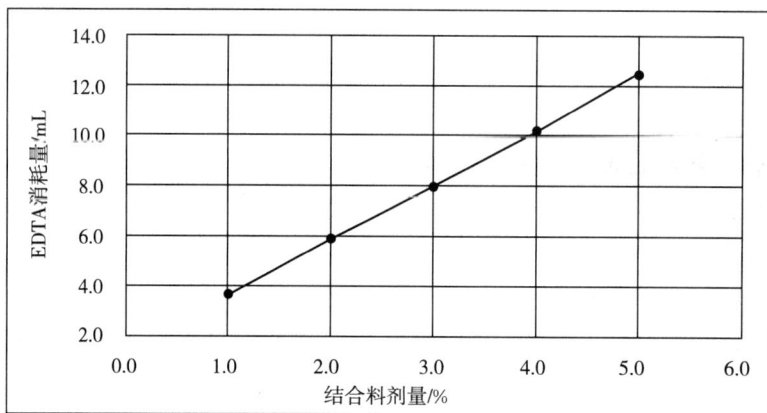

备　注：	

试验：　　　　　　　　复核：　　　　　　　　日期：　年　月　日

三、无机结合料稳定材料击实试验方法

（一）适用范围

本方法适用于在规定的试筒内,对水泥稳定材料(在水泥水化前)、石灰稳定材料及石灰(或水泥)粉煤灰稳定材料进行击实试验,以绘制稳定材料的含水率——干密度关系曲线,从而确定其最佳含水率和最大干密度。

试验集料的公称最大粒径宜控制在 37.5mm 以内(方孔筛)。

本试验方法分 3 类,各类试验方法的主要参数列于表 3 - 16 中。

表 3-16   各类别试验方法的主要参数

类别	锤的质量/ kg	锤击面 直径/cm	落高/ cm	试筒尺寸			锤击层数/ 层	每层锤击 次数/次	平均单位 击实功/J	容许最大 公称粒径/ mm
				内径/ cm	高/ cm	容积/ cm³				
甲	4.5	5.0	45	10.0	12.7	997	5	27	2.687	19.0
乙	4.5	5.0	45	15.2	12.0	2177	5	59	2.687	19.0
丙	4.5	5.0	45	15.2	12.0	2177	3	98	2.677	37.5

(二)仪器设备

1. **击实筒**:小型,内径 100mm、高 127mm 的金属圆筒,套环高 50mm,底座;大型,内径 152mm、高 170mm 的金属圆筒,套环高 50mm,直径 151mm 和高 50mm 的筒内垫块,底座。

2. **多功能自控电动击实仪**:击锤的底面直径 50mm,总质量 4.5kg。击锤在导管内的总行程为 450mm。可设置击实次数,并保证击锤自由垂直落下,落高应为 450mm,锤迹均匀分布于试样面。实物如图 3-5 所示。

3. **电子天平**:量程 4000g,感量 0.01g。

4. **电子天平**:量程 15kg,感量 0.1g。

5. **方孔筛**:孔径 53mm、37.5mm、26.5mm、19mm、4.75mm、2.36mm 的筛各 1 个。

6. **量筒**:50mL、100mL 和 500mL 的量筒各 1 个。

7. **直刮刀**:长 200～250mm、宽 30mm、厚 3mm,一侧开口的直刮刀,用以刮平和修饰粒料大试件的表面。

8. **刮土刀**:长 150～200mm、宽约 20mm 的刮刀,用以刮平和修饰小试件的表面。

9. **工字型刮平尺**:30mm×50mnm×310mm,上下两面和侧面均刨平。

10. **拌合工具**:约 400mm×600mm×70mm 的长方形金属盒,拌合用平头小铲等。

11. **脱模器**。

12. 测定含水率用的铝盒、烘箱等其他用具。

13. 游标卡尺。

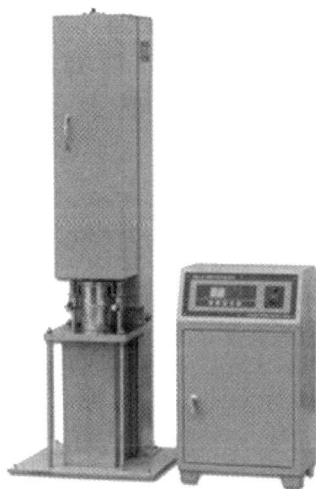

图 3-5 多功能自控电动击实仪

(三)试验准备

1. 将具有代表性的风干试料(必要时,也可以在 50℃烘箱内烘干)用木锤捣碎或用木碾碾碎。土团均应破碎到能通过 4.75mm 的筛孔。但注意不应使粒料的单个颗粒破碎或不应使其破碎程度超过施工中拌合机械的破碎率。

2. 如果试料是细粒土,将已破碎的具有代表性的土过 4.75mm 筛备用(用甲法或乙法试验)。

3. 如果试料中含有大于 4.75mm 的颗粒,则先将试料过 19mm 筛,如存留在 19mm 筛上的颗粒的含量不超过 10%,则过 26.5mm 筛备用(用甲法或乙法试验)。

4. 如果试料中粒径大于 19mm 的颗粒含量超过 10%,则将试料过 37.5mm 筛;如果存留在 37.5mm 筛上的颗粒含量不超过 10%,则过 53mm 筛备用(用丙法试验)。

5. 每次筛分后,均应记录超尺寸颗粒的百分率 P。

6. 在预定做击实试验的前一天,取有代表性的试料测定其风干含水率。对于细粒土,试样应不少于 100g;对于中粒土,试样应不少于 1000g;对于粗粒土的各种集料,试样应不少于 2000g。

7. 在试验前用游标卡尺准确测量试模的内径、高和垫块的厚度,以计算试筒的容积。

(四)试验步骤

1. 准备工作

在试验前应将试验所需要的各种仪器准备齐全,测量设备应满足精度要求;调试击实仪器,检查其运转是否正常。

2. 甲法(5 层×27 次)

(1)将已筛分的试样用四分法逐次分小,至最后取出 10~15kg 试料。再用四分法将已取出的试料分成 5~6 份,每份试料的干质量为 2.0kg(对于细粒土)或 2.5kg(对于各种中粒土)。

(2)预定 5~6 个含水率不同,依次相差 0.5%~1.5%,且其中至少有两个大于和两个小于最佳含水率的样品。

注:对于中、粗粒土,在最佳含水率附近取 0.5%,其余取 1%,对于细粒土,取 1%,但对于黏土,特别是重黏土,可能要取 2%。

(3)按预定含水率制备试样。将 1 份试样平铺于金属盘内,将事先计算好的该份试料中的应加水量均匀地喷洒在试料上,用小铲将试料充分拌合到均匀状态(如为石灰稳定材料、石灰粉煤灰综合稳定材料、水泥粉煤灰综合稳定材料和水泥、石灰综合稳定材料,可将石灰、粉煤灰和试料一起拌匀),然后装入密闭容器或塑料口袋内浸润备用。

浸润时间要求:黏质土 12~24h,粉质土 6~8h,砂类土、砂砾土、红土砂砾、级配砂砾等可以缩短到 4h 左右,含土很少的未筛分碎石、砂砾和砂可缩短到 2h。浸润时间一般不超过 24h。

应加水量可按式(3-1)计算。

$$m_w = \left(\frac{m_n}{1+0.01\,w_n} + \frac{m_c}{1+0.01\,w_c} \right) \times 0.01 w - \frac{m_n}{1+0.01\,w_n} \times 0.01\,w_n - \frac{m_c}{1+0.01\,w_c} \times 0.01\,w_c$$

$$(3-1)$$

式中:m_w——混合料中应加的水量(g);

m_n——混合料中素土(或集料)的质量(g),其原始含水率为 w_n,即风干含水率(%);

m_c——混合料中水泥或石灰的质量(g),其原始含水率为 w_c(%);

w——要求达到的混合料含水率(%)。

(4)将所需要的稳定剂水泥加到浸润后的试样中,并用小铲、泥刀或其他工具充分拌和到均匀状态。水泥应在土样击实前逐个加入,加有水泥的试样拌和后,应在 1h 内完成下述击实试验。拌和后超过 1h 的试样,应予作废(石灰稳定材料和石灰粉煤灰稳定材料除外)。

(5)试筒套环与击实底板应紧密联结。将击实筒放在坚实地面上,用四分法取制备好的试样 400~500g(其质量应使击实后的试样等于或略高于筒高的 1/5)倒入筒内,整平其表层并稍加压紧,然后将其安装到多功能自控电动击实仪上,设定所需锤击次数,进行第 1 层试样的击实。第 1 层击实完后,检查该层高度是否合适,以便调整以后几次的试样用量。用刮土刀或螺丝刀将已击实层的表面"拉毛",然后重复上述做法,进行其余 4 层试样的击实。最后一层试样击实后,试样超出筒顶的高度不得大于 6mm,超出高度过大的试件应作废。

(6)用刮土刀沿套环内壁削挖(使试样于套环脱离)后,扭动并取下套环。齐筒顶细心刮平试样,并拆除底板。如试样底面略突出筒外或有孔洞,则应细心刮平或修补。最后用工字型刮平尺齐筒顶和筒底,将试样刮平。

(7)用脱模器推出筒内试样。从试样内部从上至下取两个有代表性的样品(可将脱出试件用锤打碎后,通过四分法采取),测定其含水率,计算全 0.1%。两个试样的含水率的差值不得大于 1%。检测稳定材料含水率的样品数量见表 3-17 所列(如只取一个样品测定含水率,则样品的质量应为表列数值的两倍)。擦净试筒,称其质量 m_2。

烘箱的温度应事先调整到 110℃ 左右,使放入的试样能立即在 105~110℃ 的温度下烘干。

(8)按本方法(3)~(7)的步骤进行其余含水率下稳定材料的击实和测定工作。凡已用过的试样,一律不再重复使用。

表 3-17　检测稳定材料含水率的样品数量

公称最大粒径/mm	样品质量/g
2.36	约 50
19	约 300
37.5	约 1000

3. 乙法(5 层×59 次)

在缺乏内径 10cm 的试筒时,以及在需要与承载比试验结合起来进行时,采用乙法进行击实试验。本法更适宜于公称最大粒径达 19mm 的集料。

(1)将已过筛的试料用四分法逐次分小,至最后取出约 30kg 试料。再用四分法将所取的试料分成 5~6 份,每份试料的干质量约为 4.4kg(细粒土)或 5.5kg(中粒土)。

(2)以下各步的做法与甲法相同,但应该先将垫块放入筒内底板上,然后加料击实。所不同的是,每层需取制备好的试样约 900g(对于水泥或石灰稳定细粒土)或 1100g(对于稳定中粒土),每层锤击次数为 59 次。

4. 丙法(3 层×98 次)

(1)将已过筛的试料用四分法逐次分小,至最后取约 33kg 试料,再用四分法将所取试料分成 6 份(至少要 5 份),每份质量约 5.5kg(风干质量)。

(2)预定 5~6 个含水率不同且依次相差 0.5%~1.5% 的试料。在估计最佳含水率可只差 0.5%~1%。

注:对于水泥稳定类材料,在最佳含水率附近取 0.5%;对于石灰、二灰稳定类材料,根据具体情况在最佳含水率附近取 1%。

(3)同甲法(3)。

(4)同甲法(4)。

(5)将试筒、套环与夯击底板紧密的联结在一起,并将垫块放在筒内底板上。击实筒应放在坚实地面上,取制备好的试样 1.8kg 左右[其量应使击实后的试样略高于(高出 1~2mm)筒高的 1/3]倒入筒内,整平其表面,并稍加压紧。然后将其安装到多功能自控电动击实仪上,设定所需锤击次数,进行第 1 层试样击实。第 1 层击实完后检查该层的高度是否合适,以便调整以后两层的试样用量。用刮土刀或螺丝刀将已击实的表面"拉毛",然后重复上述做法,进行其余两试样的击实。最后一层试样击实后,试样超出试筒顶的高度不得大于 6mm。超出高度过大的试件应该作废。

(6)用刮土刀沿套环内壁削挖(使试样与套环脱离),扭动并取下套环。齐筒顶细心刮平试样,并拆除底板,取走垫块。擦净试筒的外壁,称其质量 m_1。

(7)用脱模器推出筒内试样。从试样内部从上至下取两个有代表性的样品(可将脱出试件用锤打碎后,用四分法采取),测定其含水率,计算至 0.1%。两个试样的含水率的差值不得大于 1%。所取样品的数量不应少于 700g,如果只取一个样品测定含水率,则样品的质量应不少于 1400g。烘箱的温度应事先调整到 110℃ 左右,以使放入的试样能立即在 105~110℃ 的温度下烘干。擦净试筒,称其质量 m_2。

(8)按本方法(3)~(7)的步骤进行其余含水率下稳定材料的击实和测定工作。凡已用过的试样,一律不再重复使用。

(五)计算

1. 稳定材料湿密度计算

按式(3-2)计算每次击实后稳定材料的湿密度。

$$\rho_w = \frac{m_1 - m_2}{V} \qquad (3-2)$$

式中:ρ_w——稳定材料的湿密度(g/cm³);

m_1——试筒与湿试样的总质量(g);

m_2——试筒的质量(g);

V——试筒的容积(cm³)。

2. 稳定材料干密度计算

按式(3-3)计算每次击实后稳定材料的干密度。

$$\rho_d = \frac{\rho_w}{1 + 0.01w} \qquad (3-3)$$

式中:ρ_d——试样的干密度(g/cm³);

w——试样的含水率(%)。

3. 制图

(1)以干密度为纵坐标、含水率为横坐标,绘制含水率-干密度曲线。曲线必须为凸形,如试验点不足以连成完整的凸形曲线,则应进行补充试验。

(2)将试验各点采用二次曲线方法拟合曲线,曲线的峰值点对应的含水率及干密度即为最佳含水率和最大干密度。

(六)结果整理

1. 应做两次平行试验,取两次试验的平均值作为最大干密度和最佳含水率。两次重复性试验最大干密度的差不应超过 0.05g/cm³(稳定细粒土)和 0.08 g/cm³(稳定中粒土和粗粒土),最佳含水率的差不应超过 0.5%(最佳含水率小于 10%)和 1.0%(最佳含水率大于 10%)。若超过上述规定值,应重做试验,直到满足精度要求。

2. 混合料密度计算应保留小数点后 3 位有效数字,含水率应保留小数点后 1 位有效数字。

【学习案例 3-2】

某新建省道水泥稳定碎石底基层施工之前,需要对料场材料进行击实试验,以确定水泥剂量为 3%的水泥稳定碎石底基层施工所需的最大干密度及最佳含水率,试验步骤按照无机结合料稳定材料击实试验方法进行,试验结果如下:

表 3-18 无机结合料稳定材料击实试验检测记录表

试验室名称:×××工程试验检测有限公司　　　　　　　　　记录编号:

工程部位/用途		路面底基层				委托/任务编号		—
试验依据		JTG E51—2009				样品编号		—
样品描述		集料:干燥、无杂质;水泥:干燥、无结块				样品名称		3.0%水泥稳定碎石
试验条件		温度20℃;相对湿度55%				试验日期		—
主要仪器设备及编号		多功能电动击实仪、电热鼓风恒温干燥箱、多功能脱模器、电子秤、电子天平等						
结合料剂量		3.0%			结合料种类			水泥
击锤质量/kg		4.5	每层击数	98	落距/cm	45	大于40mm颗粒含量/%	—
试样比重		—	大于40mm颗粒毛体积比重		—		大于40mm颗粒吸水率/%	—
试验次数		1	2	3	4	5		—
干密度	筒容积/cm³	2177	2177	2177	2177	2177		—
	筒质量/g	4579	4579	4579	4579	4579		
	筒+湿土质量/g	9810	9896	9946	9956	9960		
	湿土质量/g	5231	5317	5367	5377	5381		
	湿密度/(g·cm⁻³)	2.403	2.442	2.465	2.470	2.472		
	干密度/(g·cm⁻³)	2.321	2.339	2.349	2.341	2.323		

含水率	盒号	6	26	11	19	21	13	24	17	14	29	—	—
	盒质量/g	473.1	474.5	475.2	473.3	477.2	476.4	478.0	476.4	477.1	476.2	—	—
	盒+湿土质量/g	2479.7	2389.0	2444.5	2438.1	2507.3	2475.2	2406.3	2485.6	2539.9	2553.6	—	—
	盒+干土质量/g	2409.4	2326.1	2361.5	2355.4	2409.3	2382.5	2303.6	2382.4	2411.5	2433.0	—	—
	水质量/g	70.3	62.9	83.0	82.7	98.0	92.7	102.7	103.2	128.4	120.6	—	—
	干土质量/g	1936.3	1851.6	1886.3	1882.1	1932.1	1906.1	1825.6	1906.0	1934.4	1956.8	—	—
	含水率/%	3.6	3.4	4.4	4.4	5.1	4.9	5.6	5.4	6.6	6.2	—	—
	平均含水率/%	3.5		4.4		5.0		5.5		6.4		—	

	最大干密度	2.349	g·cm⁻³	最佳含水率	5.0/%

击实曲线	

备　注：	

试验：　　　　　　　　　　复核：　　　　　　　　　日期：　年　月　日

四、无机结合料稳定材料试件成型方法（圆柱形）

（一）适用范围

主要适用于无机结合料稳定材料的无侧限抗压强度、间接抗拉强度、室内抗压回弹模量，动态模量、劈裂模量等试验的圆柱体试件。

（二）仪器设备

1. 方孔筛：孔径 53mm、37.5mm、31.5mm、26.5mm、4.75mm 和 2.36mm 的筛各 1 个。

2. 试模：细粒式材料，试模的直径×高＝φ50mm×50mm；中粒式材料，试模的直径×高＝φ100mm×100mm；粗粒式材料，试模的直径×高＝φ150mm×150mm。适用于下列不同土的试模尺寸如图 3-6 所示。

3. 电动脱模器。

4. 反力架：反力为 400kN 以上。

5. 液压千斤顶：200～1000kN。

6. 钢板尺：量程 200mm 或 300mm，最小刻度 1mm。

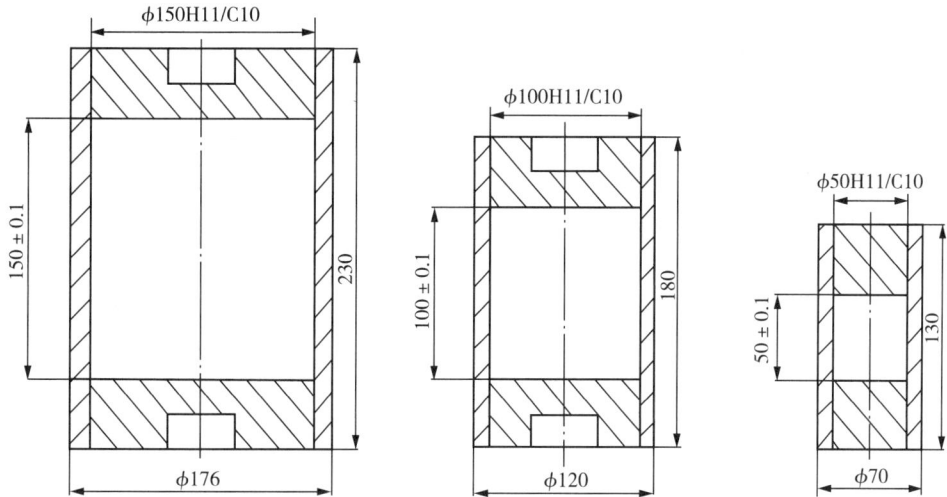

图 3-6 圆柱形试件和压块设计尺寸(单位:mm)

注:H11/C10 表示垫块和试模的配合精度。

7. 游标卡尺:量程 200mm 或 300mm。

8. 电子天平:量程为 15kg,感量为 0.1g;量程为 4000g,感量为 0.01g。

9. 压力试验机:可替代千斤顶和反力架,量程不小于 2000kN,行程速度可调。

(三)试验准备

1. 试件的直径与高的比一般为 1:1,根据需要也可成型 1:1.5 或 1:2 的试件。试件的成型根据需要的压实度水平,按照体积标准,采用静力压实法制备。

2. 将具有代表性的风干试料(必要时,可以在 50℃烘箱内烘干),用木锤和木碾捣碎,但应避免破坏粒料的原粒径。利用公称最大粒径的大一级筛,将土过筛并进行分类。

3. 在预定做试验的前一天,取有代表性的试料测定其风干含水率。对于细粒式材料,试样应不少于 100g;对于中粒式材料,试样应不少于 1000g;对于粗粒式材料,试样的质量应不少于 2000g。

4. 按照无机结合料稳定材料击实试验确定无机结合料稳定材料的最佳含水率和最大干密度。

5. 根据击实结果,称取一定质量的风干试料,其质量随试件大小而变。对 50mm×50mm 的试件,1 个试件约需干试料 180~210g;对于 100mm×100mm 的试件,1 个试件约需干试料 1700~1900g;对于 150mm×150mm 的试件,1 个试件约需干试料 5700~6000g。

对于细粒式材料,一次可称取 6 个试件的料;对于中粒式材料,一次宜称取 1 个试件的料;对于粗粒式材料,一次只称取 1 个试件的料。

6. 将准备好的试料分别装入塑料袋中备用。

(四)试验步骤

1. 调试成型所需要的各种设备,检查是否运行正常,将成型用的模具擦拭干净,并涂抹机油。成型中、粗粒式材料时,试模筒的数量应与每组试件的个数相配套。上下垫块应与试模筒相配套,上下垫块能够刚好放入试筒内上下自由移动(一般来说上下垫块直径比试筒内径小约 0.2mm)且上下垫块完全放入试筒后,试筒内未被上下垫块占用的空间体积能满足径高比为 1∶1 的设计要求。

2. 对于无机结合料稳定细粒式材料,至少应该制 6 个试件;对于无机结合料稳定中粒式材料和粗粒式材料,至少应该分别制 9 个和 13 个试件。

3. 根据击实结果和无机结合料的配合比按式(3-4)计算每份料的加水量、无机结合料的质量。

4. 将称好的试料放在长方盘(约 400mm×600mm×70mm)内。向试料中加水拌料、闷料。石灰稳定材料、水泥和石灰综合稳定材料、石灰粉煤灰综合稳定材料、水泥粉煤灰综合稳定材料,可将石灰或粉煤灰和土一起拌和,将拌和均匀后的混合料放在密闭容器或塑料袋中(封口)内浸润备用。

对于细粒式材料(特别是黏性土),浸润时的含水率应比最佳含水率小 3%;对于中粒式材料和粗粒式材料可按最佳含水率加水[①];对于水泥稳定类材料,加水量应比最佳含水率小 1%～2%。

①注:应加的水量可按式 3-13 计算。

浸润时间要求为:黏质土 12～24h,粉性土 6～8h,砂性土、砂砾土、红土砂砾、级配砂砾等可以缩短到 4h 左右;含土很少的未筛分碎石、砂砾及砂可以缩短到 2h。浸润时间一般不超过 24h。

5. 在试件成型前 1h 内,加入预定数量的水泥并拌和均匀。在拌和过程中,应将预留的水(对于细粒式材料为 3%,对于水泥稳定类为 1%～2%)加入试料中,使混合料达到最佳含水率。拌和均匀的加有水泥的混合料应在 1h 内按下述方法制成试件,超过 1h 的混合料应该作废。其他结合料稳定材料,混合料虽不受此限,但也应尽快制成试件。

6. 用反力框架和液压千斤顶,或采用压力试验机制件。

将试模配套的下垫块放入试模的下部,但外露 2cm 左右。将称量的规定数量 m_2 的稳定材料混合料分 2～3 次灌入试模中,每次灌入后用夯棒轻轻均匀插实。如果制取 φ50mm×50mm 的小试件,则可以将混合料一次倒入试模中,然后将与试模配套的上垫块放入试模内,也应使其外露 2cm 左右(即上、下垫块露出试模外的部分应该相等)。

7. 将整个试模(连同上、下垫块)放到反力框架内的千斤顶上(千斤顶下应放一扁球座)或压力机上,以 1mm/min 的加载速率加压,直到上下压柱都压入试模为止。维持压力 2min。

8. 解除压力后,取下试模,并放到脱模器上将试件顶出。用水泥稳定有黏结性的材料(如黏质土)时,制件后可以立即脱模;用水泥稳定无黏结性细粒式材料时,最好 2～4h 再脱模;对于中、粗粒式材料的无机结合料稳定材料,也最好过 2～6h 脱模。

9. 在脱模器上取试件时,应用双手抱住试件侧面的中下部,然后沿水平方向轻轻旋转,待感觉到试件移动后,再将试件轻轻捧起放置到试验台上。切勿直接将试件向上捧起。

10. 称试件的质量 m_2,小试件准确到 0.01g;中试件准确到 0.01g;大试件准确到 0.1g。然后用游标卡尺量试件高度 h,准确至 0.1mm。检查试件的高度和质量,不满足成型标准的试件作为废件。

11. 试件称量后应立即放在塑料袋中封闭,并用潮湿的毛巾覆盖,移放至养生室。

(五)计算

单个试件的标准质量

$$m_0 = V \times \rho_{max} \times (1 + w_{opt}) \times \gamma \tag{3-4}$$

考虑到试件成型过程中的质量损耗,实际操作过程中每份试件的质量可增加 $0 \sim 2\%$,即

$$m_0{'} = m_0 \times (1 + \delta) \tag{3-5}$$

每份试件的干料(包括干土和无机结合料)总质量

$$m_1 = \frac{m_0{'}}{1 + w_{opt}} \tag{3-6}$$

每份试件中的无机结合料质量

外掺法

$$m_2 = m_1 \times \frac{\alpha}{1 + \alpha} \tag{3-7}$$

内掺法

$$m_2 = m_1 \times \alpha \tag{3-8}$$

每份试件中的干试料质量

$$m_3 = m_1 - m_2 \tag{3-9}$$

每份试件中的加水量

$$m_W = (m_2 + m_3) \times w_{opt} \tag{3-10}$$

验算

$$m_0{'} = m_2 + m_3 + m_W \tag{3-11}$$

式中:V——试件体积(cm^3);

w_{opt}——混合料最佳含水率(%);

ρ_{max}——混合料最大干密度(g/cm^3);

γ——混合料压实度标准(%);

m_0、$m_0{'}$——混合料质量(g);

m_1——干混合料质量(g);

m_2——无机结合料质量(g);

m_3——干试料质量(g);

δ——计算混合料质量的冗余量(%);

α——无机结合料的掺量(%);

m_W——加水质量(g)。

(六)结果整理

1. 小试件的高度误差范围应为 $-0.1 \sim 0.1$ mm 之间,中试件的高度误差范围应为 $(-0.11 \sim 0.15)$ mm 之间,大试件的高度误差范围应为 $(-0.1 \sim 0.3)$ mm 之间。

2. 质量损失:小试件质量应不超过标准质量的 2g,中试件应不超过 5g,大试件应不超

过 15g。

五、无机结合料稳定材料养生试验方法

(一)适用范围

1. 本方法适用水泥稳定材料和石灰、二灰稳定材料类的养生。

2. 标准养生方法是指无机结合料稳定类材料在规定的标准温度和湿度环境下强度增长的过程。快速养生是为了提高试验效率,采用提高养生温度缩短养生时间的养生方法。

3. 本方法规定了无机结合料稳定材料的标准养生和快速养生的试验方法和步骤。在采用快速养生方法时,应建立快速养生条件下与标准养生条件下,混合料的强度发展的关系曲线,并确定标准养生的长龄期强度对应的快速养生短龄期。

(二)仪器设备

1. 标准养护室:标准养护室温度(20±2)℃,相对湿度在95%以上。

2. 高温养护室:能保持试件养生温度(60±1)℃,相对湿度95%以上,容积能满足试验要求。

(三)试验步骤

1. 标准养生方法

(1)试件从试模内脱出并量高、称质量后,中试件和大试件应装入塑料袋内。试件装入塑料袋后,将袋内的空气排除干净,扎紧袋口,将包好的试件放入养护室。

(2)标准养生的温度为(20±2)℃,相对湿度≥95%。试件宜放在铁架或木架上,间距至少10~20mm。试件表面应保持一层水膜,并避免用水直接冲淋。

(3)对无侧限抗压强度试验,标准养生龄期是7d,最后一天浸水。对弯拉强度、间接抗拉强度,水泥稳定材料类的标准养生龄期是90d,石灰稳定类材料类的标准养生龄期是180d。

(4)在养生期的最后一天,将试件取出,观察试件的边角有无磨损和缺块,并量高、称质量,然后将试件浸泡于(20±2)℃水中,应使水面在试件顶部约2.5cm。

2. 快速养生方法

(1)快速养生龄期的确定

将一组无机结合料稳定材料,在标准养生条件[(20±2)℃,湿度≥95%]养生180d(石灰稳定类材料养生180d,水泥稳定材料类养生90d),测试抗压强度值。

将同一组无机结合料稳定材料,在高温养生条件[(60±1)℃,湿度≥95%]下养生7d、14d、21d、28d等,进行不同龄期的抗压强度试验,建立高温养生条件下强度-龄期的相关关系,在强度-龄期的关系曲线上,找出标准养生长龄期强度对应的高温养生的短龄期,并以此作为快速养生的龄期。

(2)快速养生试验步骤

将高温养护室的温度调至规定的温度(60±1)℃,湿度也保持在95%以上,并能自动控温控湿。

将制备的试件量高、称质量后,小心装入塑料袋内,试件装入塑料袋后,将袋内的空气排除干净,并将袋口扎紧,将包好的试件放入养护箱中。

养生期的最后一天,将试件从高温养护室内取出,晾至室温(约 2h),再打开塑料袋取出试件,观察试件有无缺损,量高、称质量后,浸入(20±2)℃恒温水槽中,水面高出试件顶 2.5cm。浸水 24h 后,取出试件,用软布擦去可见自由水,称质量、量高后,立即进行相关试验。

（四）结果整理

1. 如果养生期间有明显的边角缺损,试件应该作废。

2. 对养生 7d 的试件,在养生期间,试件质量损失应符合下列规定:小试件不超过 1g;中试件不超过 4g;大试件不超过 10g。质量损失超过此规定的试件,应予以作废。

3. 对养生 90d 和 180d 的试件,在养生期间,试件质量损失应符合下列规定:小试件不超过 1g;中试件不超过 10g;大试件不超过 20g。质量损失超过此规定的试件,应予以作废。

六、无机结合料稳定材料无侧限抗压强度试验方法

（一）适用范围

本试验方法适用于测定无机结合料稳定土(包括稳定细粒土、中粒土和粗粒土)试件的无侧限抗压强度。

（二）仪器设备

1. 标准养护室。

2. 水槽:深度应大于试件高度 50mm。

3. 压力机或万能试验机(也可用路面强度试验仪和测力计):压力机应符合现行《液压式压力试验机》(GB/T 3722—1992)及《试验机通用技术要求》(GB/T 2611—2007)中的要求,其测量精度为±1%,同时应具有加载速率指示装置或加载速率控制装置。上下压板平整并有足够刚度,可以均匀地连续加载卸载,可以保持固定荷载。开机停机均灵活自如,能够满足试件吨位要求,且压力机加载速率可以有效控制在 1mm/min。

4. 电子天平:量程 15kg,感量 0.1g;量程 4000g,感量 0.01g。

5. 量筒、拌和工具、大小铝盒、烘箱等。

6. 球型支座。

7. 机油:若干。

（三）试件制备和养护

1. 细粒土,试模的直径×高＝ϕ50mm×50mm;中粒土,试模的直径×高＝ϕ100mm×100mm;粗粒土,试模的直径×高＝ϕ150mm×150mm。

2. 按照本章无机结合料稳定材料试件制作方法成型径高比为 1:1 的圆柱体试件。

3. 按照本章无机结合料稳定材料试件的标准养生方法进行 7d 的标准养生。

4. 将试件两顶面用刮刀刮平,必要时可用快凝水泥砂浆抹平试件顶面。

5. 为保证试验结果的可靠性和准确性,每组试件的数目要求为:小试件不少于 6 个,中试件不少于 9 个,大试件不少于 13 个。

（四）试验步骤

1. 根据试验材料的类型和一般的工程经验,选择合适量程的测力计和压力机,试件破坏荷载应大于测力量程的 20% 且小于测力量程的 80%。球形支座和上下顶板涂上机油,

使球形支座能够灵活转动。

2. 将已浸水一昼夜的试件从水中取出,用软布吸去试件表面的水分,并称试件的质量 m_4。

3. 用游标卡尺测量试件的高度 h,准确到 0.1mm。

4. 将试件放到路面材料强度试验仪或压力机上,并在升降台上先放一扁球座,进行抗压试验。试验过程中,应保持加载速率约为 1mm/min。记录试件破坏时的最大压力 P(N)。

5. 从试件内部取有代表性的样品(经过打破),测定其含水率 w。

(五)计算

试件的无侧限抗压强度按式(3-12)计算。

$$R_c = \frac{P}{A} \tag{3-12}$$

式中:R_c——试件的无侧限抗压强度(MPa);

$\quad P$——试件破坏时的最大压力(N);

$\quad A$——试件的截面积(mm²),$A = \frac{1}{4}\pi D^2$;

$\quad D$——试件的直径(mm)。

(六)结果整理

(1)抗压强度保留 1 位小数.

(2)同一组试件试验中,采用 3 倍均方差方法剔除异常值,小试件可以允许有 1 个异常值,中试件有 1~2 个异常值,大试件有 2~3 个异常值。异常值数量超过上述规定时,试验重做。

(3)同一组试验的变异系数 C_v(%)符合下列规定时方为有效试验:小试件 $C_v \leqslant 6\%$,中试件 $C_v \leqslant 10\%$,大试件 $C_v \leqslant 15\%$。如果不能保证试验结果的变异系数小于规定的值,则应按允许误差 10% 和 90% 概率重新计算所需的试件数量,增加试件数量并另做新试验。新试验结果与老试验结果一并重新进行统计评定,直到变异系数满足上述规定。

(七)无机结合料稳定材料强度评定

无机结合料稳定材料强度,应以规定温度下保湿养生 6d、浸水 1d 后的 7d 无侧限抗压强度为准。

应在现场按规定频率取样,按工地预定达到的压实度制备试件。每 2000m² 或每工作班制备 1 组试件。不论稳定细粒土、中粒土或粗粒土,当多次偏差系数 $C_v < 10\%$ 时,可为 6 个试件;$C_v = 10\% \sim 15\%$ 时,可为 9 个试件;$C_v > 15\%$ 时,应为 13 个试件。

试件的平均强度 $\overline{R}$ 应满足式(3-13)的要求。

$$\overline{R} \geqslant \frac{R_d}{1 - Z_a C_v} \tag{3-13}$$

式中:R_d——设计抗压强度(MPa);

$\quad C_v$——试验结果的偏差系数(以小数计);

Z_α——标准正态分布表中随保证率而变的系数;高速公路、一级公路:保证率95%,$Z_\alpha = 1.645$;其他公路:保证率90%,$Z_\alpha = 1.282$。

评定路段内无机结合料稳定材料强度评为不合格时,相应分项工程为不合格。

【学习案例 3-3】

表 3-19 无机结合料稳定材料无侧限抗压强度试验检测记录表

实验室名称:×××工程试验检测有限公司 　　　　　　　　　　　　记录编号:

工程部位/用途	路面基层						委托/任务编号		—			
试验依据	JTG E51—2009						样品编号		—			
样品描述	试件表面平整致密、无缺损						样品名称		5.0%水泥稳定碎石			
试验条件	温度:20℃;相对湿度:55%						试验日期		—			
主要仪器设备及编号	数显式路面强度试验仪、标准恒温恒湿养护箱、电子天平等											
结合料种类	水泥			结合料剂量/%		5	加荷速率/(mm·min⁻¹)			1		
最大干密度/(g·cm⁻³)	2.260	最佳含水量/%		5.8	预定压实度/%		98	制件方法		静压		
试件编号	1	2	3	4	5	6	7	8	9	10	11	12	13
养生前试件质量/g	6210.2	6209.5	6208.9	6209.1	6210.7	6211.1	6209.3	6210.1	6208.5	6210.0	6211.1	6208.2	6209.5
浸水前试件质量/g	6208.0	6206.9	6206.9	6206.4	6208.6	6208.9	6206.5	6207.6	6205.6	6207.8	6208.4	6205.7	6207.2
浸水后试件质量/g	6296.4	6288.9	6293.2	6293.8	6291.5	6297.0	6290.9	6288.8	6290.6	6291.3	6294.5	6289.8	6296.6
养生质量损失/g	2.2	2.6	2.0	2.7	2.1	2.2	2.8	2.5	2.9	2.2	2.7	2.5	2.3
吸水量/g	88.4	82.0	86.3	87.4	82.9	88.1	84.4	81.2	85.0	83.5	86.1	84.1	89.4
养生前试件高度/mm	150.1	150.0	150.2	150.4	150.3	150.2	150.5	150.0	150.6	150.4	150.2	150.2	150.3
浸水后试件高度/mm	150.3	150.3	150.3	150.8	150.3	150.4	151.0	150.0	150.8	150.5	150.4	150.3	150.5
试件最大荷载/N	70146	67894	76662	68857	71724	77858	71626	73356	81112	74045	69961	68852	76859
无侧限抗压强度/MPa	4.0	3.8	4.3	3.9	4.1	4.4	4.1	4.2	4.6	4.2	4.0	3.9	4.3
试件个数/个	13	平均强度/MPa		4.1	强度最大值/MPa		4.6	强度最小值/MPa		3.8		
标准差	0.226	偏差系数/%		5.5	Z_a		1.645	$R_{c0.95}$		3.7		
备　注:												

试验:　　　　　　　　　复核:　　　　　　　　　　　　　　　日期: 年 月 日

七、室内承载比(CBR)试验方法

(一)目的和适用范围

1. 本试验方法只适用于在规定的试筒内制件后,对各种土和路面基层、底基层材料进行承载比试验。

2. 试样的最大粒径宜控制在 20mm 以内,最大粒径不得超过 40mm,且粒径在 20～40mm 的颗粒含量不宜超过 5%。

(二)仪器设备

1. 圆孔筛:孔径 40mm、20mm 及 5mm 筛各 1 个。

2. 试筒:内径 152mm、高 170mm 的金属圆筒;套环:高 50mm;筒内垫块:直径 151mm、高 50mm;夯击底板同击实仪。也可用击实试验的大击实筒,如图 3-7 所示。

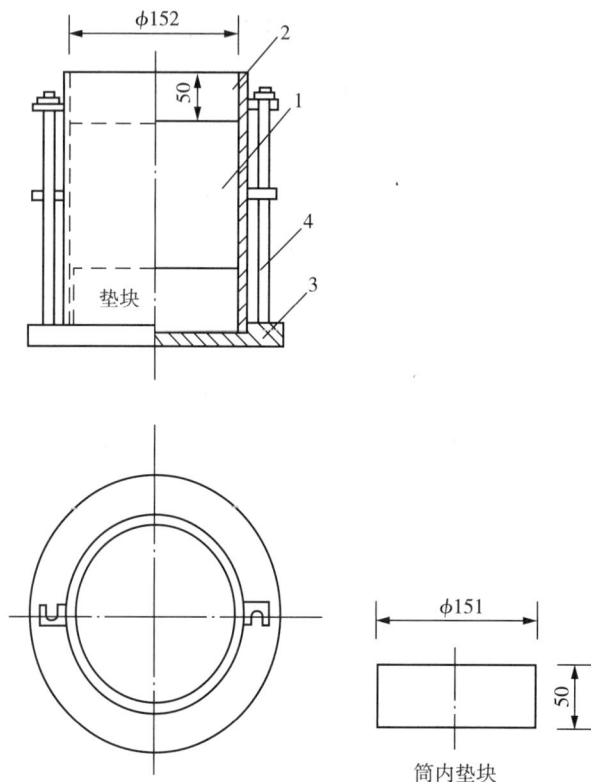

1—试筒;2—套环;3—夯击底板;4—拉杆。

图 3-7 试筒示意图(单位:mm)

3. 夯锤和导管:夯锤的底面直径 50mm,总质量 4.5kg。夯锤在导管内的总行程为 450mm,夯锤的形式和尺寸与重型击实试验法所用的相同。

4. 贯入杆:端面直径 50mm、长约 100mm 的金属柱。

5. 路面材料强度仪结构图及实物图:如图 3-8、图 3-9 所示,能量不小于 50kN,能调节贯入速度至每分钟贯入 1mm,可采用测力计式。

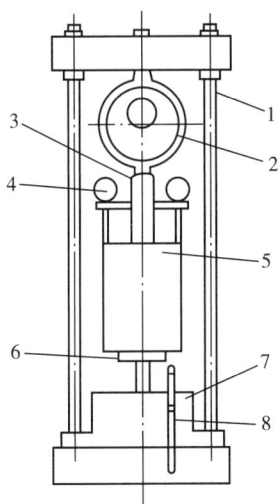

图 3-9 路面材料强度仪实物图

1—框架;2—量力环;3—贯入杆;4—百分表;
5—试件;6—升降台;7—蜗轮蜗杆箱;8—摇把。

图 3-8 路面材料强度仪结构图

6. 百分表:3 个。

7. 试件顶面上带调节杆的多孔板(测试件吸水时的膨胀量),如图 3-10 所示。

8. 多孔底板(试件放上后浸泡水中)。

9. 测膨胀量时支承百分表的架子,如图 3-11 所示。

10. 荷载板:如图 3-12 所示,直径 150mm,中心孔眼直径 52mm,每块质量 1.25kg,共 4 块,并沿直径分为两个半圆块。

11. 水槽:浸泡试件用,槽内水面应高出试件顶面 25mm。

12. 天平:称量 2000g,感量 0.01g;称量 50kg,感量 5g。

13. 其他:拌和盘、直尺、滤纸、推土器等与击实试验相同。

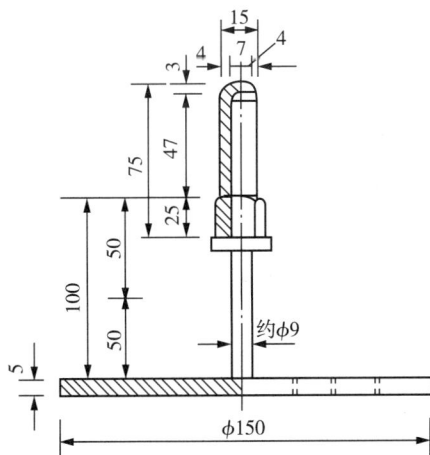

图 3-10 带调节杆的多孔板(单位:mm)

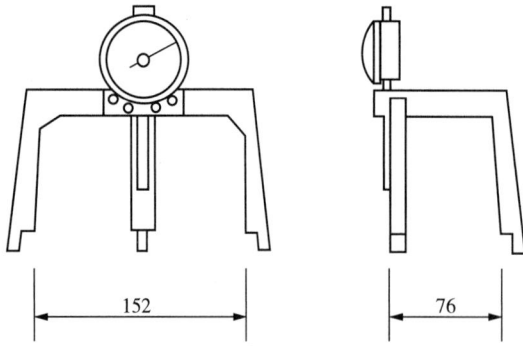

图 3-11 膨胀量测定装置及架子(单位:mm)

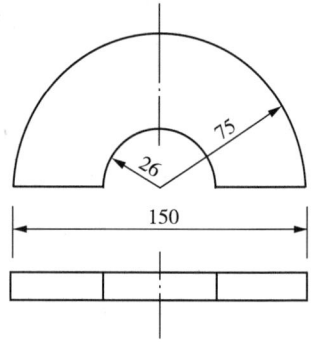

图 3-12 荷载板(单位:mm)

(三)试样

将具有代表性的风干试料(必要时可在 50℃烘箱内烘干)用木碾捣碎。土团应捣碎到过 5mm 的筛孔。用 40mm 筛筛除大于 40mm 的颗粒,并记录超尺寸颗粒的百分数。按《公路土工试验规程》(JTG 3430—2020)的击实试验方法确定试料的最大干密度和最佳含水率。

(四)试验步骤

1. 取代表性的试料测定其风干含水率。按最佳含水率制备 3 个试件,掺水将试料充分拌匀后装入密闭容器或塑料口袋内浸润。浸润时间:黏性土不得小于 24h,粉性土可缩短到 12h,砂土可缩短到 6h,天然砂砾可缩短到 2h 左右。

注:①需要时,可制备 3 种干密度试件,使试件的干密度控制在最大干密度的 90%～100%之间。如每种干密度试件制 3 个,则共制 9 个试件,9 个试件共需试样约 55kg。②采用击实成型试件时,每层击数一般分别为 30 次、50 次和 98 次。③采用静压成型制件时,根据确定的压实度计算所需的试样量一次静压成型。

2. 称试筒本身质量 m_1,将试筒固定在底板上,将垫块放入筒内,并在垫块上放一张滤纸,安上套环。

3. 取备好的试样分 3 次倒入筒内(每层约需试样 1500～1750g,其量应使击实后的试样高出 1/3 筒高 1～2mm)。整平表面,并稍加压紧,然后按规定的击数进行第一层试样的击实,击实时锤应自由垂直落下,锤迹必须均匀分布于试样面上。第一层击实完后,将试样层面"拉毛",然后再装入套筒,重复上述方法进行其余每层试样的击实。大试筒击实后,试样不宜高出筒高 10mm。

4. 每击实 3 筒试件,取代表性试样进行含水率试验。

5. 卸下套环,用直刮刀沿试筒顶修平击实的试件,表面不平整处用细料修补。取出垫块,称试筒和试件的质量 m_2。

6. CBR 试样制件采用静压成型制件时,根据确定的压实度计算所需的试样量,一次静压成型。

7. 泡水测膨胀量的步骤如下:

(1)在试件制成后,取下试件顶面的破残滤纸,放一张好滤纸,并在上安装附有调节杆

路基路面试验检测技术

的多孔板,在多孔板上加4块荷载板。

(2)将试筒与多孔板一起放入槽内(先不放水),并用拉杆将模具拉紧,安装百分表,并读取初读数。

(3)向水槽内放水,使水自由进到试件的顶部和底部。在泡水期间,槽内水面应保持在试件顶面以上大约25mm。试件通常要泡水4昼夜。

(4)泡水结束时,读取试件上百分表的终读数,并用下式(3-14)计算膨胀量。

$$膨胀量 = \frac{泡水时间高度的变化}{原试件高度} \times 100\% \qquad (3-14)$$

(5)从水槽中取出试件,倒出试件顶面的水,静置15min让其排水,然后卸去附加荷载和多孔板、底板及滤纸,并称量其质量 m_3,以计算试件的湿度和密度的变化。

8. 贯入试验

(1)应选用合适吨位的测力环,贯入结束时测力环读数宜占其量程的1/3以上。

(2)将泡水试验终了的试件放到路面材料强度试验仪的升降台上,调整偏球座,对准、整平并使贯入杆与试件顶面全面接触,在贯入杆周围放置4块荷载板。

(3)先在贯入杆上施加少许荷载,以便试样与土样紧密接触,然后将测力和测变形的百分表的指针均调整至整数,并记读初始读数。

(4)加荷使贯入杆以 $1 \sim 1.25 \text{mm/min}$ 的速度压入试件,同时测记3个百分表的读数。记录测力计内百分表某些整读数(如20、40、60)时的贯入量,并注意使贯入量为 $250 \times 10^{-2} \text{mm}$ 时,能有5个以上的读数。因此,测力计内的第一个读数应是贯入量 $30 \times 10^{-2} \text{mm}$ 左右。

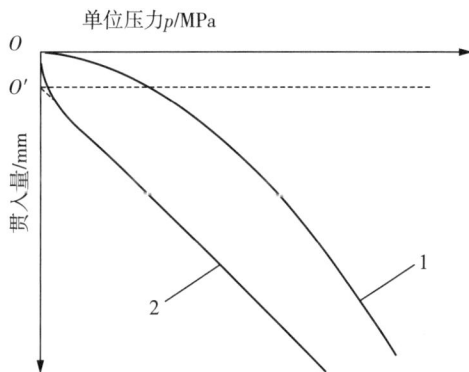

图3-13 单位压力与贯入量的关系曲线

(五)结果整理

1. 以单位压力 p 为横坐标,贯入量 l 为纵坐标,绘制 $p-l$ 关系曲线,如图 3-13所示。图上曲线1是合适的。曲线2开始段是凹曲线,需进行修正。修正时,在变曲率点引一切线,与纵坐标交于 O' 点,O' 即为修正后的原点。

(2)根据公式(3-15)和式(3-16)分别计算贯入量为2.5mm和5mm时的承载比CBR,即

$$\text{CBR}_{2.5} = (p/7000) \times 100 \qquad (3-15)$$

$$\text{CBR}_{5.0} = (p/10500) \times 100 \qquad (3-16)$$

式中:CBR——承载比,计算至0.1%;

p——单位压力(kPa)。

取两者的较大值作为该材料的承载比CBR。

(3)试件的湿密度用式(3-17)计算。

$$\rho_w = \frac{m_2 - m_1}{2177} \qquad (3-17)$$

式中：ρ_w——试件的湿密度，计算至 $0.01 g/cm^3$；

  m_2——试筒和试件的合质量(g)；

  m_1——试筒的质量(g)；

  2177——试筒的容积(cm^3)。

(4)试件的干密度用式(3-18)计算。

$$\rho_d = \frac{\rho_w}{1 + 0.01 w} \qquad (3-18)$$

式中：ρ_d——试件的干密度，计算至 $0.01 g/cm^3$；

  w——试件的含水率(%)。

(5)泡水后试件的吸水量按式(3-19)计算。

$$w_a = m_3 - m_2 \qquad (3-19)$$

式中：w_a——泡水后试件的吸水量(g)；

  m_3——泡水后试筒和试件的合质量(g)；

  m_2——试筒和试件的合质量(g)。

(六)精度要求

如根据 3 个平行试验结果计算得的承载比变异系数 C_v 大于 12%，则去掉一个偏离大的值，取其余 2 个结果的平均值。如 C_v 小于 12%，且 3 个平行试验结果计算的干密度偏差小于 $0.03 g/cm^3$，则取 3 个结果的平均值。如果 3 个试件结果计算的干密度偏差超过 0.03 g/cm^3，则去掉一个偏离大的值，取其余 2 个结果的平均值。

承载比小于 100，相对偏差不大于 5%；承载比大于 100，相对偏差不大于 10%。

【学习案例 3-4】

某在建高速公路路基施工，土样为 3%的石灰改善土，按规范要求进行 CBR 试验，试验结果见表 3-20 所列。

表 3-20 承载比(CBR)试验结果(一)

试验室名称：×××工程试验检测有限公司　　　　　　　　　　　记录编号：

工程部位/用途	土方路基	委托/任务编号	—
试验依据	JTG 3430—2020	样品编号	—
样品描述	土:黄色、无杂质、干燥；石灰:消解完全	样品名称	3%石灰改善土

| 试验条件 | 温度:20℃;相对湿度:55% | | 试验日期 | | — | |

| 主要仪器设备及编号 | 膨胀量测定装置、荷载板、多功能电动击实仪、电热鼓风恒温干燥箱、电子天平、水槽等 |

膨胀量试验记录（每层击数:98 次）

	试验次数		—	—	1	2	3
膨胀量	筒号	(1)	—	—	—	—	—
	泡水前试件(原试件)高度/mm	(2)			120.00	120.00	120.00
	泡水后试件高度/mm	(3)			120.40	120.30	120.32
	膨胀量/%	(4)	[(3)−(2)]× 100/(2)		0.33	0.25	0.27
	膨胀量平均值/%		—	—		0.28	
密度	筒质量 m_1/g	(5)	—		4406	4357	4509
	筒+试件质量 m_2/g	(6)			8827	8780	8917
	筒体积/cm³	(7)	—		2177	2177	2177
	湿密度 ρ/(g·cm⁻³)	(8)	[(6)−(5)]/(7)		2.031	2.032	2.025
	含水率 w/%	(9)	—		15.9	15.9	15.7
	干密度 ρ_d/(g·cm⁻³)	(10)	(8)/ [1+0.01×(9)]		1.752	1.753	1.750
	干密度平均值 ρ_d/(g·cm⁻³)		—	—		1.752	
吸水率	泡水后筒+试件合计质量 m_3/g	(11)	—		8929	8890	9020
	吸水量 w_a/g	(12)	(11)−(6)		102	110	103
	吸水量平均值/g		—	—		105	

试验:　　　　　　　　　　　复核:　　　　　　　　　　　日期:　年　月　日

表 3-21　承载比(CBR)试验结果(二)(98 次)

试验室名称:×××工程试验检测有限公司　　　　　　　　　记录编号:

工程部位/用途	土方路基	委托/任务编号	—
试验依据	JTG 3430—2020	样品编号	—
样品描述	土:黄色、无杂质、干燥;石灰:消解完全	样品名称	3.0%石灰改善土
试验条件	温度:20℃;相对湿度:55%	试验日期	
主要仪器设备及编号	路面材料强度仪、荷载板、多功能电动击实仪、电热鼓风恒温干燥箱、多功能脱模器、电子秤、电子天平、水槽等		

贯入试验记录（每层击数:98 次）

荷载测力计 百分表读数 R （0.01mm）	单位压力 p/ kPa	百分表读数（0.01mm）			贯入量 l/ mm
		左表	右表	平均	
0.0	0	0	0	0	0.00
12.0	770	30	30	30	0.30
25.1	1611	65	73	69	0.69
35.6	2284	100	102	101	1.01
52.6	3375	150	156	153	1.53
66.5	4267	200	204	202	2.02
76.6	4915	250	256	253	2.53
83.0	5326	300	304	302	3.02
89.5	5743	350	358	354	3.54
96.0	6160	400	411	406	4.06
101.0	6481	450	453	452	4.52
106.2	6814	500	508	504	5.04
109.5	7026	550	555	553	5.53
113.5	7283	600	619	610	6.10
—	—	—	—	—	—
—	—	—	—	—	—
—	—	—	—	—	—

单位压力与贯入量的关系曲线（每层击数：98 次）

最大干密度 $\rho_{dmax}=1.753$ g/cm^3	最佳含水率 $w=15.9\%$
每层击数 $=98$ 次	测力环校正系数 $C=0.125987$kN/0.01mm
贯入杆面积 $A=0.0019635$m^2	$p=C\times R/A$
$l=2.5$mm 时，$p_{2.5}=4877$kPa	CBR$_{2.5}=(4877/7000)\times100\%=69.7\%$
$l=5.0$mm 时，$p_5=6789$kPa	CBR$_{5.0}=(6789/10500)\times100\%=64.7\%$
结论： 　　因 CBR$_{2.5}>$CBR$_{5.0}$，符合规范要求。故取 CBR$_{2.5}=69.7\%$。	

试验：　　　　　　　　复核：　　　　　　　　日期：　年　月　日

第三节　水泥混凝土技术性质

【学习要求】

1. 了解水泥混凝土技术性质。
2. 熟悉新拌水泥混凝土的工作性及硬化后混凝土的强度、强度等级及影响混凝土强度的因素。

【学习内容】

一、概述

水泥混凝土是由水泥、粗细集料和水按适当比例混合,在需要时掺加适宜的外加剂、掺合料等配制而成的。其中水泥起胶凝和填充作用,集料起骨架和密实作用。水泥与水发生化学反应生成具有胶凝作用的水化物,将集料颗粒紧密黏结在一起,经过一定凝结硬化时间后形成人造石材即混凝土。

自混凝土材料产生的一百多年时间里,伴随实际应用领域的不断扩展和对混凝土性能要求的不断提高,混凝土技术有了很大变化。但无论如何改变,其核心和实质都建立在普通混凝土技术的基础之上。所谓普通水泥混凝土,是指采用常用原材料,无特殊需要的通用型混凝土。在掌握了普通混凝土技术的基础上,其他类型混凝土均可在这一技术的基础上,有针对性地加以调整,即可满足各自要求。所以学习普通水泥混凝土(简称混凝土)的主要内容,是掌握整个混凝土技术的基础和出发点。

水泥混凝土的主要技术性质,有新拌和时的工作性、硬化后的力学性质和耐久性等方面。

二、新拌水泥混凝土的工作性

(一)混凝土工作性的定义

新拌混凝土的工作性又称和易性,是综合评价混凝土流动性、可塑性、稳定性和易密性状况的一项综合性质和指标。

1. 流动性:是指混凝土拌和物在自重或机械振捣作用下,能产生流动,并均匀密实地填满模板的性能。
2. 可塑性:指拌和物在外力作用下产生塑性流动,不发生脆性断裂的性质。
3. 稳定性:指拌和物在外力作用下,集料在水泥浆体中保持均匀分布,不会产生离析或出现泌水现象的性能。
4. 易密性:指拌和物在捣实或振动过程中克服摩阻力达到密实程度的能力。

由于混凝土拌和物的工作性在很大程度上影响施工过程和硬化后混凝土的技术性能,因此较深入地了解混凝土工作性概念,有效把握影响工作性的相关技术,对保证水泥混凝土的质量和品质有重要的意义。

(二)工作性检测方法

常用混凝土拌和物工作性的测定方法有坍落度试验和维勃稠度试验两种。坍落度试验适用于塑性混凝土,维勃稠度试验适用于干硬性混凝土,但无论哪种试验方法均不能全面反映混凝土拌和物工作性的测定方法。目前只能在测出混凝土拌和物流动性的同时,通过经验和观察,结合一定的辅助手段综合地评定混凝土的工作性。

1. 坍落度试验

坍落度试验是将待测混凝土拌和物以规定的方式分三层装入标准坍落度圆锥筒中,每层按要求插捣 25 次,多余拌和物用镘刀刮平。随后提起圆锥筒,在重力作用下混凝土会自动坍落,测出筒高与坍落后混凝土试体最高点之间的高差(以 mm 为单位),作为试验结果之一,并称之为坍落度,如图 3-14 所示。接着通过侧向敲击,进一步观察混凝土坍落体的下沉情况。如混凝土拌和物在敲击下渐渐下沉,并能较好的团聚在一起,

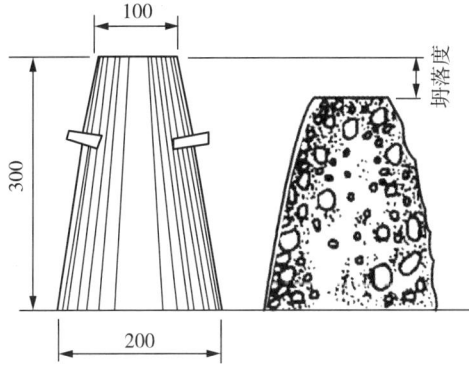

图 3-14　混凝土坍落度试验(单位:mm)

表示混凝土具有良好的黏聚性。如拌和物在敲击时突然折断倒坍,或有石子离析出来,则表示黏聚性较差。另一方面,察看拌和物均匀程度和水泥浆含水状况,判断混凝土的保水性。如整个试验过程中没有或仅有少量水泥浆从底部析出或者从拌和物表面泌出,则表示混凝土拌和物具有良好的保水性。但如果有较多水泥浆从底部流出,并引起拌和物中集料外露,则说明混凝土的保水性不好。通过上述方法,可定性地评价混凝土的工作性。

坍落度试验适用于集料公称最大粒径不大于 31.5mm,坍落度值不小于 10mm 的混凝土拌和物。

2. 维勃稠度试验

坍落度试验适用于新拌混凝土具有一定坍落度,并有一定塑性时的情况。当混凝土较为干硬,且坍落度很小时,这种方法就不合适了,这时需要采用维勃稠度试验来评定混凝土的工作性。

该试验采用专用维勃稠度仪来进行。维勃稠度仪由振动台、台上固定的标准圆筒和筒上的透明圆盘组成,如图 3-15 所示。进行维勃稠度试验时,首先按与坍落度试验相同的操作方式将混凝土拌和物装填到放在维勃稠度仪上的圆锥筒中,提起圆锥筒后,将一透明圆盘放置在混凝土拌和物上。开启振动台,同时开始计时,当透明圆盘底面被水泥浆布满的瞬间停止计时,并关闭振动

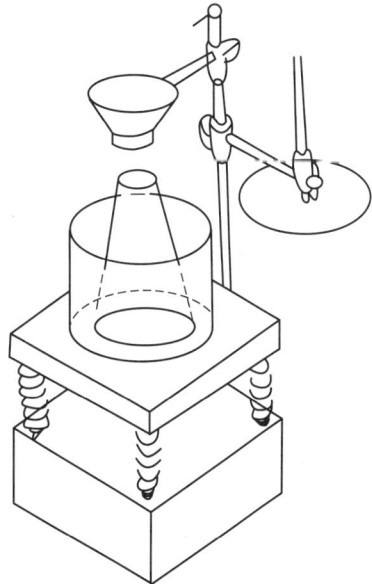

图 3-15　混凝土维勃稠度试验仪

台。以这一过程所需的时间作为维勃试验的结果，以秒为单位。显然，维勃时间愈长，混凝土拌和物的坍落度就愈小。

（三）影响混凝土工作性的因素

能够影响到混凝土拌和物工作性的因素可概括地分成内因和外因两大类。外因主要是指施工环境条件，包括外界环境的气温、湿度、风力大小以及时间等。但应值得重视和了解的因素是在构成混凝土组成材料的特点及其配合比例的内因上，包括原材料特性、单位用水量、水灰比和砂率等方面。

1. 原材料特性

水泥品种和细度将会影响混凝土拌和物的工作性。如普通硅酸盐水泥拌和物的工作性相对较好；矿渣水泥的流动性较大，但黏聚性较差；火山灰水泥拌和物流动性小，但黏聚性较好等。另一方面，适当提高水泥细度可改善混凝土拌和物的黏聚性和保水性，减轻泌水和离析的程度。

粗集料的颗粒形状和表面特征也直接影响到混凝土的工作性。如采用卵石配制混凝土的流动性比碎石混凝土要强；集料中针片状颗粒含量较少，接近立方体的颗粒较多，且级配较好时，在同样的水泥浆数量下，混凝土拌和物可获得较大的流动性，同时黏聚性和保水性也较好。

当在混凝土中使用外加剂时，会显著改善混凝土的工作性，所以目前实际工作中普遍使用外加剂。

2. 单位用水量

单位用水量的多少决定了混凝土拌和物中水泥浆的数量。显然，在组成材料一定的情况下，拌和物的流动性随单位用水量的增加而加强。当固定水和水泥用量的比例，即水灰比一定时，单位用水量过小，则水泥浆数量就会偏少，此时混凝土中集料颗粒间缺少足够的黏结材料，拌和物的黏聚性较差，易发生离析和崩坍现象，而且也不易密实；但如果单位用水量过大时，虽然混凝土的流动性随之增加，但黏聚性和保水性却随之变差，会产生流浆、泌水、离析现象。同时单位用水量过大还会使混凝土易产生收缩裂缝，影响到混凝土的耐久性并造成水泥浪费等问题。

3. 水灰比

水灰比是指混凝土中所用的水和水泥质量之比。随着混凝土技术的不断发展，混凝土中充当胶凝作用的原材料已不仅仅是单一的水泥，诸如硅粉、高炉矿渣粉和粉煤灰等都能起到类似的胶凝效果，所以水灰比（W/C）已由水胶比（W/B）替代。水胶比即混凝土中水的质量与起到胶凝效果的材料总质量之比。但二者无论是在概念还是实际应用上，并没有本质上的差异，论述中不论采用水灰比还是水胶比，均不会造成概念上的错误。所以，在不涉及除水泥之外的其他胶凝材料时，仍采用较为习惯的水灰比进行讨论。

单位用水量的多少决定了水泥浆数量的多少，而水灰比的大小则决定了水泥浆的稀稠程度。水灰比小，则水泥浆稠度大，混凝土拌和物流动性弱。当水灰比过小时，在一定施工方式下有可能难以保证混凝土密实成型。相反，若水灰比过大，水泥浆稠度较低，虽然混凝土拌和物的流动性有一定增加，但可能引起混凝土拌和物黏聚性和保水性不良后果。而且当水灰比超过一定限度时，混凝土拌和物将产生严重的泌水、离析现象。同时过大的水灰比在水泥混凝土硬化过程中随着多余水分的蒸发,形成大量毛细孔洞,会导致混凝土强度和耐久性降低。因此,当混凝土拌和物的流动性不足或过大时,不能仅仅采用增加或减少单位用水量的方法来改变混凝土的流动性,而是在保持原有水灰比不变的基础上,同时增加或减少水和水泥的用量,以控制水灰比处于适宜的状态。由此可见,混凝土的水灰比对混凝土起着极为关键的作用,是保证混凝土各项性能的核心指标。

3. 砂率

砂率是指混凝土中砂的质量占砂、石总质量的百分率。由水、水泥和砂组成的水泥砂浆在混凝土中起着润滑作用,通过这种润滑作用来降低粗集料之间的摩阻力,以产生所需的流动性。所以,当砂率不足时,过小砂率组成的水泥砂浆数量不足以包裹所有的粗集料,无法发挥所需的润滑作用,从而使混凝土拌和物的流动性受到影响。因此,在一定范围内,混凝土拌和物的流动性会随着由砂率提高所产生的润滑作用的增强而加大。但在水泥浆数量固定的情况下,随着砂率的增大,集料的总表面积也随之增大,使水泥浆的数量相对减少,当砂率超过一定的限度后,就会削弱由水泥浆所产生的润滑作用,反之又会导致混凝土拌和物流动性的降低。这种变化规律关系曲线如图 3-16 所示。

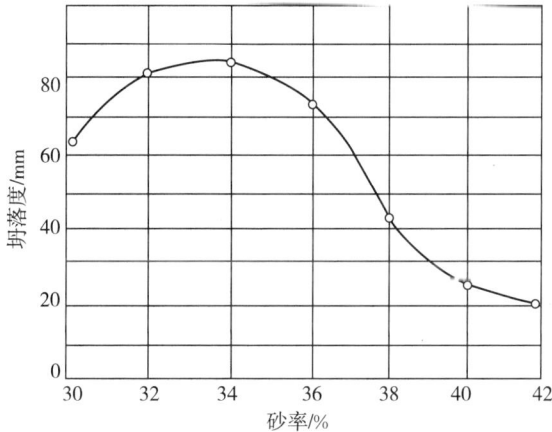

图 3-16　混凝土拌和物坍落度与砂率的关系

因此,水泥混凝土存在一个合理砂率,即在水泥浆数量一定的情况下,能使混凝土拌和物获得最大流动性而且保持良好黏聚性和保水性的砂率,这样的砂率可称为混凝土的最佳砂率。如图 3-16 中的抛物线型曲线中最高值对应的砂率(大约为 33%)就是最佳砂率。

三、硬化后混凝土的力学性能

(一)强度

强度是混凝土最主要的力学性能之一,工程实践中主要关注的有抗压强度和抗折强度。

1. 立方体抗压强度(f_{cu})

以标准方法制成边长 100mm、150mm 或 200mm 的立方体试件,其中边长为 150mm 的为标准尺寸立方体,在标准条件下[(20 ± 2)℃,相对湿度 95% 以上]养护至 28d 龄期,用标准方法测定其受压极限破坏荷载,以此求得混凝土的抗压强度(MPa)。该强度指标是混凝土力学指标的基础性强度指标,常用于实际工程的强度和质量控制。

用于评价混凝土抗压强度的方式除采用立方体试件,还可采用圆柱体试件。圆柱体试件的尺寸有三种规格,分别是 $\phi100mm\times200mm$、$\phi150mm\times300mm$ 和 $\phi200mm\times400mm$,其中标准尺寸是 $\phi150mm\times300mm$。在专用试模中通过机械振动振实或人工捣棒捣实的方式分层装填成型,拆模前进行端面找平。用与立方体试件同样的养护条件将圆柱体试件养护到指定龄期,按照类似的加载试验方法进行抗压试验,求得混凝土的抗压强度。

2. 抗弯拉强度(抗折强度)(f_{cp})

将混凝土制成 $150mm\times150mm\times550mm$(或 $600mm$)的直角棱柱小梁试件,按照规定的养护方法养护到 28d 龄期。通过采用三分点加荷方式进行试验,测得抗弯拉强度(MPa)。该强度在道路和机场跑道中有着重要意义,因为此时的路面混凝土结构物对承受弯拉荷载作用有很高的要求,所以在进行面层和机场跑道混凝土结构设计或质量控制时,要采用抗弯拉强度作为设计控制指标,抗压强度作为参考强度指标。表 3-22 列出了混凝土路面设计强度标准值,表 3-23 列出了道路水泥混凝土抗弯拉强度与抗压强度的关系。

表 3-22　混凝土路面设计强度标准值

交通荷载等级	极重、特重、重	中等	轻
混凝土设计弯拉强度标准值/MPa	≥5.0	4.5	4.0

表 3-23　道路水泥混凝土抗弯拉强度与抗压强度的关系

抗折强度/MPa	4.0	4.5	5.0	5.5
抗压强度/MPa	30	36	32	49

(二)强度等级

在结构设计时,混凝土各种力学强度的标准值均可经由抗压强度等级换算得出,强度等级是各种力学强度标准值的基础。

1. 立方体抗压强度标准值($f_{cu,k}$)

立方体抗压强度标准值是指对于按标准方法制作和养护的边长为 150mm 的立方体试件,到 28d 龄期时,采用标准试验方式测得的抗压强度总体分布中的一个值,要求混凝土抗压强度低于标准值的百分率不超过 5%(即具有 95% 保证率的抗压强度),以 MPa(N/mm²)计。可见,混凝土抗压强度 f_{cu} 与抗压强度标准值($f_{cu,k}$)的区别在于标准值并不是一个简单的平均结果,而是引入了保证率概念,涉及数理统计分析过程,从而能够更加准确地反映混凝土强度结果的整体状况。

2. 混凝土强度等级

根据立方体抗压强度标准值来确定强度等级。表示方法是符号"C"和"立方体抗压强度标准值"两项。如 C30 表示混凝土的立方体抗压强度标准值($f_{cu,k}$)不低于 30MPa。我国现行规范将混凝土立方体抗压强度等级设定为 14 个:C15、C20、C25、C30、C35、C40、

C45、C50、C55、C60、C65、C70、C75 和 C80。

(三)影响混凝土强度的因素

影响混凝土强度的因素有很多,主要是组成原材料的影响,包括原材料的特征和各材料之间的组成比例等内因,以及养护条件和试验测试条件等外因。

1. 水泥强度和水灰(胶)比

水泥强度的高低是影响混凝土强度的最直接因素。试验表明,水泥的强度愈高,则水化反应后形成的水泥石强度就愈高,从而配制的混凝土强度也就愈高。当水泥的强度确定时,混凝土的强度主要取决于水灰(胶)比的大小,在一定范围内强度随水灰(胶)比的减少而有规律的提高。根据大量试验资料统计结果,得出水灰(胶)比、水泥实际强度与混凝土28d 立方体强度之间的关系,可由式(3-20)表示。

$$f_{cu,28} = a_a f_{ce}\left(\frac{C}{W} - a_b\right) \tag{3-20}$$

式中:$f_{cu,28}$——28d 龄期混凝土立方体抗压强度(MPa);

f_{ce}——水泥实际强度(MPa);

C/W——灰水比;

a_a、a_b——与集料品种有关的统计回归系数,通过试验求得。

2. 集料特性

采用碎石拌制的混凝土,其形成的强度要比采用卵石拌制的混凝土高,但在相同的用水量情况下,流动性相对较小。这是因为集料粗糙的表面和较多的棱角使碎石在提高与水泥及其水化产物的黏附性和胶结程度的同时,也加大了拌和物内部摩擦阻力的缘故。由于针片状颗粒给施工带来不利影响,并引起混凝土空隙率的提高,因此混凝土中用的粗集料要限制针片状颗粒数量。粗集料的最大粒径对混凝土抗压强度和抗折强度均有影响,一方面随着粗集料粒径增大,单位用水量相应减少,在固定的用水量和水灰比条件下,加大最大粒径,可获得较好的工作性,或因减小水灰比而提高混凝土的强度和耐久性;另一方面随着粗集料最大粒径的增加,将会减少集料与水泥浆接触的总面积,使界面强度降低,同时还会因振捣密实程度的降低影响到混凝土强度的形成。所以粗集料最大粒径的增加对混凝土强度带来双重影响,但其中不利的影响程度对混凝土抗折强度要比抗压强度更大一些。

3. 浆集比

混凝土中水泥浆的体积和集料体积之比称为浆集比,该比值对混凝土的强度也有一定的影响。在水灰(胶)比相同的条件下,达到最佳浆集比后,混凝土的强度随着混凝土浆集比的增加而降低。

4. 养护条件

养护过程中温度、湿度和龄期是影响混凝土强度形成的主要因素。混凝土在潮湿环境下养护,形成的强度要远高于在干燥环境下形成的强度。因此,为了使混凝土正常硬化,促进强度的形成和提高,应创造和维持一定的潮湿环境。特别是在夏季高温季节,由于气温较高,水分蒸发迅速,更要特别注意经常补水养护混凝土。

确保一定的养护温度是混凝土强度形成的又一必要条件。如果混凝土养护温度过低甚至降至冰点以下,由于水泥的水化反应的停止,混凝土的强度不再发展,甚至会因冰冻作用造成混凝土强度的损失。所以在相同湿度条件下,适宜的提高养护温度,有助于混凝土强度的提高。

在标准养护条件下,混凝土强度与龄期之间有较好的相关性,在对数坐标上呈直线关系。所以可利用这种相关性,根据早期结果来推算混凝土后期强度。

5. 试验条件

试验时的试件尺寸、试件的湿度和温度、支承状况和加载方式等都会影响同一混凝土最终的强度结果。例如,同样的压力试验,尺寸愈小的试件测得的结果就会愈高,原因在于加载时上下压头对偏小试件上下面产生的保护作用更加明显,所以同样的抗压试验对受压面积偏小的试件测得的结果就会比受压面积偏大的要高,因此不同尺寸抗压试件测得的结果要采用不同系数加以修正。又例如,加载速率的快慢也会对强度结果带来直接影响,加载速率越高,测得的强度就会越高,原因在于较快的加载速率下,试件没有充足响应时间反映出这种变化,因而造成了一种被测试件能够有更高的承受荷载能力的假象。

第四节　水泥混凝土拌和物试验检测方法

【学习要求】

1. 了解水泥混凝土拌和物的拌制与控制、工作性检测、体积密度检测、凝结时间检测的目的。

2. 熟悉水泥混凝土拌和物的拌制与控制、工作性检测、体积密度检测、凝结时间检测的试验步骤。

3. 掌握水泥混凝土拌和物的拌制与控制、工作性检测、体积密度检测、凝结时间检测结果的数据计算与处理,填写试验检测记录表格,编制试验检测报告等。

【学习内容】

一、水泥混凝土拌和物的拌制和控制

（一）概述

水泥混凝土拌和物的拌制分为人工拌制和机械拌制两种。

（二）试验室水泥混凝土拌和物的拌制和控制

1. 人工拌制和控制

（1）仪器设备

① 拌板:1m×2m 的金属板。

② 铁铲:手工拌和用。

③ 量具:装水泥及各种集料用。

④ 量筒:1000mL。

⑤ 抹布。

⑥ 台秤:称量 50kg,分度值 0.5kg。

（2）拌制步骤

① 清除拌板上黏着的混凝土,并用湿布润湿,然后按计算结果称取各种材料,分别装在各容器中。

② 按配合比称好各种材料:称量的精确度为粗集料为 ±1％ 水,水泥及细集料为士 0.5％。

③ 将称好的砂置于拌板上,然后倒上所需数量的水泥;用铲子拌和至呈均一颜色为止。

④ 加入所需数量的粗集料拌和,至粗集料在整个拌和物中分配均匀为止。

⑤ 使该拌和物成细长、椭圆形的堆,在堆的中心仔细扒一凹穴,将所需水的入半注入凹穴中,小心拌和,不使水流散,重新将材料堆集成堆,并渐渐加入剩下的水,继续用铲拌和(至少拌 6 遍),直至彻底拌匀为止。

2.机械拌制和控制

(1)仪器设备

① 试验室用混凝土拌和机:容积为 75～100L;转速为 18～22r/min。

② 其他仪器设备均同人工拌制用的仪器设备。

(2)拌制步骤

① 按计算结果将所需材料分别称好,装在各容器中,各材料称量精度同人工拌和。

② 使用拌和机前,应先用少量砂浆进行刷膛,再刮去膛砂浆,以避免正式拌和混凝土时,水泥浆(黏附筒壁)损失。涮膛砂浆的水灰比及砂灰比与混凝土相同。

③ 将称好的各种原材料,往拌和机按顺序加入(石子、砂和水泥),开动拌和机,将材料拌和均匀,在拌和过程中,将水徐徐加入,全部加料时间不宜超过 2min。水全部加入后,继续拌和 2min,然后将拌和物倾倒于拌和板上。再经人工翻拌 1～2min,务必使拌和物均匀一致。所得混凝土拌和物,可供作工作性试验或水泥混凝土强度等试验使用。拌制混凝土拌和物的拌和机及拌板等其他仪器在使用后必须立即清洗干净。

(三)工地混凝土拌和物的拌制控制和取样方法

1.拌制和控制

工地混凝土拌和物的拌制和控制方法基本与试验室混凝土拌和物拌制和控制相同。只是工地使用的拌和机容量大,而且是控制上水器加水,所以除了拌制前要计量准确混凝土拌和物中的砂、石、水泥原材料,同时应详细阅读所用拌和机说明书,对拌和机的上水器做专门的校验。

2.工地混凝土拌和物有关指标的抽检和取样方法

进行工地混凝土拌和物的工作性试验或水泥混凝土强度等试验时,取样应有代表性。凡由搅拌机、料斗、运输小车以及浇制的构件中取样的,均须从三处以上的不同部位抽取大致相同份的代表性样品(不要抽取已经离析的混凝土),集中用铁铲翻拌均匀,而后立即进行拌和物的试验。试样数量应在 20L 以上或较试验所需的数量多 5L 以上。试样从抽取至试验完毕过程中,不要风吹日晒,必要时应采取保护措施。

二、水泥混凝土拌和物的工作性试验检测方法

(一)概述

新拌混凝土拌和物必须具备有一定流动性、均匀不离析、不渗水、容易抹平等性质,以适合运送、浇筑、捣实等施工要求,这些性质总称为和易性,通常用稠度表示。测定稠度的方式有坍落度和维勃稠度。

在评价水泥混凝土拌合物的稠度方面,坍落度试验是重要方法之一。随着近年来流态混凝土的推广,本方法中增加了坍落扩展度来评价其稠度。同时还增加了其他评价水泥混凝土拌合物工作性能的指标:棍度、黏聚性和保水性。

维勃试验是将新拌水泥混凝土装入坍落筒内后再拔去坍落筒,并将透明圆盘放在圆锥混凝土顶面,然后在规定频率和振幅下振动,直到透明圆盘的下表面完全布满水泥浆为止。但试验中由于水泥浆润湿圆盘底不均匀,判断试验终点较难。

(二)坍落度试验

1. 试验目的

通过坍落度试验,综合评价新拌混凝土的工作性。坍落度试验适用于坍落度值大于10mm,集料公称最大粒径不大于31.5mm的混凝土。

2. 仪器设备

(1)坍落度筒:如图3-17、图3-18所示,应符合现行《混凝土坍落度仪》(JG/T 248—2009)的规定。坍落度筒为铁板制成的截头圆锥筒,厚度不小于1.5mm,内侧平滑,没有铆钉头之类的突出物,在筒上方约2/3高度处有两个把手,近下端两侧焊有两个踏脚板,保证坍落筒可稳定操作,坍落筒尺寸见表3-24所列。

(2)捣棒:直径16mm,长约600mm,并具有半球形端头的钢质圆棒。

(3)钢尺:分度值为1mm。

(4)其他:小铲、木尺、抹刀和钢平板等。

图3-17 坍落度筒实物图

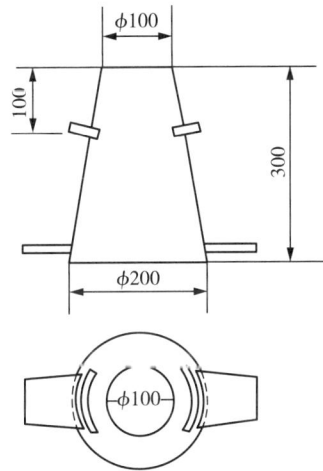

图3-18 坍落度试验用坍落度筒

(单位:mm)

表3-24 坍落度筒尺寸

集料最大粒径/mm	筒的名称	筒的内部尺寸/mm		
		底面直径	顶面直径	高度
≤31.5	标准坍落筒	200±2	100±2	300±2

3. 试验步骤

(1)试验前将坍落度筒内冲洗干净,放在水润湿过的平板上(平板吸水时应垫以塑料布),踏紧踏脚板。

(2)将代表样分三层装入筒内,每层装入高度稍大于筒高的1/3,用捣棒在每一层的横截面上均匀插捣25次。插捣在全部面积上进行,沿螺旋线由边缘至中心,插捣底层时插至底部,插捣其他两层时,应插透本层并插入下层约20~30mm,插捣须垂直压下(边缘部分除外),不得冲击。在插捣顶层时,装入的混凝土高出坍落筒,随插捣过程随时添加拌合物,当顶层插捣完毕后,将捣棒用锯和滚的动作,清除多余的混凝土,用抹刀抹平筒口,刮净筒底周围的拌合物,而后立即垂直地提起坍落度筒,提筒宜控制在 3～7s 内完成,并使混凝土不受横向及扭力作用。从开始装料到提出坍落度筒,整个过程应在 150s 内完成。

（3）将坍落度筒放在锥体混凝土试样一旁,筒顶平放木尺,用钢尺量出木尺底面至试样顶面最高点的垂直距离,即为该混凝土拌合物的坍落度,精确至 1mm,如图 3-19 所示。

（4）当混凝土试件的一侧发生崩塌或一边剪切破坏,则应重新取样另测。如果第二次仍发生上述情况,则表示该混凝土和易性不好,应记录。

（5）当混凝土拌合物的坍落度大于 160mm 时,用钢尺测量混凝土扩展后最终

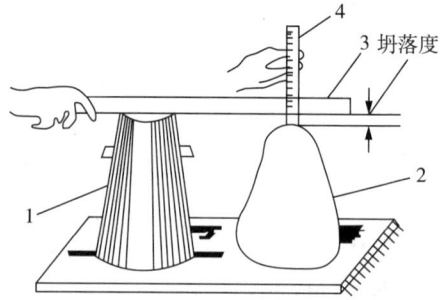

1—坍落度桶;2—拌合物;3—木尺;4—钢尺。
图 3-19　混凝土坍落度试验

的最大直径和最小直径,在这两个直径之差小于 50mm 的条件下,用其算术平均值作为坍落扩展度值;否则,此次试验无效。

（6）坍落度试验的同时,可用目测方法评定混凝土拌和物的下列性质,并做记录。

① 棍度

a. 上:表示插捣容易;

b. 中:表示插捣时稍有石子阻滞的感觉;

c. 下:表示很难插捣。

② 黏聚性:观测拌和物各组成成分相互黏聚情况。评定方法为用捣棒在已塌落的混凝土锥体一侧轻打,如锥体在轻打后渐渐下沉,表示黏聚性良好;如锥体突然倒塌,部分崩裂或发生石子离析现象,则表示粘聚性不好。

③ 保水性:指水分从拌和物中析出的情况,分多量、少量、无三级评定。

a. 多量:表示提起坍落筒后,有较多水分从底部析出;

b. 少量:表示提起坍落筒后,有少量水分从底部析出;

c. 无:表示提起坍落度筒后,没有水分从底部析出。

（三）混凝土拌和物维勃稠度试验

1. 试验目的

适用于集料最大粒径不大于 31.5mm 的水泥混凝土及维勃时间在 5～30s 的干稠性水泥混凝土的稠度测定。

2. 仪器设备

(1)维勃稠度仪:如图 3-20 所示。

① 容量筒:为金属圆筒,内径为(240±5)mm,高为 200mm,壁厚为 3mm,底厚为 7.5mm。容器应不漏水并有足够刚度,上有把手,底部外伸部分可用螺母将其固定在振动台上。

② 坍落度筒:筒底部直径为(200±2)mm,顶部直径为(100±2)mm,高度为(300±2)

mm,壁厚不小于 1.5mm,上、下开口并与锥体轴线垂直,内壁光滑,筒外安有把手。

③ 透明圆盘:用透明塑料制成,上装有滑杆 4。滑杆可以穿过套筒 5 垂直滑动。套筒装在一个可用螺栓 6 固定位置的旋转悬臂上。悬臂上还装有一个漏斗 7。坍落筒在容器中放好后,转动旋臂,使漏斗底部套在坍落筒上口。旋臂装在支柱 8 上,可用定位螺栓 9 固定位置。滑杆和漏斗的轴线应与容器的轴线重合。

圆盘直径为(230±2)mm,厚为(10±2)mm,圆盘、滑杆及荷重块组成的滑动部分总质量为(2.75±0.05)kg,滑杆刻度可用来测量坍落度值。

④ 振动台:工作频率为(50±3)Hz,空载振幅为(0.5±0.1)mm,上部有固定容器的螺栓。

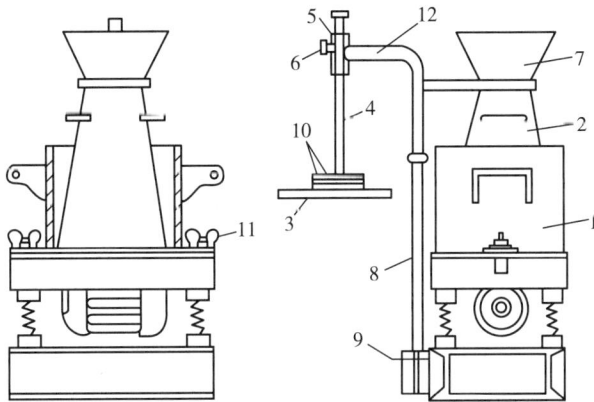

1—容量筒;2—坍落筒;3—圆盘;4—滑杆;5—套筒;6—螺栓;7—漏斗;
8—支柱;9—定位螺栓;10—荷载;11—元宝螺栓;12—旋转架。
图 3-20 维勃稠度仪

(2)捣棒:直径为 16mm、长约 600mm,并具有半球形端头的钢质圆棒。

(3)秒表:分度值为 0.5s。

3. 试验步骤

(1)将容量筒 1 用螺母固定在振动台上,放入润湿的坍落筒 2,把漏斗 7 转到坍落筒上口,拧紧定位螺栓 9,使漏斗对在坍落筒口上方。

(2)按坍落度试验步骤,分三层经漏斗装拌合物,每装一层用捣棒从周边向中心以螺旋形均匀插捣 25 次,插捣底层时捣棒应贯穿整个深度,插捣第二层时,捣棒应插透本层至下一层的表面,捣毕第三层混凝土后,拧松螺栓 6,把漏斗转回到原先的位置,并将筒模顶上的混凝土刮平,然后轻轻提起筒模。

(3)拧紧定位螺栓 9,使圆盘可定向地向下滑动,仔细转圆盘到混凝土上方,并轻轻与混凝土接触。检查圆盘是否可以顺利滑向容器。

(4)开动振动台并按动秒表,通过透明圆盘观察混凝土的振实情况,当圆盘整个底面刚被水泥浆布满时,立即按停秒表和关闭振动台,记下秒表所记时间,精确至 1s。

(5)仪器每测试一次后,必须将容器、筒模及透明圆盘洗净擦干,并在滑杆等处涂薄层黄油,以备下次使用。

4. 结果处理

水泥混凝土拌合物稠度的维勃时间用秒(s)表示,以两次试验结果的平均值作为混凝土拌合物稠度的维勃时间,结果精确到1s。

三、水泥混凝土拌合物体积密度试验方法

(一)试验目的

本试验适用于测定水泥混凝土拌合物捣实后的体积密度。

(二)仪具与材料

1. 容量筒:应为刚性金属制成的圆筒,筒外壁两侧应有提手。对于集料最大粒径不大于31.5mm的混凝土拌合物,宜采用容积不小于5L的容量筒,其内径与内高均为(186±2)mm,壁厚不应小于3mm。对于集料最大粒径大于31.5mm的拌合物所采用的容量筒,其内径与内高均应大于集料最大粒径的4倍。容量筒上沿及内壁应光滑平整,顶面与底面应平行并应与圆柱体的轴垂直。

2. 电子天平:最大量程不小于50kg,感量不大于10g。

3. 捣棒:直径为16mm,长约600mm,并具有半球形端头的钢质圆棒。

4. 振动台:应符合现行《混凝土试验用振动台》(JG/T 245—2009)的规定。

5. 其他:金属直尺、抹刀、玻璃板等。

(三)容量筒标定

1. 应将干净容量筒与玻璃板一起称重,精确至10g。

2. 将容量筒装满水,缓慢将玻璃板从筒口一侧推到另一侧,容量筒内应充满水,且不应存在气泡,擦干容量筒外壁,再次称重。

3. 两次称重结果之差除以该温度下水的密度,则为容量筒的容积 V,常温下水的密度可取 1000kg/m³。

(四)试验步骤

1. 试验前将已明确体积的容量筒用湿布擦拭干净,称出质量 m_1,精确到10g。

2. 当坍落度不大于90mm时,混凝土拌合物宜用振动台振实。振动台振实时,应一次性将混凝土拌合物装填至高出容量筒筒口,装料时可用捣棒稍加插捣,振动过程中混凝土低于筒口,应随时添加混凝土,振动直至拌合物表面出现水泥浆。

3. 当坍落度大于90mm时,混凝土拌合物宜用捣棒插捣密实。插捣时,应根据容量筒的大小决定分层与插捣次数:用5L容量筒时,混凝土拌合物应分两层装入,每层的插捣次数应为25次;用大于5L的容量筒时,每层混凝土的高度不应大于100mm,每层插捣次数按每10000mm² 截面不小于12次计算。用捣棒从边缘到中心沿螺旋形均匀插捣,捣棒应垂直压下,不得冲击,捣底层时应至筒底,插捣第二层时,捣棒应插透本层至下一层的表面;每一层捣完后用橡皮锤沿容量筒外壁敲击5～10次,进行振实,直至混凝土拌合物表面插捣孔消失并不见大泡。

4. 自密实混凝土应一次性填满,且不应进行振动和插捣。

5. 将筒口多余的混凝土拌合物刮去,表面有凹陷应填补,用抹刀抹平,并用玻璃板检

验;应将容量筒外壁擦净,称出混凝土拌合物试样与容量筒总质量 m_2,精确至 10g。

（五）结果计算

按式(3-21)计算拌和物表观密度 ρ_h,试验结果精确至 $10kg/m^3$。

$$\rho_h = \frac{m_2 - m_1}{V} \times 1000 \tag{3-21}$$

式中：ρ_h——混凝土拌和物的毛体积密度(kg/m^3)；

$\quad\quad m_1$——容量筒质量(kg)；

$\quad\quad m_2$——捣实或振实后混凝土和容量筒的质量之和(kg)；

$\quad\quad V$——容量筒体积(L)。

计算结果精确至 $10kg/m^3$,以两次试验测值的算术平均值作为试验结果,结果精确至 $10kg/m^3$,试样不得重复使用。

四、水泥混凝土拌和物凝结时间试验检测方法

（一）试验目的

通过采用贯入阻力的测定方法,明确混凝土拌和物在不同环境条件下的凝结时间变化规律,以此正确地控制现场施工进程。同时在使用外加剂的条件下,准确把握混凝土的凝结固化速度。

（二）试验仪器设备

1. 贯入阻力仪:如图 3-21 所示,最大测量值不小于 1000N,刻度盘分度值为 10N。

2. 测针:长约 100mm,平面针头圆面积分 $100mm^2$、$50mm^2$ 和 $20mm^2$ 3 种,在距离贯入端 25mm 处刻有标记。

3. 试样筒:上口径为 160mm,下口径为 150mm,净高 150mm 的刚性容器,并配有盖子。

4. 试验筛:筛孔直径应为 4.75mm。

5. 捣棒:直径 16mm,长约 600mm,并具有半球形端头的钢质圆棒。

6. 其他:铁制拌和板、吸液管和玻璃片等。

图 3-21 贯入阻力仪示意图

（三）试样制备

1. 应用试验筛从混凝土拌合物中筛出砂浆,再经人工翻拌后,将混凝土拌合物装入一个试样筒。从每批混凝土拌合物取一个试样,共取 3 个试样,分装 3 个试样筒。

2. 对于坍落度不大于 90mm 的混凝土宜用振动台振实砂浆,振动应持续到表面出浆为止,且应避免过振。对于坍落度大于 90mm 的混凝土宜用捣棒人工捣实,沿螺旋方向由外向中心均匀插捣 25 次,然后用橡皮锤轻击试样筒侧壁,以排除在捣实过程中留下的空洞。进一步整平砂浆的表面,使其低于试样筒上沿约 10mm,并应立即加盖。

3. 砂浆试样制备完毕,静置于温度为(20±2)℃的环境中待测,在整个测试过程中,环境温度始终保持(20±2)℃;除吸取泌水或进行贯入试验外,试样筒应始终加盖。在其他较为恒定的温度、湿度环境中进行试验时,应在试验结果中加以说明。

4. 砂浆试样制备完毕后1h,将试件一侧稍微垫高约20mm,使其倾斜静置约2min,用吸管吸去泌水。以后每到测试前约2min时,同上步骤用吸管吸去泌水(低温或缓凝的混凝土拌合物试样,静置与吸水间隔时间可适当延长)。若在贯入测试前还有泌水,也应吸干。

5. 凝结时间从搅拌加水开始计时。根据混凝土拌合物的性能,确定测针试验时间,以后每隔0.5h测试一次,在临近初凝和终凝时,应缩短测试间隔时间。

(四)试验步骤

1. 测试时,将砂浆试样筒置于贯入阻力仪上,测针端面刚刚接触砂浆表面,然后转动手轮,使测针在(10±2)s内垂直且均匀地插入试样内,深度为(25±2)mm,记录最大贯入阻力值,精确至10N,记下从开始加水拌和所经过的时间(精确至1min)及环境温度(精确至0.5℃)。

2. 测定时,每个试样筒每次测1~2个点,各测点的间距不小于15mm,测点与试样筒壁的距离不小于25mm。

3. 每个试样的贯入测试不少于6次,直至单位面积贯入阻力大于28MPa。

4. 根据砂浆凝结状况,在测试过程中应以测针承压面积从大到小顺序更换测针,一般当砂浆表面测孔边出现微裂缝时,应更换较小截面积的测针。更换测针应按表3-25的规定选用。

表3-25　测针选用参考表

单位面积贯入阻力/MPa	0.2~3.5	3.5~20.0	20.0~28.0
平头测针圆面积/mm²	100	50	20

(五)试验结果计算

1. 计算单位面积贯入阻力 f_{PR} 按式(3-23)计算。

$$f_{PR} = \frac{P}{A} \qquad (3-22)$$

式中:f_{PR}——单位面积贯入阻力(MPa);

F——测针贯入深度为25mm时的贯入压力(N);

A——贯入测针截面面积(mm²)。

计算结果应精确至0.1MPa。

2. 凝结时间宜按式(3-23)通过线性回归方法确定。根据式(3-22),当单位面积贯入阻力为3.5MPa时,对应的时间应为初凝时间;单位面积贯入阻力为28MPa时,对应的时间应为终凝时间。

$$\ln t = a + b \cdot \ln f_{PR} \qquad (3-23)$$

式中:t——单位面积贯入阻力对应的测试时间(min);

a、b——线性回归系数。

3. 以单位面积贯入阻力为纵坐标，测试时间为横坐标，绘制单位面积贯入阻力与测试时间关系曲线。经 3.5MPa 及 28MPa 画两条平行于横坐标的直线，则直径与曲线相交点的横坐标即为初凝时间和终凝时间，如图 3-22 所示。

4. 以 3 个试样的初凝时间和终凝时间的算术平均值作为此次试样初凝时间和终凝时间的试验结果，凝结时间用 min 表示，并精确至 5min。3 个测值中的最大值或最小值，若有一个与中间值之差超过中间值的 10%，则应以中间值为试验结果；若最大值和最小值与中间值之差均超过中间值的 10%，则此试验无效，应重新试验。

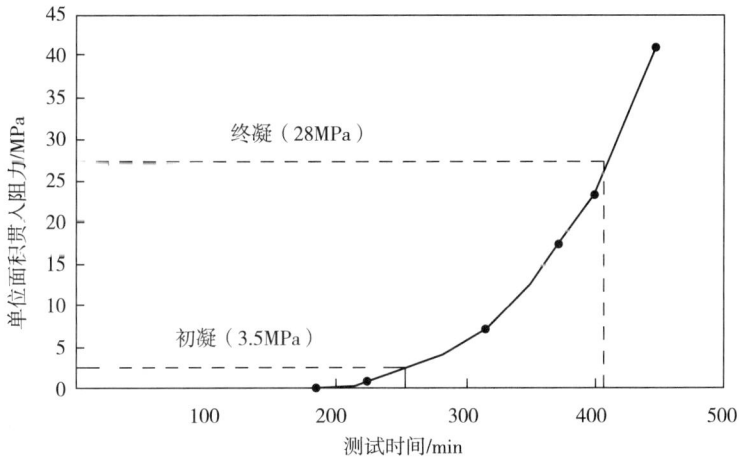

图 3-22　单位面积贯入阻力-测试时间关系曲线

第五节　水泥混凝土强度试验检测方法

【学习要求】

1. 了解水泥混凝土强度试验检测的目的。
2. 熟悉水泥混凝土强度试验检测的方法与步骤。
3. 掌握水泥混凝土强度试验检测的数据计算与处理方法,填写试验检测记录表格,编制试验检测报告等。

【学习内容】

一、水泥混凝土试件的制作与养护

(一)试验目的

掌握标准的混凝土成型方法和养护方式,是测定混凝土最重要的技术性质——力学强度的基本要求,通过试验掌握正确的混凝土试件制作方法和养护条件。

(二)仪器设备

1. 振动台:振动频率(3000±200)次/min,负荷时的振幅为 0.35mm。
2. 试模:由铸铁或钢制成,常用水泥混凝土试模尺寸及换算系数见表 3-26 所列。

表 3-26　常用水泥混凝土试模尺寸及换算系数

试验内容	试模内部尺寸/mm		集料公称最大粒径/mm①	尺寸换算系数(k)
立方体抗压强度	标准试件	150×150×150	31.5	1.00
	非标准试件	200×200×200	53	1.05
		100×100×100	26.5	0.95
抗折强度	标准试件	150×150×550(600)	31.5	1.00
	非标准试件	100×100×400	31.5	0.85
立方体劈裂抗拉强度	标准试件	150×150×150	31.5	1.00
	非标准试件	100×100×100	26.5	0.85

注:①将原采用圆孔筛确定的粒径换算为对应方孔筛确定的粒径。

3. 其他:镘刀、捣棒、金属直尺、湿布等。

(三)试验方法与步骤

1. 试件成型

(1)装配好试模,避免组装变形或使用变形试模,并在试模内部涂抹薄薄一层脱模剂。

(2)将符合工作性要求的拌和物在 15min 之内装填入试模中。根据混凝土拌和物坍落度高低,选择合适的密实方法:

① 当坍落度小于 25mm 时,可采用 φ25mm 插入式振捣棒成型。将拌和物一次装入试

模并适当高于试模,过程中还可用抹刀沿各试模壁插捣。用振捣棒距板底 10～20mm 处插入振捣,直至表面出浆。应避免过振,防止混凝土离析,振捣时间为 20s。缓慢拔出振捣棒,避免留下孔洞。用抹刀刮去多余混凝土,在混凝土临近初凝时,用抹刀抹平。

② 当坍落度大于 25mm 且小于 90mm 时,用标准振动台成型。将已装满且稍有富余拌和物的试模固定在振动台上,接通电源振动至表面出现水泥浆为止,时间一般控制在 90s。振动结束后,用金属直尺沿试模边缘刮去多余混凝土,用抹刀抹平表面。待试件收浆后,再次用抹刀将试件表面仔细抹平。

③ 当坍落度大于 90mm 时,用人工成型。将拌和物分两层装填在试模中,用捣棒以螺旋形从边缘向中心均匀插捣。插捣底层混凝土时,捣棒应达到模底;插捣上层时,捣棒应深入到下层 20～30mm 处,注意插捣时要以用力下压而不是冲击的方式。每插捣完一层,用橡皮锤敲击试模外壁 10～15 次。100cm² 截面积内每层插捣次数不得少于 12 次。

(3)通过每种方式成型的试件表面与试模表面边缘高低差不得超过 0.5mm。

2. 养护方法

(1)在成型好的试模上覆盖湿布,防止水分蒸发。在室温(20±5)℃、相对湿度大于 50% 的条件下静置 1～2d。时间到达后拆模,进行外观检查、编号,并对局部缺陷进行加工修补。

(2)将试件移至标准养护室的架子上,彼此间应有 30～50mm 的间距。养护条件温度(20±2)℃、相对湿度 95% 以上,直至规定龄期。

二、水泥混凝土立方体极限抗压强度试验方法

(一)概述

本试验规定了测定混凝土极限抗压强度的方法和步骤,以确定混凝土强度等级,并作为评定混凝土品质的主要指标。本试验适用于各类水泥混凝土立方体试件的极限抗压强度试验。

目前混凝土抗压强度试件以边长为 150mm 的正立方体试件为标准试件。混凝土强度以该试件在标准养护条件下养护 28d,按规定方法测得的强度为准。

当混凝土抗压强度试件采用非标准试件时,应根据其集料粒径要求及抗压强度尺寸换算系数得到标准试件强度。

表 3-27　集料粒径要求及抗压强度尺寸换算系数

集料最大粒径/mm	试件尺寸/mm	尺寸换算系数
30	100×100×100	0.95
40	150×150×150	1.00
60	200×200×200	1.05

(二)仪具与材料

1. 压力试验机或万能试验机:压力机除要符合《液压式压力试验机》(GB/T 3722—1992)及《试验机通用技术要求》(GB/T 2611—2007)中的要求,其测量精度为 ±1%,试件破坏荷载应大于压力机全量程的 20% 且小于压力机全量程的 80%,同时应具有加荷速度指示装置或加荷速度控制装置。上下压板平整并有足够刚度,可以均匀的连续加荷卸荷,

可以保持固定荷载,开机停机均灵活自如,能够满足试件破型吨位要求。

2. 球座:钢制坚硬,面部平整度要求在 100mm 距离内高低差值不超过 0.05mm,球面及球窝粗糙度 $Ra=0.32\mu m$,研磨、转动灵活。不应在大球座上做小试件破型,球座最好放置在试件顶面(特别是棱柱试件),并凸面朝上,当试件均匀受力后,一般不宜再次敲动球座。

3. 混凝土强度等级大于或等于 C50 时,试件周围应设置防崩裂网罩。

(三)试验步骤

1. 按上文(水泥混凝土试件制作与硬化水泥混凝土现场取样方法)所述成型试件和养护方法养护试件到规定的龄期。自养护室取出试件,应尽快试验,避免其湿度发生变化。

2. 取出试件,先检查其尺寸及形状,相对两面应平行。量出棱边长度,精确至 1mm。试件受力截面积按其与压力机上下接触面的平均值计算。在破型前,保持试件原有湿度,在试验时擦干试件。

3. 以成型时侧面为上下受压面,试件中心应与压力机几何对中,确保端面的平行度。

4. 混凝土强度等级小于 C30 时取 0.3～0.5MPa/s 的加荷速度;混凝土强度等级大于或等于 C30,小于 C60 时,取 0.5～0.8MPa/s 的加荷速度;混凝土强度等级大于或等于 C60 时,取 0.8～1.0MPa/s 的加荷速度。当试件接近被破坏而开始迅速变形时,应停止调整试验机油门,直至试件破坏,记下破坏极限荷载 F。

(四)试验结果计算

1. 混凝土立方体试件抗压强度按式(3-24)计算。

$$f_{cu}=\frac{F}{A} \tag{3-24}$$

式中:f_{cu}——水泥混凝土抗压强度(MPa);

F——极限荷载(N);

A——试件受压面积(mm^2)。

2. 以 3 个试件测值的算术平均值为测定值,计算结果精确至 0.1MPa。在 3 个测值中的最大值或最小值中如有一个测值与中间值之差超过中间值的 15%,则取中间值为测定值,如最大值和最小值中与中间值之差均超过中间值的 15%,则该组试验结果无效。

3. 强度等级小于 C60 时,非标准试件的抗压强度应乘以尺寸换算系数,见表 3-27 所列,并应在报告中注明。当混凝土强度等级大于等于 C60 时,宜用标准试件,使用非标准试件时,换算系数由试验确定。

【学习案例 3-5】

表 3-28　水泥混凝土抗压强度试验检测记录表(立方体)

试验室名称:×××工程试验检测有限公司　　　　　　　　　记录编号:

工程部位/用途	桥涵工程配合比设计	委托/任务编号	—
试验依据	JTG 3420—2020	样品编号	—
试验条件	温度:20℃;相对湿度:55%	试验日期	—

样品描述	表面平整、无蜂窝麻面、无缺损								
主要仪器设备及编号	压力试验机、游标卡尺等								
混凝土种类	C40 普通混凝土			养护条件	标准养护（温度：20～21℃，相对湿度≥95%）				
试件编号	成型日期	强度等级/MPa	试验日期	龄期/d	试件尺寸/mm	极限荷载/kN	抗压强度测值/MPa	抗压强度测定值/MPa	换算成标准试件抗压强度值/MPa
—	—	40	—	7	150×150×150	1052.2	46.8	47.1	—
						1021.6	49.0		
						1021.6	45.4		
—	—	40	—	28	150×150×150	1185.5	52.7	52.9	—
						1159.1	51.5		
						1228.6	54.6		
备　注：									

试验：　　　　　　　　复核：　　　　　　　　　　　　　　日期：　年　月　日

（五）水泥混凝土抗压强度评定

评定水泥混凝土的抗压强度，应以标准养生 28d 龄期的试件、在标准试验条件下测得的极限强度为准，试件应为边长 150mm 的立方体，大体积混凝土养生龄期设计另有要求的应服从其要求。每组试件取 3 个。

1. 制取组数的要求

（1）不同强度等级及不同配合比的混凝土应在浇筑地点随机取样、分别制取试件。

（2）浇筑一般体积的结构物（如基础、墩台等）时，每一单元结构物应制取 2 组。

（3）连续浇筑大体积结构时，每 80～200m³ 或每一工作班应制取 2 组。

（4）上部结构的主要构件长 16m 以下的应制取 1 组，长 16～30m 的制取 2 组，长 31～50m 的制取 3 组，长 50m 以上的不少于 5 组。小型构件每批或每工作班至少应制取 2 组。

（5）每根钻孔桩至少应制取 2 组；桩长 20m 以上者不少于 3 组；桩径大、浇筑时间很长时，不少于 4 组。如换工作班时，每工作班应制取 2 组。

（6）小桥涵、挡土墙、声屏障等构筑物每座、每处或每工作班应制取不少于 2 组。当原材料和配合比相同并由同一拌和站拌制时，可由几座或几处合并制取 2 组。

（7）应根据施工需要，另制取几组与结构物同条件养生的试件，作为拆模、吊装、张拉预应力、承受荷载等施工阶段的强度评定依据。

2. 水泥混凝土抗压强度的合格评定标准

（1）同批试件组数等于或大于 10 组时，应以数理统计方法评定，并满足下述条件：

$$m_{f_{cu}} \geqslant f_{cu,k} + \lambda_1 S_n \qquad (3-25)$$

$$f_{cu,min} \geqslant \lambda_2 f_{cu,k} \qquad (3-26)$$

式中:n——同批混凝土试件组数;

$m_{f_{cu}}$——同批 n 组试件强度的平均值(MPa),精确到 0.1MPa;

S_n——同批 n 组试件强度的标准差(MPa),精确到 0.01MPa。当 $S_n < 2.5$MPa 时,取 $S_n = 2.5$MPa;

$f_{cu,k}$——混凝土设计强度等级(MPa);

$f_{cu,min}$——n 组试件中强度最低一组的值(MPa),精确到 0.1MPa;

λ_1、λ_2——合格判定系数,见表 3-29 所列。

表 3-29　λ_1、λ_2 的值

n	10~14	15~19	≥20
λ_1	1.15	1.05	0.95
λ_2	0.9	0.85	

(2)同批试件组数小于 10 组时,可用非数理统计方法评定,并满足下述条件:

$$m_{fcu} \geqslant \lambda_3 f_{cu,k} \qquad (3-27)$$

$$f_{cu,min} \geqslant \lambda_4 f_{cu,k} \qquad (3-28)$$

式中:λ_3、λ_4——合格判定系数,见表 3-30 所列。

表 3-30　λ_3、λ_4 的值

混凝土强度等级	<C60	≥C60
λ_3	1.15	1.10
λ_4	0.95	

如果检查项目中,水泥混凝土抗压强度评为不合格时,相应分项工程应评为不合格。

三、水泥混凝土弯拉极限强度试验方法

(一)概述

本试验规定了测定混凝土弯拉极限强度的方法,以提供水泥混凝土路面设计参数,检查水泥混凝土路面施工品质,确定抗折弹性模量试验加荷标准,适用于各类水泥混凝土棱柱体试件。

水泥混凝土弯拉强度是以 150mm×150mm×550mm 的梁形试件在标准养护条件下达到规定龄期后,在双支点荷载作用下被弯拉破坏,并按规定的计算方法得到的强度值。

(二)仪器设备

1. 压力试验机或万能试验机:压力机除应符合《液压式压力试验机》(GB/T 3722—1992)及《试验机通用技术要求》(GB/T 2611—2007)中的要求,其测量精度为±1%,试件

破坏荷载应大于压力机全量程的20％且小于压力机全量程的80％。同时应具有加荷速度指示装置或加荷速度控制装置。上下压板平整并有足够刚度,可以均匀的连续加荷、卸荷,可以保持固定荷载,开机停机均灵活自如,能够满足试件破型吨位要求。

2. 抗弯拉试验装置(即三分点处双点加荷和三点自由支承式混凝土抗折强度与抗折弹性模量试验装置)如图3-23所示。

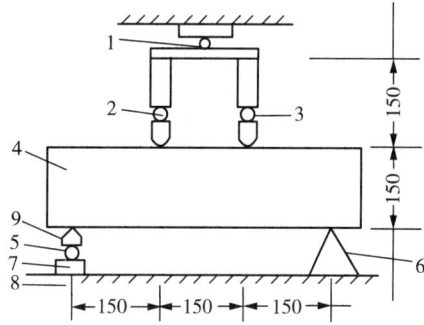

1,2——一个钢球;3,5——2个钢球;4——试件;6——固定支座;
7——活动支座;8——机台;9——活动船形垫块。

图3-23 抗弯拉试验装置(单位:mm)

(三)试件制备及养护

1. 试件标准尺寸为:150mm×150mm×600mm 或 150mm×150mm×550mm,在试件长向中部1/3区段内表面不得有直径超过5mm,深度超过2mm的孔洞。

2. 混凝土弯拉强度试件应取同龄者为 组,每组3根,按照同样条件制作和养护的试件。

(四)试验步骤

1. 试件取出后,用湿毛巾覆盖并及时进行试验,保持试件干湿状态不变。在试件中部量出其宽度和高度,精确至1mm。

2. 调整两个可移动支座,将试件安放在支座上,试件成型时的侧面朝上,几何对中后,务必使支座及承压面与活动船型垫块的接触面平稳、均匀,否则应垫平。

3. 加荷时,应保持动作均匀、连续。当混凝土强度等级小于C30时,加荷速度为0.02～0.05MPa/s;当混凝土强度等级大于等于C30且小于C60时,加荷速度为0.05～0.08MPa/s;当混凝土强度等级大于C60时,加荷速度为0.08～0.10MPa/s。当试件接近破坏而开始迅速变形时,不得调整试验机油门,直至试件破坏,记下破坏极限荷载 F(N)。

4. 记录下最大荷载和试件下边缘断裂的位置。

(五)结果计算

1. 当断面发生在两个加荷点之间时,弯拉强度 f_f 按式(3-29)计算。

$$f_f = \frac{FL}{bh^2} \qquad (3-29)$$

式中: f_f——试件的弯拉强度(MPa);

　　　F——极限荷载(N);

　　　L——支座间距, $L=450$mm;

　　　b——试件宽度(mm);

　　　h——试件高度(mm)。

2. 以3个试件测值的算术平均值为测定值。3个试件中最大值或最小值中如有一个与中间值之差超过中间值的15％,则把最大值和最小值舍去,以中间值作为试件的抗弯拉强度;如最大值和最小值中与中间值之差均超过中间值的15%,则该组试验结果无效。

3个试件中如有一个断裂面位于加荷点外侧,则混凝土弯拉强度按另外两个试件的试验结果计算。如果这两个测值不大于这两个测值中最小值的15%,则以两个测值的平均值为测试结果,否则结果无效。如有两根试件均出现断裂面位于加荷点外侧的情况,则该组结果无效。

注:断裂面位置在试件断块短边一侧底面中轴线上量得。

计算结果精确至0.01MPa。

3. 采用100mm×100mm×400mm非标准试件时,在三分点加荷的试验方法同前,但所取得的弯拉强度值应乘以尺寸换算系数0.85。当混凝土强度大于等于C60时,应采用150mm×150mm×550mm的标准试件。

【学习案例3-6】

表3-31 水泥混凝土弯拉强度试验检测记录表

实验室名称:×××工程试验检测有限公司　　　　　　　　　　记录编号:

工程部位/用途	水泥混凝土路面配合比设计								委托/任务编号	—
试验依据	JTG 3420—2020								样品编号	—
试验条件	温度:20℃;相对湿度:55%								试验日期	—
样品描述	试块表面平整、无蜂窝麻面、无缺损									
主要仪器设备及编号	水泥混凝土抗折试验机、游标卡尺等									
混凝土种类	4.5MPa路面混凝土　养护条件:标准养护(温度:20~21℃,相对湿度>95%)									

试件编号	强度等级/MPa	成型日期	试验日期	龄期/d	支座间跨度/mm	截面宽度/mm	截面高度/mm	极限荷载/kN	断裂面是否位于加荷点外侧	抗弯拉强度测值/MPa	抗弯拉强度测定值/MPa	尺寸换算系数	换算成标准试件抗弯拉强度/MPa
—	4.5	—	—	7	450	150	150	39.33	否	5.24	5.21	1.00	5.21
								38.82	否	5.18			
								39.14	否	5.22			
—	4.5	—	—	28	450	150	150	44.66	否	5.95	5.94	1.00	5.94
								44.92	否	5.99			
								44.17	否	5.89			
备　注:													

试验:　　　　　　　　　　复核:　　　　　　　　　　　　　日期:　年　月　日

(六)水泥混凝土弯拉强度评定

水泥混凝土弯拉强度试验方法应使用标准小梁法或钻芯劈裂法,试件使用标准方法制作,标准养生时间28d,路面钻芯劈裂时间宜控制在28~56d以内,不掺粉煤灰宜用28d,掺粉煤灰宜用28~56d。

高速公路和一级公路每工作班制作2~4组:日进度<500m取2组,≥500m取3组,

≥1000m 取 4 组。其他公路每工作班制作 1~3 组：日进度<500m 取 1 组，≥500m 取 2 组，≥1000m 取 3 组。以每组 3 个试件的平均值作为一个统计数据。

混凝土弯拉强度的合格标准：

1. 试件组数大于 10 组时，平均弯拉强度合格判断式为

$$f_{cs} \geqslant f_r + K\sigma \tag{3-30}$$

$$\sigma = C_v \overline{f_c} \tag{3-31}$$

式中：f_{cs}——合格判定平均弯拉强度（MPa）；

f_r——设计弯拉强度标准值（MPa）；

K——合格判定系数见表 3-32 所列；

σ——弯拉强度统计均方差；

C_v——实测弯拉强度统计变异系数；

$\overline{f_c}$——实测弯拉强度统计平均值（MPa）。

表 3-32 合格判定系数

试件组数 n	11~14	15~19	≥20
K	0.75	0.70	0.65

当试件组数为 11~19 组时，允许有一组的最小弯拉强度小于 $0.85f_r$，但不得小于 $0.80f_r$。当试件组数大于或等于 20 组时，高速公路和一级公路均不得小于 $0.85f_r$，其他公路允许有一组最小弯拉强度小于 $0.85f_r$，但不得小于 $0.80f_r$。

2. 试件组数小于或等于 10 组时，试件平均强度不得小于 $1.15f_r$，任意一组强度均不得小于 $0.85f_r$。

3. 实测弯拉强度统计变异系数 C_v 值应符合设计要求。根据《公路水泥混凝土路面施工技术细则》(JTG/T F30) 规定，高速公路、一级公路：$0.05 \leqslant C_v \leqslant 0.10$；二级公路：$0.10 \leqslant C_v \leqslant 0.15$；三、四级公路：$0.15 \leqslant C_v \leqslant 0.20$。

当标准小梁合格判定平均弯拉强度 f_{cs}、最小弯拉强度 f_{min} 和统计变异系数 C_v 值中有一个不符合上述要求时，应在不合格路段每车道的每 1km 钻取 3 个以上 ϕ150mm 的芯样，实测劈裂强度，通过各自工程的经验统计公式换算弯拉强度，其合格判定平均弯拉强度 f_{cs} 和最小值 f_{min} 必须合格，否则，应返工重铺。

当路段内水泥混凝土弯拉强度被评为不合格时，相应分项工程评为不合格。

第六节　沥青混合料技术性质和技术要求

【学习要求】

1. 熟悉沥青混合料的分类及结构类型。
2. 熟悉沥青混合料的路用性能。
3. 熟悉热拌沥青混合料的技术要求和体积参数。

【学习内容】

一、概述

沥青混合料是矿料(包括碎石、石屑、砂和填料)与沥青结合料经混合拌制而成的混合料的总称,其中粗细集料起骨架作用,沥青与填料起胶结填充作用。

(一)沥青混合料的分类

从不同的角度看,沥青混合料有多种不同的分类方法。

1. 按沥青类型分类

(1)石油沥青混合料:以石油沥青为结合料的沥青混合料。

(2)焦油沥青混合料:以焦油(大多为煤焦油)为结合料的沥青混合料。

2. 按施工温度分类

(1)热拌热铺沥青混合料:沥青与矿料经加热后拌和,并在一定的温度下完成摊铺和碾压施工过程的混合料。

(2)常温沥青混合料:乳化沥青或液态沥青在常温下与矿料拌和,并在常温下完成摊铺碾压过程的混合料。

(3)温拌沥青混合料:拌和、碾压时的温度比普通热拌热铺型沥青混合料降低30℃左右的沥青混合料。

3. 按空隙率大小分类

(1)密实型沥青混合料:空隙率在3%~6%之间,这类混合料主要有沥青混凝土(AC)、沥青稳定碎石(ATB)和沥青玛蹄脂碎石(SMA)。

(2)多孔透水沥青混合料:空隙率往往在18%以上,常见的种类有排水式沥青磨耗层(OGFC)和排水式沥青碎石基层(ATPB)。

(3)沥青碎石混合料:空隙率介于6%~12%之间,因这样的空隙率难以适应沥青混合料路用性能的需要,目前已很少应用。以往的沥青碎石是这类混合料的代表(AM)。

4. 按矿质集料级配类型分类

(1)连续级配沥青混合料:沥青混合料中的矿料是按级配原则,粒径从大到小都有,按比例互相搭配组成的连续级配混合料,典型代表是粒径偏细一些的密级配沥青混凝土(AC)和粒径偏粗的沥青稳定碎石(ATB)等。

(2)间断级配混合料:矿料级配中缺少若干粒级所形成的沥青混合料,典型代表是沥青玛蹄脂碎石混合料(SMA)。

(3)开级配沥青混合料:主要由粗集料组成,细集料及填料很少。典型代表是排水式沥青磨耗层混合料(OGFC)。

5. 按矿料的最大粒径分类

(1)特粗式沥青混合料:矿料公称最大粒径为 37.5mm。

(2)粗粒式沥青混合料:矿料公称最大粒径为 26.5mm 和 31.5mm。

(3)中粒式沥青混合料:矿料公称最大粒径为 16mm 和 19mm。

(4)细粒式沥青混合料:矿料公称最大粒径为 9.5mm 和 13.2mm。

(5)砂粒式沥青混合料:矿料公称最大粒径为 4.75mm。

目前,我国在沥青路面中采用最多的类型是以石油沥青作为结合料,采用连续级配、空隙率在 3%~6% 的密实式热拌热铺型沥青混凝土。热拌沥青混合料种类见表 3-33 所列。

表 3-33　热拌沥青混合料种类

混合料类型	密级配			开级配		半开级配	公称最大粒径/mm	最大粒径/mm
	连续级配		间断级配					
	沥青混凝土	沥青稳定碎石	沥青玛蹄脂碎石	排水式沥青磨耗层	排水式沥青碎石基层	沥青碎石		
特粗式	—	ATB-40	—	—	ATPB-40	—	37.5	53.0
粗粒式	—	ATB-30	—	—	ATPB-30	—	31.5	37.5
	AC-25	ATB-25	—	—	ATPB-25	—	26.5	31.5
中粒式	AC-20	—	SMA-20	—	—	AM-20	19.0	26.5
	AC-16	—	SMA-16	OGFC-16	—	AM-16	16.0	19.5
细粒式	AC-13	—	SMA-13	OGFC-13	—	AM-13	13.2	16.0
	AC-10	—	SMA-10	OGFC-10	—	AM-10	9.5	13.2
砂粒式	AC-5	—	—	—	—	AM-5	4.75	9.5
设计空隙率/%	3~5	3~6	3~4	>18	>18	6~12	—	—

(二)沥青混合料结构类型

在以沥青作为胶结材料的沥青混合料中,由粗集料、细集料、矿粉(填料)组成一定类型的级配,其中粗集料分布在由细集料、填料和沥青组成的沥青砂浆中,而细集料又分布在由沥青与填料构成的沥青胶浆中,形成具有一定内摩阻力和黏聚力的多级空间网络结构。由于各组成材料用量比例的不同,压实后沥青混合料内部的矿料颗粒分布状态、剩余空隙率也会呈现出不同的特点,从而形成不同的组成结构,而具有不同组成结构特点的沥青混合料在使用时则会表现不同的性质。

1. 悬浮密实结构

当采用由连续密级配矿料组成的沥青混合料时,形成悬浮密实结构。

在这种结构中一方面矿料的颗粒由大到小连续分布,并通过沥青胶结作用形成空隙率较低的密实体;另一方面较大一级的颗粒只有留出充足的空间才能容纳下一级较小的颗粒,因此粒径较大的颗粒往往被较小一级的颗粒挤开,造成粗颗粒之间不能直接接触,彼此分离悬浮于较小颗粒和沥青胶浆中间。这样就形成了所谓悬浮密实结构的沥青混合料,工程中常用的 AC 型密级配沥青混凝土就是这种结构的典型代表。

2. 骨架空隙结构

当采用由连续开级配矿料与沥青组成的沥青混合料时,形成骨架空隙结构。

由于矿料几乎大多集中在较粗的粒径上,因此粗粒径的颗粒可以相互接触,彼此相互支撑,形成嵌挤的骨架;但因细颗粒数量很少,粗颗粒形成的骨架空隙无法得到填充,从而压实后在混合料中留下较多的空隙,形成所谓骨架空隙结构。工程实践中使用的透水沥青混合料(OGFC)是典型的骨架空隙型结构。

3. 骨架密实结构

当采用由间断级配矿料与沥青组成的沥青混合料时,形成骨架密实结构。

由于矿料颗粒集中在级配范围的两端,缺少中间若干粒级的颗粒,因此一端的粗颗粒相互支撑嵌挤形成骨架,另一端较细的颗粒填充于骨架留下的空隙中间,使整个矿料结构呈现密实状态,形成所谓骨架密实结构。沥青玛蹄脂碎石混合料(SMA)是一种典型的骨架密实型结构。

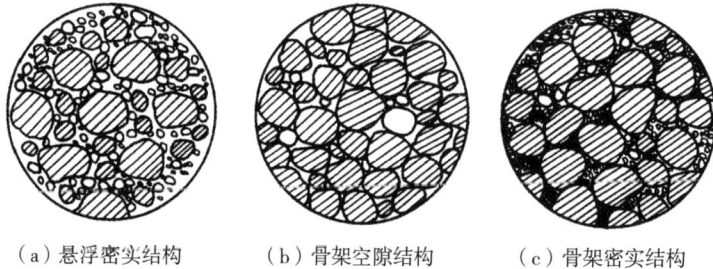

(a)悬浮密实结构　　　(b)骨架空隙结构　　　(c)骨架密实结构

图 3-24　三种典型的沥青混合料结构组成示意图

如图 3-24 所示为三种不同结构特点的沥青混合料,在路用性能上也呈现出不同的特点。悬浮密实结构的沥青混合料密实程度高,空隙率低,从而能够有效地阻止沥青混合料使用期间水的侵入,降低不利环境因素的直接影响,因此悬浮密实结构的沥青混合料具有水稳性好、低温抗裂性强和耐久性好的特点。但由于该结构中粗集料颗粒处于悬浮状态,混合料缺少粗集料颗粒的骨架支撑作用。所以在高温使用条件下,悬浮密实结构的沥青混合料因沥青结合料黏度的降低,易产生过多的变形或形成车辙,导致沥青路面高温稳定性病害的产生。

骨架空隙结构的特点与悬浮密实结构的特点正好相反。在骨架密实结构中,粗集料之间形成的骨架结构对沥青混合料的强度和稳定性(特别是高温稳定性)起着重要作用。依靠粗集料的骨架结构,能够有效地防止高温季节沥青混合料的变形,减缓沥青路面车辙的形成,因而具有较好的高温稳定性。但由于整个混合料缺少细颗粒部分,压实后留有较多的空隙,在使用过程中,水易于进入混合料中使沥青和矿料黏附性变差,不利的环境因素也会直接作用于混合料,造成沥青混合料低温开裂或引起沥青老化问题的发生,因而骨架空隙型沥青混合料会极大地影响沥青混合料路面的耐久性。

当采用间断密级配矿料形成的骨架密实结构时,在沥青混合料中既有足够数量的粗集料形成骨架,对防止夏季高温沥青混合料变形,减缓车辙的形成起到积极的作用;同时又因具有数量合适的细集料以及沥青胶浆填充骨架空隙,形成了高密实度的内部结构,不仅很好地提高了沥青混合料的抗老化性,而且在一定程度上还能减缓沥青混合料在冬季低温时的开裂现象,因而骨架密实结构兼具了上述两种结构优点,是一种优良的路用结构类型,对保证沥青路面各项路用性能起到了积极的作用。

二、沥青混合料路用性能

沥青混合料作为路面材料,在使用过程中要承受行驶车辆荷载的反复作用,以及环境因素的长期影响,所以沥青混合料在具备一定的承载能力的同时,还必须具有良好的抵御气候不良影响的耐久性,也就是要表现出足够的高温环境下的稳定性、低温状况下的抗裂性、良好的水稳性、持久的抗老化性和有利于安全的抗滑性等诸多技术特点,以保证沥青路面良好的服务功能。

(一)沥青混合料高温稳定性

沥青混合料是一种典型的黏-弹-塑性材料,它的承载能力或模量随着温度的变化而改变。温度升高,承载力下降,特别是在高温条件下或长时间承受荷载作用时其会产生明显的变形,变形中的一些不可恢复的部分累积成为车辙,或以波浪和拥包的形式表现在路面上。所以沥青混合料的高温稳定性是指其在高温条件下,沥青混合料能够抵抗车辆反复作用,不会产生显著永久变形,保证沥青路面平整的特性。

沥青混合料的高温稳定性,目前主要通过车辙试验法进行测定,以动稳定度作为评价指标。马歇尔试验和马歇尔稳定度也曾作为高温稳定性评价方法及其评价指标。

(1)车辙试验:采用规定试验方法,模拟车轮在路面上行驶时产生的碾压深度,对沥青混合料高温稳定性进行评价的试验方法。沥青混合料加工成型为板型试件,在规定的试验温度和轮碾条件下,沿试件表面同一轨迹反复碾压,测定试件表面在试验过程中形成的车辙深度。以每产生1mm车辙变形所需要的碾压次数(称之为动稳定度)作为评价沥青混合料抗车辙能力大小的指标。动稳定度值愈大,相应沥青混合料高温稳定性愈好。

(2)马歇尔稳定度试验:该试验通过测定沥青混合料试件在一定条件下,承受破坏荷载能力的大小和承载时变形量的多少,评价沥青混合料的性能。将沥青混合料制备成规定尺寸的圆饼型试件,试验时将试件横向置于两个半圆形的压模中,使试件受到一定的侧限。在规定的温度和加载速度下,对试件施加压力,记录试件可承受的最大承载压力和与之相对应的竖向变形程度,以此得出表征沥青混合料高温稳定性的马歇尔稳定度(kN)和流值(mm)两项指标。

这两种评价沥青混合料高温稳定性的方法各有特点,马歇尔试验设备简单,易于操作,是公路工程领域长期以来最主要的试验方法。然而,用马歇尔试验指标评价沥青混合料的高温性能存在明显的局限性,它并不能真正反映沥青混合料永久变形产生的机理,与沥青路面的抗车辙能力相关性不好。实践证明,即使马歇尔稳定度和流值都满足技术要求,仍有相当一部分沥青路面会出现车辙。车辙试验效果在很大程度上克服了马歇尔方法的不足,其试验结果直观,重要的是试验结果与沥青路面车辙深度之间有良好的相关性,较真实地反映了沥青混合料抗车辙形成能力的大小。

影响沥青混合料特性的因素众多,从组成材料的内因上看,主要取决于矿料颗粒的嵌挤作用和沥青的黏滞性。首先,矿料的特点至关重要。当所用的集料具有棱角丰富、表面粗糙、形状接近立方体等特点,同时集料颗粒分布形成骨架密实结构时,将有助于集料颗粒形成有效的嵌挤结构,能够极大的促进沥青混合料的高温稳定性。另一方面,沥青高温时的黏度大,与集料的黏附性好,且具有较低的感温性,都将给沥青混合料高温稳定性带来积极的影响。同时,适当降低沥青混合料中的沥青数量,也将有利于提高沥青混合料的高温稳定性。

(二)沥青混合料低温抗裂性

冬季低温时沥青混合料将产生体积收缩,但在周围材料的约束下,沥青混合料不能自由收缩变形,从而在结构层内部产生温度应力。由于沥青材料具有一定的应力松弛能力,当降温速率较为缓慢时,所产生的温度应力会随时间逐渐松弛减小,不会对沥青路面产生明显的消极影响。但气温骤降时产生的温度应力便来不及松弛,当沥青混合料内部的温度应力超过允许应力时,沥青混合料易被拉裂,导致沥青路面开裂,进而造成路面的破坏。因此要求沥青混合料应具备一定的低温抗裂性能,就是要求沥青混合料具有较高的低温强度和较大的低温变形能力。

目前用于研究和评价沥青混合料低温性能的方法可以分为3类:预估沥青混合料的开裂温度、评价沥青混合料抗断裂能和评价沥青混合料低温变形能力或应力松弛能力。现行规范采用沥青混合料低温弯曲试验,通过梁型试件在$-10℃$时跨中加载方式,采用破坏强度、破坏应变和破坏劲度模量等指标,评价沥青混合料的低温性能。

从内因上看,沥青混合料低温性能主要取决于提高沥青的性能特点。针入度较大、温度敏感性较低的沥青将有助于提高沥青混合料低温变形能力。同时,适当增加沥青混合料中的沥青用量,也会对提高沥青混合料低温性能起到积极作用。

(三)沥青混合料的耐久性

耐久性是指沥青混合料在长时间使用过程中,抵抗环境不利因素以及承受行车荷载反复作用的能力,主要包括沥青混合料的抗老化性、水稳定性、抗疲劳性等几个方面。

沥青混合料的老化主要是指沥青因受到空气中氧气、水、紫外线等因素的作用,产生多种复杂的物理化学变化后,逐渐使沥青混合料变硬、发脆,最终导致沥青混合料老化,产生裂纹或裂缝的病害现象。水稳定性问题是指因为水的影响,引起的因沥青从集料表面剥离而降低沥青混合料的黏结强度,造成混合料松散,形成大小不一的坑槽等的水损害现象。而沥青混合料的疲劳破坏则是指沥青混合料路面在受到行车荷载的反复作用,或受到环境温度长时间交替变化产生的温度应力作用后,引起的微小且缓慢的性能劣化现象。

影响沥青混合料耐久性的因素很多,一个很重要的因素是沥青混合料的空隙率。空隙率的大小取决于矿料的级配、沥青材料的用量以及压实程度等多个方面。沥青混合料中的空隙率小,环境中易造成老化的因素介入的机会就少,所以从耐久性考虑,希望沥青混合料空隙率尽可能小一些。但沥青混合料中还必须留有一定的空隙,以备夏季沥青材料的膨胀变形之用。另一方面,沥青含量的多少也是影响沥青混合料耐久性的一个重要因素。当沥青用量较正常的用量减少时,沥青膜变薄,则混合料的延伸能力降低,脆性增加。同时因沥青用量偏少,混合料空隙率增大,沥青曝露于不利环境因素的可能性加大,加速沥青老化,同时还增加了水侵入的机会,造成水损害。综上所述,我国现行规范通过空隙率、饱和度和残留稳定度等指标的控制,来保证沥青混合料的耐久性。

(四)沥青混合料的抗滑性

抗滑性是保障公路交通安全的一个重要因素,特别是对于高速公路,确保沥青路面的抗滑性要求显得尤为重要。

影响沥青路面抗滑性的因素主要为矿料自身特点,即矿料颗粒形状与尺寸、抗磨光性、级配形成的表面构造深度等。因此,用于沥青路面表层的粗集料应选用表面粗糙、棱角丰富且坚硬、耐磨、抗磨光值大的碎石或破碎的碎砾石。同时,沥青用量对路面抗滑性也有非常大的影响,沥青用量超过最佳用量的 0.5% 时,就会使沥青路面的抗滑性指标有明显的降低,所以对沥青路面表层的沥青用量要严格控制。

(五)施工和易性

沥青混合料应具备良好的施工和易性,要求在整个施工的各个工序中,尽可能使沥青混合料的集料颗粒以设计级配要求的状态分布,集料表面被沥青膜完整覆盖,并能被压实到规定的密实程度。所以具备一定施工和易性是保证沥青混合料实现良好路用性能的必要条件。

影响沥青混合料施工和易性的因素首先是材料组成。例如,当组成材料确定后,矿料级配和沥青用量都会对和易性产生一定影响。如采用间断级配的矿料,由于粗细集料颗粒尺寸相差过大,中间缺乏尺寸过渡颗粒,沥青混合料极易离析。又比如当沥青用量过少,则混合料疏松且不易被压实;但当沥青用量过多时,则容易使混合料黏结成团,不易被摊铺。另一影响和易性的因素是施工条件。例如施工时的温度,如温度不够,沥青混合料就难以拌和充分,而且不易达到所需的压实度;但温度偏高,则会引起沥青老化,严重时将会明显影响沥青混合料的路用性能。

目前还没有成熟的能够直接用于评价沥青混合料施工和易性的方法和指标,通常的做法是严格控制材料的组成和配比,根据经验对现场实际状况进行调控。

三、热拌沥青混合料的技术要求和体积参数

(一)热拌沥青混合料的技术标准

现行交通部行业标准《公路沥青路面施工技术规范》(JTG F40—2004)针对各种沥青混合料提出了不同的技术标准,表 3 - 34 是密级配沥青混凝土混合料采用马歇尔方法时的技术标准。该标准根据道路等级、交通荷载和气候状况等因素提出不同的指标,其中包括稳定度、流值、空隙率、矿料间隙率和沥青饱和度等。

表 3 - 34　密级配沥青混凝土混合料采用马歇尔方法时的技术标准

试验指标	高速公路、一级公路				其他等级公路	行人道路
	夏炎热区 (1—1、1—2、 1—3、1—4 区)		夏热区及夏凉区 (2—1、2—2、 2—3、2—4、3—2 区)			
	中轻交通	重载交通	中轻交通	重载交通		
击实次数(双面)	75				50	50
试件尺寸/mm	101.6×63.5					

试验指标		高速公路、一级公路				其他等级公路	行人道路
		夏炎热区（1—1、1—2、1—3、1—4区）		夏热区及夏凉区（2—1、2—2、2—3、2—4、3—2区）			
		中轻交通	重载交通	中轻交通	重载交通		
空隙率 VV/%	深90mm以内	3～5	4～6	2～4	3～5	3～6	2～4
	深90mm以下	3～6		2～4	3～6	3～6	—
稳定度 MS(kN)不小于		8				5	3
流值 FL/mm		2～4	1.5～4	2～4.5	2～4	2～4.5	2～5
矿料间隙率 VMA 不小于	设计空隙率/%	相应于以下公称最大粒径(mm)的最小 VMA 和 VFA 技术要求/%					
		26.5	19	16	13.2	9.5	4.75
	2	10	11	11.5	12	13	15
	3	11	12	12.5	13	14	16
	4	12	13	13.5	14	15	17
	5	13	14	14.5	15	16	18
	6	14	15	15.5	16	17	19
沥青饱和度 VFA/%		55～70	65～75			70～85	

除上述指标以外，沥青混合料还应从高温时代表抗车辙能力的动稳定度、抵御水影响的水稳性和低温时代表低温性能的低温弯曲破坏应变等几方面进行评价，见表 3-35～表 3-38 所列。

表 3-35　沥青混合料车辙试验动稳定度技术要求

气候条件与技术指标		相应于下列气候分区所要求的动稳定度/(次·mm⁻¹)							
七月平均最高气温/℃ 及气候分区		＞30				20～30			＜20
		夏炎热区（1）				夏热区（2）			夏凉区（3）
		1—1	1—2	1—3	1—4	2—1	2—2	2—3	2—4	3—2
普通沥青混合料，不小于		800		1000		600		800		600
改性沥青混合料，不小于		2400		2800		2000		2400		1800
SMA混合料	非改性，不小于	1500								
	改性，不小于	3000								

表 3-36　沥青混合料水稳定性技术指标

气候条件与技术指标	相应于下列气候分区的技术要求/%			
年降雨量/mm 及气候分区	＞1000	500～1000	250～500	＜250
	潮湿区（1）	湿润区（2）	半干区（3）	干旱区（4）
浸水马歇尔试验残留稳定度/%，不小于				
普通沥青混合料	80		75	

改性沥青混合料		85	80
SMA 混合料	普通沥青	75	
	改性沥青	80	
冻融劈裂试验残留强度比/％,不小于			
普通沥青混合料		75	70
改性沥青混合料		80	75
SMA 混合料	普通沥青	75	
	改性沥青	80	

表 3-37　沥青混合料低温弯曲试验破坏应变指标

气候条件与技术指标	相应于下列气候要求的破坏应变($\mu\varepsilon$)								
年极端最低气温/℃ 及气候分区	<-37.0		-21.5~-37.0			-9.0~-21.5		>-9.0	
	冬严寒区(1)		冬寒区(2)			冬冷区(3)		冬温区(4)	
	1—1	2—1	1—2	2—2	3—2	1—3	2—3	1—4	2—4
普通沥青混合料,不小于	2600		2300			2000			
改性沥青混合料,不小于	3000		2800			2500			

表 3-38　沥青混合料试件渗水系数技术要求

沥青混合料	密级配沥青混合料	SMA 混合料
渗水系数/(mL·min^{-1}),不大于	120	80

（二）沥青混合料的体积参数

从表 3-34 中可以看出,现行技术要求里除了马歇尔试验涉及的稳定度、流值(包括残留稳定度)等指标之外,还列出了诸如空隙率、饱和度及矿料间隙率等指标。这类反映压实后沥青混合料组成材料质量与体积之间关系的指标,以及有关密度等内容统称为沥青混合料的体积参数。这些参数的大小、高低,取决于沥青混合料中沥青与矿料的性质、组成材料的比例、混合料成型条件等因素。体积参数与沥青混合料的路用性能有着密切关系,同时也是用于设计沥青混合料配合比的重要参数。

第七节　沥青混合料试验检测方法

【学习要求】

1. 了解沥青混合料试验检测的目的及适用范围。
2. 熟悉沥青混合料试验检测的准备工作、方法及步骤。
3. 掌握沥青混合料试验检测的数据计算与处理方法,填写试验检测记录表格,编制试验检测报告等。

【学习内容】

我国现行规范规定,采用马歇尔试验进行沥青混合料级配设计,对高速公路、一级公路、城市快速路采用的沥青混合料,还应通过车辙试验测定动稳定度指标,以检验其抗车辙性能。

一、沥青混合料取样法

(一)目的与适用范围

本方法适用于在拌合厂及道路施工现场采集热拌沥青混合料或常温沥青混合料试样,供施工过程中进行质量检验或在试验室测定混合料的各项物理力学性质。所取的试样应有充分的代表性。

(二)仪具与材料技术要求

1. 铁锹。
2. 手铲。
3. 搪瓷盘或其他金属盛样器皿、塑料编织袋。
4. 温度计:分度为1℃。有条件的最好采用有金属插杆的热电偶沥青温度计,金属插杆的长度应不小于300mm。量程0~300℃,数字显示或度盘指针的分度为0.1℃,且有留置读数功能。
5. 其他:标签、溶剂(煤油)、棉纱等。

(三)取样方法

1. 确定取样数量

取样数量应符合下列要求:

(1)试样数量根据试验目的,宜不少于试验数量的2倍。一般情况下可按表3-39取样。平行试验应加倍取样,在现场取样直接装入试模成型时,也可等量取样。

表3-39　常用沥青混合料试验项目的样品数量

试验项目	目的	最少试样量/kg	取样量/kg
马歇尔试验、抽提筛分	施工质量检验	12	20
车辙试验	高温稳定性检验	40	60

试验项目	目　的	最少试样量/kg	取样量/kg
浸水马歇尔试验	水稳定性检验	12	20
冻融劈裂试验	水稳定性检验	12	20
弯曲试验	低温性能检验	15	25

（2）取样材料用于仲裁试验时，除应满足本取样方法规定数量取样，还应多取一份备用样，保留到仲裁试验结束。

（3）根据沥青混合料集料公称最大粒径，取样应不少于下列数量：

① 细粒式沥青混合料，不少于 4kg；

② 中粒式沥青混合料，不少于 8kg；

③ 粗粒式沥青混合料，不少于 12kg；

④ 特粗式沥青混合料，不少于 16kg。

2. 取样方法

沥青混合料取样的方法应是随机的，并具有代表性。当以检查拌和质量（如油石比、矿料级配）为目的时，应从拌和机一次放料的下方或提升斗中取样，不得多次取样混合后使用。当以评定混合料质量为目的时，必须分几次取样，拌和均匀后作为代表性试样。对于热拌沥青混合料，每次取样时都必须用温度计测量温度，准确至1℃。

（1）在沥青混合料拌合厂取样

如图 3-25 所示，在拌和厂取样时，宜用专用的容器（一次可装 5～8kg）装在拌和机卸料斗下方，每次放一次料取一次样，顺次装入试验容器中，每次倒在清扫干净的平板上，连续几次取样，混合均匀，按四分法取样至足够数量。

（2）在沥青混合料运料车上取样

在运料汽车上取沥青混合料样品时，宜在汽车装料一半后，分别用铁锹从不同方向的 3 个不同高度处取样，然后混在一起用手铲适当拌和均匀，取出规定数量。在施工现场的运料车上取样时，应在卸掉一半后从不同方向的 3 个不同高度处取样。样品宜从 3 辆不同的车上取样混合使用。

注：在运料车上取样时不得仅从满载的运料车车顶取样，且不允许只在一辆车上取样。

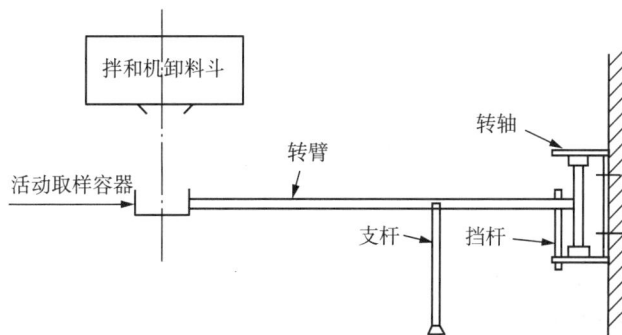

图 3-25　装在拌和机上的沥青混合料取样装置

（3）在道路施工现场取样

在施工现场取样时，应在沥青混合料摊铺后未碾压前，于摊铺宽度两侧的 $\frac{1}{2} \sim \frac{1}{3}$ 位置处取样，用铁锹取该摊铺层的料。每摊铺一车料取一次样，连续取样 3 车后混合均匀，按四分法取样至足够数量。

① 乳化沥青常温混合料试样的取样方法与热拌沥青混合料相同，但宜在乳化沥青破乳水分蒸发后装袋，对袋装常温沥青混合料亦可直接从储存的混合料中随机取样。取样袋数不少于 3 袋，使用时将 3 袋混合料倒出适当拌和，按四分法取出规定数量试样。

② 液体沥青常温沥青混合料的取样方法同上，当用汽油稀释时，必须在溶剂挥发后方可封袋保存。当用煤油或柴油稀释时，可在取样后即装袋保存，保存时应特别注意防火。其余与热拌沥青混合料同。

③ 从碾压成型的路面上取样时，应随机选取 3 个以上不同地点，钻孔、切割或刨取混合料至全厚度，仔细清除杂物及不属于这一层的混合料，需重新制作试件时应加热拌匀，按四分法取样至足够数量。

3. 试样的保存与处理

（1）热拌热铺的沥青混合料试样需送至中心试验室或质量检测机构做质量评定时（如车辙试验），由于二次加热会影响试验结果，必须在取样后趁高温立即装入保温桶内，送到试验室后立即成型试件，试件成型温度不得低于规定要求。

（2）热混合料需要存放时，可在温度下降至 60℃ 后装入塑料编织袋内，扎紧袋口，并宜低温保存，应防止潮湿、淋雨等，且时间不宜太长。

（3）在进行沥青混合料质量检验或进行物理力学性质试验时，由于采集的热拌混合料试样温度下降或稀释沥青溶剂挥发结成硬块而不符合试验要求时，宜用微波炉或烘箱适当加热重塑，且只允许加热一次，不得重复加热。用微波炉加热沥青混合料时不得使用金属容器和带有金属的物件。沥青混合料的加热温度以达到符合压实温度要求为度，控制最短的加热时间，通常用烘箱加热时间不宜超过 4h，用工业微波炉加热 5～10min。

4. 样品的标记

取样后当场试验时，可将必要的项目一并记录在试验记录报告上。此时，试验报告必须包括取样时间、地点、混合料温度、取样数量、取样人等栏目。

取样后样品转送试验室试验或存放后用于其他项目试验时应附着样品标签，样品标签应记载下列事项：

（1）工程名称、拌和厂名称及拌和机型号。

（2）样品概况：沥青混合料种类及摊铺层次、沥青品种、标号、矿料种类、取样时混合料温度及取样位置或用以摊铺的路段桩号等。

（3）试样数量。

（4）取样人、提交试样单位名及责任者姓名。

（5）取样目的或用途（送达单位）。

（6）样品标签填写人、取样日期。

（7）备注：其他应予注明的事项。

二、沥青混合料试件制作方法——击实法

(一)目的及适用范围

1. 本方法适用于标准击实法或大型击实法制作沥青混合料试件,以供试验室进行沥青混合料物理力学性质的试验使用。

2. 标准击实法适用于标准马歇尔试验、间接抗拉试验(劈裂法)等所使用的 $\phi 101.6 mm \times 63.5 mm$ 圆柱体试件的成型。大型击实法适用于大型马歇尔试验和 $\phi 152.4 mm \times 95.3 mm$ 的大型圆柱体试件的成型。

3. 沥青混合料试件制作时的矿料规格及试件数量应符合如下基本要求:

(1)当集料公称最大粒径小于或等于 26.5mm 时,采用标准击实法。一组试件的数量不少于 4 个。

(2)当集料公称最大粒径大于 26.5mm 时,宜采用大型击实法。一组试件的数量不少于 6 个。

(二)仪具与材料技术要求

(1)自动击实仪:具有自动计数、控制仪表、按钮设置、复位及暂停等功能。按其用途分为以下两种:

① 标准击实仪:由击实锤、$\phi(98.5 \pm 0.5) mm$ 的平圆形压实头及带手柄的导向棒组成。用机械将压实锤提升,至 $(457.2 \pm 1.5) mm$ 的高度沿导向棒自由落下击实,标准击实锤的质量为 $(4536 \pm 9) g$。

② 大型击实仪:由击实锤、$\phi(149.5 \pm 0.1) mm$ 平圆形压实头及带手柄的导向棒组成。用机械将压实锤举起,至 $(457.2 \pm 1.5) mm$ 的高度沿导向棒自由落下击实,大型击实锤的质量为 $(10210 \pm 10) g$。

(2)试验室用沥青混合料拌和机:如图 3-26 所示,能保证拌和温度并充分拌和均匀,可控制拌和时间,容量不小于 10L。搅拌叶自转速度为 $70 \sim 80 r/min$,公转速度为 $40 \sim 50 r/min$。

(3)试模:由高碳钢或工具钢制成。

① 标准击实仪试模的内径为 $\phi(101.6 \pm 0.2) mm$,圆柱形金属筒高 87mm,底座直径约 120.6mm,套筒内径为 104.8mm、高为 70mm。

② 大型圆柱体试件的试模与套筒尺寸分别为:套筒外径为 165.1mm,内径为 $\phi(155.6 \pm 0.3) mm$,总高为 $(75.5 \pm 0.3) mm$。试模内径为 $\phi(152.4 \pm 0.2) mm$,总高为 $(101.5 \pm 0.3) mm$,底座板厚 $(12.7 \pm 0.3) mm$,直径为 $(151.6 \pm 0.3) mm$,如图 3-27 所示。

(4)脱模器:电动或手动,应能无破损地推出圆柱体试件,备有标准圆柱体试件及大型圆柱体试件尺寸的推出环。

(5)烘箱:大、中型各一台,应有温度调节器。

(6)天平或电子秤:用于称量沥青的,感量不大于 0.1g;用于称量矿料的,感量不大于 0.5g。

(7)温度计:分度值为 1℃。宜采用有金属插杆的插入式数显温度计,金属插杆的长度不小于 150mm,量程为 0～300℃。

(8)布洛克菲尔德黏度计。

(9)其他:电炉或煤气炉、沥青融化锅、拌和铲、标准筛、滤纸(或普通纸)、胶布、卡尺、秒表、粉笔、棉纱、插刀或大螺丝起子等。

图 3-26　试验室用沥青
混合料拌和机

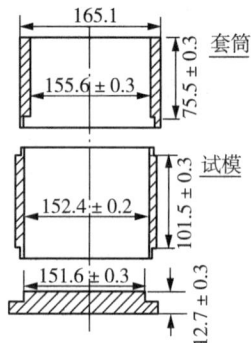

图 3-27　大型圆柱体
试件的试模与套筒(单位:mm)

(三)准备工作

1. 确定制作沥青混合料试件的拌和温度与压实温度

(1)测定沥青的黏度,绘制黏温曲线。按表 3-40 的要求确定适宜于沥青混合料拌和及压实的沥青等黏温度。

(2)缺乏沥青黏度测定条件时,试件的拌和与压实温度可按表 3-41 选用,并根据沥青品种和标号进行适当调整。针入度小、稠度大的沥青取高限,针入度大、稠度小的沥青取低限,一般取中值。

(3)对改性沥青,应根据改性剂的品种和用量,适当提高混合料的拌和及压实温度。对大部分聚合物改性沥青,温度需要在基质沥青的基础上提高 10~20℃,掺加纤维时,则需要提高 10℃左右。

表 3-40　适宜于沥青混合料拌和与压实的沥青等黏温度

沥青结合料种类	黏度与测定方法	适宜于拌和的沥青结合料黏度	适宜于压实的沥青结合料黏度
石油沥青	表观黏度	(0.17±0.02)Pa·s	(0.28±0.03)Pa·s

表 3-41　沥青混合料拌和与压实温度参数表

沥青混合料种类	拌和温度/℃	压实温度/℃
石油沥青	140~160	120~150
改性沥青	160~175	140~170

2. 沥青混合料试件的制作条件

(1)在拌和厂或施工现场取沥青混合料制作试样时,按规定的方法取样,将试样置于烘箱中加热或保温,在混合料中插入温度计测量温度,待混合料温度符合要求后成型。需要拌和时可倒入已加热的室内沥青混合料拌和机中适当拌和,时间不超过 1min,不得在电炉或明火上加热炒拌。

（2）在试验室人工配制沥青混合料时，试件的制作按下列步骤进行：

① 将各种规格的矿料置于(105±5)℃的烘箱中烘干至恒重，一般不少于 4～6h。

② 将烘干分级的粗、细集料，按每个试件设计级配要求称重，在一金属盘中混合均匀，矿粉单独放入小盆里，然后置于烘箱中加热至沥青拌和温度以上约 15℃（采用石油沥青时通常为 163℃；采用改性沥青时通常需 180℃）备用。一般按一组试件（每组 4～6 个）备料，但进行配合比设计时宜对每个试件分别备料。常温沥青混合料的矿料不应加热。

③ 将按规程采取的沥青试样，用烘箱加热至规定的沥青混合料拌和温度，但不得超过175℃。当不得已采用燃气炉或电炉直接加热进行脱水时，必须使用石棉垫隔开。

（四）混合料拌制

（1）对于黏稠石油沥青混合料，用沾有少许黄油的面纱擦拭试模、套筒及击实座等，置于 100℃ 左右烘箱中加热 1h 备用。

（2）将沥青混合料拌和机预热至拌和温度以上 10℃ 左右备用。

（3）将加热的粗细集料置于拌和机中，用小铲子适当混合，然后加入需要数量的沥青（如沥青已称量在一专用容器内时，可在倒掉沥青后用一部分热矿粉将沾在容器壁上的沥青擦拭后一起倒入拌和锅中），开动拌和机一边搅拌一边使拌和叶片插入混合料中拌和1～1.5min，然后暂停拌和，加入加热的矿粉，继续拌和至均匀为止，并使沥青混合料保持在要求的拌和温度范围内。标准的总拌和时间为 3min。

（4）液体石油沥青混合料：将每组（或每个）试件的矿料置于已加热至 55～100℃ 的沥青混合料拌和机中，注入要求数量的液体沥青，并边加热边拌和混合料，使液体沥青中的溶剂挥发至 50% 以下。拌和时间应事先通过试拌决定。

（5）乳化沥青混合料：将每个试件的粗细集料置于沥青混合料拌和机（不加热，也可用人工炒拌）中，注入计算的用水量（阴离子乳化沥青不加水）后，拌和均匀并使矿料表面完全湿润，再注入设计的沥青乳液用量，在 1min 内使混合料拌匀，然后加入矿粉后迅速拌和，使混合料拌成褐色为止。

（五）成型方法

1. 将拌好的沥青混合料用小铲适当拌和均匀，称取一个试件所需的用量（标准马歇尔试件约用 1200g，大型马歇尔试件约用 4050g）。当已知沥青混合料的密度时，可根据试件的标准尺寸计算并乘以 1.03 得到要求的混合料数量。当一次拌和几个试件时，宜将其倒入经预热的金属盘中，用小铲适当拌和均匀分成几份，分别取用。在试件制作过程中，为防止混合料温度下降，应连盘一起放在烘箱中保温。

2. 从烘箱中取出预热的试模及套筒，用蘸有少许黄油的棉纱擦拭套筒、底座及击实锤底面，将试模装在底座上，放一张圆形的吸油性小的纸，用小铲将混合料铲入试模中，用插刀或大螺丝刀沿周边插捣 15 次、中间插捣 10 次。插捣后将沥青混合料表面整平。对于大型击实法的试件，分两次加入混合料，每次插捣次数同上。

3. 插入温度计，至混合料中心附近，检查混合料温度。

4. 待混合料温度符合要求的压实温度后，将试模连同底座一起放在击实台上固定，在装好的混合料上面垫一张吸油性小的圆纸，再将装有击实锤及导向棒的压头插入试模中。

开启电机,使击实锤按击实规定的次数(75 次或 50 次)从 457mm 的高度自由落下。对大型试件,击实次数为 75 次(相应于标准击实 50 次)或 112 次(相应于标准击实 75 次)。

5. 击实试件一面后,取下套筒,将试模翻面,装上套筒;然后以同样的方法和次数击实另一面。

6. 乳化沥青混合料试件在两面击实后,将其中一组在室温下横向放置 24h;将另一组试件置于温度为(105±5)℃的烘箱中养生 24h。将养生试件取出后再立即两面锤击各 25 次。

7. 试件击实结束后,立即用镊子取掉上、下两面的纸,用卡尺量取试件离试模上口的高度并由此计算试件的高度,如果高度不符合要求时,试件应作废,并按式(3-32)调整试件混合料质量,以保证高度符合(63.5±1.3)mm(标准试件)或(95.3±2.5)mm(大型试件)的要求。

$$调整后混合料质量 = \frac{要求时间高度 \times 原用混合料质量}{所得试件的高度} \qquad (3-32)$$

8. 卸去套筒和底座,将装有试件的试模横向放置冷却至室温后(不少于 12h),置脱模机上脱出试件。用作现场马歇尔指标检验的试件,在施工质量检验过程中如急需试验,允许采用电风扇吹冷 1h 或浸水冷却 3min 以上的方法进行脱模,但浸水脱模法不能用于测量密度、空隙率等物理指标。

9. 将试件置于干燥洁净的平面上,以供试验使用。

三、沥青混合料试件制作方法——轮碾法

(一)目的与适用范围

在试验室用轮碾法制作沥青混合料试件,以进行沥青混合料物理力学性质试验。

轮碾法适用于长 300mm×宽 300mm×厚 50mm 或长 300mm×宽 300mm×厚 100mm 板块状试件的成型,此试件可用切割机切制成棱柱体试件,或在试验室用取芯机钻取试样,成型试件的密度应符合马歇尔标准击实试样密度 100%±1%的要求。

沥青混合料试件制作时的试件厚度可根据集料粒径大小及工程需要进行选择,对于集料公称最大粒径≤19mm 的沥青混合料,宜采用长 300 mm×宽 300 mm×厚 50mm 的板块试模成型;对于集料公称最大粒径≥26.5 mm 的沥青混合料,宜采用长 300 mm×宽 300 mm×厚 100mm 的板块试模成型。

(二)仪具与材料技术要求

1. 轮碾成型机:轮碾成型机具有与钢筒式压路机相似的圆弧形碾压轮,轮宽 300mm,压实线荷载为 300N/cm,碾压行程等于试件长度,碾压后试件可达到马歇尔试验标准击实密度的(100±1)%,如图 3-28 所示。

2. 试验室用沥青混合料拌和机:能保证拌和温度并充分拌和均匀,可控制拌和时间,宜采用容量大于 30L 的大型沥青混合料拌和机,也可采用容量大于 10L 的小型拌和机。

3. 试模:由高碳钢或工具钢制成。试模尺寸应保证成型后符合试件尺寸的规定。试验室制作车辙试验板块状试件的标准试模,如图 3-29 所示。内部平面尺寸为长 300mm×

宽 300mm×厚 50mm(或厚 100mm)。

4. 切割机:试验室用金刚石锯片锯石机(单锯片或双锯片切割机)或现场用路面切割机,有淋水冷却装置,其切割厚度不小于试件厚度。

5. 钻孔取芯机:用电力或汽油机、柴油机驱动,有淋水冷却装置。金刚石钻头的直径根据试件直径的大小选择(100mm 或 150mm)。钻孔深度不小于试件厚度,钻头转速不小于 1000r/min。

6. 烘箱:大、中型各一台,装有温度调节器。

7. 台秤、天平或电子秤:称量 5kg 以上时,感量不大于 1g;称量 5kg 以下时,用于称量矿料的感量不大于 0.5g,用于称量沥青的感量不大于 0.1g。

图 3-28　轮碾成型机

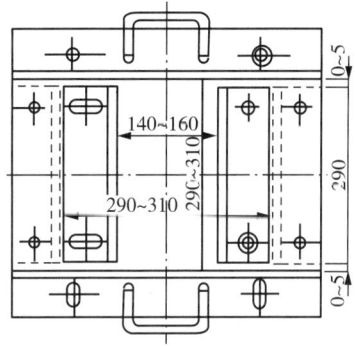

图 3-29　车辙试验板块状试件的
标准试模(单位:mm)

8. 沥青运动黏度测定设备:布洛克菲尔德黏度计、真空减压毛细管法。

9. 小型击实锤:钢制端部断面 80mm×80mm,厚 10mm,带手柄,总质量在 0.5kg 左右。

10. 温度计:分度值为 1℃。用于测量沥青混合料温度的温度计宜采用有金属插杆的热电偶沥青温度计,金属插杆不小于 300mm,量程 0～300℃,数字显示或度盘指针的分度为 0.1℃,宜有留置读数功能。

11. 其他:电炉或煤气炉、沥青熔化锅、拌和铲、标准筛、滤纸、胶布、卡尺、秒表、粉笔、垫木、棉纱等。

(三)准备工作

1. 按马歇尔试验试件成型方法决定制作沥青混合料试件的拌和与压实温度。常温沥青混合料的拌和及压实在常温下进行。

2. 在拌和厂或施工现场采取代表性的沥青混合料,如混合料温度符合要求,可直接用于成型。在试验室人工配制沥青混合料时,按马歇尔试验试件成型方法准备矿料及沥青,常温沥青混合料的矿料不加热。

3. 将金属试模及小型击实锤等置于约 100℃的烘箱中加热 1h 备用。

4. 称出制作一块试件所需要的各种材料的用量。先按试件体积(V)乘以马歇尔标准击实密度 ρ_0,再乘以系数 1.03,即得到材料总用量($m = V \cdot \rho_0 \times 1.03$),再按配合比计算出各种材料用量。分别将各种材料放入烘箱中预热备用。

(四)成型方法

1. 在试验室用轮碾成型机制备试件

(1)试件尺寸可为长300mm×宽300mm×厚50mm或长300mm×宽300mm×厚100mm。试件的厚度可根据集料粒径大小选择。同时根据需要,厚度也可以采用其他尺寸。但混合料一层碾压的厚度不得超过100mm。

(2)将预热的试模从烘箱中取出,装上试模框架。在试模中铺一张裁好的普通纸(可用报纸),使底面及侧面均被纸隔离。将拌和好的全部沥青混合料,用小铲稍加拌和后均匀地沿试模由边至中按顺序转圈装入试模,中部要略高于四周。

(3)取下试模框架,用预热的小型击实锤由边至中转圈夯实一遍,整平成凸圆弧形。

(4)插入温度计,待混合料冷却至规定的压实温度(为使冷却均匀,试模底下可用垫木支起)时,在表面铺一张裁好尺寸的普通纸。

(5)当用轮碾机碾压时,宜先将碾压轮预热至100℃左右(如不加热,应铺牛皮纸)。然后,将盛有沥青混合料的试模置于轮碾机的平台上,轻轻放下碾压轮,调整总荷载为9kN(线荷载300N/cm)。

(6)启动轮碾机,先在一个方向往返碾压试件4次,卸荷,再抬起碾压轮,将试件调转方向,再加相同荷载碾压至马歇尔标准密实度为(100±1)%为止。试件正式压实前,应经试压,决定碾压次数,一般12个往返(24次)左右可达要求,试件厚为50mm。

(7)压实成型后,揭去表面的纸,用粉笔在试件表面上标明碾压方向。

(8)将盛有压实试件的试模置于室温下冷却,至少12h后方可脱模。

2. 在工地制备试件

(1)按规定方法采取代表性的沥青混合料样品,数量需多于3个试件的需要量。

(2)按试验室方法称取一个试样混合料数量装入符合要求尺寸的试模中,用小锤均匀击实。试模应不妨碍样品碾压成型。

(3)碾压成型:在工地上,可用小型振动压路机或其他适宜的压路机碾压,在规定的压实温度下,每一遍碾压3~4s,约25次往返,使沥青混合料压实密度达到马歇尔标准密度(100±1)%。

(4)如果将工地取样的沥青混合料送往试验室成型时,混合料必须放在保温桶内,不使温度下降,且在抵达试验室后立即成型,如果温度低于要求可适当加热至压实温度后,用轮碾成型机成型。如属于完全冷却后经二次加热重塑成型的试件,必须在试验报告上注明。

四、压实沥青混合料密度试验

(一)概述

在我国规程规定的沥青混合料密度的4种测定方法中,最基本的方法是表干法测定的毛体积密度。所谓毛体积是指试件在饱和面干状态下,表面轮廓水膜所包裹的全部体积,试件内与外界流通的所有开孔隙均已被水充满。试件的体积包括矿质实体和沥青体积,集料内部的闭孔隙和集料之间已被沥青封闭的闭孔隙,与外流通的开孔隙都计入了体积。但是试件轮廓以外的试件表面的凹陷是不包括在毛体积中的。用表干法测定时,关键是用拧干的湿毛巾擦试件表面时要制造一种真正的饱和面干状态。表面既不能有多余的水膜,又不能把吸入孔隙中的水分擦走,得到真正的毛体积。但是当沥青混合料的空隙很大,即开口孔隙较多时,沥青混合料的饱和面干状态便很难形成。当试件从水中取出时,开口孔隙中的水即会跟着流出,用毛巾擦的时候,也会将开口孔隙中的水吸出。为了解决这个问题,于是又提出了蜡封法。

蜡封法是用蜡把开口孔隙封闭起来成为假想的饱和面干状态。所以它与表干法是一个意思,都是以包括开口孔隙及闭口孔隙在内的毛体积作为计算密度的体积。不过,蜡封法也不容易测准确,其关键在于蜡封时既要把孔隙封住,又不能让蜡吸入空隙中。在试验规程中规定试件在蜡封前要放在冰箱中冷却,蜡熔化后的温度要低(熔点以上4℃),使试件一浸入蜡中马上凝固成一层蜡皮。蜡封法的缺点是表面的蜡会影响马歇尔试验,因此要把蜡刮掉,为了好刮,只能先涂一层滑石粉,由此使得试验复杂化。有另一种情况,试件浸水时几乎不吸水,即试件表面基本上没有流通外部的开口孔隙,例如许多非常密实的密级配沥青混凝土通常属于这种情况。此时,试件的饱和面干质量与空中质量非常接近,也就没有必要再用表干法测定了,可以简化成水中重法测定。

体积法是当空隙率特别大而不能用以上方法测定时而采用。

将4种方法的计算参数列于表3-42,用以比较。

表3-42　试验规程中四种测试方法的简单比较

方　　法	计算用试件质量	计算用的试件体积
水中重法	试件的空中质量	混合料体积＋试件内部的闭孔隙(开孔隙几乎可忽略)
表干法	试件的空中质量	混合料体积＋试件内部的闭孔隙＋连通表面的开孔隙
蜡封法	试件的空中质量	混合料体积＋试件内部的闭孔隙＋连通表面的开孔隙
体积法	试件的空中质量	混合料体积＋试件内部的闭孔隙＋连通表面的开孔隙＋表面凹陷

不过,很难判断实际的试件有无开口孔隙,很难判断开口孔隙的大小及水会不会流出或吸入,且不同试验方法测定的试验结果差异性较大。《公路沥青路面施工技术规范》(JTG F40—2004)等技术规范中对于不同的混合料品种和类型明确规定了不同的方法,各种方法适用性如下:

1. 表干法适用于测定吸水率不大于2%的各种沥青混合料试件,包括密级配沥青混凝土、沥青玛蹄脂碎石混合料(SMA)和沥青稳定碎石等沥青混合料试件的毛体积相对密度和毛体积密度,并以此为基础,计算沥青混合料试件的空隙率、饱和度和矿料间隙率等各项体积指标。

2. 水中重法适用于吸水率小于0.5%的密实沥青混合料试件的表观相对密度或表观密度。当试件很密实,几乎不存在与外界连通的开口孔隙时,可采用本方法测定的表观相对密度代替表干法测定的毛体积相对密度,并据此计算沥青混合料试件的空隙率、矿料间隙率等各项体积指标。

3. 蜡封法适用于测定吸水率大于2%的沥青混凝土或沥青碎石混合料试件的毛体积相对密度或毛体积密度。本方法测定的毛体积相对密度适用于计算沥青混合料试件的空隙率、矿料间隙率等各项体积指标。

4. 体积法仅适用于不能用表干、蜡封法测定的空隙率较大的沥青碎石混合料及大空隙透水性开级配沥青混合料(OGFC)等。本方法测定的毛体积相对密度适用于计算沥青混合料试件的空隙率、矿料间隙率等各项体积指标。

(二)压实沥青混合料密度试验——表干法

1. 试验目的与适用范围

(1)表干法适用于测定吸水率不大于2%的各种沥青混合料试件,包括密级配沥青混凝土、沥青玛蹄脂碎石混合料(SMA)和沥青稳定碎石等沥青混合料试件的毛体积相对密度和毛体积密度。标准温度为(25±0.5)℃。

(2)本方法测定的毛体积相对密度和毛体积密度适用于计算沥青混合料试件的空隙率、矿料间隙率等各项体积指标。

2. 仪具与材料技术要求

(1)浸水天平或电子天平:当最大称量在3kg以下时,感量不大于0.1g;最大称量在3kg以上时,感量不大于0.5g,应有测量水中重的挂钩。

(2)网篮。

(3)溢流水箱:使用洁净水,有水位溢流装置,保持试件和网篮浸入水中后的水位一定。调整水温至(25±0.5)℃。

(4)试件悬吊装置:天平下方悬吊网篮及试件的装置,吊线应采用不吸水的细尼龙线绳,并保证足够的长度。对于轮碾成型机成型的板块状试件可用铁丝悬挂。

(5)秒表。

(6)毛巾。

(7)电风扇或烘箱。

3. 方法与步骤

(1)准备试件。本试验可以采用室内成型的试件,也可以采用通过工程现场钻芯、切割等方法获得的试件。试验前试件宜在荫凉处保存(温度不宜高于35℃),且放置在水平的平面上,注意不要使试件产生变形。

(2)选择适宜的浸水天平或电子天平,最大称量应满足试件质量的要求。

(3)除去试件表面的浮粒,称取干燥试件的空中质量m_a,根据选择的天平感量读数,准确至0.1g或0.5g。

(4)将溢流水箱水温保持在(25±0.5)℃,挂上网篮,浸入溢流水箱中,调节水位,将天平调平或复零,把试件置于网篮(注意不要晃动水)浸入水中3~5min,称取水中质量m_w,如图3-30所示。若天平读数持续变化,不能很快达到稳定,说明试件吸水较严重,不适用于此法测定,应改用蜡封法测定。

(5)从水中取出试件,尽快用洁净柔软的拧干湿毛巾轻轻擦去试件的表面水(不得吸走空隙内的水),称取试件的表干质量m_f。

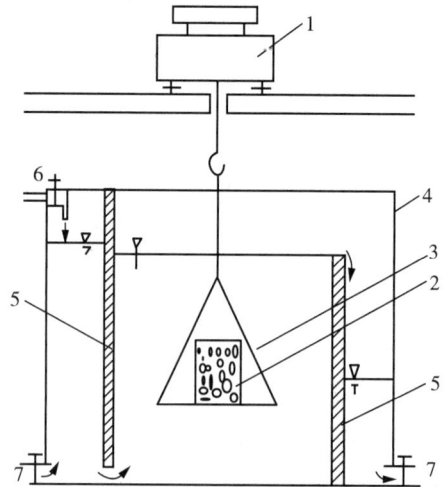

1—浸水天平或电子天平;2—试件;
3—网篮;3—溢流水箱;5—水位搁板;
6—注入口;7—放水阀门。
图3-30 溢流水箱及下挂法

路基路面试验检测技术

从试件拿出水面到擦拭结束时间不宜超过 5s,称量过程中流出的水不得再擦拭。

（6）对从路上钻取的非干燥试件可先称取水中质量 m_w 和表干质量 m_f,然后用电风扇将试件吹干至恒重（一般不少于 12h,当不需进行其他试验时,也可用(60±5)℃烘箱烘干试件至恒重）,再称取空中质量 m_a。

4. 数据处理和结果评定

（1）计算试件的吸水率,取 1 位小数。

试件的吸水率即试件吸水体积占沥青混合料毛体积的百分率,按式(3-33)计算：

$$S_a = \frac{m_f - m_a}{m_f - m_w} \times 100 \tag{3-33}$$

式中：S_a—— 试件的吸水率(%)；

　　m_a—— 干燥试件的空气中质量(g)；

　　m_w—— 试件的水中质量(g)；

　　m_f—— 试件的表干质量(g)。

（2）计算试件的毛体积相对密度和毛体积密度,取 3 位小数。

$$\gamma_f = \frac{m_a}{m_f - m_w} \tag{3-34}$$

$$\rho_f = \frac{m_a}{m_f - m_w} \times \rho_w \tag{3-35}$$

式中：γ_f—— 试件的毛体积相对密度,无量纲；

　　ρ_f—— 用表干法测定的试件毛体积密度(g/cm³)；

　　ρ_w——25℃ 时水的密度,取 0.9971g/cm³。

（3）试件的空隙率按式(3-36)计算,取 1 位小数：

$$VV = \left(1 - \frac{\gamma_f}{\gamma_t}\right) \times 100 \tag{3-36}$$

式中：VV—— 试件的空隙率(%)；

　　γ_t—— 沥青混合料最大相对密度,当实测埋论最大相对密度有困难时,也可以采用计算的理论最大相对密度；

　　γ_f—— 试件的毛体积相对密度,无量纲通常采用表干法测定；当试件吸水率 $S_a > 2\%$ 时,宜采用蜡封法测定,当按规定允许采用水中重法测定时,也可采用表观相对密度代替。

（4）按式(3-37)计算矿料的合成毛体积相对密度,取 3 位小数。

$$\gamma_{sb} = \frac{100}{\dfrac{P_1}{\gamma_1} + \dfrac{P_2}{\gamma_2} + \cdots + \dfrac{P_n}{\gamma_n}} \tag{3-37}$$

式中：γ_{sb}—— 矿料的合成毛体积相对密度,无量纲；

　　P_1、P_2、$\cdots$、P_n—— 各种矿料占矿料总质量的百分率(%),其和为 100；

　　γ_1、γ_2、$\cdots$、γ_n—— 各种矿料的相对密度,无量纲。

采用《公路工程集料试验规程》(JTG E42—2005)的方法进行测定。粗集料、机制砂及石屑可按规定方法测定,也可以将筛出的 $2.36 \sim 4.75\,\mathrm{mm}$ 部分按测定的毛体积相对密度代替;矿粉(含消石灰、水泥)采用表观相对密度。

(5)按式(3-38)计算矿料的合成表观相对密度,取 3 位小数。

$$\gamma_{sa} = \frac{100}{\dfrac{P_1}{\gamma'_1} + \dfrac{P_2}{\gamma'_2} + \cdots + \dfrac{P_n}{\gamma'_n}} \qquad (3-38)$$

式中:γ_{sa}——矿料的合成表观相对密度,无量纲;

γ'_1、γ'_2、$\cdots$、γ'_n——各种矿料的表观相对密度,无量纲。

(6)确定矿料的有效相对密度,取 3 位小数。

① 对非改性沥青混合料,采用真空法实测理论最大相对密度,取平均值。按式(3-39)计算合成矿料的有效相对密度 γ_{se}。

$$\gamma_{se} = \frac{100 - P_b}{\dfrac{100}{\gamma_t} - \dfrac{P_b}{\gamma_b}} \qquad (3-39)$$

式中:γ_{se}——合成矿料的有效相对密度,无量纲;

P_b——沥青用量,即沥青质量占沥青混合料总质量的百分比(%);

γ_t——实测的沥青混合料理论最大相对密度,无量纲;

γ_b——25℃ 时沥青的相对密度,无量纲。

② 对改性沥青及 SMA 等难以分散的混合料,有效相对密度宜直接由矿料的合成毛体积相对密度与合成表观相对密度按式(3-40)计算确定,其中沥青吸收系数 C 值根据材料的吸水率由式(3-41)求得,合成矿料的吸水率按式(3-42)计算:

$$\gamma_{se} = C \times \gamma_{sa} + (1 - C) \times \gamma_{sb} \qquad (3-40)$$

$$C = 0.033\, w_x^2 - 0.2936\, w_x + 0.9339 \qquad (3-41)$$

$$w_x = \left(\frac{1}{\gamma_{sb}} - \frac{1}{\gamma_{sa}}\right) \times 100 \qquad (3-42)$$

式中:C——沥青吸收系数,无量纲;

w_x——合成矿料的吸水率(%);

其他符号意义同前。

(7)确定沥青混合料的理论最大相对密度,取 3 位小数。

① 对非改性的普通沥青混合料,采用真空法实测沥青混合料的理论最大相对密度 γ_t。

② 对改性沥青或 SMA 混合料宜按式(3-43)或式(3-44)计算沥青混合料对应油石比的理论最大相对密度。

$$\gamma_t = \frac{100 + P_a}{\dfrac{100}{\gamma_{se}} + \dfrac{P_a}{\gamma_b}} \qquad (3-43)$$

$$\gamma_t = \frac{100 + P_a + P_x}{\dfrac{100}{\gamma_{se}} + \dfrac{P_a}{\gamma_b} + \dfrac{P_x}{\gamma_x}} \qquad (3-44)$$

式中:γ_t——计算沥青混合料对应油石比的理论最大相对密度,无量纲;

P_a——油石比,即沥青质量占矿料总质量的百分比(%)。

$$P_a = [P_b/(100 - P_b)] \times 100_t \qquad (3-45);$$

P_x——纤维用量,即纤维质量占矿料总质量的百分比(%);

γ_x——25℃时纤维的相对密度,由厂方提供或实测得到,无量纲;

γ_{se}——合成矿料的有效相对密度,无量纲;

γ_b——25℃时沥青的相对密度,无量纲。

③ 对旧路面钻取芯样的试件缺乏材料密度、配合比及油石比的沥青混合料,可以采用真空法实测沥青混合料的理论最大相对密度γ_t。

(8) 按式(3-46)、式(3-47)和式(3-48)计算试件的空隙率VV、矿料间隙率VMA和有效沥青饱和度VFA,取1位小数。

$$VV = (1 - \frac{\gamma_f}{\gamma_t}) \times 100 \qquad (3-46)$$

$$VMA = (1 - \frac{\gamma_f}{\gamma_{sb}} \times \frac{P_s}{100}) \times 100 \qquad (3-47)$$

$$VFA = \frac{VMA - VV}{VMA} \times 100 \qquad (3-48)$$

式中:VV——沥青混合料试件的空隙率(%);

VMA——沥青混合料试件的矿料间隙率(%);

VFA——沥青混合料试件的有效沥青饱和度(%);

P_s——各种矿料占沥青混合料总质量的百分率之和(%),$P_s = 100 - P_b$;

γ_{sb}——矿料的合成毛体积相对密度,无量纲。

(9) 按式(3-49)、式(3-50)和式(3-51)计算沥青结合料被矿料吸收的比例及有效沥青含量、有效沥青体积百分率,取1位小数。

$$P_{ba} = \frac{\gamma_{se} - \gamma_{sb}}{\gamma_{se} \times \gamma_{sb}} \times \gamma_b \times 100 \qquad (3-49)$$

$$P_{ba} = P_b - \frac{P_{ba}}{100} \times P_s \qquad (3-50)$$

$$V_{be} = \frac{\gamma_f \times P_{ba}}{\gamma_b} \qquad (3-51)$$

式中:P_{ba}——沥青混合料中被矿料吸收的沥青质量占矿料总质量的百分率(%);

P_{be}——沥青混合料中的有效沥青含量(%);

V_{be}——沥青混合料试件的有效沥青体积百分率(%)。

(10) 按式(3-52)计算沥青混合料的粉胶比,取1位小数。

$$FB = \frac{P_{0.075}}{P_{be}} \qquad (3-52)$$

式中:FB——粉胶比,沥青混合料的矿料中0.075mm通过率与有效沥青含量的比值,无量纲;

$P_{0.075}$——矿料级配中0.075mm的通过率(水洗法)(%)。

(11)按式(3-53)计算集料的比表面积,按式(3-54)计算沥青混合料沥青膜有效厚度。各种集料粒径的表面积系数按表3-43取用。

$$SA = \sum(P_i \times FA_i) \tag{3-53}$$

$$DA = \frac{P_{be}}{\rho_b \times P_s \times SA} \tag{3-54}$$

式中:SA——集料的比表面积(m²/kg);

P_i——集料各粒径的质量通过百分率(%);

FA_i——各筛孔对应集料的表面积系数,按表3-43确定(m²/kg);

DA——沥青膜有效厚度(μm);

ρ_b——沥青25℃时的密度(g/cm³)。

【学习案例3-9】

已知某沥青混合料理论最大相对密度是2.500,沥青含量5.0%。矿料由粗集料、细集料和矿粉组成,三种规格的材料分别占40%、50%和10%,各自对应的毛体积相对密度分别为2.720、2.690和2.710。如成型一个马歇尔试件所用沥青混合料的总质量为1210g,且该马歇尔试件击实后对应的水中质量是713g,表干质量是1217g。根据上述条件求该马歇尔试件的空隙率VV、矿料间隙率VMA和沥青饱和度VFA分别是多少?

(1)计算马歇尔试件毛体积相对密度

$$\gamma_{混合料毛体积} = \frac{m_干}{m_{表干} - m_{水中}} = \frac{1210}{1217 - 713} = 2.401$$

(2)计算合成矿料毛体积密度

$$\gamma_{合成矿料} = \frac{100}{\dfrac{P_粗}{\gamma_粗} + \dfrac{P_细}{\gamma_细} + \dfrac{P_粉}{\gamma_粉}} = \frac{100}{\dfrac{40}{2.720} + \dfrac{50}{2.260} + \dfrac{10}{2.710}} = 2.704$$

(3)计算空隙率

$$VV = \left(1 - \frac{\gamma_{混合料毛体积密度}}{\gamma_{混合料理论最大密度}}\right) \times 100\% = \left(1 - \frac{2.401}{2.500}\right) \times 100\% \approx 4.0\%$$

(4)计算矿料间隙率

$$VMA = \left(1 - \frac{\gamma_{混合料毛体积}}{\gamma_{合成矿料}} \times P_{矿料总量百分数}\right) \times 100\% = \left(1 - \frac{2.401}{2.704} \times 95\%\right) \times 100\% \approx 10.6\%$$

（5）计算饱和度

$$VMA = \frac{VMA - VV}{VMA} \times 100\% = \frac{15.6 - 4.0}{15.6} \times 100\% = 74.4\%$$

【学习案例 3－10】

表 3－43　集料的表面积系数及比表面积计算示例

筛孔尺寸/mm	19	16	13.2	9.5	4.75	2.36	1.18	0.6	0.3	0.15	0.075
表面积系数 $FA_i/(m^2 \cdot kg^{-1})$	0.0041	—	—	—	0.0041	0.0082	0.0164	0.0287	0.0614	0.01229	0.3277
集料各粒径的质量通过百分率 $P_i/\%$	100	92	85	76	60	42	32	23	16	12	6
集料比表面积 $FA_i \times P_i/(m^2 \cdot kg^{-1})$	0.41	—	—	—	0.25	0.34	0.52	0.66	0.98	1.47	1.97
集料比表面积总和 $SA/(m^2 \cdot kg^{-1})$	SA=0.41+0.25+0.34+0.52+0.66+0.98+1.47+1.97=6.60										

注：矿料级配中大于 4.75mm 集料的表面积系数 FA 均取 0.0041，计算集料比表面积时，大于 4.75mm 集料的比表面积只计算一次，即只计算最大粒径对应部分，见表 3－43 所列，该例的 SA = 6.60m²/kg，若沥青混合料的有效沥青含量为 4.65%，沥青混合料的沥青用量为 4.80%，沥青的密度为 1.03g/cm³，$P_s = 95.2$，则沥青膜厚度 DA = 4.65/(95.2×1.03×6.60)×1000 = 7.19μm。

（1）粗集料骨架间隙率

粗集料骨架间隙率可按式（3－55）计算，取 1 位小数。

$$VCA_{mix} = 100 - \frac{\gamma_f}{\gamma_{ca}} \times P_{ca} \tag{3－55}$$

式中：VCA_{mix}—— 粗集料骨架间隙率（%）；

$\quad P_{ca}$—— 矿料中所有粗集料质量占沥青混合料总质量的百分率，按式（3－56）计算得到（%）。

$$P_{ca} = P_s \times \frac{PA_{4.75}}{100} \tag{3－56}$$

式中：$PA_{4.75}$—— 矿料级配中 4.75mm 筛余量，即 100 减去 4.75mm 通过率。

注：$PA_{4.75}$ 对于一般沥青混合料为矿料级配中 4.75mm 筛余量，对于公称最大粒径不大于 9.5mm 的 SMA 混合料为 2.36mm 筛余量，对特大粒径根据需要可以选择其他筛孔。

$\quad \gamma_{ca}$—— 矿料中所有粗集料的合成毛体积相对密度，按式（3－57）计算，无量纲。

$$\gamma_{ca} = \frac{P_{1c} + P_{2c} + \cdots + P_{nc}}{\dfrac{P_{1c}}{\gamma_{1c}} + \dfrac{P_{2c}}{\gamma_{2c}} + \cdots + \dfrac{P_{nc}}{\gamma_{nc}}} \tag{3－57}$$

式中：P_{1c}、P_{2c}、$\cdots$、P_{nc}——矿料中各种粗集料占矿料总质量的百分比（%）；

γ_{1c}，γ_{2c}，$\cdots$，γ_{nc}——矿料中各种粗集料的毛体积相对密度。

（2）试验说明和注意事项

① 沥青混合料的吸水率与集料吸水率的概念及计算方法是不同的，沥青混合料试件的吸水率为达到饱和面干状态时所吸收水的体积与试件毛体积之比（体积比），而集料的吸水率是吸收水量与集料烘干质量之比（质量比）。应在试验报告中注明沥青混合料的类型及测定密度采用的方法。

② 试件毛体积密度试验重复性的允许差为 $0.020 g/cm^3$。试件毛体积相对密度试验重复性的允许差为 0.020。

【学习案例 3－11】

表 3－44　压实沥青混合料密度试验（表干法）记录

试验单位	×××试验检测有限公司		试验规程		JTG E20
沥青混合料类型	AC－20		试验者		—
试验环境	温度：25℃ 相对湿度：50%		主要仪器及编号		浸水天平 DLLQ0208
沥青品种及标号	AH－70 基质沥青		混合料拌和温度/℃		160
试件成型方法	击实法		成型温度/℃		145
试样编号	干燥试件的空中质量 m_a/g	试件的水中质量 m_w/g	试件的表干质量 m_f/g	试件的吸水率 S_a/%	试件的毛体积相对密度	试件的毛体积密度 ρ_f/(g·cm^{-3})	
						单个值	平均值
1	1142.6	672.7	1151.8	1.9	2.385		
2	1140.3	670.1	1149.0	1.8	2.381		2.374
3	1142.0	670.6	1150.9	1.9	2.378		

（三）压实沥青混合料密度试验——水中重法

1. 试验目的与适用范围

（1）水中重法适用于吸水率小于 0.5% 的密实沥青混合料试件的表观相对密度或表观密度，标准温度为（25±0.5）℃。

（2）当试件很密实，几乎不存在与外界连通的开口孔隙时，可采用本方法测定的表观相对密度代替按表干法测定的毛体积相对密度，并据此计算沥青混合料试件的空隙率、矿料间隙率等各项体积指标。

2. 仪具与材料技术要求

（1）浸水天平或电子天平：当最大称量在 3kg 以下时，感量不大于 0.1g；当最大称量 3kg 以上时，感量不大于 0.5g；应有测量水中重的挂钩。

（2）网篮。

（3）溢流水箱：使用洁净水，有水位溢流装置，保持试件和网篮浸入水中后的水位一定。

调整水温并保持在(25±0.5)℃内。

(4)试件悬吊装置:天平下方悬吊网篮及试件装置,吊线应采用不吸水的细尼龙线绳,并有足够的长度。对用轮碾成型机成型的板块状试件可用铁丝悬挂。

(5)秒表。

(6)电风扇或烘箱。

3. 方法与步骤

(1)选择适宜的浸水天平或电子天平,最大称量应满足试件质量的要求。

(2)除去试件表面的浮粒,称取干燥试件的空中质量 m_a,根据选择的天平的感量读数,精确至 0.1g 或 0.5g。

(3)挂上网篮,浸入溢流水箱的水中,调节水位,将天平调平并复零,把试件置于网篮中(注意不要使水晃动),待天平稳定后立即读数,称取水中质量 m_w。若天平读数持续变化,不能在数秒钟内达到稳定,说明试件有吸水情况,不适用于此法测定,应改用表干法或蜡封法测定。

(4)对从路上钻取的非干燥试件,可先称取水中质量 m_w,然后用电风扇将试件吹干至恒重(一般不少于 12h,当不需进行其他试验时,也可用 60℃±5℃烘箱烘干至恒重),再称取空中质量 m_a。

4. 计算

(1)按式(3-58)及式(3-59)计算用水中重法测定的沥青混合料试件的表观相对密度及表观密度,取 3 位小数。

$$\gamma_a = \frac{m_a}{m_a - m_w} \tag{3-58}$$

$$\rho_a = \frac{m_a}{m_a - m_w} \times \rho_w \tag{3-59}$$

式中:γ_a——在 25℃ 温度条件下试件的表观相对密度,无量纲;

ρ_a——在 25℃ 温度条件下试件的表观密度(g/cm³);

m_a——干燥试件的空中质量(g);

m_w——试件的水中质量(g);

ρ_w——在 25℃ 温度条件下水的密度,取 0.997g/cm³。

(2)当试件的吸水率小于 0.5% 时,以表观相对密度代替毛体积相对密度,按表干法计算试件的理论最大相对密度及空隙率、沥青的体积百分率、矿料间隙率、粗集料骨架间隙率、沥青饱和度等各项体积指标。应在试验报告中注明沥青混合料的类型及测定密度采用的方法。

(四)压实沥青混合料密度试验 —— 蜡封法

1. 试验目的与适用范围

(1)蜡封法适用于测定吸水率大于 2% 的沥青混凝土或沥青碎石混合料试件的毛体积相对密度或毛体积密度,标准温度为(25±0.5)℃。

(2)本方法测定的毛体积相对密度适用于计算沥青混合料试件的空隙率、矿料间隙率等各项体积指标。

2. 方法与步骤

(1) 选择适宜的浸水天平或电子天平,最大称量应满足试件质量的要求。

(2) 称取干燥试件的空中质量m_a,根据选择的天平感量读数,准确至 0.1g 或 0.5g。当为钻芯法取得的非干燥试件时,应用电风扇吹干 12h 以上至试件恒重,称取质量作为空中质量,但不得用烘干法。

(3) 将试件置于冰箱中,在 4～5℃ 条件下冷却不少于 30min。

(4) 将石蜡熔化至其熔点以上(5.5±0.5)℃。

(5) 从冰箱中取出试件立即浸入石蜡液中,至全部表面被石蜡封住后迅速取出试件,在常温下放置 30min,称取蜡封试件的空中质量m_p。

(6) 挂上网篮、浸入水箱中,调节水位,将天平调平或复零。调整水温并保持在 25℃±0.5℃ 内。将蜡封试件放入网篮浸水约 1min,读取水中质量m_c。

(7) 如果试件在测定密度后还需要做其他试验时,为便于除去石蜡,可事先在干燥试件表面涂一薄层滑石粉,称取涂滑石粉后的试件质量m_s,然后再蜡封测定。

(8) 用蜡封法测定时,石蜡对水的相对密度按下列步骤实测确定:

① 取一块铅或铁块之类的重物,称取空中质量m_g;

② 测定重物的水中质量m'_g;

③ 待重物干燥后,按上述试件蜡封的步骤将重物蜡封后测定其空中质量m_d及水中的质量m'_d;

④ 按式(3-60)计算石蜡对水的相对密度。

$$\gamma_p = \frac{m_d - m_g}{(m_d - m_g) - (m'_d - m'_g)} \qquad (3-60)$$

式中:γ_p——在常温条件下,石蜡对水的相对密度,无量纲;

m_g——重物的空中质量(g);

m'_g——重物的水中质量(g);

m_d——蜡封后,重物的空中质量(g);

m'_d——蜡封后,重物的水中质量(g)。

3. 计算

计算试件的毛体积相对密度,取 3 位小数。

(1) 蜡封法测定的试件毛体积相对密度按式(3-61)计算。

$$\gamma_f = \frac{m_a}{(m_p - m_c) - (m_p - m_a)/\gamma_p} \qquad (3-61)$$

式中:γ_f——由蜡封法测定的试件毛体积相对密度,无量纲;

m_a——试件的空中质量(g);

m_p——蜡封试件的空中质量(g);

m_c——蜡封试件的水中质量(g)。

(2) 涂滑石粉后用蜡封法测定的试件毛体积相对密度按式(3-62)计算。

$$\gamma_f = \frac{m_a}{(m_p - m_c) - [(m_p - m_s)/\gamma_p + (m_s - m_a)/\gamma_s]} \qquad (3-62)$$

式中：m_s——试件涂滑石粉后的空中质量(g)；

γ_s——滑石粉对水的相对密度，无量纲。

（3）试件的毛体积密度按式(3-63)计算。

$$\rho_f = \gamma_f \times \rho_w \qquad (3-63)$$

式中：ρ_f——蜡封法测定的试件毛体积密度(g/cm^3)；

ρ_w——常温下水的密度，取 0.997g/cm^3。

【学习案例 3-12】

表 3-45　压实沥青混合料密度试验(蜡封法)记录

试验单位	×××工程试验检测有限公司		试验规程		JTG E20	
沥青混合料类型	AC-20		试验者		—	
试验环境	温度:22℃ 相对湿度:50%		主要仪器及编号		浸水天平 DLLQ0208	
沥青品种及标号	SBS 改性沥青		沥青拌合温度/℃		170	
试件成型方法	击实法		成型温度/℃		160	
试样编号	石蜡对水的相对密度	试件的空中质量 m_a/g	蜡封试件的空中质量 m_p/g	蜡封试件的水中质量 m_c/g	试件的毛体积相对密度	试件的毛体积密度 ρ_f/(g·cm⁻³) 单个值	平均值
---	---	---	---	---	---	---	---
1	0.886	1144.5	1213.7	652.0	2.367		
2	0.886	1140.8	1203.1	649.5	2.359		2.354
3	0.886	1141.4	1202.4	649.3	2.357		

（五）压实沥青混合料密度试验——体积法

1. 试验目的与适用范围

(1)本方法采用体积法测定沥青混合料的毛体积相对密度或毛体积密度。

(2)本方法仅适用于不能用表干法、蜡封法测定的空隙率较大的沥青碎石混合料及大空隙透水性开级配沥青混合料(OGFC)等。

(3)本方法测定的毛体积相对密度适用于计算沥青混合料试件的空隙率、矿料间隙率等各项体积指标。

2. 方法与步骤

(1)选择适宜的电子天平，最大称量应满足试件质量的要求。

(2)清理试件表面，刮去突出试件表面的残留混合料，称取干燥试件的空中质量 m_a，根据选择的天平感量读取，准确至 0.1g 或 0.5g。当为钻芯法取得的非干燥试件时，应用电风扇吹干 12h 以上至恒重再称量，作为空中质量，但不得用烘干法。

（3）用卡尺测定试件的各种尺寸，准确至0.01cm。圆柱体试件的直径取上下2个断面测定结果的平均值，高度取十字对称4次测定的平均值；棱柱体试件的长度取上下2个位置的平均值，高度或宽度取两端及中间3个断面测定的平均值。

3. 计算方法

（1）圆柱体试件毛体积按式（3-64）计算。

$$V=\frac{\pi \times d^2}{4} \times h \tag{3-64}$$

式中：V——试件的毛体积（cm^3）；

$\quad\quad d$——圆柱体试件的直径（cm）；

$\quad\quad h$——试件的高度（cm）。

（2）棱柱体试件的毛体积按式（3-65）计算。

$$V=l \times b \times h \tag{3-65}$$

式中：l——试件的长度（cm）；

$\quad\quad b$——试件的宽度（cm）；

$\quad\quad h$——试件的高度（cm）。

（3）试件的毛体积密度按式（3-66）计算，取3位小数。

$$\rho_s=\frac{m_a}{V} \tag{3-66}$$

式中：ρ_s——用体积法测定的试件的毛体积密度（g/cm^3）；

$\quad\quad m_a$——干燥试件的空中质量（g）。

（4）试件的毛体积相对密度按式（3-67）计算，取3位小数。

$$\gamma_s=\frac{\rho_s}{0.9971} \tag{3-67}$$

式中：γ_s——用体积法测定的试件在25℃时的毛体积相对密度，无量纲。

（5）按表干法计算试件的理论密度、空隙率、沥青的体积百分率、矿料间隙率、粗集料骨架间隙率、沥青饱和度等各项体积指标。

五、沥青混合料马歇尔稳定度试验

（一）试验目的与适用范围

1. 本方法适用于马歇尔稳定度试验和浸水马歇尔稳定度试验，以进行沥青混合料的配合比设计或沥青路面施工质量检验。浸水马歇尔稳定度试验（根据需要，也可进行真空饱水马歇尔试验）供检验沥青混合料受水损害时抵抗剥落的能力时使用，通过测试其水稳定性检验配合比设计的可行性。

2. 本方法适用于按标准击实成型的标准马歇尔试件圆柱体和大型马歇尔试件圆柱体。

(二)主要仪器设备

1. 马歇尔稳定度试验仪:沥青混合料马歇尔试验仪分为自动式和手动式。自动马歇尔试验仪应具备控制装置、记录荷载-位移曲线、自动测定荷载与试件的垂直变形、自动显示和存储或打印试验结果等功能,如图3-31所示。手动式由人工操作,试验数据通过操作者目测后读取数据。

对用于高速公路和一级公路的沥青混合料宜采用自动马歇尔试验仪,使用方法如下:

(1)当集料公称最大粒径小于或等于26.5mm时,宜采用 $\phi101.6mm\times63.5mm$ 的标准马歇尔试件,试验仪最大荷载不得小于25kN,读数准确至0.1kN,加载速率应能保持 $(50\pm5)mm/min$。钢球直径 $\phi(16\pm0.05)mm$,上下压头曲率半径为 $\phi(50.8\pm0.08)mm$。

(2)当集料公称最大粒径大于26.5mm时,宜采用 $\phi152.4mm\times95.3mm$ 大型马歇尔试件,试验仪最大荷载不得小于50kN,读数准确至0.1kN。上下压头的曲率内径为 $\phi(152.4\pm0.2)mm$,上下压头间距 $(19.05\pm0.1)mm$。大型马歇尔试件的压头尺寸如图3-32所示。

图3-31 自动马歇尔
稳定度试验仪

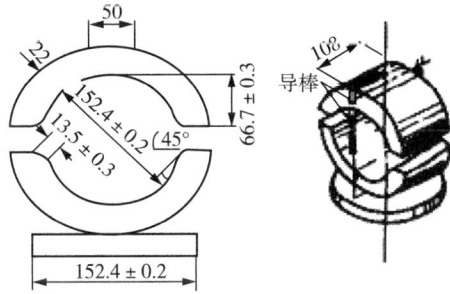

图3-32 大型马歇尔
试件的压头(单位:mm)

(2)恒温水槽:控温准确度为1℃,深度不小于150mm。

(3)真空饱水容器:包括真空泵及真空干燥器。

(4)天平:感量不大于0.1g。

(5)其他:卡尺、温度计等。

(三)试件准备

1. 试件按击实法成型,标准马歇尔试件尺寸应符合直径 $(101.6\pm0.2)mm$、高 $(63.5\pm1.3)mm$ 的要求。对大马歇尔试件,尺寸应符合 $(152.4\pm0.2)mm$、高 $(95.3\pm2.5)mm$ 的要求。一组试件的数量最少不得少于4个。

2. 测量试件的直径及高度:用卡尺测量试件中部的直径,用马歇尔试件高度测定器或用卡尺在十字对称4个方向测量离试件边缘10mm处的高度,准确至0.1mm,并以其平均值作为试件的高度。如试件高度不符合 $(63.5\pm1.3)mm$ 或 $(95.3\pm2.5)mm$ 的要求,或两侧高度差大于2mm时,此试件应作废。

3. 测定试件的密度,并计算空隙率、沥青体积百分率、沥青饱和度、矿料间隙率等体积指标。

4. 将恒温水槽调节至要求的试验温度,黏稠石油沥青或烘箱养生过的乳化沥青混合料试验温度为(60±1)℃,煤沥青混合料试验温度为(33.8±1)℃,空气养生的乳化沥青或液体沥青混合料试验温度为(25±1)℃。

(四)操作步骤

1. 标准马歇尔试验

(1)将试件置于规定温度的恒温水槽中保温,标准马歇尔试件保温时间为30~40min,大型马歇尔试件保温时间为45~60min。试件之间应有间隔,底下应垫起,距水槽底部不小于5cm。

(2)将马歇尔试验仪的上下压头放入水槽或烘箱中达到同样温度。将上下压头从水槽或烘箱中取出擦拭干净内面,为使上下压头滑动自如,可在下压头的捣棒上涂少量黄油。再将试件取出置于下压头上,盖上上压头,然后装在加载设备上。

(3)在上压头的球座上放妥钢球,并对准荷载测定装置的压头。

(4)当采用自动马歇尔试验仪时,将自动马歇尔试验仪的压力传感器、位移传感器与计算机或 X-Y 记录仪正确连接,调整好适宜的放大比例,将压力和位移传感器调零。

(5)当采用压力环和流值计时,将流值计安装在导棒上,使导向套管轻轻地压住上压头,同时将流值计读数调零。调整压力环中百分表,对零。

(6)启动加载设备,使试件承受荷载,加载速度为(50±5)mm/min。计算机或 X-Y 记录仪自动记录传感器压力和试件变形曲线并将数据自动存入计算机。

(7)在试验荷载达到最大值的瞬间取下流值计,同时读取压力环中百分表读数及流值计的流值读数。

(8)从恒温水槽中取出试件至测出最大荷载值的时间不得超过30s。

2. 浸水马歇尔试验方法

浸水马歇尔试验方法与标准马歇尔试验方法的不同之处在于:试件在已达到规定温度恒温水槽中的保温时间为48h,其余步骤均与标准马歇尔试验方法相同。

3. 真空饱水马歇尔试验方法

试件先放入真空干燥器中,关闭进水胶管,开动真空泵,使干燥器的真空度达到97.3kPa(730mmHg)以上,维持15min;然后打开进水胶管,靠负压进入冷水流,使试件全部浸入水中,浸水15min后恢复常压,取出试件再放入已达到规定温度的恒温水槽中保温48h,其余均与标准马歇尔试验方法相同。

(五)计算

1. 试件的稳定度及流值

(1)当采用自动马歇尔试验仪时,将计算机采集的数据绘制成压力和试件变形曲线,或由 X-Y 记录仪自动记录的荷载-变形曲线及结果修正方法。

按如图3-33所示的方法在切线方向延长曲线与横坐标相交于 O_1,将 O_1 作为修正原点,从 O_1 起量取相应于荷载最大值时的变形作为流值 FL,以 mm 计,准确至0.1mm。最大荷载即为稳定度 MS,以 kN 计,准确至0.01kN。

(2)采用压力环和流值计测定时,根据压力环标定曲线,将压力环中百分表的读数换算为荷载值,或者由荷载测定装置读取的最大值作为试件的稳定度 MS,以 kN 计,准确至

0.01kN。由流值计及位移传感器测定装置读取的试件垂直变形，即为试件的流值 FL，以 mm 计。准确至 0.1mm。

2. 试件的马歇尔模数

$$T=\frac{MS}{FL} \qquad (3-68)$$

式中：T——试件的马歇尔模数（kN/mm）；

MS——试件的稳定度（kN）；

FL——试件的流值（mm）。

3. 试件的浸水残留稳定度

$$MS_0=\frac{MS_1}{MS}\times100 \qquad (3-69)$$

式中：MS_0—— 试件的浸水残留稳定度（%）；

MS_1——试件浸水 48h 后的稳定度（kN）。

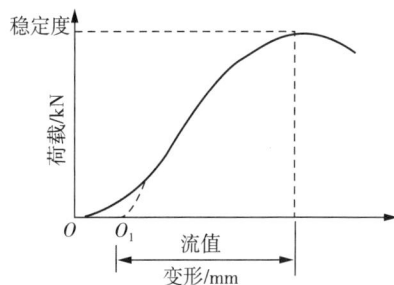

图 3-33　马歇尔试验荷载-变形曲线

（六）说明与注意问题

1. 当马歇尔试件放入 60℃恒温的水箱中时，水温会下降。严格讲应从水温达到 60℃时开始计时。为避免水温下降，可根据室温以及经验，将水箱中的水温适当提高若干度，使得放入马歇尔试件时水温能够尽快达到 60℃。

2. 从恒温水槽中取出试件至测出最大荷载值的时间，不得超过 30s。

3. 当一组测定值中某个测定值与平均值之差大于标准差的 k 倍时，该测定值应予舍弃，并以其余测定值的平均值作为试验结果。当试件数目 n 为 3、4、5、6 个时，k 值分别为 1.15、1.46、1.67、1.82。

4. 由于全自动马歇尔的完善和普及，全数显马歇尔仪得到越来越广泛的应用，而这类型号仪器通常不带有荷载-形变记录功能，但如果无专门的要求，则不影响试验的操作和结果。

六、沥青路面芯样马歇尔试验

（一）试验目的与适用范围

从沥青路面钻取的芯样进行马歇尔试验，供评定沥青路面施工质量是否符合设计要求或进行路况调查。标准芯样钻孔试件的直径为 100mm，适用的试件高度为 30～80mm；大型钻孔试件的直径为 150mm，适用的试件高度为 80～100mm。

（二）试验仪器与材料

本方法所用的仪器与沥青混合料马歇尔稳定度试验相同。

（三）试验方法与步骤

1. 按现行《公路路基路面现场测试规程》(JTG 3450—2019)的方法用钻孔机钻取压实

沥青混合料路面芯样试件。

2. 适当整理混合料芯样表面,如果底面沾有基层泥土则应洗净,若底面凹凸不平现象严重,则应用锯石机将其锯平。

3. 用卡尺测定试件的直径,取两个方向的平均值。

4. 测定试件的高度,取 4 个对称位置的平均值,准确至 0.1mm。

5. 按标准方法进行马歇尔试验,由试验实测的稳定度乘以表 3-46 或表 3-47 的试件高度修正系数 K 得到芯样试件的稳定度。其余内容与标准马歇尔试验方法相同。

表 3-46 现场钻取芯样试件高度修正系数(适用于 ϕ100mm 试件)

试件高度/cm	修正系数 K	试件高度/cm	修正系数 K
2.47~2.61	5.56	5.16~5.31	1.39
2.62~2.77	5.00	5.32~5.46	1.32
2.78~2.93	4.55	5.47~5.62	1.25
2.94~3.09	4.17	5.63~5.80	1.19
3.10~3.25	3.85	5.81~5.94	1.14
3.26~3.40	3.57	5.95~6.10	1.09
3.41~3.56	3.33	6.11~6.26	1.04
3.57~3.72	3.03	6.27~6.44	1.00
3.73~3.88	2.78	6.45~6.60	0.96
3.89~4.04	2.50	6.61~6.73	0.93
4.05~4.20	2.27	6.74~6.89	0.89
4.21~4.36	2.08	6.90~6.06	0.86
4.37~4.51	1.92	6.07~6.21	0.83
4.52~4.67	1.79	6.22~6.37	0.81
4.68~4.87	1.67	6.38~6.54	0.78
4.88~4.99	1.5	6.55~6.69	0.76
5.00~5.15	1.47	—	—

表 3-47 现场钻取芯样试件高度修正系数(适用于 ϕ150mm 试件)

试件高度/cm	试件体积/cm³	修正系数 K	试件高度/cm	试件体积/cm³	修正系数 K
8.81~8.97	1608~1626	1.12	9.61~9.76	1753~1781	0.97
8.98~9.13	1637~1665	1.09	9.77~9.92	1782~1810	0.95
9.14~9.29	1666~1694	1.06	9.93~10.08	1811~1839	0.92

试件高度/cm	试件体积/cm³	修正系数 K	试件高度/cm	试件体积/cm³	修正系数 K
9.30～9.45	1695～1723	1.03	10.09～10.24	1840～1868	0.90
9.46～9.60	1724～1752	1.00	—	—	—

七、沥青混合料车辙试验方法

（一）试验目的与适用范围

本方法适用于测定沥青混合料的高温抗车辙能力,供设计沥青混合料配合比时检验高温稳定性使用,也可用于现场沥青混合料的高温稳定性检验。

车辙试验的温度与轮压(试验轮与试件的接触压强)可根据有关规定和需要选用,无特殊说明,试验温度为 60℃,轮压为 0.7MPa。根据不同需要,如果在寒冷地区也可采用 45℃,在高温条件下试验温度可采用 70℃等,对重载交通的轮压可增加至 1.4MPa,但应在报告中注明。计算动稳定度的时间原则上为试验开始后 45～60min 之间。

本方法适用于用轮碾成型机碾压成型的长 300mm×宽 300mm×厚 50mm 或长 300mm×宽 300mm×厚 100mm 的板块状试件。根据工程需要也可采用其他尺寸试件。本方法也适用于现场切割板块状试件,切割试件的尺寸根据现场面层的实际情况由试验确定。

（二）仪器设备

1. 车辙试验机:示意图如图 3-34 所示,实物图如图 3-35 所示,主要由下列部分组成。

（1）试件台:可牢固地安装两种宽度(300mm 和 150mm)的规定尺寸试件的试模。

（2）试验轮:橡胶制的实心轮胎,外径 φ200mm,轮宽 50mm,橡胶层厚 15mm。橡胶硬度(国际标准硬度)在 20℃ 时为 84±4;60℃ 时为 78±2。试验轮行走距离为(230±10)mm,往返碾压速度为(42±1)次/min(21 次往返/min)的。允许采用曲柄连杆驱动试验台运动(试验轮不移动)的任一种方式。

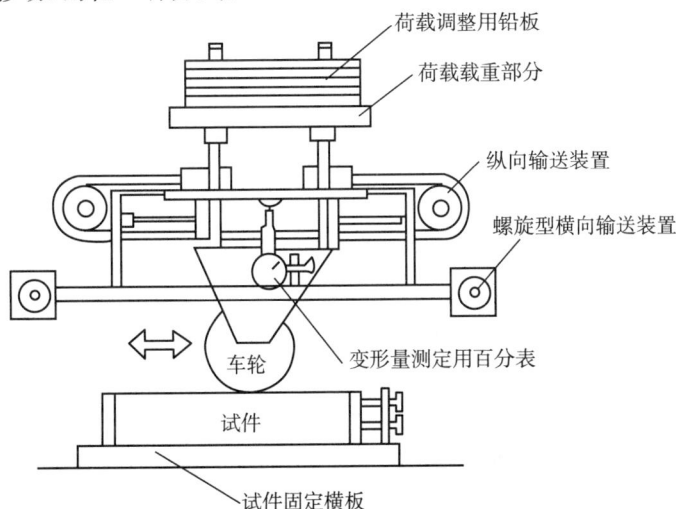

图 3-34 车辙试验机示意图

图 3-35 车辙试验机实物图

注:应注意检验轮胎橡胶硬度,不符合要求者应及时更换。

(3)加载位置:使试验轮与试件的接触压强在 60℃时为(0.7±0.05)MPa,施加的总荷载为 780N 左右,根据需要可以调整接触压强大小。

(4)试模:由钢板制成,由底板及侧板组成,试模内侧尺寸长为 300mm,宽为 300mm,厚为 50～100mm,也可根据需要对厚度进行调整。

(5)变形测量装置:自动检测车辙变形并记录曲线的装置,通常用 LVDT、电测百分表或非接触位移计。位移测量范围为 0～130mm,精度±0.01mm。

(6)温度检测装置:自动检测并记录试件表面及恒温室内温度的温度传感器、温度计(精度 0.5℃),温度应能自动连续记录。

2. 恒温室:恒温室应具有足够的空间。车辙试验机必须整机安装在恒温室内,装有加热器、气流循环装置及装有自动温度控制设备,同时恒温室还应有至少能保温 3 块试件并进行试验的条件。保持恒温室温度为(60±1)℃[试件内部温度(60±0.5)℃],根据需要也可采用其他试验温度。

3. 台秤:称量 15kg,感量不大于 5g。

(三)试验方法与步骤

1. 准备工作

(1)试验轮接地压强测定:测定在 60℃时进行,在试验台上放置一块厚 50mm 的钢板,其上方铺一张毫米方格纸,上铺一张新的复写纸,以规定的 700N 荷载后试验轮静压复写纸,即可在方格纸上得出轮压面积,并由此求得接地压强。当压强不符合(0.7±0.05)MPa,荷载应予适当调整。

(2)用轮碾成型法制作车辙试验试块。在试验室或工地制备成型的车辙试件,板块状试件尺寸为长 300mm×宽 300mm×厚 50mm～100mm(厚度根据需要确定)。也可从路面切割得到需要尺寸的试件。

当直接在拌和厂取拌和好的沥青混合料样品制作车辙试验试件,检验生产配合比设计或混合料生产质量时,必须将混合料装入保温桶中,在温度下降至成型温度之前迅速送达试验室制作试件,如果温度稍有不足,可放在烘箱中稍事加热(时间不超过 30min 后)成型。但不得将混合料放冷后二次加热重塑制作试件。重塑制件的试验结果仅供参考,不得用于评定配合比设计检验是否合格。

(3)试件成型后连同试模一起在常温条件下放置的时间不得少于 12h。对聚合物改性沥青混合料,放置的时间以 48h 为宜,使聚合物改性沥青充分固化后方可进行车辙试验,室温放置时间不得长于一周。

2. 试验步骤

(1)将试件连同试模一起,置于已达到试模温度(60±1)℃的恒温室中,保温不少于 5h,也不得超过 12h。在试件的试验轮不行走的部位上,粘贴一个热电偶温度计(也可在试件制作时预先将热电偶导线埋入试件一角),控制试件温度稳定在(60±0.5)℃。

(2)将试件连同试模移至轮辙试验机的试验台上,试验轮在试件的中央部位,其行走方向须与试件碾压或行车方向一致。开动车辙变形自动记录仪,然后启动试验机,使试验轮往返行走,时间约 1h,或最大变形达到 25mm 时为止。试验时,由记录仪自动记录变形曲线及试件温度。

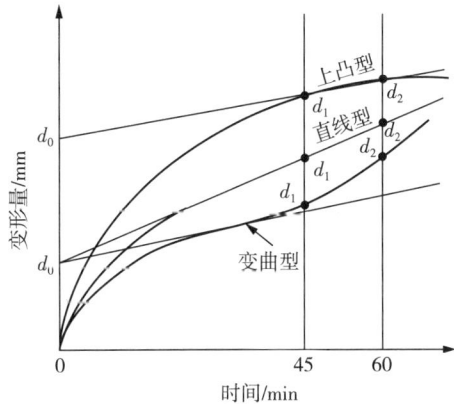

图 3-36 车辙试验自动记录的变形曲线

(四)试验结果计算

1. 从曲线上读取 45min(t_1)及 60min(t_2)时的车辙变形 d_1 及 d_2,精确至 0.01mm。如变形过大,在未到 60min 变形已达 25mm 时,则以达到 25mm(d_2)时的时间为 t_2,将其前 15min 为 t_1,此时的变形量为 d_1。

2. 按式(3-70)计算沥青混合料试件的动稳定度。

$$DS = \frac{(t_2 - t_1) \times N}{d_2 - d_1} \times C_1 \times C_2 \qquad (3-70)$$

式中:DS——沥青混合料的动稳定度(次/mm);

d_1——对应于时间 t_1 的变形量(mm);

d_2——对应于时间 t_2 的变形量(mm);

C_1——试验机类型修正系数,曲柄连杆驱动试件的变速行走方式为 1.0,链驱动试验轮的等速方式为 1.5;

C_2——试件系数,试验室制备的宽 300mm 的试件为 1.0,从路面切割的宽 150mm 的试件为 0.8;

N——试验轮往返碾压速度,通常为 42 次/min。

(五)报告

1. 在同一沥青混合料或同一路段的路面,至少平行试验 3 个试件。当 3 个试件动稳定度变异系数小于20%时,取其平均值作为试验结果。变异系数大于20%时应分析原因,并追加试验。如计算动稳定值大于6000次/mm时,记作>6000次/mm。

2. 试验报告应注明试验温度、试验轮接地压强、试件密度、空隙率及试件制作方法等。

3. 重复性试验动稳定变异系数的允许差为20%。

八、沥青与矿料的黏附性试验方法

(一)目的和适用范围

1. 沥青与矿料黏附性试验是根据沥青黏附在粗集料表面的薄膜在一定温度下,受水的作用产生剥离的程度,以判断沥青与集料表面的黏附性能。

2. 本方法适用于测定沥青与矿料的黏附性及评定集料的抗水剥离能力。根据沥青混合料的最大集料粒径,对于大于13.2mm及小于(或等于)13.2mm的集料分别选用水煮法或水浸法进行试验,对同一种料源粒径既有大于13.2mm又有小于13.2mm时,大于13.2mm时取水煮法试验为标准,对细粒式沥青混合料以水浸法试验为标准。

(二)仪具与材料

本试验需要下列仪具与材料:

1. 天平:称量500g,感量不大于0.01g。

2. 恒温水槽:能保持温度(80±1)℃。

3. 拌和用小型容器:500mL。

4. 烧杯:1000mL。

5. 试验架。

6. 细线:尼龙线或棉线、铜丝线。

7. 铁丝网。

8. 标准筛9.5mm、13.2mm、19mm各1个(也可用圆孔筛:10mm、15mm、25mm代替)。

9. 烘箱:装有自动温度调节器。

10. 电炉、燃气炉。

11. 玻璃板:200mm×200mm左右。

12. 搪瓷盘:300mm×400mm左右。

13. 其他:拌和铲、石棉网、纱布、手套等。

(三)适用于大于13.2mm粗集料的试验方法——水煮法

1. 准备工作

(1)将集料用13.2mm、19mm(或圆孔筛15mm、25mm)过筛,取粒径为13.2~19mm(圆孔筛13~25mm)、形状接近立方体的规则集料5个,用洁净水洗净,置于温度为(105±5)℃的烘箱中烘干,然后放在干燥器中备用。

(2)将大烧杯中盛水,并于置加热炉的石棉网上煮沸。

2. 试验步骤

(1)将集料逐个用细线在中部系牢,再置于(105±5)℃烘箱内烘1h,准备沥青试样。

(2)逐个取出加热的矿料颗粒,用线提起,浸入预先加热的沥青(石油沥青130~150℃、煤沥青100~110℃)试样中,45s后轻轻拿出,使集料颗粒完全为沥青膜所裹覆。

(3)将裹覆沥青的集料颗粒悬挂于试验架上,下面垫一张废纸,使多余的沥青流掉,并在室温下冷却15min。

(4)待集料颗粒冷却后,逐个用线提起,浸入盛有煮沸水的大烧杯中央,调整加热炉,使烧杯中的水保持微沸状态,但不允许有沸开的泡沫。

(5)浸煮3min后,将集料从水中取出,观察矿料颗粒上沥青膜的剥落程度,评定其黏附性等级。

(6)对于同一试样,应平行试验5个集料颗粒,并由两名以上经验丰富的试验人员分别评定,取平均等级作为试验结果。

(四)适用于小于13.2mm粗集料的试验方法——水浸法

1. 准备工作

(1)将集料用9.5mm、13.2mm(或圆孔筛10mm、15mm)过筛,取粒径为9.3~13.2mm(圆孔筛10~15mm)、形状规则的集料200g,用洁净水洗净,并置于温度为(105±5)℃的烘箱中烘干,然后放在干燥器中备用。

(2)准备沥青试样,加热至矿料的拌和温度。

(3)将煮沸过的热水注入恒温水浴中,维持80℃±1℃恒温。

2. 试验步骤

(1)按四分法称取集料颗粒(9.3~13.2mm)100g置于搪瓷盘中,连同搪瓷盘一起放入已升温至沥青拌和温度以上5℃的烘箱中持续加热1h。

(2)按每100g矿料加入沥青(5.5±0.2)g的比例称取沥青,精确至0.1g。放入小型拌和容器中,一起置于同一烘箱中加热15min。

(3)将搪瓷盘中的集料倒入拌和容器的沥青中后,从烘箱中取出拌和容器,立即用金属铲均匀拌和1~1.5min,使集料完全被沥青膜裹覆,然后立即取20个裹有沥青的集料,用小铲移至玻璃板上摊开,并置于室温下冷却1h。

(4)将放有集料的玻璃板浸入温度为(80±2)℃的恒温水槽中保持30min,并将剥离及浮于水面的沥青用纸片捞出。

(5)从水中小心取出玻璃板,浸入水槽内的冷水中,仔细观察裹覆集料的沥青薄膜的剥落情况。由两名以上经验丰富的试验人员分别目测,评定剥离面积的百分率,评定后取平均值表示。

(6)由剥离面积百分率评定沥青与集料黏附性的等级。

表3-48　沥青与集料的黏附性等级

试验后集料表面上沥青膜剥落情况	黏附性等级
沥青膜完全保存,剥离面积百分率接近0	5
沥青膜小部分为水所移动,厚度不均匀剥离面积百分率小于10%	4
沥青膜局部明显地为水所移动,基本保留在集料表面上,剥离面积百分率小于30%	3

试验后集料表面上沥青膜剥落情况	黏附性等级
沥青膜大部分为水所移动，局部保留在集料表面上，剥离面积百分率大于30%	2
沥青膜完全为水所移动，集料基本裸露，沥青全浮于水面上	1

九、沥青混合料沥青含量试验——离心分离法

沥青混合料的沥青含量是指沥青质量在沥青混合料总质量中的比例，当采用油石比时，它表示沥青质量与沥青混合料中的矿料总质量的比例，均以质量百分率表示。

（一）试验目的与适用范围

沥青混合料中沥青含量的测定是公路工程施工过程中一项常规试验项目，它对沥青路面施工质量控制有着重要意义。该试验既可用于热拌热铺沥青混合料路面施工时的沥青用量检测，以评定拌和厂产品质量，也适用于旧路调查时检测沥青混合料的沥青用量，用此法抽提的沥青溶液可用于回收沥青，以评定沥青的老化程度。相应的检测内容有若干种不同的方法，实际工作中可根据试验条件，选择适用的方法操作。

（二）试验仪器与材料

1. 离心抽提仪：如图3-37所示，由试样容器及转速不小于3000r/min的离心分离器组成，分离器备有滤液出口。容器盖与容器之间用耐油的圆环形滤纸密封。滤液通过滤纸排出后从出口流出收入回收瓶中，仪器必须安放稳固并有排风装置。

2. 圆环形滤纸。

3. 回收瓶：容量为1700mL以上。

4. 压力过滤装置。

5. 天平：感量不大于0.01g、1mg的天平各一台。

6. 量筒：最小分度为1mL。

7. 电烘箱：装有温度自动调节器。

8. 工业用三氯乙烯。

9. 碳酸铵饱和溶液：供燃烧法测定滤纸中的矿粉含量用。

10. 其他：小铲、金属盘、大烧杯等。

图3-37 离心抽提仪

（三）试验方法与步骤

1. 准备工作

(1)以规定的方法在拌和厂运料卡车中采取沥青混合料试样，放在金属盘中适当拌和，待温度稍下降至100℃以下时，用大烧杯取混合料试样质量1000~1500g（粗粒式沥青混合料用高限，细粒式用低限，中粒式用中限），精确至0.1g。

(2)如果试样是通过路上用钻机法或切割法取得的，应用电风扇吹风使其完全干燥，置微波炉或烘箱中适当加热后使其成松散状态取样，但不得锤击，以防集料破碎。

2. 操作步骤

(1)向装有试样的烧杯中注入三氯乙烯溶剂,将其浸没,浸泡30min,用玻璃棒适当搅动混合料,使沥青充分溶解。也可直接在离心分离器中进行。

(2)将混合料及溶液倒入离心分离器,用少量溶剂将烧杯及玻璃棒上的黏附物全部洗入分离容器中。

(3)称取洁净的圆环形滤纸,质量精确至0.01g。注意:滤纸不宜多次反复使用,有破损的不能使用,有石粉黏附时应用毛刷清除干净。

(4)将滤纸垫在分离器边缘,加盖紧固,在分离器出口处放上回收瓶,上口应注意密封,防止流出液成雾状散失。

(5)开动离心机,转速逐渐增至3000r/min,沥青溶液通过排出口注入回收瓶中,待流出停止后停机。

(6)从上盖的孔中加入新溶剂,数量大体相同,稍停3~5min后,重复上述操作数次,直至流出的抽提液成清澈的淡黄色。

(7)卸下上盖,取下圆环形滤纸,用通风橱或室内空气蒸发干燥,然后放入(105±5)℃的烘箱中干燥,称取质量,其增重部分 m_2 为矿粉的一部分。

(8)将容器中的集料仔细取出,通风橱或室内空气蒸发后放入(105±5)℃烘箱中烘干(一般需4h),然后放入大干燥器中冷却至室温,称取集料质量 m_1。

(9)用压力过滤器过滤回收瓶中的沥青溶液,由滤纸的增重 m_3 得出泄漏入滤液中的矿粉质量,如无压力过滤器,也可用燃烧法测定。

(10)用燃烧法测定抽提液中矿粉质量的步骤如下:

① 将回收瓶中的抽提液倒入量筒中,V_a 准确定量至 mL。

② 充分搅匀抽提液,取出10mL(V_b)放入坩埚中,在热浴上适当加热使溶液试样变成暗黑色后,置于高温炉(500~600℃)中烧成残渣,取出坩埚冷却。

③ 向坩埚中按每1g残渣5mL的用量比例,注入碳酸铵饱和溶液,静置1h,放入(105±5)℃烘箱中干燥。

④ 取出残渣放在干燥器中冷却,称取残渣质量 m_4,精确至1mg。

(四)试验结果计算及要求

1. 沥青混合料中矿料的总质量

$$m_a = m_1 + m_2 + m_3 \tag{3-71}$$

式中:m_a——沥青混合料中矿料部分的总质量(g);

m_1——容器中留下的集料干燥质量(g);

m_2——圆环形滤纸在试验前后的增重(g);

m_3——泄漏入抽提液中的矿粉质量(g),用燃烧法时可按式(3-72)计算。

$$m_3 = m_4 \times \frac{V_a}{V_b} \tag{3-72}$$

式中:V_a——抽提液的总量(mL);

V_b——取出的燃烧干燥的抽提液数量(mL);

m_4——坩埚中燃烧干燥的残渣质量(g)。

2. 沥青混合料中的沥青含量与油石比

$$P_b = \frac{m - m_a}{m} \qquad (3-73)$$

$$P_a = \frac{m - m_a}{m_a} \qquad (3-74)$$

式中：m——沥青混合料的总质量(g)；

P_b——沥青混合料的沥青含量(%)；

P_a——沥青混合料的油石比(%)。

3. 对同一沥青混合料试样至少做 2 次平行试验，取平均值作为试验结果。两次试验结果的差值应小于 0.3%，当大于 0.3%但小于 0.5%时，应补充平行试验一次，以 3 次试验的平均值作为试验结果，3 次试验的最大值与最小值之差不得大于 0.5%。

十、沥青混合料的矿料级配检验方法

沥青混合料中的矿料组成试验是沥青路面施工时重要的质量检查项目。它用于从沥青混合料中抽提沥青含量后的回收矿料的筛分试验，以检验其组成是否符合设计要求。

(一)试验目的与适用范围

用于测定沥青路面施工过程中沥青混合料的矿料级配，供评定沥青路面的施工质量时使用。

(二)试验仪器与材料

1. 标准筛：在尺寸为 53.0mm、37.5mm、31.5mm、26.5mm、19.0mm、16.0mm、13.2mm、9.5mm、4.75mm、2.36mm、1.18mm、0.6mm、0.3mm、0.15mm、0.075mm 的标准筛系列中，根据沥青混合料级配选用相应的筛号，必须有密封圈、盖和底。

2. 天平：感量不大于 0.1g。

3. 摇筛机。

4. 烘箱：装有温度自动控制器。

5. 其他：样品盘、毛刷等。

(三)试验方法与步骤

1. 试验准备工作

(1)按要求从拌和厂选取代表性样品。将分离沥青后的全部矿质混合料放入样品盘中，置于温度为(105±5)℃条件下烘干，并冷却至室温。

(2)按沥青混合料矿料级配设计要求，选用全部或部分需要筛孔的标准筛，进行施工质量检验时，至少应包括 0.075mm、2.36mm、4.75mm 及集料公称最大粒径等 5 个筛孔，按大小顺序排列成套筛。

2. 操作步骤

(1)称量抽提后的全部矿料试样，精确至 0.1g。

(2)将标准筛带筛底置于摇筛机上，并将矿质混合料置于筛内，盖好筛盖后，扣紧摇筛机,开动摇筛机筛分 10min。取下套筛后,按筛孔大小顺序,在一清洁的浅盘上,再逐个进行手筛,手筛时可用手轻轻拍击筛框并经常性地转动筛子,直至每分钟筛出量不超过筛上试样质量的 0.1％时,但不允许用手将颗粒塞过筛孔,筛下的颗粒并入下一号筛,并和下一号筛中的试样一起过筛。对于矿料的筛分,尤其是对最下面的 0.075mm 筛,采用水筛法,或者对同一种混合料,适当进行几次干筛与湿筛的对比试验后,对 0.075mm 通过率进行适当的换算或修正。

(3)称量各筛上筛余颗粒的质量,准确至 0.1g。并将沾在滤纸、棉花上的矿粉及抽提液中的矿粉计入矿料中通过 0.075mm 的矿粉含量中。各筛的分计筛余量和底盘中剩余质量的总和与筛分前试样总质量相比,相差不得超过总质量的 1％。

(四)试验结果计算及要求

1. 筛分结果按照要求分别计算矿料的分计筛余百分率、累计筛余百分率和通过百分率等内容。

2. 以筛孔尺寸为横坐标,各个筛孔的通过百分率为纵坐标,绘制矿料组成级配曲线,评定该试样的颗粒组成。

3. 对同一混合料至少取两个试样,进行平行筛分试验两次,取平均值作为每号筛上筛余量的试验结果,报告矿料级配通过百分率及级配曲线。

【学习任务】

一、选择题

1. 无侧限抗压强度试件的养生温度为(　　　)℃(北方区)。

A. 20±2　　　　B. 25±2　　　　C. 30±2　　　　D. 15±2

2. 石灰稳定土的强度随着石灰剂量的增大而(　　　)(在最佳剂量之下时)。

A. 大　　　　B. 不确定　　　　C. 不变　　　　D. 小

3. 在水泥稳定土类混合料组成设计中,为了确定不同灰剂量混合料的最佳含水率和最佳干密度,至少应做(　　　)个不同水泥剂量混合料击实试件。

A. 5　　　　B. 7　　　　C. 3　　　　D. 9

4. 水泥混凝土面层测定的强度指的是(　　　)。

A. 弯拉强度　　　B. 抗压强度　　　C. 抗剪强度　　　D. 疲劳强度

5. 表干法、水中重法、封蜡法、体积法是进行沥青混合料密度试验的 4 种方法,其中表干法的适用条件是(　　　)。

A. 试件吸水率大于 2％　　　　　　B. 试件吸水率小于 2％

C. 试件吸水率小于 0.5％　　　　　D. 适用于任何沥青混合料

二、判断题

1. 无机结合料击实试验中,丙法要求每层击实 98 次。(　　　)

2. 振动台法与表面振动压实仪法均采用振动原理测定土的最大干密度。(　　　)

3. 在水泥稳定材料的无侧限抗压强度试验中,试件规格为径高比为 1∶1 的圆柱

体（　　）

4. 沥青混合料是由矿料与沥青结合料按一定比例配合并均匀拌和而成的混合料。（　　）

5. 表干法适用于测定吸水率不大于2％的各种沥青混合料试件的密度。（　　）

6. 沥青稳定碎石基层密度可以采用水中重法进行测定。（　　）

7. 马歇尔试验不属于目标配合比设计阶段的内容。（　　）

8. 在水泥稳定粒料基层施工中，水泥初凝时间应在4h以上。（　　）

9. 水泥稳定土的水泥用量和最佳含水率要通过强度试验来确定。（　　）

三、问答题

1. 简述无机结合料稳定土无侧限抗压强度试件及测定方法。

2. 水泥混凝土抗压、抗折强度实验结果如何处理？

3. 做混凝土抗压、抗折强度试验时，试验机的加荷速度有何规定？操作压力机时，必须遵守哪些安全规定？

4. 无机结合料稳定土的无侧限抗压强度试验主要采用哪些检测器具？

5. 简述沥青混合料的检测指标是哪些。

6. 某一级公路水泥稳定碎石基层，已知 $R_d = 3.2$ MPa，现测得某段的无侧限抗压强度数值如下（单位:MPa）（保证率为95％），请你对该段的强度结果进行评定。

序号	1	2	3	4	5	6	7	8	9	10	11	12
强度	3.86	4.06	3.52	3.92	3.52	3.92	3.84	3.56	3.72	3.53	3.68	4.00

7. 有一组石灰稳定料设计强度为0.7MPa，其余测定值为0.74、0.68、0.72、0.76、0.72、0.70（单位:MPa）（保证率为95％），该组石灰稳定料是否满足要求？

8. 已知水泥稳定的密度是2.189，水泥剂量为5.4％，要求压实度为98％，风干集料的含水率为2.4，混合料的最佳含水率为4.9，（试件是尺寸为150mm×150mm的圆柱体），计算制作一个试件所需的水泥、集料及水的用量。

第四章 路基路面几何尺寸及路面厚度检测

第一节 路基路面现场测试选点方法

【学习要求】

1. 了解公路路基路面现场测试的选点方法。
2. 熟悉公路路基路面现场测试随机选点的具体步骤。

【学习内容】

路基路面工程量庞大,现场测试项目只能采取抽样方法确定测试的位置,正确规范地选择测试位置是保证公路路基路面现场测试结果可靠和具有代表性的前提。不同的选择方法,可能会得到截然相反的测试结论。新建道路钻芯取样一般选择标线位置。

一、选点方法

(一)均匀法

均匀法即沿道路纵向或横向等间距布置测点,如图4-1所示。

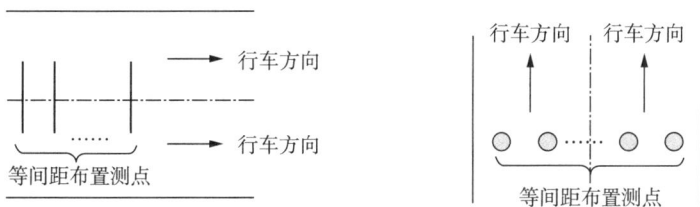

图4-1 均匀法选点示意图

(二)随机法

随机法是用随机数表征测点位置信息,从而确定测点位置。常用的位置信息包括里程桩号、距道路中线的距离等。本节将重点介绍随机选点方法。

(三)定向法

定向法以具有某个特征的位置或指定的位置作为测点,如轮迹带,出现裂缝、错台、板角等位置,如图 4-2 所示。

(四)连续法

连续法一般指沿道路纵向按相应标准规定的间距连续、均匀布置测区,如图 4-3 所示。

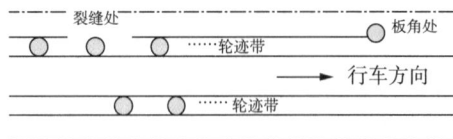

图 4-2　定向法选点示意图　　　　图 4-3　连续法选点示意图

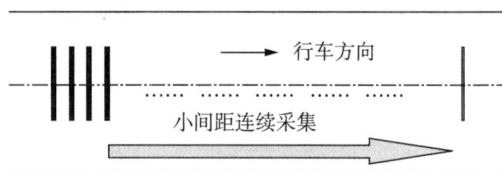

(五)综合法

综合法是指同时使用两种以上上述的选点方法确定测点位置。通常沿道路纵向连续选择测区,于测区内随机选择测点;或者沿道路纵向均匀确定测区,于测区内定向选取测点等。

二、随机选点

随机选点是公路现场测试中确定测试位置的重要方法,由于其能从一定程度上避免人为因素对测试位置的干预,进而影响到测试结果的代表性,因此在早期的公路现场测试中广泛应用。但是,该方法在我国使用并不普遍,一是因为各施工规范、质量评定标准及相关试验方法要求不明确;二是因为随着测试技术的快速发展,大量连续式、高效率的检测装备使测试数据采集频率较传统测试手段提升了数十倍甚至上百倍,进而使全样本检测成为可能,且测试结果的代表性高于随机选点方法。

公路现场测试中仍存在一定数量的人工测试方法,随着相关标准规范的不断完善,随机选点方法仍有一定的应用空间。《公路路面基层施工技术细则》(JTG/T F20)已列入随机抽取硬纸片而后查表计算得出测试位置的方法。但考虑该方法的步骤相对烦琐,且当前计算机技术已十分普及,现场获得随机数也较为容易,因此也可以通过计算机软件程序产生随机数从而得到测试位置,以便使用。

在对公路路基路面各个层次进行各种测定时,为采取代表性试验数据,往往用随机取样选点的方法确定测点区间、测定断面、测定位置。随机取样选点是按照数理统计原理,在路基路面现场测定时决定区间、测定断面、测点位置的方法。

随机取样选点法需要如下材料。

1. 量尺:钢尺、皮尺或测距仪等。

2. 硬纸片:编号 1~28,共 28 块,每块大小为 2.5cm×2.5cm,装在一个布袋中。或能够产生随机数的计算机软件(如 WPS 表格、EXCEL 表格等)。

3. 其他:毛刷、粉笔等。

(一)测定断面或测定区间的确定方法

根据路面施工或验收质量评定方法等有关规范要求,确定需要测试的路段。它可以是一个作业段、一天完成的路段或路线全程。如在验收路基路面工程质量时,通常以 1km 为一个测试路段。下面主要介绍测定断面的确定步骤(检测路段的确定与此相同)。

　　1. 将检测路段按照桩号间距(一般为 20m)分成若干个断面,依次编号为 1,2,3,…,T,总的断面数为 T 个。

　　2. 从布袋中随机摸出一块硬纸片,硬纸片上的号数即为表 4-1 中的栏号。从 1~28 栏中选出该栏号对应的一栏。

　　3. 按照检测频度的要求,确定测定断面的取样总数 n。依次找出与 A 列中 01,02,…,n 对应的 B 列中的值,共 n 对对应的 A、B 值。当区间(断面)数量 T>30 时,应分次选取,若采用计算机软件进行随机选取,则不受选取数量限制。

　　4. 将 n 个 B 值与总的断面数 T 相乘,四舍五入成整数,即得到 N 个断面的编号。

　　5. 查断面编号对应的桩号,即为拟检测的断面。

表 4-1　一般取样的随机数表

栏号 1			栏号 2			栏号 3			栏号 4			栏号 5		
A	B	C	A	B	C	A	B	C	A	B	C	A	B	C
15	0.033	0.578	05	0.048	0.879	21	0.013	0.220	18	0.089	0.716	17	0.024	0.863
21	0.101	0.300	17	0.074	0.156	30	0.036	0.853	10	0.102	0.330	24	0.060	0.032
23	0.129	0.916	18	0.102	0.191	10	0.052	0.746	14	0.111	0.925	26	0.074	0.639
30	0.158	0.434	06	0.105	0.257	25	0.061	0.954	28	0.127	0.840	07	0.167	0.512
24	0.177	0.397	28	0.179	0.447	29	0.062	0.507	24	0.132	0.271	28	0.194	0.776
11	0.202	0.271	26	0.187	0.844	18	0.087	0.887	19	0.285	0.089	03	0.219	0.166
16	0.204	0.012	04	0.188	0.482	24	0.105	0.849	01	0.326	0.037	29	0.264	0.284
08	0.208	0.418	02	0.208	0.577	07	0.139	0.159	30	0.344	0.938	11	0.282	0.262
19	0.211	0.798	03	0.218	0.402	01	0.175	0.647	22	0.405	0.295	14	0.379	0.994
29	0.233	0.070	07	0.245	0.808	23	0.196	0.873	05	0.421	0.282	13	0.394	0.405
07	0.260	0.073	15	0.248	0.831	26	0.240	0.981	13	0.451	0.212	06	0.410	0.157
17	0.262	0.308	29	0.261	0.037	14	0.255	0.374	06	0.461	0.023	15	0.438	0.700
25	0.271	0.180	30	0.302	0.883	06	0.310	0.043	06	0.487	0.539	22	0.453	0.635
06	0.302	0.672	21	0.318	0.088	11	0.316	0.653	08	0.497	0.396	21	0.472	0.824
01	0.409	0.406	11	0.376	0.936	13	0.324	0.585	25	0.503	0.893	05	0.488	0.118
13	0.507	0.693	14	0.430	0.814	12	0.351	0.275	15	0.594	0.603	01	0.525	0.222
02	0.575	0.654	27	0.438	0.676	20	0.371	0.535	27	0.620	0.894	12	0.561	0.980
18	0.591	0.318	08	0.467	0.205	08	0.409	0.495	21	0.629	0.841	02	0.652	0.508
20	0.610	0.821	09	0.474	0.138	16	0.445	0.740	17	0.691	0.583	18	0.668	0.271
12	0.631	0.597	10	0.492	0.474	03	0.494	0.929	09	0.708	0.689	30	0.736	0.634
27	0.651	0.281	13	0.498	0.892	27	0.543	0.387	07	0.709	0.012	02	0.763	0.253

栏号 1			栏号 2			栏号 3			栏号 4			栏号 5		
A	B	C	A	B	C	A	B	C	A	B	C	A	B	C
04	0.661	0.953	19	0.511	0.520	17	0.625	0.171	11	0.714	0.049	23	0.804	0.140
22	0.692	0.089	23	0.591	0.770	02	0.699	0.073	23	0.720	0.695	25	0.828	0.425
05	0.779	0.346	20	0.604	0.730	19	0.702	0.934	03	0.748	0.413	10	0.843	0.849
09	0.787	0.173	24	0.654	0.330	22	0.816	0.802	20	0.781	0.603	16	0.858	0.849
13	0.818	0.837	12	0.728	0.523	04	0.838	0.166	26	0.830	0.384	04	0.903	0.327
14	0.905	0.631	16	0.753	0.344	15	0.904	0.116	04	0.843	0.002	09	0.912	0.382
26	0.912	0.376	01	0.806	0.134	28	0.969	0.742	12	0.884	0.582	27	0.935	0.162
28	0.920	0.163	22	0.878	0.884	09	0.974	0.046	29	0.926	0.700	20	0.970	0.582
03	0.945	0.140	25	0.930	0.162	05	0.977	0.494	16	0.951	0.601	19	0.975	0.327

注：此表共 28 个栏号，第 6～28 栏号中的 A、B、C 值可参照有关规程、规范或标准。

【学习案例 4-1】

拟从 K1+000～K2+000 的检测路段中选择 20 个断面测定路面宽度、高程、横坡度等外形尺寸，断面桩号确定方法如下。

1. 按照 20m 等间距对拟测试路段内的断面进行编号。则 1km 总长的断面数 $T=1000/20=50$ 个，其编号为 1，2，…，50。

2. 从布袋中取出一块硬纸片，其编号为 5，即采用表 4-1 中的第 5 栏。

3. 从第 5 栏中 A 列中挑出小于 20 的所对应的 B 列数值，将 B 列数值与 T 相乘，四舍五入得到 20 个编号，并得到 20 个断面的桩号。计算过程列于表 4-2。

表 4-2　路面宽度、高程、横坡度检测断面随机选点计算

断面编号	5 栏 A 列	5 栏 B 列	$B×T$	断面号	桩号
1	17	0.024	1.20	1	K1+020
2	07	0.167	8.35	8	K1+160
3	03	0.219	10.95	11	K1+220
4	11	0.282	14.10	14	K1+280
5	14	0.379	18.95	19	K1+380
6	13	0.394	19.70	20	K1+400
7	06	0.410	20.50	21	K1+420
8	15	0.438	21.90	22	K1+440
9	05	0.488	24.40	24	K1+480
10	01	0.525	26.25	26	K1+520

断面编号	5栏A列	5栏B列	$B \times T$	断面号	桩号
11	12	0.561	28.05	28	K1+560
12	08	0.652	32.60	33	K1+660
13	18	0.668	33.40	33	K1+660
14	02	0.763	38.15	38	K1+760
15	10	0.843	42.15	42	K1+840
16	16	0.858	42.90	43	K1+860
17	04	0.903	45.15	45	K1+900
18	09	0.912	45.60	46	K1+920
19	20	0.970	48.50	49	K1+980
20	19	0.975	48.75	49	K1＋980

（二）测点位置确定方法

1. 从布袋中任意取出一块硬纸片，纸片上号数即为表4-1中的栏号。从1～28栏中选出该栏号的一栏。

2. 按照测点数的频数要求（取样总数为 n）。依次找出所定栏号的 A 列所需取样位置数的全部数，如01，02，…，n。当区间（断面）数量 $T>30$ 时，应分次选取，若采用计算机软件进行随机选取，则不受选取数量限制。

3. 确定取样位置的纵向距离。找出与 A 列中所对应 B 列中数值，以此数乘以检测区间的总长度，并加上该段的起点桩号，即得出取样位置距该段起点的距离或桩号。

4. 确定取样位置的横向距离。找出与 A 列中相对应的 C 列中数值，以此数乘以检测路面（路基）的宽度，再减去宽度的一半，即得出取样位置距离路中心线的距离。如差值是正值（＋），则表示在中心线的右侧；如差值是负值（－），则表示在中心线的左侧。

【学习案例 4-2】

按照有关规范规定，检查验收时拟在 K0＋000～K1＋000 的 1km 检测路段中选择 6 个测点进行钻孔取样，检验压实度、沥青用量和矿料级配等，钻孔位置决定方法如下。

1. 选定的随机数栏为栏号3。

2. 栏号从上至下的数为01、06、03、02、04及05。

3. 表4-1的 B 列中与这6个数相应的6个小数分别为0.175、0.310、0.494、0.699、0.838和0.977。

4. 取样路段长度为1000m，计算得出6个乘积（取样位置与该段起点的距离）分别为175m、310m、494m、699m、838m、977m。

5. 表4-3列中与 B 列数值相应的数分别为0.641、0.063、0.929、0.073、0.166和0.494。

6. 路面宽度为10mm，计算得6个乘积分别是6.41m、0.63m、9.29m、0.73m、1.66m

和4.94m,再减去路面宽度的一半,6个取样的横向位置分别是右侧1.41m、左侧4.37m、右侧4.29m、左侧4.27m、左侧3.34m和左侧0.06m。

7. 上述计算结果可采用表4-3所列的方式表示。

表4-3 钻孔位置随机取样选点计算表

栏号3		取样路段长1000m			路面宽度10m		测点数6个
测点编号	A列	B列	距起点距离/m	桩号	C列	距路边缘距离/m	距中线位置/m
1	01	0.175	175	K0+175	0.641	6.41	+1.41
2	06	0.310	310	K0+310	0.063	0.63	-4.37
3	03	0.494	494	K0+494	0.929	9.29	+4.29
4	02	0.699	699	K0+699	0.073	0.73	-4.27
5	04	0.838	838	K0+838	0.166	1.66	-3.34
6	05	0.977	977	K0+977	0.494	4.94	-0.06

第二节 路基路面几何尺寸检测

【学习要求】

1. 了解路基路面几何尺寸检测的内容及要求。
2. 熟悉路基路面几何尺寸检测的准备工作和测试步骤。
3. 掌握路基路面几何尺寸检测的数据计算与处理、填写试验检测记录表格、编制试验检测报告等。

【学习内容】

一、检测项目与要求

在路基路面施工过程中、交竣工验收期间及旧路调查中,都需要检测路基路面各部分的宽度、纵断面高程、横坡及中线偏位等几何尺寸,以供道路施工过程、路面交竣工验收及旧路调查使用。纵断高程和横坡一般用水准仪检测,中线偏位用全站仪检测,宽度和边坡可用尺量检测。几种结构层的几何尺寸检测项目要求见表4-4所列。其他检测项目见《公路工程质量检测评定标准》(JTG F80/1—2017),主要有纵断面高程、中线偏位、宽度、横坡等。

表4-4 几种结构层几何尺寸的检测项目要求

结构名称	检查项目	规定值或容许偏差		检查频率
		高速、一级公路	其他公路	
土方路基	纵断高程/mm	+10,-15	+10,-20	水准仪:中线位置每200m测2个断面
	中线偏位/mm	50	100	全站仪:每200m测2点,弯道加测HY、YH两点
	宽度/mm	符合设计要求		尺量:每200m测4点
	横坡/%	±0.3	±0.5	水准仪:每200m测2个断面
	边坡	符合设计要求		尺量:每200m测4点
石方路基	纵断高程/mm	+10,-20	+10,-30	水准仪:中线位置每200m测2个断面
	中线偏位/mm	≤50	≤100	全站仪:每200m测2点,弯道加测HY、YH两点
	宽度/mm	符合设计要求		尺量:每200m测4点
	横坡/%	±0.3	±0.5	水准仪:每200m测2个断面
	边坡 坡度	满足设计要求		尺量:每200m测4点
	边坡 平顺度	满足设计要求		

结构名称	检查项目	规定值或容许偏差		检查频率
		高速、一级公路	其他公路	
水泥混凝土面层	纵断高程/mm	±10	±15	水准仪:每200m测2个断面
	中线偏位/mm	20		全站仪:每200m测2点
	宽度/mm	±20		尺量:每200m测4点
	横坡/%	±0.15	±0.25	水准仪:每200m测2个断面
沥青混凝土面层	纵断高程/mm	±15	±20	水准仪:每200m测2个断面
	中线偏位/mm	20	30	全站仪:每200m测2点
	宽度/mm 有侧石	±20	±30	尺量:每200m测4个断面
	宽度/mm 无侧石	不小于设计值		
	横坡/%	±0.3	±0.5	水准仪:每200m测2个断面
水泥稳定粒料基层和底基层	纵断高程/mm 基层	+5,−10	+5,−15	水准仪:每200m测2个断面
	纵断高程/mm 底基层	+5,−15	+5,−20	
	宽度/mm	符合设计要求		尺量:每200m测4点
	横坡/% 基层	±0.3	±0.5	水准仪:每200m测2个断面
	横坡/% 底基层	±0.3	±0.5	
级配碎(砾)石基层和底基层	纵断高程/mm 基层	+5,−10	+5,−15	水准仪:每200m测2个断面
	纵断高程/mm 底基层	+5,−15	+5,−20	
	宽度/mm	符合设计要求		尺量:每200m测4点
	横坡/% 基层	±0.3	±0.5	水准仪:每200m测2个断面
	横坡/% 底基层	±0.3	±0.5	

二、准备工作

1. 在路基或路面上准确恢复桩号。

2. 根据有关施工规范或《公路工程质量检验评定标准土建工程》(JTG F80/1—2017)的要求,按随机取样的方法,在一个检测路段内选取测定的断面位置及里程桩号,在测定断面做上标记。通常将路面宽度、横坡、高程及中线平面偏位选取在同一断面位置,且宜在整数桩号上测定。

3. 根据道路设计的要求,确定路基路面横断面各部分的边界位置并做好标记。

4. 根据道路设计的要求,确定设计高程的纵断面位置并做好标记。

5. 根据道路设计的要求,在与中线垂直的横断面上确定成型后路面的实际中线位置并做好标记。

6. 当采用全站仪测量边坡坡度时,根据道路设计的要求,确定路基边坡的坡顶、坡脚位置并做好标记。

三、路基路面各部分的宽度及总宽度测试

用钢尺沿中心线垂直方向水平量取路基路面各部分的宽度 B_{1i}，准确至 0.001m。测量时钢卷尺应保持水平，不得将钢卷尺紧贴路面量取，也不得使用皮尺。

路基宽度为行车道与路肩宽度之和，当设有中间带时，也应包括这些部分的宽度。路面宽度包括行车道、路缘带、变速车道、爬坡车道、硬路肩和紧急停车带的宽度。总宽度为路基路面各部分宽度之和。

式(4-1)表示 ΔB_i 为各断面的实测宽度 B_{1i} 和设计宽度 B_{0i} 的差值。

$$\Delta B_i = B_{1i} - B_{0i} \tag{4-1}$$

式中：B_{1i}——各断面的实测宽度(m)；

B_{0i}——各断面的设计宽度(m)；

ΔB_i——各断面的实测宽度和设计宽度的差值(m)。

四、纵断面高程测试步骤

1. 将水准仪架设在路面平顺处调平，将水准尺竖立在设计高程的纵断面位置上，以路线附近的水准点高程作为基准。测记测定点的高程读数并记录读数 H_{1i}，单位以 m 表示，准确至 0.001m。

2. 连续测定全部测点，并与水准点闭合，闭合差应达到三等水准测量要求。

$$\Delta H_i = H_{1i} - H_{0i} \tag{4-2}$$

式中：H_{1i}——各个断面的纵断面实测高程(m)；

H_{0i}——各个断面的纵断面设计高程(m)；

ΔH_i——各个断面的纵断面实测高程和设计高程的差值(m)。

五、路面横坡测试步骤

路面横坡为路槽中心线与路槽边缘两点高程差与水平距离的比值，以百分率表示。路面横坡对无中央分隔带的道路是指路拱表面直线部分的坡度，对有中央分隔带的道路是指路面与中央分隔带交界处即路面边缘与路肩交界处两点的高程差与水平距离的比值，以百分率表示。

(一)水准仪测定路面横坡试验方法

1. 对有中央分隔带的路面：将水准仪(全站仪)架设在路基路面平顺处调平，将水准尺分别竖立在路面与中央分隔带分界的路缘带边缘 d_1 处(或路基顶面相应位置)及路面与路肩交界位置或外侧路缘石边缘(或路基顶面相应位置)d_2 处，d_1 与 d_2 两测点应在同一横断面上，测量 d_1 与 d_2 处的高程并记录读数，单位以 m 计，准确至 0.001m。

2. 对无中央分隔带的路面：将水准仪(全站仪)架设在路基路面平顺处调平，将水准尺分别竖立在道路中心 d_1(或路基顶面相应位置)及路面与路肩交界位置或外侧路缘石边缘(或路基顶面相应位置)d_2 处，d_1 与 d_2 两测点必须在同一横断面上，测量 d_1 与 d_2 处的高程，记录高程读数，单位以 m 计，精确至 0.001m。

3. 用钢尺测量两测点的水平距离,单位以 m 表示,精确至 0.005m。

各测定断面的路面横坡按式(4-3)计算,精确至一位小数。按式(4-4)计算实测横坡 i_{1i} 与设计横坡 i_{0i} 之差。

$$i_{1i} = \frac{d_{1i} - d_{2i}}{B_{1i}} \times 100 \qquad (4-3)$$

$$\Delta i_i = i_{1i} - i_{0i} \qquad (4-4)$$

式中:i_{1i}——第 i 个断面的横坡(%);

$d_{1i} - d_{2i}$——第 i 个断面测点 d_{1i} 与 d_{2i} 之间的高差(m);

B_{1i}——第 i 个断面测点与 d_{1i} 与 d_{2i} 之间的水平距离(m);

Δi_i——第 i 个断面的横坡偏差(%);

i_{0i}——第 i 个断面的设计横坡(%)。

(二)几何数据测试系统测定路面横坡试验方法

几何数据测试系统由承载车、数据采集处理系统和距离测量系统等组成,可在正常行车条件下连续采集路面的横坡数据,适用于新建、改建路面工程质量验收和对无严重坑槽、车辙等病害的通车运行路面的横坡评价。测试过程中路面应整洁,宜选择风力较小时测试。

正式测试之前,应检查承载车的轮胎气压,进行距离标定,预热、确认测试系统处于正常工作状态。

测试车速宜为 30～90km/h,测试过程中承载车应沿车道线匀速行驶,不能超车、变线。测试人员在测试过程中必须及时准确地将测试路段的起终点和其他需要做特殊标记的点的位置输入测试数据记录中。

六、中线偏位测试步骤

1. 对有中线坐标的道路:根据待测点 P 点的施工桩号,在道路上标记 P 点,从设计资料中查出该点的设计坐标,用经纬仪(全站仪)对该设计坐标进行放样,并在放样点 P' 做好标记,量取 PP' 的长度,即为中线偏位 Δ_{CL},单位以 mm 计,精确至 1mm。

2. 对无中线坐标的道路:根据待测点 P 点的施工桩号,在道路上标记 P 点,由设计资料计算出该点的坐标,用经纬仪(全站仪)对该坐标进行放样,并在放样点 P' 点做好标记,量取 PP' 的长度,即为中线偏位 Δ_{CL},单位以 mm 计,精确至 1mm。

七、路基边坡坡度测试步骤

根据《公路工程质量检验评定标准》,对路基施工过程质量控制及竣(交)工验收时需进行边坡坡度检测。坡度测量仪是近年来应边坡坡度检测需求而出现的检测设备,结构简单,使用方便,但因其有效检测长度较小,检测结果受坡面施工质量影响较大,使用时要注意选择合适的测试位置。

(一)全站仪法

将全站仪架设在路基路面平顺处调平,在同一横断面上选择坡顶 a、坡脚 b 两测点,分别测量其相对高程并记录读数 H_a、H_b,同时测量并记录两点间的水平距离 L,测量结果的单位以 m 计,精确至 $0.001m$。

(二)坡度测量仪法

将坡度测量仪的测定面垂直于路中线放在待测边坡上,旋转刻度盘,将气泡调到水平位置,读取并记录刻度盘上的刻度值,该值即为路基边坡坡度,保留两位小数。按图 4-4 的方法计算路基边坡坡度。

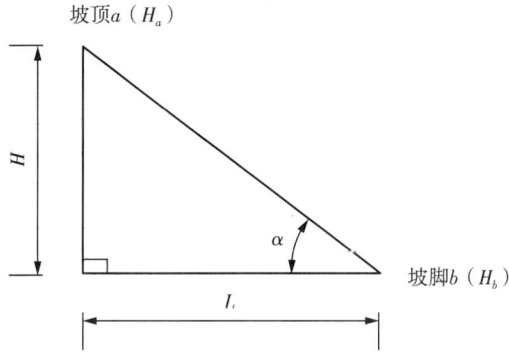

图 4-4　路基边坡坡度计算图

边坡坡度通常以 $1:m$ 的形式表示。全站仪法采用式(4-5)、式(4-6)计算路基边坡坡度。

$$H_i = H_{ai} - H_{bi} \tag{4-5}$$

$$m = L_i / H_i \tag{4-6}$$

式中:H_i——第 i 个断面坡顶、坡脚测点的高差即垂直距离(m);

　　　L_i——第 i 个断面坡顶、坡脚测点的水平距离(m);

　　　H_{ai}、H_{bi}——第 i 个断面坡顶、坡脚测点的相对高程读数(m)。

八、数据处理

根据式(4-1)~式(4-6)的方法计算一个评定路段内各测定断面的宽度、高程、横坡、中线平面偏位以及边坡坡度的平均值、标准差、变异系数,但加宽及超高部分的测定值不参与计算。

九、检测报告

1. 以评定路段为单位,列出桩号、宽度、高程、横坡以及中线偏位测定的记录表,记录平均值、标准差、变异系数。注明不符合规范要求的断面。

2. 纵断面高程测试报告中,应报告实测高程与设计高程的差值,低于设计高程时为负值,高于设计高程时为正值。

1. 路面横坡测试报告中,应报告实测横坡与设计横坡的差值。若实测横坡小于设计横坡,差值为负值;若实测横坡大于设计横坡,差值为正值。

【学习案例 4-3】

路基路面几何尺寸检测记录见表 4-5 所列。

表 4-5 路基路面几何尺寸检测记录

序号	测点桩号	纵断高程/m			横坡/%			宽度/m			路面厚度			中线偏位/mm
		实测值	设计值	差值	实测值	设计值	差值	实测值	设计值	差值	实测值/cm	设计值/cm	差值/mm	实测值
1	K1+000	19.695	19.69	+0.05	2.2	2	+0.2	5.05	5.05	0	19.5	20	−5	—
2	K1+050	19.672	19.68	−0.08	1.9	2	−0.1	5.25	5.05	+0.2	20.2	20	+2	—
3	K1+100	19.655	19.67	−0.015	1.8	2	−0.2	5.05	5.05	0	19.8	20	−2	—
4	K1+150	19.663	19.66	+0.03	2	2	0	5.00	5.05	−0.05	20.3	20	+3	—

注:不符合规范的测定应做标记。

第三节　路面厚度检测

【学习要求】

1. 了解路面结构层厚度的检测方法。
2. 熟悉路面厚度检测的准备工作和测试步骤。
3. 掌握路面厚度的检测操作、数据计算与处理方法,填写试验检测记录表格,编制试验检测报告等。

【学习内容】

在路面工程中,各个层次的厚度是和道路整体强度密切相关的。在路面设计中,不管是刚性路面,还是柔性路面,其最终要决定的都是各个层次的厚度,只有在保证厚度的情况下,路面的各个层次及整体的强度才能得到保证。除了严格控制路面厚度能保证强度,严格控制各结构层的厚度也能对路面的标高起到一定的控制作用,因此各结构层的厚度也是一个非常重要的指标。

路面各结构层厚度的检测一般与压实度同时进行,当用灌砂法进行压实度检查时,可量取挖坑灌砂深度即结构层厚度。当用钻芯取样法检查压实度时,可直接量取芯样高度。结构层厚度也可以采用水准仪量测法求得,即在同一测点量出结构层底面及顶面的高程,然后求其差值。这种方法无须破坏路面,测试精度高。目前,国内外还有用雷达、超声波等方法检测路面结构层厚度的案例。

一、路面结构层厚度的代表值与极值的允许偏差

路面各结构层厚度的检测方法与结构层的层位和种类有关,对于基层或砂石路面的厚度可用挖坑法测定,钻芯法适用于沥青面层、水泥混凝土路面板和能够取出完整芯样的基层的厚度检测。在路面各层施工完成后及工程交工验收检查时必须进行厚度的检测,几种常用的路面结构层厚度的代表值与极值的允许偏差见表4-6所列。

表4-6　几种常用的路面结构层厚度的代表值与极值的允许偏差

项目类型及层位		规定值或允许偏差/mm		检查方法和频率
		高速公路、一级公路	其他公路	
水泥混凝土面层	代表值	−5		每200m测2点
	合格值	−10		
	极值	−15		
沥青混凝土面层和沥青碎(砾)石面层	代表值	总厚度:−5%H	−8%H	双车道每200m测1点
		上面层:−10%h		
	合格值	总厚度:−10%H	−15%H	
		上面层:−20%h		

项目类型及层位		规定值或允许偏差/mm		检查方法和频率
		高速公路、一级公路	其他公路	
沥青贯入式面层	代表值	—	$-8\%H$ 或 -5mm	每200m测2点
	合格值	—	$-15\%H$ 或 -10mm	
沥青表面处治面层	代表值	—	-5	
	合格值	—	-10	
水泥稳定粒料	基层 代表值	-8	-10	
	基层 合格值	-10	-20	
	底基层 代表值	-10	-12	
	底基层 合格值	-25	-30	
石灰土稳定土	基层 代表值	—	-10	每200m测2点
	基层 合格值	—	-20	
	底基层 代表值	-10	-12	
	底基层 合格值	-25	-30	
级配碎(砾)石	基层 代表值	-8	-10	
	基层 合格值	-10	-20	
	底基层 代表值	-10	-12	
	底基层 合格值	-25	-30	

注：H 为沥青层总厚度，h 为沥青上面层厚度。

二、挖坑法测定路面厚度

1. 根据现行规范的要求,随机取样决定挖坑检查的位置。如为旧路,该点有坑洞等显著缺陷或接缝时,可在其旁边检测。

2. 选一块约 400mm×400mm 的平坦表面作为试验地点,用毛刷将其清扫干净。

3. 根据材料坚硬程度,选择镐、铲、凿子等适当的工具,开挖这一层材料,直至层位底面。在便于开挖的前提下,开挖面积应尽量缩小,使坑洞大体呈圆形,边开挖边将材料铲出,置于搪瓷盘中。

4. 用毛刷将坑底清扫,确认坑底面为下一层的顶面。

5. 将钢板尺平放并横跨坑的两边,用另一把钢尺或卡尺等量具在坑的中部位置垂直伸至坑底,测量坑底至钢板尺的距离,即为检查层的厚度,单位以 mm 计,精确至1mm。

三、钻孔取样法测定路面厚度

1. 根据现行规范的要求,随机取样决定挖坑检查的位置。如为旧路,该点有坑洞等显著缺陷或接缝时,可在其旁边检测。

2. 用路面取芯钻孔机钻孔,芯样的直径应为 ϕ100mm。如芯样仅供测量厚度,不用于其他试验,对沥青面层与水泥混凝土板也可用直径 ϕ50mm 的钻头,当基层材料有可能损坏试件时,也可用直径 $\phi 150mm$ 的钻头,但钻孔深度必须达到层厚。

3. 取出完整芯样,找出与下层的分界面。

4. 用钢直尺或游标卡尺沿芯样圆周对称的十字方向量取表面至分界面的高度,共四处,计算其平均值,即为该层的厚度 T_1,单位以 mm 计,精确至 1mm。

5. 在施工过程中,当沥青混合料尚未冷却时,可根据需要随机选择测点,用改锥插入量取或挖坑量取沥青层的厚度(必要时用小锤轻轻敲打),但不得使用铁镐等扰动四周的沥青层。挖坑后清扫坑边,架上钢板尺,用另一钢板尺量取层厚,或将改锥插入坑内量取深度后用尺读数,即为层厚,单位以 mm 计,精确至 1mm。

图 4-5 取芯钻孔机钻孔取样

四、填补试坑或钻孔

按下列步骤用与取样层相同的材料填补试坑或钻孔。

1. 适当清理坑中残留物,钻孔时留下的积水应用棉纱吸干。

2. 对无机结合料稳定层及水泥混凝土路面板,用小锤将按相同配比新拌的材料击实。水泥混凝土中宜掺加少量快凝、早强的外掺剂。

3. 对无结合料粒料基层,可将挖坑时取出的材料适当加水拌和,用于分层填补,并用小锤击实。

4. 对正在施工的沥青路面,用相同级配的热拌沥青混合料分层填补并用加热的铁锤或热夯压实。旧路钻孔也可用乳化沥青混合料修补。

5. 所有补坑结束时,宜比原面层略鼓出少许,用重锤或压路机压实平整。

补填工序如有疏忽,易成为隐患而导致开裂,因此,所有挖坑、钻孔均应仔细做好填补工作。

五、数据处理

按式(4-7)计算路面的实测厚度 h_{1i} 与设计厚度 h_{0i} 之差。

$$\Delta h_i = h_{1i} - h_{0i} \qquad (4-7)$$

式中: h_{1i} ——路面的实测厚度(mm);

$\quad h_{0i}$ ——路面的设计厚度(mm);

$\quad \Delta h_i$ ——路面厚度偏差(mm)。

【学习案例 4-4】

将路面厚度检测结果汇总于表 4-7,计算一个评定路段内测定值的平均值、标准差、变异系数,注明不符合要求的断面。

表 4-7 路面厚度检测记录

序号	测点桩号	距中线距离/m		路面厚度/mm		
				实测值 h_{1i}	设计值 h_{0i}	差值 Δh_i
1	K1+000	左 2.11		41	40	+1
2	K1+050	右 3.28		39	40	−1
3	K1+100	左 4.12		42	40	+2
4	K1+150	右 1.29		37	40	−3
5	K1+150	左 3.83		41	40	+1
6	K1+150	右 4.28		38	40	−2
平均值 $\bar{h}$/mm		40	标准差 S/mm	2	变异系数C_v/%	5	代表值	38

第四节 短脉冲雷达测定路面厚度试验方法

【学习要求】

1. 熟悉短脉冲雷达的工作原理及测试步骤。
2. 掌握路面结构层厚度的评定分析方法。
3. 掌握路面结构层厚度的检测数据计算与处理方法,填写试验检测记录表格,编制试验检测报告等。

【学习内容】

目前,我国公路路面厚度测试常采用钻孔测量芯样厚度的方法,这种方法会造成路面的损坏。而路面雷达测试系统是一种非接触、非破损的路面厚度测试技术,检测速度高,精度也较高,检测费用低廉。因此,它不仅适用于沥青路面或水泥混凝土路面各层厚度及总厚度测试、路面下空洞探测、路面下相对高湿度区域检测、路面下的破损状况检测,还可以用于检测桥面混凝土剥落状况,检测桥内混凝土与钢筋脱离状况,测试桥面沥青覆盖层的厚度。

一、工作原理

雷达检测车以一定速度在路面上行驶,路面探测雷达发射电磁脉冲,并在短时间内穿过路面,脉冲反射波被无线接收机接收,数据采集系统记录返回时间和路面结构中的不连续电介质常数的突变情况。路面各结构层材料的电介质常数明显不同,因此电介质常数突变处就是两结构层的界面。根据测知的各种路面材料的电介质常数及波速,则可计算路面各结构层的厚度或给出含水量、损坏位置等资料。"短脉冲"是指雷达波脉冲持续时间在毫秒级以下,这类波具有抗干扰能力强、距离分辨力高、强杂波背景下目标检测能力强、数字信号处理(DSP)方式相对简化等优势,能够较好地适应公路上复杂的检测环境。

图 4-6 路面探测雷达

短脉冲雷达是在目前公路行业路面厚度无损检测中应用最广泛的雷达,它具有测值精度高、工作稳定等特点。为了满足测试准确度和垂直分辨率的要求,短脉冲雷达天线频率是影响测试效果的重要因素,建议根据被测路面的标称厚度选择适当频率的天线。一般情况下,当被测路面标称厚度小于 10cm 时,选用频率不小于 2GHz 的雷达天线;标称厚度为 10～25cm 时,选用频率不小于 1.5GHz 的雷达天线;标称厚度大于 25cm 时,选用频率不小于 1GHz 的雷达天线。

改建路面工程中的检测需要注意一些问题。如果重新铺筑沥青路面,由于面层与基层材料的差异较大,层面分界会非常清晰,适合用雷达测试路面厚度;如果在原有沥青面层上加铺,就需要进行现场试验,观察新旧沥青面层材料介电常数的差异性,如果差异性过小,层面将难以分清,便不适合用此方法测试加铺路面厚度。

雷达最大探测深度是由雷达系统的参数以及路面材料的电磁属性决定的。对于材料过度潮湿或饱水以及有高含铁量的矿渣集料的路面不适合用本方法测试。雷达波受环境条件的影响较大,根据以往的现场试验经验,在晴天和雨天检测同一路段的数据,误差可达 20％以上。因此,如果是雨后工作,建议等待 1d,待路面含水率稳定后再测。当基层中有高含铁量的矿渣时,由于雷达信号受到较为强烈的干扰,不建议采用本方法检测。因此采用短脉冲雷达测定沥青路面面层厚度,可供道路施工过程质量控制、质量评定及既有道路调查使用。但是本方法不适用于潮湿路面或由富含铁矿渣集料等介电常数较高的材料铺筑的路面。

二、仪器与材料技术要求

(一)设备主要组成

短脉冲雷达测试系统由发射天线、接收天线和控制单元、显示系统等组成,如图 4-7 所示。

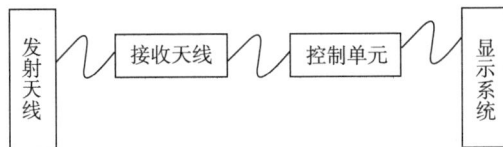

图 4-7　短脉冲雷达测试系统

(二)测试系统技术要求和参数

(1)距离标定误差:≤0.1％。

(2)最小分辨层厚:≤40mm。

(3)系统测量精度要求:见表 4-8 所列。

(4)天线:喇叭形空气耦合天线,带宽能适应所选择的发射脉冲频率。

表 4-8　系统测量精度技术要求

测量深度	测量误差允许范围
$H < 100mm$	$\pm 3mm$
$H \geq 100mm$	$\pm (3\%H)mm$

沥青路面的最小厚度多为 40mm,因此这里规定最小分辨层厚不超过 40mm。采用本

方法测试路面厚度时,短脉冲雷达天线频率是影响测试效果的重要因素,一般根据被测路面的标称厚度选择适当频率的天线。但是,天线主频不是越大越好,天线频率与可探测深度是成反比的,为了探测较大的面层厚度,在误差允许范围内,可以适当降低天线频率;电子产品一般都需要确保通电稳定,雷达设备也不例外。在正式开始检测之前,应对整套系统进行充分预热和必要的参数设置(如设置采样间隔、时间窗、增益等),防止因预热不充分产生零漂移现象。

三、检测的方法和步骤

(一)准备工作

1. 检测前应收集设计图纸、施工配合比等资料,以合理确定标定路段。
2. 按要求进行距离标定。
3. 将天线安装牢固,用连接线连接主机,并按要求开机预热。
4. 将金属板放置在天线正下方,启动控制软件,完成测试系统标定。
5. 根据不同的检测目的,设置控制软件的采样间隔、时间窗、增益等参数。

(二)测试步骤

1. 开启安全警示灯,将天线正下方对准起点,启动软件测试程序,缓慢加速承载车到正常检测速度。
2. 检测过程中,操作人员应标记测试路段内的桥梁、隧道等构造物的起点和终点。
3. 检测过程中,承载车每隔一定距离应完全停下,在采集软件上做标记,雷达图像应界面清晰、容易辨识且没有突变,同时在地面上找出雷达天线中心所对应的位置,做好标记;在标记处钻取芯样并测量芯样高度;将现场钻取的芯样高度与雷达采集软件的结果进行对比,得出芯样的波速;将该标定路段的芯样波速平均值输入测试程序;每个波速标定路段钻芯取样位置应均匀分布,取样间距不宜超过 5km,芯样数量应足以保证波速标定结果的代表性和准确性。
4. 当承载车到达测试终点后,停止采集程序。
5. 操作人员检查数据文件,文件应完整,内容应正常,否则应重新测试。
6. 关闭测试系统电源,结束测试。

四、数据处理

(一)计算原理

由于地下材料介质具有不同的介电常数,各种材料介质具有不同的电导性,电导性的差异影响了电磁波的传播速度。一般用下式计算电磁波在材料介质中的传播速度。

$$v = \frac{C}{\sqrt{\varepsilon_r}} \qquad (4-8)$$

式中:v——电磁波在介质中的传播速度(mm/ns);

C——电磁波在空气中的传播速度,取 300mm/ns;

ε_r——介质的相对介电常数。

根据电磁波在材料介质中双程走的时间以及材料介质的相对介电常数,用式(4-9)确定面层厚度。

$$T = v \times \frac{\Delta t}{2} \qquad (4-9)$$

式中:T——面层厚度(mm);

v——电磁波在路面材料中的传播速度(mm/ns);

Δt——雷达波在路面面层中的双程走时时间(ns)。

路面材料的相对介电常数 ε_r 可以通过路面芯样获得。介电常数(或波速)随着路面结构设计厚度、集料类型、沥青产地、混合料类型、施工水平、密度以及湿度等的变化而不同,因此,测试时一般应通过现场钻芯取样的方式标定波速,且应根据上述因素的差异,确定合理的波速标定段落长度和钻芯取样数量,确保波速标定结果的准确性并具有代表性。波速标定段落长度一般不宜大于 20km,同一标定段落内,根据有关单位积累的检测经验,一般情况下芯样个数在 3 个以上时基本能保证波速标定结果的准确性并具有代表性。部分常见介质的相对介电常数参考范围见表 4-9 所列,其可作为标定波速时的参考。

表 4-9　部分常见介质的相对介电常数参考范围

介质类型	相对介电常数范围
空气	1
水	81
普通水泥混凝土	4～15
沥青混凝土	3～10
干砂	3～6
石灰岩	7～9

五、结构层厚度的评定

1. 路面厚度是关系到质量和造价的重要指标,考虑到不能给承包商提供偷工减料的机会与正常施工条件下的厚度偏差情况,采用平均值的置信下限作为否决指标,单点极值作为扣分指标。

2. 计算一个评定路段检测厚度的平均值、标准差、变异系数,并计算代表厚度。

$$h_L = \bar{h} - \frac{t_\alpha}{\sqrt{n}} \cdot S \qquad (4-10)$$

式中:h_L——厚度代表值(算术平均值的下置信界限);

$\bar{h}$——厚度平均值;

S——标准差;

n——检查数量;

t_α——t 分布中随测点和保证率或置信度 α 而变的系数(查附录二)。

保证率的要求:高速、一级公路的基层、底基层为 99％,面层为 95％;其他公路的基层、底基层为 95％,面层为 90％。

3. 当厚度代表值大于或等于用设计厚度减代表值允许偏差的值时,则按单个检查值的偏差不超过单点合格值来计算合格率;当厚度代表值小于用设计厚度减代表值允许偏差的值时,则评定路段厚度不合格,相应分项工程评定为不合格。

4. 沥青面层一般按沥青铺筑层总厚度进行评定,但高速公路和一级公路分 2～3 层铺筑时,还应进行上面层厚度检查和评定。

【学习案例 4－5】

某高速公路的某一路段水泥混凝土路面板厚度监测数据见表 4－10 所列。 保证率为 95％,设计厚度为 25cm,代表值允许偏差 $\Delta h=5$mm,试对该路段的板厚进行评价。

表 4－10　水泥混凝土路面板厚度监测数据

序号	1	2	3	4	5	6	7	8	9	10	11	12	13	14	15
厚度 h_i/cm	25.1	24.8	25.1	24.6	24.7	25.4	25.2	25.3	24.7	24.9	24.9	24.8	25.3	25.3	25.2
序号	16	17	18	19	20	21	22	23	24	25	26	27	28	29	30
厚度 h_i/cm	25.0	25.1	24.8	25.0	25.1	25.7	24.9	25.0	25.4	25.2	25.1	25.0	25.0	25.5	25.4

解:经计算得

$$\bar{h}=25.05(\text{cm}),S=0.24(\text{cm})$$

根据 $n=30,\alpha=95\%$,查表得

$$\frac{t_\alpha}{\sqrt{n}}=0.310$$

厚度代表值为算术平均值的下置信界限,即

$$h=\bar{h}-\frac{t_\alpha}{\sqrt{n}}\Delta S=25.05-0.310\times0.24=24.98(\text{cm})$$

已知

$$h_d=25(\text{cm}),\Delta h=5(\text{cm})$$

查表得

$$\Delta h_{hg}=-10(\text{cm})$$

因为

$$h_L>h_d-\Delta h=25-0.5=24.5(\text{cm})$$

$$h_i>h_d-h_{hg}=25-1.0=24.0(\text{cm})$$

且

$$h_{\max} = 25.5(\text{cm}) > 24.0(\text{cm})$$

$$h_{\min} = 24.6(\text{cm}) > h_d - \Delta h_{hg} = 25 - 1.0 = 24.0(\text{cm})$$

又因合格数 $m = 30$，检测点数 $n = 30$，故合格率为

$$P = \frac{m}{n} \times 100 = \frac{30}{30} \times 100 = 100(\%)$$

所以该路段板厚合格率为 100%。

【课后任务】

1. 拟从 K8+000～K9+000 的检测路段中选择 6 个点检测压实度和结构层厚度，试确定测点的位置（随机抽样编号为 6）。

2. 通常采用什么方法检测基层、沥青路面面层及水泥混凝土路面板的厚度？

3. 试述路面厚度的检测方法和评定方法。

4. 某一级公路水泥稳定砂砾基层压实厚度检测值分别为 21.5cm、22.6cm、20.3cm、19.7cm、18.2cm、20.6cm、21.3cm、21.8cm、22.0cm、20.3cm、23.1cm、22.4cm、19.0cm、19.2cm、17.6cm、22.6cm，请按保证率为 99% 计算其厚度的代表值，并进行评定。（$h_s = 20\text{cm}$，代表值允许偏差为 -8mm，极值允许偏差为 -10mm）

第五章　路基路面压实检测

第一节　概述

【学习要求】

1. 了解路基路面压实的作用。
2. 熟悉几种常用的压实度检测方法及其适用范围。
3. 掌握掌握土方路基、基层、沥青面层压实质量控制的指标及其相关指标的定义。
4. 掌握沥青混合料标准密度确定方法。

【学习内容】

　　碾压是路基路面施工的重要环节,压实质量与路基路面的强度、刚度、稳定性和平整度密切相关,压实度是路基路面施工质量检验的关键项目。只有对路基、路面结构层进行充分压实,才能保证路基、路面的强度、刚度及路面的平整度,并可以保证及延长路基、路面工程的使用寿命。大量的室内试验和工程实践表明压实使路基土和路面材料的强度人大增加,压实可以减少路基路面在行车荷载作用下产生的形变,压实可以增加路基和路面材料的不透水性和强度稳定性,保证其使用质量。若压实不足,则路面容易产生车辙、裂缝、沉陷及整个路面被剪切破坏。

　　现场压实质量用压实度来表示。对于路基土、粒料类基层或底基层、无机结合料稳定类基层或底基层,压实度是筑路材料压实后的干密度与标准最大干密度之比,以百分率表示。标准最大干密度需要在施工前通过室内重型击实试验或振动压实试验得到;压实后的干密度通常采用挖坑灌砂法、环刀法、核子密湿度仪法或无核密度仪法现场检测,其中核子密湿度仪法和无核密度仪法是无损检测方法。

　　路基和路面结构层的压实度以重型击实标准为准,沥青混凝土面层压实度以马歇尔稳定度击实成型标准或试验路段密实度为准。对于特殊干旱、潮湿地区或过湿土以及铺筑中、低级路面的三、四级公路路基,则以路基设计施工规范规定的击实试验方法和压实度标准进行评定。

　　对于路基和路面基层,准确检测压实度要注意:

1. 准确检测现场湿密度。
2. 准确检测含水率,取样测定含水率时要防止水分散失,取出的土样应混合均匀再从中采取试样测定含水率。

3. 密切注意土质性状,当土质发生变化时,应及时取样测定最大干密度,确保计算采用的最大干密度的准确性。

下面主要介绍几种常用的压实度的检测方法。在压实度检测过程中,现场密实度主要检测方法及其适用范围比较见表 5-1 所列。此外,我国也采用地质雷达快速检测路面材料的密实度(本章不做介绍)。

表 5-1　现场密实度主要检测方法及其适用范围比较

试验方法	适 用 范 围
挖坑灌砂法	适用于现场测定基层或底基层、砂石路面及路基结构的压实度,以评价结构层的压实质量,可供路基、路面工程质量控制、质量评定使用;也适用于各种填料的结构,但不适用于填石路堤等有大孔洞或大孔隙的结构压实度检测
核子密湿度仪法	适用于用核子密湿度仪测定路基、路面材料的密度和含水率,并计算施工压实度,以评价结构层的压实质量,可供施工质量控制及工程质量验收使用。其中,散射方式宜于测定沥青混合料面层的压实密度或硬化混凝土等难以打孔材料的密度。直接透射方式宜于测定厚度不大于 30cm 的土基、基层材料或非硬化水泥混凝土等可以打孔材料的密度及含水率
环刀法	适用于现场检测细粒土及无机结合料稳定细粒土结构的密度,并计算施工压实度,以评价结构层的压实质量,可供路基、路面工程的质量控制和质量评定使用。对于无机结合料稳定细粒土,适用于龄期不宜超过 2d 的结构层,以控制施工过程中的压实质量
钻芯法	适用于检测从压实的沥青路面上钻取沥青混合料芯样的密度,并计算施工压实度,以评价结构层的压实质量,可供路面工程的质量控制、质量评定使用
无核密度仪法	适用于现场无核密度仪快速测定当日铺筑的沥青路面各层沥青混合料的密度,并计算压实度,以控制施工过程中的压实质量,测定结果不宜用于评定验收

一、路基土的最大干密度和最佳含水率的确定

路基受到的荷载应力,随深度而迅速减少,所以路基上部的压实度应高一些;另外,公路等级高,其路面等级也高,对路基强度的要求则相应提高,所以对路基压实度的要求也应高一些。

在平均年降雨量少于 150mm 且地下水位低的特殊干旱地区(相当于潮湿系数小于或等于 0.25 的地区)的压实度标准可降低 2%～3%。因为这些地区雨量稀少,地下水位低,天然土的含水率大大低于最佳含水率,要加水到最佳含水率情况下进行压实确有很大困难,压实度标准适当降低也不致影响路基的强度和稳定性。在平均年降雨量超过 2000mm,潮湿系数大于 2 的过湿地区和不能晾晒的多雨地区,天然土的含水率超过最佳含水率 5% 时,要达到上述的要求极为困难,应进行稳定处理后再压实。

由于土的性质、颗粒的差别,确定最大干密度的方法也有区别,除了一般土采用的击实法,还有粗粒土和巨粒土最大干密度的确定方法。

击实试验由于击实功的不同,可分为重型击实和轻型击实,两个试验的原理和基本规

律相似,但重型击实试验的击实功相比于轻型击实试验的击实功提高了 4.5 倍。击实试验中按采集土样的含水率,可以分为湿土法和干土法;按土能否重复使用,也可分为两种,即土能重复使用和土不能重复使用。选择时应根据下列原则进行:根据工程的具体要求,按击实试验方法种类中规定选择轻型或重型试验方法;根据土的性质选用干土法或湿土法,对于高含水率土宜选用湿土法,对于非高含水率土则宜选用干土法(除易击碎的试样外)。

振动台法与表面振动压实仪法均是采用振动方法测定土的最大干密度。前者是整个土样同时受到垂直方向的振动作用,而后者是振动作用自土体表面垂直向下传递的。研究结果表明,对于无黏聚性自由排水土这两种方法最大干密度试验的测定结果基本一致,但前者试验设备及操作较复杂,后者相对容易,且更接近于现场振动碾压的实际状况。因此,使用时可根据试验设备拥有情况择其一即可,但推荐优先采用表面振动压实仪法。

已有的国内外研究结果表明,对于砂、卵、漂石及堆石料等无黏聚性自由排水土而言,一致公认采用振动方法而不是普通击实法。因此,建议采用振动方法测定无黏聚性自由排水土的最大干密度。

各试验方法的仪器设备、试验步骤等详见《公路土工试验规程》(JTG 3430—2020)。

二、路面基层混合料最大干密度及最佳含水率确定方法

常见的路面基层材料有有机结合料类基层、无机结合料类基层及粒料类基层,粒料类基层最大干密度的确定可参照粗粒土和巨粒土的振动法。无机结合料类基层材料按照《公路工程无机结合料稳定材料试验规程》(JTG E51—2009)执行,用标准击实法求得,但当粒料含量高时(50％以上),由于击实筒空间的限制,现行方法就不能得出真正的最大干密度。若以此为准,按施工规范要求的压实度成型,所测得的强度和有关参数太小,据此进行设计,势必造成浪费。同样,如以此为准进行施工质量控制,必然要求太低,不能保证施工质量,因此,需要寻求更科学的方法。下面介绍一种确定最大干密度和最佳含水率的方法,即理论计算法。

(一)石灰土、二灰稳定粒料

根据室内试验测得结合料的最大干密度 ρ_1 集料的相对密度 γ,把已确定的结合料与集料的质量比换算为体积比 $V_1 : V_2$,则可计算混合料的最大干密度 ρ_0 为

$$\rho_0 = V_1 \cdot \rho_1 + V_2 \cdot \gamma \qquad (5-1)$$

石灰土、二灰稳定粒料的最佳含水率 w_0 是结合料的最佳含水率 w_1 和集料饱水裹覆含水率 w_2 的加权值。可按下式计算,即

$$w_0 = w_1 \cdot A + w_2 \cdot B \qquad (5-2)$$

式中:A,B——结合料和集料的质量分数,以小数计。

饱水裹覆含水率是指把集料浸水饱和后取出,不擦去表面裹覆水时的含水率。除吸水率特大的集料外,此值对于砾石可以取 3%,碎石可取 4%。

(二)水泥稳定粒料

水泥稳定粒料的最大干密度 ρ_0 与集料的最大干密度 ρ_G 和水泥硬化后的水泥质量有

关,即

$$\rho_0 = \frac{\rho_G}{\left[1 - \frac{(1+K)\alpha}{100}\right]} \quad (5-3)$$

式中：ρ_G——集料在振动台上加载振动而得到的最大干密度（g/cm^3）；

α——水泥含量（%）；

K——水泥水化时水的增量，视水泥品种不同而异，一般为水泥质量的 $10\% \sim 25\%$，以小数计。

水泥加水拌匀后，在 105℃烘箱中烘干，称取试验前水泥质量和烘干后硬化的水泥质量，即可求得水泥水化的水增量。

因水泥中含有水化水，故用烘箱法不能正确测出水泥稳定粒料的最佳含水率。根据对比试验，水泥稳定粒料的最佳含水率 w_0 由水泥的水化水、集料的饱水裹覆含水率和拌和水泥所需要的水（水灰比为 0.5）三者组成，即

$$w_0 = (0.5 + K) \cdot \alpha + w_2 \cdot \left(1 - \frac{\alpha}{100}\right) \quad (5-4)$$

式中：w_2——集料的饱水裹覆含水率（%）；

其余符号代表意义同上。

三、沥青混合料标准密度确定方法

对沥青混合料面层，压实度指现场实际达到的密度与标准密度的比值。标准密度可采用沥青混合料的马歇尔击实法获得的试验室标准密度，也可以采用最大理论密度或试验段密度，不同的标准密度对应不同的压实度要求；现场实际达到的密度可采用在现场钻芯并测定芯样密度的方式获得，也可以通过现场无核密度仪无损、快速地测定。马歇尔击实试件和钻取芯样的密度可采用表干法、蜡封法、水中重法和体积法中的一种测定。

具体的试验方法见《公路工程沥青及沥青混合料试验规程》（JTG E20—2011）和本书第三章中的相关内容。

第二节　灌砂法测定压实度

【学习要求】

1. 了解灌砂法测定压实度的技术要求。

2. 熟悉灌砂法测定压实度的准备工作和测试步骤。

3. 掌握灌砂法测定压实度的数据计算与处理、填写试验检测记录表格、编制试验检测报告等。

【学习内容】

挖坑灌砂法用于现场测定基层或底基层、砂石路面及路基结构的压实度,以评价结构层的压实质量,可供路基、路面工程质量控制、质量评定使用。本方法适用于各种填料的结构,但不适用于填石路堤等有大孔洞或大孔隙的结构的压实度检测。

在检测前,应根据填料粒径及测定层厚度选择不同尺寸的灌砂筒,并符合表 5-3 的规定。

表 5-2　灌砂筒类型　　　　　　　　　（单位:mm）

灌砂筒类型	填料最大粒径	适宜的测定层厚度
$\phi100$	<13.2	≤150
$\phi150$	<31.5	≤200
$\phi200$	<63	≤300
$\phi250$ 及以上	≤100	≤400

注:路基填料最大粒径超过 100mm 的,应采用其他方法检测压实度;当挖坑过程中存在超过规范规定粒径 10% 的填料时应另在附近选点重做。试验过程中若发现储砂筒内砂不足以填满试坑时,说明灌砂筒尺寸过小,应选择较大尺寸的灌砂筒重新试验,而不应在试验过程中添加量砂。

一、仪具与材料技术要求

1. 灌砂设备:灌砂设备包括灌砂筒、标定罐和基板,如图 5-1 所示。

(1)灌砂筒:金属材质,型式和主要尺寸参见图 5-2,并符合表 5-3 的规定。灌砂筒上部为储砂筒,下部为圆锥体漏斗,筒底与漏斗顶端铁板之间设有开关。

(2)标定罐:金属材质,上端有罐缘,型式和主要尺寸参见图 5-2,并符

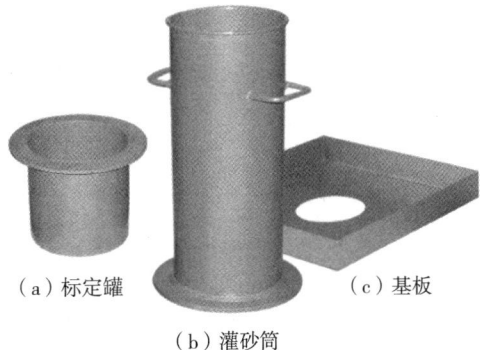

(a)标定罐　　　　　　　　（c)基板

(b)灌砂筒

图 5-1　灌砂筒、标定罐及基板实物图

合表 5-3 的规定。

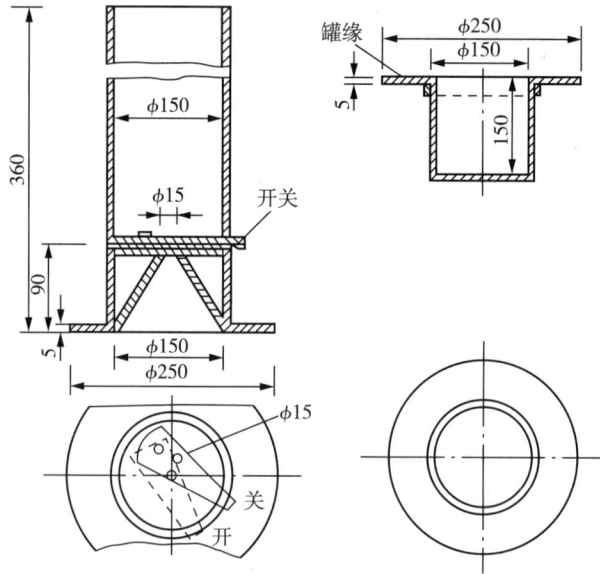

图 5-2 灌砂筒及标定罐(单位:mm)

(3)基板:金属材质的方盘,盘中心有一圆孔,主要尺寸需符合表 5-3 的规定。

2.玻璃板:边长为 500～600mm 的方形板。

3.试样盘和铝盒:小筒挖出的试样可用铝盒存放,大筒挖出的试样可用 300mm×500mm×40mm 的搪瓷试样盘存放。

4.电子秤:分度值不大于 1g。

5.电子天平:用于含水率测定时,对细粒土、中粒土、粗粒土的分度值宜分别为 0.01g、0.1g 和 1.0g。

6.含水率测定设备:铝盒、烘箱、微波炉等。

7.量砂:粒径为 0.3～0.6mm 清洁干燥的砂,质量为 20～40kg。使用前须洗净、烘干,筛分至符合要求并放置 24h 以上,使其与空气的湿度达到平衡。

8.盛砂的容器:塑料桶等。

9.其他:凿子、改锥、铁锤、长把勺、长把小簸箕、毛刷等。

表 5-3　灌砂设备的主要尺寸要求

灌砂设备类型			小型灌砂设备	中型灌砂设备	大型灌砂设备
灌砂筒	储砂筒	直径/mm	100	150	200
		容积/cm³	2121	4771	8482
	流砂孔	直径/mm	10	15	20
标定罐	金属标定罐	内径/mm	100	150	200
		外径/mm	150	200	250

灌砂设备类型			小型灌砂设备	中型灌砂设备	大型灌砂设备
基板	金属方盘基板	边长/mm	350	400	450
		深/mm	40	50	60
	中孔	直径/mm	100	150	200
	板厚	厚/mm	≥1.0(铁)	≥1.0(铁)	≥1.0(铁)
			≥1.2(铝合金)	≥1.2(铝合金)	≥1.2(铝合金)

注:储砂筒的容积可按照检测层厚度不同而适当调整,其他指标不变,以保证灌砂过程连续。

二、方法与步骤

1. 按现行试验方法对检测对象试样用同种材料进行击实试验,得到最大干密度ρ_c及最佳含水率。

2. 选用适宜的灌砂筒。

3. 按下列步骤标定灌砂筒下部圆锥体内砂的质量:

(1)在储砂筒筒口高度上,向储砂筒内装砂至距筒顶距离为15mm±5mm。称取装入筒内砂的质量m_1,准确至1g。以后每次标定及试验都应该维持该质量不变。

(2)将开关打开,让砂自由流出,并使流出砂的体积与标定罐的容积相当(或等于工地所挖试坑的体积),然后关上开关。

(3)不晃动储砂筒,轻轻地将灌砂筒移至玻璃板上,将开关打开,让砂流出,直到筒内砂不再下流时,将开关关闭,取走灌砂筒。

(4)称量留在玻璃板上的砂或称量储砂筒内砂的质量,准确至1g。玻璃板上的砂质量就是圆锥体内砂的质量m_2。

(5)重复上述测量三次,取其平均值。

4. 标定量砂的松方密度ρ_s(g/cm³):

(1)用15~25℃水确定标定罐的容积V,准确至1mL。

(2)在储砂筒中装入质量为m_1的砂,并将灌砂筒放在标定罐上,将开关打开,让砂流出。在整个流砂过程中,不要碰灌砂筒,直到储砂筒内的砂不再下流时,将开关关闭。取下灌砂筒,称取筒内剩余砂的质量m_3,准确至1g。

(3)按式(5-5)计算填满标定罐所需砂的质量。

$$m_a = m_1 - m_2 - m_3 \tag{5-5}$$

式中:m_a——标定罐中砂的质量(g);

m_1——装入储砂筒内砂的质量(g);

m_2——灌砂筒下部圆锥体内砂的质量(g);

m_3——灌砂入标定罐后,筒内剩余砂的质量(g)。

(4)重复上述测量三次,取其平均值。

(5)按式(5-6)计算量砂的松方密度ρ_s,即

$$\rho_s = \frac{m_a}{V} \qquad\qquad (5-6)$$

式中：ρ_s——量砂的松方密度(g/cm^3)；

V——标定罐的体积(cm^3)。

5. 测试步骤如下：

(1)在试验地点，选一块平坦表面，将其清扫干净，面积不得小于基板面积。

(2)将基板放在平坦表面上。当表面的粗糙度较大时，将盛有量砂(m_1)的灌砂筒放在基板中孔上，做好基板位置标识。将灌砂筒的开关打开，让砂流入基板的孔内，直到储砂筒内的砂不再下流时关闭开关。取下灌砂筒，并称量储砂筒内砂的质量(m_5)，准确至1g。

(3)取走基板，收回留在试验地点未混入杂质的量砂，重新将表面清扫干净。

(4)将基板放回原处并固定，沿基板中孔凿洞(洞的直径与灌砂筒直径一致)。在凿洞过程中，不应使凿出的材料丢失，并随时将凿松的材料取出装入塑料袋中或大铝盒内密封，防止水分蒸发。试洞的深度应等于测定层厚度，但不得有下层材料混入。称取洞内材料质量 m_w，准确至1g。当需要检测厚度时，应先测量厚度后再称量材料总质量。

(5)从挖出的全部材料中取有代表性的试样，放在铝盒或洁净的搪瓷盘中，按照《公路土工试验规程》(JTG 3430—2020)的有关规定测定其含水率 w。单组取样数量如下：用小灌砂筒测定时，对于细粒土，不少于100g；对于各种中粒土，不少于500g。用中灌砂筒测定时，对于细粒土，不少于200g；对于各种中粒土，不少于1000g；对于粗粒土或水泥、石灰、粉煤灰等无机结合料稳定材料，宜将取出的材料全部烘干，且不少于2000g，称其质量 m_d。用大型灌砂筒测定时，宜将取出的材料全部烘干，称其质量 m_d。

(6)储砂筒内放满砂到要求质量 m_1，将基板安放在试坑原位上。灌砂筒安放在基板中间，下口对准基板中孔，打开灌砂筒开关，让砂流入试坑内。在此期间，不应碰灌砂筒，直到储砂筒内的砂不再下流时，关闭开关。取走灌砂筒，并称量筒内剩余砂的质量 m_4，准确至1g。

(7)如清扫干净的平坦表面粗糙度不大，也可省去步骤(2)和步骤(3)的操作。在试洞挖好后，将灌砂筒直接对准试坑，中间不需要放基板。打开灌砂筒开关，让砂流入试坑内。在此期间，不应碰灌砂筒，直到储砂筒内的砂不再下流时，关闭开关。取走灌砂筒，并称量剩余砂的质量 m_4'，准确至1g。

(8)取出储砂筒内的量砂，以备下次试验时再用。

(9)取走基板，将留在试坑内未混入杂质的量砂收回；将坑内剩余量砂清理干净后，回填与被测结构同材质的填料，并用铁锤分3~4层夯实。

(10)回收的量砂烘干、过筛，并放置24h以上，使其与空气的湿度达到平衡后可以继续使用。若量砂中混有杂质，则应废弃。

三、数据处理

1. 计算填满试坑所用的砂的质量 m_b。

(1)灌砂时，试坑上放有基板时，即

$$m_b = m_1 - m_4 - (m_1 - m_5) \qquad\qquad (5-7)$$

（2）灌砂时,试坑上不放基板时,即

$$m_{b}=m_{1}-m_{4}'-m_{2} \qquad (5-8)$$

式中:m_{b}——填满试坑的砂的质量(g);

$\quad m_{1}$——灌砂前灌砂筒内砂的质量(g);

$\quad m_{2}$——灌砂筒下部圆锥体内砂的质量(g);

$\quad m_{4},m_{4}'$——灌砂后,灌砂筒内剩余砂的质量(g);

$\quad (m_{1}-m_{5})$——灌砂筒下部圆锥体内及基板和粗糙表面间砂的合计质量(g)。

2. 按下式计算试坑材料的湿密度,即

$$\rho_{w}=\frac{m_{w}}{m_{b}} \cdot \rho_{s} \qquad (5-9)$$

式中:ρ_{w}——试坑材料的湿密度(g/cm^3);

$\quad m_{w}$——试坑中取出的全部材料的质量(g);

$\quad \rho_{s}$——量砂的松方密度(g/cm^3)。

3. 计算试坑材料的干密度ρ_{d},即

$$\rho_{d}=\frac{\rho_{w}}{1+0.01w} \qquad (5-10)$$

式中:ρ_{d}——试坑材料的干密度(g/cm^3);

$\quad w$——试坑材料的含水率(%)。

4. 当为水泥、石灰、粉煤灰等无机结合料稳定土时,可按下式计算干密度ρ_{d},即

$$\rho_{d}=\frac{m_{d}}{m_{b}} \cdot \rho_{s} \qquad (5-11)$$

式中:m_{d}——试坑中取出的稳定土的烘干质量(g);

5. 按下式计算施工压实度,即

$$K=\frac{\rho_{d}}{\rho_{c}}\times100 \qquad (5-12)$$

式中:K——测试地点的施工压实度(%);

$\quad \rho_{d}$——试样的干密度(g/cm^3);

$\quad \rho_{c}$——由击实试验得到的试样的最大干密度(g/cm^3)。

当试坑材料组成与击实试验的材料有较大差异时,可以试坑材料做标准击实,求取实际的最大干密度。

四、试验中应注意的问题

灌砂法是施工过程中较常用的试验方法之一。此方法表面上看起来较为简单,但实际操作时常常不好掌握,并会引起较大误差。又因为它是测定压实度的依据,故经常是质量检测监督部门与施工单位之间发生矛盾或纠纷的环节,因此应严格遵循试验的每个细节,以提高试验精度。为使试验做得准确,应注意以下几个环节:

(1)量砂要规则,每换一批次量砂,都需要重新测定圆锥体内砂的质量和松方密度。试坑内回收的量砂未经处理不得重复使用,因此量砂宜事先多准备。切勿到试验时临时找砂,又不做试验,仅使用以前的数据。

(2)灌砂筒的选择应遵循以填料粒径为主,测定层厚度为辅的原则。《公路路基施工技术规范》(JTG/T 3610—2019)中规定"一般情况下,路基填料最大粒径应为100mm(路床、零填或挖方路基)或150mm(路堤)",本方法规定了填料最大粒径小于等于100mm时灌砂筒尺寸,当最大粒径为100~150mm时,检测部门应根据实际情况选用直径超过250mm的灌砂筒或采用灌水法检测压实度,如果挖坑过程中发现超过规范规定粒径10%的填料时应另选点重做;对于粒径允许值更大的土石路基或填石路基应选用沉降差法控制压实质量。

超粒径现象在实际检测过程中时有发生,遇到这类问题时,检测人员应首先分析其属于离析现象、偶发性现象,还是普遍性现象。对于离析现象应通知施工人员进行处理;对于偶发性现象应根据超粒径尺寸百分率确定是否另外选点,不建议依据《公路土工试验规程》(JTG 3430—2020)对超粒径颗粒进行校正(原因:方法复杂、代表性差、无数据支持);对于普遍性现象可采用其他方法检测压实质量,或重新做击实试验,而对于粒径规律性强的填料,也可通过多组击实试验找到压实度修正系数和填料不同级配间的关系,从而对压实度检测结果进行校正,但应注意仅限于地区或具体建设项目。

(3)量砂的松方密度标定结果直接影响压实度检测结果,因此在标定时尽量使标定罐深度与试坑深度相近;但现场试验数据表明,当标定罐深度每增加5cm时,量砂松方密度增加0.15%左右,对现场检测结果无实质性影响,所以在大规模施工检测中可以用深度为15cm的标定罐标定的量砂松方密度检测不同厚度的压实层,但层厚不应超过30cm。

(4)含水率检测可以采用快速检测的方法,根据研究结果,微波炉检测细粒土含水率与烘干法检测含水率结果的相关性在99%左右,因此可以使用微波炉检测细粒土的含水率。

(5)地表面处理要平,只要表面凸出一点(即使1mm),整个表面就会高出一薄层,高出部分的体积便算到试坑中去了,再加上基板的厚度,将较大程度地影响试验结果,因此采用本方法一般先放上基板测定一次粗糙表面消耗的量砂。只有在非常平整的情况下方可省去此步骤。

五、检测报告

各种材料的干密度均应准确至0.01g/cm³。

【学习案例5-1】

某二级公路路基压实施工中,用灌砂法测定压实度,测得灌砂筒内量砂质量为5820g,填满标定罐所需砂的质量为3885g,测定砂锥的质量为615g,标定罐的体积为3035cm³,灌砂后称灌砂筒内剩余砂的质量为1314g,试坑挖出湿土的质量为5867g,烘干土的质量为5036g,室内击实试验得到的最大干密度为1.68g/cm³,试求该测点压实度和含水率。

解:量砂的松方密度:$\rho_s = \dfrac{3885}{3035} = 1.28(\text{g/cm}^3)$

填满试坑砂的质量:$m_b = m_1 - m_4 - m_2 = 5820 - 1314 - 615 = 3891(\text{g})$

土体湿密度：$\rho_w = \dfrac{m_w}{m_b} \times \rho_s = \dfrac{5867}{3891} \times 1.28 = 1.93 (\text{g/cm}^3)$

土体含水率：$w = \dfrac{m_w - m_d}{m_d} = \dfrac{5867 - 5036}{5036} = 16.5 (\%)$

土体干密度：$\rho_d = \dfrac{\rho_w}{1 + 0.01w} = 1.657 (\text{g/cm}^3)$

压实度：$K = \dfrac{\rho_d}{\rho_c} \times 100 = \dfrac{1.657}{1.68} \times 100 = 98.6 (\%)$

以下为某段路对石灰稳定土底基层用灌砂法检测压实度的记录，记录格式见表 5-4 所列，仅供参考。

表 5-4 路基、构造物、路面压实度检测表（灌砂法）

试验单位	××工程检测试验室			试验规程			JTG 3450—2019	
试验层到路基顶面距离/m	0.6		标准密度/(g·cm⁻³)		1.79	量砂密度/(g·cm⁻³)		1.43
取样桩号	K12+200(左)		K12+250(左)		K12+200(右)		K12+250(右)	
距中线横向距离/m	1.52		3.36		2.58		0.89	
灌入试洞前量砂的质量/g	9000		9000		9000		9000	
灌砂筒下部锥体+基板内砂质量=①或①+粗糙表面间砂的质量=②(g) ①	—		—		—		—	
②	1035		1055		1082		1072	
灌满试洞后剩余砂的质量/g	3207		4915		4794		3285	
试洞内砂的质量/g	4758		3030		3124		4643	
试洞中湿试样质量/g	6258		4208		4332		5680	
试样的湿密度/(g·cm⁻³)	1.88		1.99		1.98		1.75	
含水率 盒+湿试样的总质量/g	228.76	220.98	226.96	223.46	221.41	235.32	221.41	235.32
盒+干试样的总质量/g	209.43	201.31	210.44	206.78	205.84	216.78	205.84	216.78
盒质量/g	115.52	106.74	111.41	106.39	111.81	104.19	111.81	104.19
水质量/g	19.33	19.67	16.52	16.68	15.57	18.54	15.57	18.54
干试样质量/g	93.91	94.57	99.03	100.39	94.03	112.59	94.03	112.59
含水率/%	20.6	20.8	16.7	16.6	16.6	16.5	16.6	16.5
平均含水率/%	20.7		16.6		16.5		16.5	
试样的干密度/(g·cm⁻³)	1.56		1.70		1.70		1.50	
压实度/%	87.1		95.1		95.1		83.9	

第三节　环刀法测定压实度

【学习要求】

1. 了解环刀法测定压实度的技术要求。
2. 熟悉环刀法测定压实度的准备工作和测试步骤。
3. 掌握环刀法测定压实度的数据计算与处理、填写试验检测记录表格、编制试验检测报告等。

【学习内容】

环刀法是测量现场密度的传统方法。国内习惯采用的环刀容积通常为200cm³，环刀高度通常约5cm，如图5-3所示。用环刀法测得的密度是环刀内土样所在深度范围内的平均密度。它不能代表整个碾压层的平均密度。由于碾压土层的密度从上到下一般是减小的，若环刀取在碾压层的上部，则得到的数值往往偏大，若环刀取的是碾压层的底部，则所得的数值将明显偏小，就检查路基土和路面结构层的压实度而言，我

图5-3　环刀实物图

们需要的是整个碾压层的平均压实度，而不是碾压层中某一部分的压实度，因此，在用环刀法测定土的密度时，应使所得密度能代表整个碾压层的平均密度。然而，这在实际检测中是比较困难的；只有使环刀所取的土恰好是碾压层中间的土，环刀法所得的结果才可能与灌砂法的结果大致相同。另外，环刀法适用于测定细粒土及无机结合料稳定细粒土的密度。但对于无机结合料稳定细粒土，其龄期不宜超过2d，且宜用于施工过程中的压实度检验。

一、仪具与材料技术要求

1. 人工取土器如图5-4所示，人工取土器包括环刀、环盖、定向筒和击实锤系统（导杆、落锤、手柄）。环刀内径为6~8cm，高为2~5.4cm，壁厚为1.5~2.2mm。

2. 电动取土器如图5-5所示，电动取土器由底座、立柱、升降机构、取芯机构、动力和传动机构组成。

（1）底座：由底座平台、定位销、行走轮组成。底座平台是整个仪器的支撑基础；定位销供操作时仪器定位用；行走轮供换点取芯时仪器近距离移动用。

（2）立柱：由立柱本体与立柱套组成，装在底座平台上，作为升降机构、取芯机构、动力和传动机的支架。

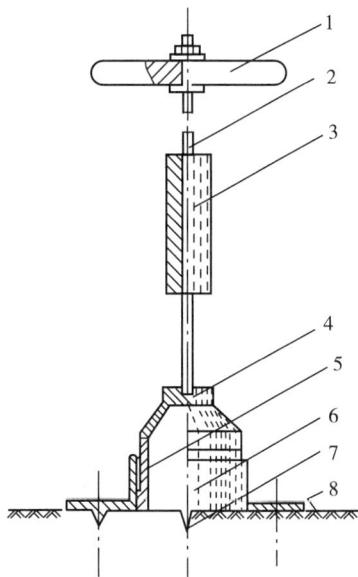

1—手柄;2—导杆;3—落锤;
4—环盖;5—环刀;6—定向筒;
7—定向筒齿钉;8—试验地面。

图 5-4　人工取土器

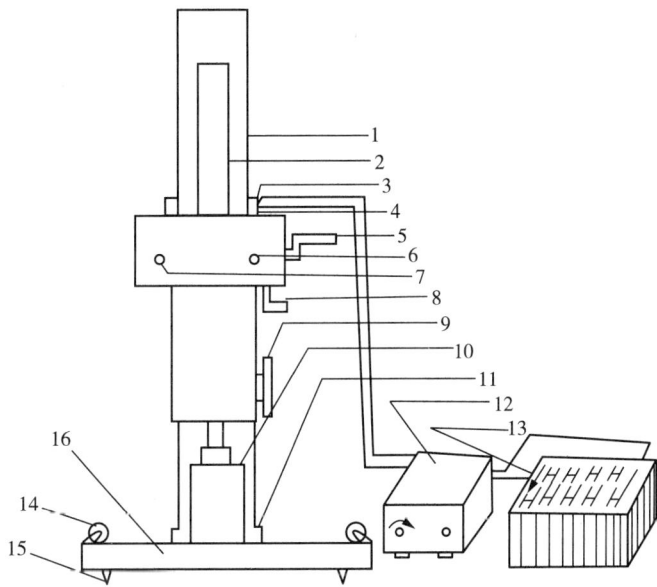

1—立柱;2—升降轴;3—电源输入;4—直流电机;
5—升降手柄;6—电源指示;7—电源指示;
8—锁紧手柄;9—升降手轮;10—取芯头;
11—立柱套;12—调速器;13—电瓶;14—行走轮;
15—定位销;16—底座平台。

图 5-5　电动取土器

（3）升降机构：由升降手轮、锁紧手柄组成，供调整取芯机构高低用。松开锁紧手柄，转动升降手轮，取芯机构即可升降到所需位置时，拧紧手柄定位。

（4）取芯机构：由取芯头、升降轴组成，取芯头为金属圆筒，下口对称焊接两台金刚切削刀头，上端焊有平盖，平盖上焊螺母，靠螺旋接于升降轴上。取芯头为可换式，有三种规格，即 50mm×50mm、70mm×70mm、100mm×100mm。配件应包括：取芯套筒、扳手、铅盒等。

（5）动力和传动机构：主要由直流电机、调速器、齿轮箱组成，另配电瓶和充电器。当电机工作时，通过齿轮箱的齿轮将动力传给取芯机，升降轴旋转，取芯头进入旋切工作状态。

3. 天平：分度值不大于 0.01g。

4. 其他：镐、小铁锹、修土刀、毛刷、直尺、钢丝锯、凡士林、木板及测试含水率设备等。

二、方法与步骤

1. 按有关试验方法对检测对象用同种材料进行击实试验，得到最大干密度及最佳含水率。

2. 用人工取土器测定黏性土及无机结合料稳定细粒土密度的步骤：

（1）擦净环刀，称取环刀质量 m_2，准确至 0.1g。

（2）在试验地点将面积约 30cm×30cm 的地面清扫干净，并将压实层铲去表面浮动及不平整的部分。

（3）将定向筒齿钉固定于铲平的地面上。顺次将环刀、环盖放入定向筒内与地面垂直。

（4）将导杆保持垂直状态，用取土器落锤将环刀打入压实层中。在施工过程控制或质量评定时，环刀中部处于压实层厚的 1/2 深度；用于其他需要的检测时，可按其要求深度取样。

（5）去掉击实锤和定向筒，用镐将环刀及试样挖出。

（6）轻轻取下环盖，用修土刀自边至中削去环刀两端余土，用直尺检测直至修平为止。

（7）擦净环刀外壁，用天平称取出环刀及试样合计质量 m_1，准确至 0.01g。

（8）自环刀中取出具有代表性的试样（不少于 100g），测定其含水率。含水率测定应参照《公路土工试验规程》（JTG 3430—2020）的有关规定。

3. 用人工取土器测定砂性土或砂层密度的步骤：

（1）如为湿润的砂土，试验时不宜使用击实锤和定向筒，在铲平的地面上，挖出一个直径较环刀外径略大的砂土柱，将环刀刃口向下，平置于砂土柱上，用两手平稳地将环刀垂直压下，环刀中部处于压实层厚的 1/2 深度。

（2）削掉环刀口上的多余砂土，并用直尺刮平。

（3）在环刀上口盖一块平滑的木板，一手按住木板，另一手用小铁锹将试样从环刀底部切断，然后将装满试样的环刀反转过来，削去环刀刃口上部的多余砂土，并用直尺刮平。

（4）擦净环刀外壁，称取环刀与试样的总质量 m_1，准确至 0.01g。

（5）自环刀中取出具有代表性的试样（不少于 100g），测定其含水率。含水率测定应参照《公路土工试验规程》（JTG 3430—2020）的有关规定。

（6）干燥的砂土不能挖成砂土柱时，可直接将环刀压入或打入土中。在施工过程控制或质量评定时，环刀中部处于压实层厚的 1/2 深度；用于其他需要的检测时，可按其要求深度取样。

4. 用电动取土器测定无机结合料细粒土和硬塑土密度的步骤：

（1）装上所需规格的取芯头。在施工现场取芯前，选择一块平整的路段，将四只行走轮扳起，四根定位销钉采用人工加压的方法，压入路基土层中。松开锁紧手柄，旋动升降手轮，使取芯头刚好与土层接触，锁紧手柄。

（2）将电瓶与调速器接通，调速器的输出端接入取芯机电源插口。指示灯亮，显示电路已通；启动开关，电机带动取芯机构转动。根据土层含水率调节转速，操作升降手柄至上述规定的深度，上提取芯机构，停机，移开机器。将取芯套筒套在切削好的土芯立柱上，摇动即可取出样品。

（3）取出样品，立即按取芯套筒长度用修土刀或钢丝锯修平两端，制成所需规格的土芯，如拟进行其他试验项目，装入密封盒中，送试验室备用。

（4）称量土芯带套筒质量 m_1，从土芯中心部分取试样测定含水率。

5. 计算两次平行试验结果的差值，若不大于 0.03g/cm³，取其算术平均值作为测试结果；若大于 0.03g/cm³，则重新测试。

三、数据处理

1. 按下式分别计算试样的湿密度 ρ_w 及干密度 ρ_d，即

$$\rho_w = \frac{4 \times (m_1 - m_2)}{\pi d^2 h} \qquad (5-13)$$

$$\rho_d = \frac{\rho_w}{1 + 0.01w} \qquad (5-14)$$

式中：ρ_w——试样的湿密度（g/cm³）；

ρ_d——试样的干密度（g/cm³）；

m_1——环刀或取芯套筒与试样的总质量（g）；

m_2——环刀或取芯套筒的质量（g）；

d——环刀或取芯套筒的直径（cm）；

h——环刀或取芯套筒的高度（cm）；

w——试样的含水率（%）。

2. 按下式计算施工压实度，即

$$K = \frac{\rho_d}{\rho_c} \times 100 \qquad (5-15)$$

式中：K——测试地点的施工压实度（%）；

ρ_d——试样的干密度（g/cm³）；

ρ_c——由击实试验得到的试样的最大干密度（g/cm³）。

四、检测报告

检测报告内容应报告土的鉴别分类、含水率、湿密度、干密度、最大干密度、压实度等。

【学习案例 5-2】

环刀法压实度试验记录见表 5-5 所列。

表 5-5 环刀法压实度试验记录表

工程名称	土方路基		试验单位	×××试验检测有限公司	
土样类别	素土		试验完成日期	—	
最佳含水率/%	14.50		最大干密度/(g·cm⁻³)	1.83	
桩号	K0+040	K0+080	K0+120	—	—
取样位置	左 4.0	右 4.0	中线位置	—	—
环刀号	1	2	3	—	—
环刀的质量/g	191.58	189.37	198.46	—	—
环刀+试样的总质量/g	595.63	587.42	590.68	—	—
环刀体积/cm³	200	200	200	—	—
湿试样的质量/g	404.05	398.05	392.22	—	—
试样的湿密度/(g·cm⁻³)	2.02	1.99	1.96	—	—

盒号	1	2	3	4	5	6	7	8	9	10
盒＋湿拭样的总质量/g	146.24	145.27	120.36	107.44	149.67	137.98	—	—	—	—
盒＋干拭样的总质量/g	131.3	129.2	108.8	98.1	138.1	128	—	—	—	—
盒质量/g	23.8	24.2	23.8	25.1	24.7	24.6	—	—	—	—
水质量/g	14.94	16.07	11.56	9.34	11.57	9.98	—	—	—	—
干试样的质量/g	107.5	105.0	85.0	73.0	113.4	103.4	—	—	—	—
含水率/%	13.90	15.30	13.60	12.79	10.20	9.65	—	—	—	—
平均含水率/%	14.60		13.20		9.93		—	—	—	—
试样的干密度/（g·cm⁻³）	1.763		1.758		1.784		—	—	—	—
压实度/%	96.3		96.1		97.5		—	—	—	—

第四节　钻芯法测定沥青面层压实度

【学习要求】

1. 了解钻芯法测定沥青面层压实度的技术要求。
2. 熟悉钻芯法测定沥青面层压实度的准备工作和测试步骤。
3. 掌握环钻芯法测定沥青面层压实度的数据计算与处理、填写试验检测记录表格、编制试验检测报告等。

【学习内容】

沥青混合料面层的施工压实度是指按规定方法测得的混合料试样的毛体积密度与标准密度之比,以百分率表示。钻芯法适用于检验从压实的沥青路面上钻取的沥青混合料芯样试件的密度,并计算施工压实度,以评价结构层的压实质量,可供路面工程质量控制、质量评定使用。

一、仪具与材料技术要求

1. 路面取芯钻机:钻孔取芯机如图 5-6 所示。
2. 天平:分度值不大于 0.1g。
3. 水槽:温度控制在 ±0.5℃ 以内。
4. 吊篮。
5. 石蜡。
6. 其他:卡尺、毛刷、勺、取样袋(容器)、电风扇。

二、方法与步骤

(一)钻取芯样

按现行《公路路基路面现场测试规程》(JTG 3450—2019)中规定的取样方法钻取路面芯样,芯样直径不宜小于 100mm。当一次钻孔取得的芯样包含有不同层位的沥青混合料时,应根据结构组合情况用切割机将芯样沿各层结合面锯开分层进行测定。

图 5-6　钻孔取芯机

钻孔取样应在路面完全冷却后进行,对普通沥青路面通常在第二天取样,对改性沥青及 SMA 路面宜在第三天以后取样。

(二)测定试件密度

1. 将钻取的试件在水中用毛刷轻轻刷净黏附的粉尘。如试件边角有松散颗粒,应仔细清除。
2. 将试件晾干或用电风扇吹干不少于 24h,直至恒重。

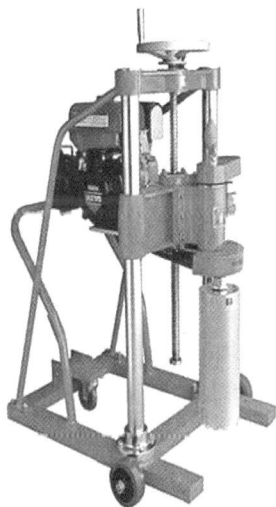

3. 按现行《公路工程沥青及沥青混合料试验规程》(JTG E20—2011)的沥青混合料试件密度试验方法测定试件密度 ρ_s。通常情况下采用表干法测定试件的毛体积相对密度;对吸水率大于 2% 的试件,宜采用蜡封法测定试件的毛体积相对密度;对吸水率小于 0.5% 特别致密的沥青混合料,在施工质量检验时,允许采用水中重法测定表观相对密度。

(三)压实度标准密度计算

根据《公路沥青路面施工技术规范》(JTG F40—2004)的规定,确定计算压实度的标准密度。

三、数据处理

1. 当计算压实度的标准密度采用每天试验室实测的马歇尔击实试件密度或试验路段钻孔取样密度时,沥青面层的压实度按下式计算,即

$$K = \frac{\rho_s}{\rho_0} \times 100 \qquad (5-16)$$

式中:K——沥青面层的压实度(%);

ρ_s——沥青混合料芯样试件的实际密度(g/cm³);

ρ_0——沥青混合料标准密度(g/cm³)。

2. 计算压实度的标准密度采用最大理论密度时,沥青面层的压实度按下式计算,即

$$K = \frac{\rho_s}{\rho_t} \times 100 \qquad (5-17)$$

式中:ρ_t——沥青混合料的最大理论密度(g/cm³)。

沥青路面的压实度采取重点进行碾压工艺的过程控制,适时钻孔抽检压实度校核的方法。对施工及验收过程中的压实度检验不得采用配合比设计时的标准密度,应按如下方法检测确定:

(1)以实验室密度,即沥青拌和厂每天取样 1~2 次实测的马歇尔试件密度,取平均值作为该批混合料铺筑路段压实度的标准密度。其试件成型温度与路面复压温度一致。当采用配合比设计时,也可采用其他相同的成型方法的实验室密度作为标准密度。

(2)以每天实测的最大理论密度作为标准密度。对普通沥青混合料,沥青拌和厂在取样进行马歇尔试验的同时以真空法实测最大理论密度,平行试验的试样数不少于 2 个,以平均值作为该批混合料铺筑路段压实度的标准密度。但对改性沥青混合料、SMA 混合料,以计算的最大理论密度为准,也可采用抽提筛分的结果及油石比计算最大理论密度。

(3)以试验路段密度作为标准密度。用核子密湿度仪定点检查密度不再变化为止,然后取不少于 15 个钻孔试件的平均密度计算压实度的标准密度。

(4)可根据需要选用试验室标准密度、最大理论密度、试验路密度中的 1~2 种作为钻孔法检验评定的标准密度。

(5)施工中采用核子密湿度仪等无破损检测设备进行压实度控制时,宜以试验路密湿度作为标准密度,核子密湿度仪的测点数不宜少于 39 个,取平均值,但核子密度仪需经标定。

（6）压实度钻孔频率按相关规范的要求执行。

四、检测报告

计算一个评定路段检测的压实度的平均值、标准差、变异系数，并计算压实度代表值。

【学习案例 5-3】

压实度试验记录表（钻芯法）见表 5-6 所列。

表 5-6 压实度试验记录表（钻芯法）

工程名称		路面		试验单位：××试验检测有限公司			
部位		中面层		试验完成日期：			
水的密度/(g·cm⁻³):0.997			标准密度/(g·cm⁻³):2.41		最佳沥青含量:4.80%		
取样位置		试样编号	试样质量 m_a/g	试验水中质量 m_w/g	试样体积 V/cm³	毛体积密度或表观密度 ρ_s/(g·cm⁻³)	压实度 K/%
K12+100	左 4.0	1	1194.7	695.7	499.0	2.39	99.3
K12+200	右 2.1	2	1220.3	707.6	512.7	2.38	98.8
K12+300	左 3.2	3	1183.3	685.1	498.2	2.38	98.6
K12+400	右 0.8	4	1210.4	704.4	506.0	2.39	99.3
K12+500	左 1.8	5	1235.5	719.6	515.9	2.39	99.4
K12+600	右 2.3	6	1209.3	703.1	506.2	2.39	99.1

第五节　核子密湿度仪测定压实度

【学习要求】

1. 了解核子密湿度仪测定压实度的技术要求。

2. 熟悉核子密湿度仪测定压实度的准备工作和测试步骤。

3. 掌握核子密湿度仪测定压实度的数据计算与处理、填写试验检测记录表格、编制试验检测报告等。

【学习内容】

核子密湿度仪(简称:核子仪)法适用于用核子密湿度仪测定路基、路面材料的密度和含水率,并计算施工压实度,以评价结构层的压实质量,可供施工质量控制及工程质量验收使用。本方法可采用散射法和直接透射法两种方式进行。其中,散射法宜用于测定沥青混合料面层的压实密度或硬化混凝土等难以打孔材料的密度。直接透射法宜用于测定厚度不大于30cm的土基、基层材料或非硬化水泥混凝土等可以打孔材料的密度及含水率。

核子仪具有方便、快捷的特点,但易受测定层温度及多种环境因素的影响,测值波动性较大,因此检测过程中通常需要经过标定,同时在压实过程检测时要保证与试验段测定时的温度一致,对于纹理较大的路面,检测前还须用细砂填平以保证测值准确。

核子仪对靠近表层材料的密度最为敏感,当测试材料的表面与仪器底部之间存在空隙时,测试结果可能存在表面偏差(仅对散射法)。如果采用直接透射法测试,表面偏差不明显。材料的粒度、级配、均匀度以及组成成分等因素对密度的测试结果影响较小。但是对一些(如高岭土、云母、石膏、石灰等)可能会对水分的测试有明显影响的试样,检测时需要与其他可靠的方法进行对比,对测试结果进行调整。因此,核子仪法不适合于现场检测含有结晶水或有机物化学成分材料的含水率。

核子仪法还经常用于监测结构层密度或压实度的变化,以确定合适的碾压遍数、机械组合等施工工艺参数,进而确定试验段密度值。

对刚铺筑完的热沥青混合料路面检测时,为避免影响测试结果,仪器不能长时间放置在路面上,测试完成后仪器应尽快从路面上移走冷却。

一、仪具与材料技术要求

1. 核子密湿度仪:核子密湿度仪如图 5 - 7 所示,核子密湿度仪应符合国家规定的关于健康保护和安全使用标准,密度的测定范围为 $1.12 \sim 2.73 \mathrm{g/cm^3}$,测定误差不大于 $\pm 0.03 \mathrm{g/cm^3}$,含水率测量范围为 $0 \sim 0.64 \mathrm{g/cm^3}$,测定误差不大于 $\pm 0.015 \mathrm{g/cm^3}$。它主要包括下列部件:

(1)放射源:γ 射线源(双层密封的同位素放射源,如铯-137、钴-60 或镭-226 等)或中子源(如镅 241 -铍等)。

(2)探测器:γ 射线探测器(如 G - M 计数管)或热中子探测器(如氦-3 管)。

（3）读数显示设备：液晶显示器、脉冲计数器、数率表或直接读数表等。

（4）标准计数块：密度和含氢量均匀不变的材料块，用于标验仪器运行状况和提供射线计数的参考标准。

（5）钻杆：用于打测试孔以便插入探测杆。

（6）安全防护设备：符合国家规定要求的设备。

（7）刮平板、钻杆、接线等。

2. 细砂：粒径为 0.15～0.3mm。

3. 其他：毛刷等。

图 5-7　核子密湿度仪

二、方法与步骤

（一）准备工作

1. 仪器如果经维修或使用过程中发现不能满足规定的限值，应进行重新校验后才能使用。校验后仪器在所有标定块上每一测试深度上的标定响应应达到±16kg/m³。

2. 每天使用前或者对测试结果有怀疑时，按下列步骤用标准计数块测定仪器的标准值：

（1）进行标准值测定时，距其他放射源 8m 以上，检测位置表面应经压实且平整。

（2）接通电源，按照要求预热测定仪。

（3）在测定前，应检查仪器性能是否正常。将仪器在标准计数块上放置平稳，按照要求进行标准化计数，如标准计数超过规定的限值时，在确认标准计数的方法和环境符合要求的基础上，进行第二次标准化计数，若重复标准计数仍超出规定限界时，需视作故障进行返修处理。

（二）测定步骤

1. 按照规定的方法确定测试位置，距路面边缘或其他物体的最小距离不得小于 30cm。

2. 检查核子密湿度仪周围 8m 之内是否存在其他放射源（含另外的核子密湿度仪），如果有应移开放射源或重选检测位置。

3. 当用散射法测定沥青混合料压实层密度时，应按如图 5-8 所示的方法用细砂填平测试位置路表面孔隙，使路表面与仪器紧密接触。再按如图 5-9 所示的方法将核子仪平稳地置于测试位置上。

4. 当使用直接透射法测定时，应按

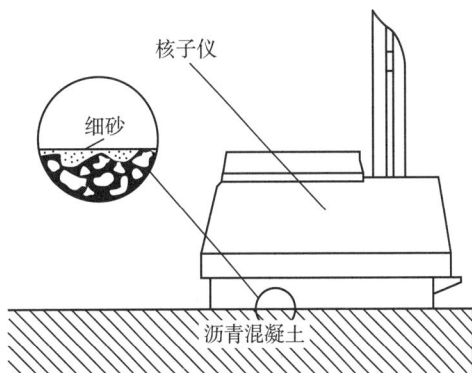

图 5-8　用细砂填平测试位置的方法图

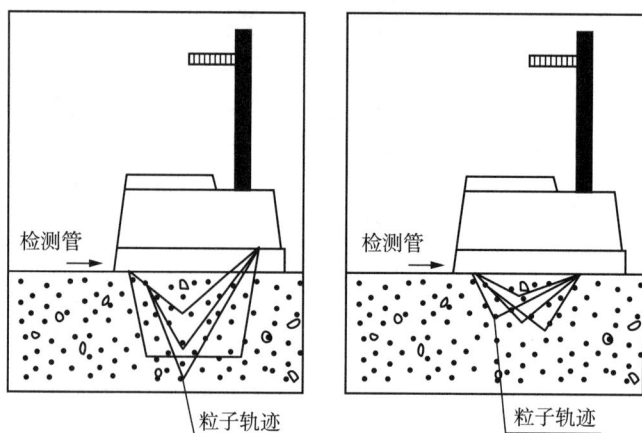

图 5-9 散射法

图 5-10 所示的方法用导板和钻钎在测试位置表面打一个垂直的测试孔。孔深应大于测试深度,且插进探杆后仪器不应倾斜。按如图 5-11 所示的方法将探杆插入测试孔内,前后或左右移动仪器,使之稳固。

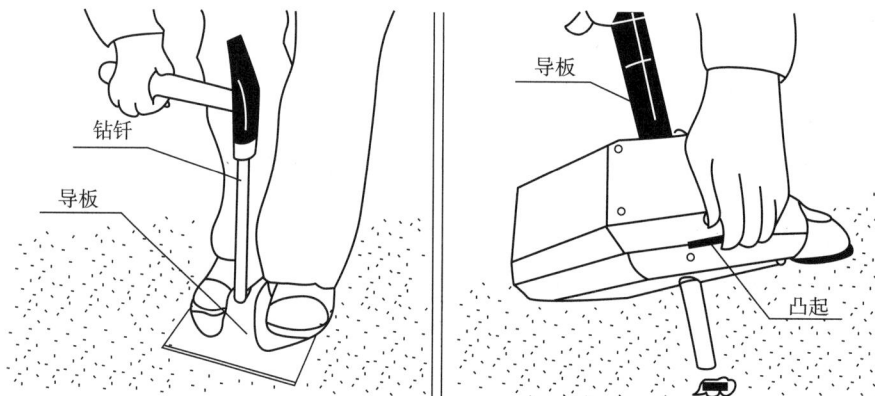

图 5-10 在路表面上打孔的方法

5. 开机并选定测试时间后进行测量,检测人员退出仪器 2m 以外。到达测试时间后,读取并记录显示的数值,并迅速关机,将手柄置于安全位置,移至下一点或结束检测。

注:有关各种型号的仪器在具体操作步骤上略有不同,可按照仪器使用说明书进行。

6. 检测结束后,仪器应装入专用的仪器箱内,放置在符合核辐射安全规定的地方。

7. 根据相关性试验结果确定材料的湿密度和含水率,并计算干密度及压实度;对于沥青混合料面层,用所确定的材料湿密度直接计算压实度。

用散射法时,测试温度应与试验段测试时一致,一

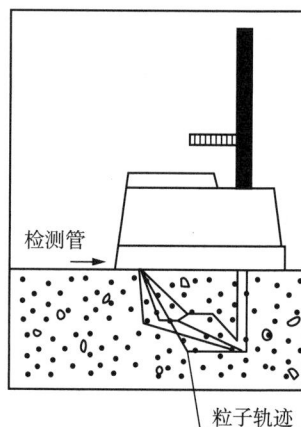

图 5-11 直接透射法

组测值不应少于 13 个点,取平均值作为该试验段落的压实结果。

三、数据处理

按下式计算施工干密度及压实度,即

$$\rho_d = \frac{\rho_w}{1+0.01w} \qquad\qquad (5-18)$$

$$K = \frac{\rho_d}{\rho_c} \times 100 \qquad\qquad (5-19)$$

式中:K——测试地点的施工压实度(%);

w——试样的含水率(%);

ρ_w——试样的湿密度(g/cm³);

ρ_d——沥青混合料的实测密度(或路基、基层填料的干密度)(g/cm³);

ρ_c——沥青混合料的标准密度(或路基、基层填料的最大干密度)(g/cm³)。

四、相关性试验

核子密湿度仪在使用前应在试验段上确定与其他方法的相关性。在沥青混合料大规模施工前,应通过试验段确定核子密湿度仪法与钻芯取样法的相关性。在基层或路基大规模施工前,应通过试验段确定核子密湿度仪法与挖坑灌砂法的相关性。步骤如下:

1. 选定长度为 200m 以上的测试路段作为试验段。

2. 按照本方法准备工作的步骤,读取核子密湿度仪的数值。

3. 对于沥青混合料路面在测定的同一位置用钻芯法取样;基层或路基在钻孔临近位置用挖坑灌砂法测定材料的密度,同时量测厚度。

4. 对同样的路面厚度、配合比设计、碾压遍数、松铺厚度、机械组合及压实度标准的路基或路面结构,使用前在试验段至少测定 15 处,求取两种不同方法在每处的偏差值 $\Delta\rho_i$,计算平均值作为修正值,将修正值输入到核子密湿度仪中,计算并保存。

对同样的路面厚度、配合比设计、松铺厚度及机械组合,不同的压实度标准的路基或路面结构,使用前在每个试验段至少测定 10 处,求取两种不同方法测定密度的相关性公式,其相关系数 R 应不小于 0.95。可参照相关性试验方法确定相关关系。

五、检测报告

测定路面密度及压实度的同时,应记录气温、路面的结构深度、沥青混合料类型、面层结构及测定厚度等数据及资料。

计算一个测试路段检测的压实度的平均值、标准差、变异系数,并计算压实度代表值。

第六节　无核密度仪测定压实度

【学习要求】

1. 了解无核密度仪测定压实度的技术要求。
2. 熟悉无核密度仪测定压实度的准备工作和测试步骤。

【学习内容】

国内主流无核密度仪按照工作原理分为电磁法无核密度仪和时域反算法无核密度仪两种。目前主要用在路面施工过程控制环节,不能用于交工验收或质量鉴定;对于新铺的沥青混合料路面,该仪器能快速、可靠地给出测试结果,有利于施工单位及时控制压实质量。

由于无核密度仪的类型比较多,本方法是参照 PQI-301A 型无核密度仪操作手册修订的。不同类型的仪器操作方法可能不一样,但基本原理大体相同,具体步骤可按照各自的使用说明书或操作规程进行。

现场无核密度仪快速测定当日铺筑的沥青路面各层沥青混合料的密度,并计算压实度,以控制施工过程中的压实质量,测定结果不宜用于评定验收。

一、仪具与材料技术要求

本试验使用的主要仪具及材料是无核密度仪和标准密度块,无核密度仪如图 5-12 所示。对无核密度仪的要求如下:

1. 无核密度仪:内含电子模块和可充电电池。

2. 探头:无核,无电容。

3. 最大探测深度:大于或等于 10cm。

4. 最小探测深度:小于或等于 2.5cm。

5. 单次测量时间:不大于 5s。

6. 精度:0.003g/cm³。

7. 操作环境温度:0～70℃。

标准密度块仅供无核密度仪自校时使用。

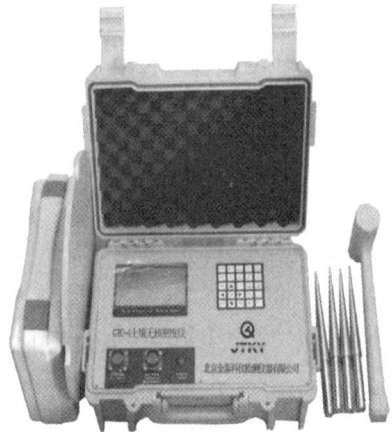

图 5-12　无核密度仪

二、方法与步骤

(一)准备工作

1. 无核密度仪校验周期为 12 个月。

2. 无核密度仪在第一次使用前应对软件进行设置并储存,使操作者无须每次开机后都进行软件的设置。

3. 使用无核密度仪前,应严格用标准密度块标定,通过相关性试验检验,确认其可靠性。

(二)测试步骤

1. 按照规定的选点方法确定测试位置,与路面边缘或其他物体的最小距离不得小于30cm,且表面干燥。

2. 把无核密度仪平稳地置于测试位置上,保证仪器不晃动。当路面凸凹不平时,可用细砂填平测试位置的空隙,使路表面平整,能与仪器紧密接触。

3. 开机后应检查仪器的工作状态,如电池电压,内部温度,设置检测日期、时间、测值编号等。

4. 进入测试界面,设置沥青面层厚度、测量单位、最大公称粒径等参数,选择单点测量模式,进入待测状态。

5. 按动测试键,3s 后读取数据,并记录。同时,无核密度仪上显示被测试材料表面的湿度值应为 0~10,当测值超过 10 时,数据作废,应重新选点检测。

6. 当采用修正值方法时,显示原始数据为 ρ_d;当采用相关性公式时,将显示原始数据带入相关性公式,计算实测密度 ρ_d,准确至 0.01g/cm^3。

三、数据处理

按下式计算压实度,即

$$K = \frac{\rho_d}{\rho_c} \times 100 \tag{5-20}$$

式中:K——测试地点的施工压实度(%);

ρ_d——由无核密度仪测定的压实沥青混合料的实际密度,一组不少于 13 个点,取平均值(g/cm^3);

ρ_c——沥青混合料的标准密度(g/cm^3),标准密度按照现行《公路沥青路面施工技术规范》(JTG F40—2004)的规定选用。

四、检测报告

测定路面密度及压实度的同时,应记录气温、路面的结构深度、沥青混合料类型、面层结构及测定厚度等。

计算一个测试路段检测的压实度的平均值、标准差、变异系数,并计算压实度代表值。

第七节　土石路堤或填石路堤压实沉降差试验方法

【学习要求】

1. 了解石方路基或土石混填路基压实质量评价的特点。
2. 熟悉土石路堤或填石路堤压实沉降差试验步骤。

【学习内容】

　　长期以来,石方路基或土石混填路基压实质量评价一直是个难题,主要原因是现场压实密度难以测量,用压实度指标评价操作性不强,测试效率低下。工程上有的采用沉降差法控制压实质量,还有的采用碾压遍数来控制等。这些方法虽然评价结果较为可靠,但方法本身严密性不够,且缺乏统一的定量指标,更多地靠施工经验判断。随着我国社会和交通事业的发展,大型机械设备和测量设备装备水平不断提高,越来越多的建设项目倾向于使用沉降差法控制大量石方路基或土石混填路基压实质量,但是沉降差法在使用过程中存在检测方法、控制标准、评定标准不统一的问题,影响了路基压实质量的提高。

　　本方法是与工艺参数相结合的双控检测方法,通过监测沉降变形的稳定性来表征压实程度,因此在使用过程中,既要考虑到工艺参数的匹配和持续恒定,也要考虑整体变形的均匀,以保证路基稳定、永久。

　　对于土石混填路基,工程上也常采用《公路土工试验规程》(JTG 3430—2020)中表面振动压实仪法或振动台法测定最大密度,现场采用灌水法检测密度以评价路基压实度。

　　压实沉降差试验通过测量土石路堤或填石路堤碾压过程中的沉降变化量,结合施工工艺参数,测定土石路堤或填石路堤的压实程度,可供路基工程质量控制、质量评定使用。

一、仪具与材料技术要求

1. 振动压路机:自重 20t 以上。
2. 水准仪:DS_3。
3. 钢卷尺:量程 50m,分度值不大于 1mm。
4. 其他:铁锤、铁铲等。

二、方法与步骤

1. 在施工前,选取满足施工规范要求且有代表性的路段作为试验段作业区域。
2. 按照《公路路基施工技术规范》(JTG/T 3610—2019)对填料进行摊铺、整平、测量松铺厚度和初压,超粒径石料应及时剔除;沿路线方向每隔 20m 设一断面,每一断面按每隔 5~10m 均布点位,每点位上埋放一固定物,以保证在施工过程中水平位置不变。
3. 按照确定的压实机械组合和碾压参数,往复碾压路基至无明显轮迹印,记录碾压遍数,一般为四遍左右,压路机往返一次为一遍。
4. 振动压路机调至强振档位,以不大于 4km/h 的速度对试验路段进行往复碾压,每遍碾压结束后逐点测量固定物顶面高程 $h_{i1}, h_{i2}, \cdots, h_{ij}$，精确到 0.1mm；重复上述工艺，测量固定物顶面高程 $h_{(i+1)1}, h_{(i+1)2}, \cdots, h_{(i+1)j}, \cdots, h_{(i+n)1}, h_{(i+n)2}, \cdots, h_{(i+n)j}$，准确至 0.1mm。按照式(5-21)计算相邻两遍沉降差 $\Delta h_{i(i+1)-1}, \Delta h_{i(i+1)-2}, \cdots, \Delta h_{i(i+1)-j}$，精确到 0.1mm。

5. 当所有测点前后两遍沉降差平均值 $\Delta \bar{h}_{i(i+1)}$，按照式(5-21)计算后小于设计文件或相关规范要求时，结束碾压。

6. 随机选取有代表性的区域，按照《公路土工试验规程》(JTG 3430—2020)灌水法测定材料干密度，按照《公路工程集料试验规程》(JTG E42—2005)检测表干密度(视密度)，并按照《公路路基设计规范》(JTG D30—2015)附录计算孔隙率，如符合孔隙率要求时，回收固定物，用于试验段相同材料回填，进行终压，结束试验段施工；如不符合时，应查找原因或继续碾压至符合要求。

大规模施工时，在确定填料无明显变化的情况下，按照上述步骤2～步骤6控制压实质量，可不用检测孔隙率。

三、数据处理

1. 第 j 个固定物在第 i 遍和第 $i+1$ 遍的沉降差 $\Delta h_{i(i+1)-j}$ 为

$$\Delta h_{i(i+1)-j} = h_{(i+1)-j} - h_{i-j} \tag{5-21}$$

式中：i——碾压遍数；

j——固定物编号；

$\Delta h_{i(i+1)-j}$——第 j 个固定物在第 i 遍和第 $i+1$ 遍的沉降差；

h_{i-j}——第 j 个固定物在 i 遍碾压结束后的顶面高程；

$h_{(i+1)-j}$——第 j 个固定物在 $i+1$ 遍碾压结束后的顶面高程。

2. 第 i 遍和第 $i+1$ 遍的沉降差平均值 $\Delta \bar{h}_{i(i+1)}$ 为

$$\Delta \bar{h}_{i(i+1)} = \frac{\sum_{j}^{1} \Delta h_{i(i+1)-j}}{j} \tag{5-22}$$

3. 第 i 遍和第 $i+1$ 遍的沉降差平均值 $\Delta \bar{h}_{i(i+1)}$ 的标准差 $S_{i(i+1)}$ 为

$$S_{i(i+1)} = \sqrt{\frac{\sum (\Delta h_{i(i+1)-j} - \Delta \bar{h}_{i(i+1)})^2}{j-1}} \tag{5-23}$$

四、检测报告

本试验报告含桩号范围及层位、石料等级、填料类型、机械组合、压实工艺、碾压遍数、松铺系数、孔隙率等。

计算一个测试路段检测的沉降差的平均值、标准差、变异系数，并计算沉降差的代表值。

第八节　压实度检测结果评定

【学习要求】

1. 了解路基路面各结构层的压实要求。
2. 熟悉压实度检测的评定要点。
3. 掌握路基路面压实度检测的数据计算与处理、编制试验检测报告等。

【学习内容】

路基路面压实度以 1～3km 长的路段为检验评定单元,按表 5-7 所列要求的检测频率及方法进行现场压实度抽样检查,求算每一测点的压实度 K_i。细粒土现场压实度检查可以采用灌砂法或环刀法;粗粒土及路面结构层压实度检查可以采用灌砂法、灌水法或钻孔取样蜡封法。应用核子密湿度仪时,须经对比试验检验,确认其可靠性。

表 5-7　压实度检验评定要求

工程项目类型				规定值或允许偏差/%			检查方法和频率
				高速公路、一级公路	其他公路		
					二级公路	三、四级公路	
土方路基	上路床		0～0.3m	≥96	≥95	≥94	密度法:每200m每压实层测2点
	下路床	轻、中及重交通荷载等级	0.3～0.8m	≥96	≥95	≥94	
		特重、极重交通荷载等级	0.3～1.2m	≥96	≥95	—	
	上路堤	轻、中及重交通荷载等级	0.8～1.5m	≥94	≥94	≥93	
		特重、极重交通荷载等级	1.2～1.9m	≥94	≥94	—	
	下路堤	轻、中及重交通荷载等级	>1.5m	≥93	≥92	≥90	
		特重、极重交通荷载等级	>1.9m				
填隙碎石(固体体积率/%)	基层	代表值		—	≥98		密度法:每200m测2点
		极值		—	≥82		
	底基层	代表值		≥96	—		
		极值		≥80	—		
级配碎(砾)石	基层	代表值		≥98			按有关方法检查,每200m测2点
		极值		≥94			
	底基层	代表值		≥96			
		极值		≥92			

工程项目类型			规定值或允许偏差/%			检查方法和频率
			高速公路、一级公路	其他公路		
				二级公路	三、四级公路	
稳定土(石灰土、石灰、粉煤灰土)	基层	代表值	—	≥95		按有关方法检查，每200m测2点
		极值	—	≥91		
	底基层	代表值	≥95	≥93		
		极值	≥91	≥89		
稳定粒料(石灰稳定粒料、水泥稳定粒料)	基层	代表值	≥98	≥97		按有关方法检查，每200m测2点
		极值	≥94	≥93		
	底基层	代表值	≥96	≥95		
		极值	≥92	≥91		
沥青混凝土面层或沥青碎(砾)石面层			≥试验室标准密度的96%（＊98％） ≥最大理论密度的92%（＊94％） ≥试验段密度的98%（＊99％）			每200m测1点；核子(无核)密湿度仪每200m测1处，每处5点

注：① 土方路基压实度以重型击实试验为准，极值为表列值减5%。
　　② 表内压实度可选用其中的1个或2个标准评定，若选用2个标准时，以合格率低的作为评定结果。
　　③ "＊"是指SMA路面，其他为普通沥青混凝土路面。

一、压实度评定要点

路基和路面基层、底基层的压实度以重型击实标准为准。沥青层压实度以《公路沥青路面施工技术规范》(JTG F40—2004)的规定为准。对于特殊干旱、潮湿地区或过湿土，可以《公路路基设计规范》(JTG D30—2015)、《公路路基施工技术规范》(JTG/T 3610—2019)规定的压实度标准进行评定。

标准密度应做平行试验，求其平均值作为现场检验的标准值。对于均匀性差的路基土质和路面结构层材料，应根据实际情况增补标准密度试验，求得相应的标准值。

检验评定段的压实度代表值 K（算术平均值的下置信界限）由下式计算，即

$$K = \overline{K} - \frac{t_\alpha}{\sqrt{n}} \cdot S \geqslant K_0 \qquad (5-24)$$

式中：$\overline{K}$——检验评定段内各测点压实度的平均值；

S——检测值的均方差；

n——检测点数；

K_0——压实度标准值;

t_α——t分布表中随测点数和保证率或置信度α而变的系数,可参见表附录二"单边置信水平"列。

保证率的要求:高速、一级公路的基层、底基层为99%,路基路面面层为95%。其他公路的基层、底基层为95%,路基路面面层为90%;

二、路基、基层和底基层

1. 当$K \geqslant K_0$,且单点压实度K_i全部大于等于规定值减2个百分点时,评定路段的压实度合格率为100%。

2. 当$K \geqslant K_0$,且单点压实度全部大于等于规定极值时,按测定值不低于规定值减2个百分点的测点数计算合格率。

3. 当$K < K_0$或某一单点压实度K_i小于规定极值时,该评定路段压实度为不合格,相应分项工程评为不合格。

路堤施工路段短时,分层压实度都要符合要求,且实际样本数不小于6个。

三、沥青面层

1. 当$K \geqslant K_0$,且全部测点大于等于规定值减1个百分点时,评定路段的压实度合格率为100%。

2. 当$K \geqslant K_0$时,按测定值不低于规定值减1个百分点的测点数计算合格率。

3. 当$K < K_0$时,评定路段的压实度为不合格,相应分项工程评为不合格。

【学习案例 5-4】

某新建公路路基施工中,对其中的一段压实质量进行检查,压实度检测结果见表5-8所列,压实度标准$K_0 = 95\%$,请按保证率为95%计算该路段的压实度代表值并进行质量评定。

表 5-8 压实度检测结果

序号	1	2	3	4	5	6	7	8	9	10
压实度/%	96.4	95.4	93.5	97.3	96.3	95.8	95.9	96.7	95.3	95.6
序号	11	12	13	14	15	16	17	18	19	20
压实度/%	97.6	95.8	96.8	95.7	96.1	96.3	95.1	95.5	97.0	95.3

解:经计算得

$$\overline{K} = 95.97\%, S = 0.91$$

根据$n = 20, \alpha = 95\%$,查表得

$$\frac{t_\alpha}{\sqrt{n}} = 0.387$$

压实度代表值 K 为算术平均值的下置信界限,即

$$K=\overline{K}-\frac{t_a}{\sqrt{n}} \cdot S=95.97-0.91\times0.387=95.62(\%)$$

由于压实度代表值 $K\geqslant K_0=95\%$,且单点压实度 $K_{max}=97.6\%$,$K_{min}=93.5\%$,$K_0-2\%=93\%<K_i$,全部单点压实度检验都符合要求。

合格点数 $m=20$,检测点数 $n=20$,合格率为

$$P=\frac{m}{n}\times100=\frac{20}{20}\times100=100(\%)$$

所以该路段的压实质量是合格的。

【学习案例 5-5】

某二级公路路基压实质量检验,经检测各点(共 12 个测点)的干密度分别为 $1.72g/cm^3$、$1.69g/cm^3$、$1.71g/cm^3$、$1.76g/cm^3$、$1.78g/cm^3$、$1.76g/cm^3$、$1.68g/cm^3$、$1.75g/cm^3$、$1.74g/cm^3$、$1.73g/cm^3$、$1.73g/cm^3$、$1.70g/cm^3$,最大干密度为 $1.82g/cm^3$,试按 95% 的保证率评定该路段的压实质量是否满足要求(压实度标准为 $K_0=93\%$)。

解:(1)计算各测点的压实度 K_i 计算结果分别为 94.5%、92.9%、94.0%、96.7%、97.8%、96.7%、92.3%、96.2%、95.6%、95.1%、95.1%、93.4%。

(2)计算平均值 $\overline{K}$ 和标准偏差 S:$\overline{K}=95.0\%$,$S=1.68\%$。

(3)计算代表值,当保证率为 95% 且 $n=12$ 时,查附录二得 $\frac{t_a}{\sqrt{n}}=0.518$,有

$$K=\overline{K}-\frac{t_a}{\sqrt{n}} \cdot S=95.0-0.518\times1.68=94.1(\%)$$

(4)评定:$K_0=93\%$

因为 $K>K_0$ 且 $K_{min}=92.3\%>88\%$(极值标准),所以该评定路段的压实质量满足要求。

【课后任务】

1. 压实的作用是什么?现场压实质量用什么指标来衡量?

2. 何谓压实度?路基路面压实度有哪些常用的检测方法?在什么情况下选择这些方法?

3. 确定路基土最大干密度的方法有哪几种?各种方法的特点是什么?

4. 简述用无核密度仪测定压实度的步骤。

5. 试述沥青面层压实度评定方法。

6. 请论述灌砂法测定压实度的主要过程。

7. 某新建高速公路路基施工中,对其中某一路段上路床压实质量进行检查,压实度检测结果分别为 98.6%、95.4%、93.0%、99.2%、96.2%、92.8%、95.9%、96.8%、96.3%、95.9%、92.6%、95.6%、99.2%、95.8%、94.6%、99.5%。请按保证率为 95% 计算该路段

的代表压实度,并进行分析评定。

8. 中液限黏土填筑的路堤。实验室重型标准击实试验求得该土的最大干密度 $\rho_0 = 1.82 g/cm^3$;按道路等级和部颁标准确定要求压实度 $K_0 = 93\%$(重型击实标准)。检测组对已完工的一段做了压实质量测定,压实度的代表值见表 5-9 所列。试计算各测点干密度、压实度,并按 95% 的保证率计算该路段压实度的代表值。

表 5-9　压实度的代表值

测点编号	湿密度/(g·cm^{-3})	含水率/%	干密度/(g·cm^{-3})	压实度/%
1	1.98	14.8	—	—
2	1.94	14.6	—	—
3	1.97	14.7	—	—
4	2.03	15.6	1.76	96.7
5	2.07	16.2		
6	2.05	16.3	1.76	96.7
7	1.94	15.8	—	—
8	2.04	16.2	1.76	96.7
9	2.02	15.7	1.75	96.1
10	2.01	15.6	1.74	95.6
11	1.99	15.4	1.72	94.5
12	2.01	15.9	1.73	95.1

第六章　路面平整度检测

第一节　概述

【学习要求】

1. 了解几种路面平整度测试方法的特点。
2. 熟悉路面平整度测试的相关规定和要求。

【学习内容】

　　路面平整度指的是路表面纵向的凹凸量的偏差值,是评价路面施工质量、服务水平的重要指标之一,主要反映的是路面纵断面剖面曲线的平整性。当路面纵断面剖面曲线相对平滑时,则表示路面相对平整,或平整度相对较好,反之则表示平整度相对较差。好的路面要求路面平整度也要好。路面的平整度与路面各结构层次的平整状况有着一定的联系,即各层次的平整效果将累积反映到路面表面上,路面面层由于直接与车辆及大气接触,不平整的表面将会增大行车阻力,并使车辆产生附加振动作用。这种振动作用会造成行车颠簸,影响行车的速度和安全及驾驶的平稳和乘客的舒适,同时,振动作用还会对路面施加冲击力,从而加剧路面和汽车机件损坏和轮胎的磨损,并增大油耗。而且,不平整的路面会积滞雨水,加速路面的破坏速度。因此,平整度的检测与评定是公路施工与养护的一个非常重要的环节。

　　平整度的测试设备大致可分为断面类和反应类两大类。断面类是通过测量路表凸凹情况来反映平整度,如 3m 直尺、连续式平整度仪、激光平整度仪及手推式断面仪等。反应类是通过测定路面凸凹引起车辆的颠簸振动来反映平整度状况,如颠簸累积仪等。常见平整度测试方法比较见表 6-1 所列。由于平整度的测量受各种因素的影响,不同类型测试设备的评价指标存在一定差异,如何将各种仪器测量的数据转换成统一标准的数据是急需解决的问题。为此,国际平整度指数 IRI 被提出,它是国际道路平整度试验(IRRE)的产物。1982 年,由来自巴西、英国、法国、美国及比利时的研究团体在巴西利亚进行大规模试验,研究在多种状况下,不同仪器、方法在多种类型道路上进行平整度测试的控制方法。最终选用 IRI 作为平整度的评价指标,因为它最大限度地满足了时间稳定性、空间稳定性以及相关性的标准。路基、面层、基层、底基层的平整度要求见表 6-2 所列。

表 6-1　常见平整度测试方法比较

方法	特点	技术指标	类别
3m 直尺法	设备成本低,结果直观,间断测试,工作效率低	最大间隙 h/mm	纵断面类
连续式平整度仪法	设备成本较低,连续测试,工作效率较高	标准差 σ/mm	纵断面类
激光平整度仪法	设备成本高,连续测试,工作效率高,技术指标国际通用	国际平整度指数 IRI/(m·km^{-1})	纵断面类
手推式断面仪	设备体积较小和便携,操作直观和简便,运行可靠,技术指标国际通用	国际平整度指数 IRI/(m·km^{-1})	纵断面类
颠簸累积仪法	设备成本较低,连续测试,工作效率较高,测试结果受承载车影响	单向累计值 VBI/(cm·km^{-1})	反应类

表 6-2　路基、面层、基层、底基层的平整度要求

结构类型	规定值或允许偏差						检查方法与频率
	3m 直尺:最大间距/m				平整度仪:标准偏差/mm		
	高速公路、一级公路		其他公路		高速公路、一级公路	其他公路	
	基层	底基层	基层	底基层			
土方路基	≤15		≤20		—	—	每 200m 测 2 处,每处连续测量 5 尺
石方路基	≤20		≤30		—	—	
水泥混凝土面层	≤3		≤5		≤1.32(2.2)	≤2.0(3.3)	3m 直尺每 200m 测 2 处,每处连续测量 5 尺(水泥混凝土面层为半幅车道板带);平整度仪:全线每车道连续按每 100m 计算 σ 或 IRI
沥青混凝土面层	—		≤5		≤1.2(2.0)	≤2.5(4.2)	
沥青碎石面层	—		≤5		≤1.2(2.0)	≤2.5(4.2)	
沥青贯入式面层	≤8				≤3.5(5.8)		
沥青表面处置面层	≤10				≤4.5(7.5)		
稳定土基层、底基层	—	≤12	≤12	≤15	—	—	
稳定粒料基层、底基层	≤8	≤12	≤12	≤15	—	—	
级配碎(砾)石基层、底基层	≤8	≤12	≤12	≤15	—	—	
填隙碎石(矿渣)基层、底基层	—	≤12	≤12	≤15	—	—	

注:括号中的数值为国际平整度指数 IRI(m·km^{-1})。

第二节 3m直尺法测定平整度

【学习要求】

1. 了解3m直尺法测定路面平整度的技术要求。

2. 熟悉3m直尺法测定路面平整度的准备工作和测试步骤。

3. 掌握3m直尺法测定路面平整度的数据计算与处理、填写试验检测记录表格、编制试验检测报告等。

【学习内容】

3m直尺测定法适用于用3m直尺测定路表与3m直尺基准面的最大间隙 δ_m，用以表征路表平整度，可供路基路面施工质量评定使用，也可用于碾压成型后的路基路面各层表面的平整度检测。

图6-1 3m直尺

一、仪具与材料技术要求

1. 3m直尺：测量基准面长度为3m，基准面应平直，用硬木或铝合金钢等材料制成，如图6-1所示。

2. 最大间隙测量器具：

测量间隙的尺子有两种，楔形塞尺是其中之一，比较常见；深度尺是测量间隙的另一种类型，使用起来较为方便。

(1)楔形塞尺：硬木或金属制的三角形塞尺，有手柄。塞尺的长度与高度之比不小于10，宽度不大于15mm，边部有高度标记，分度值不大于0.5mm，如图6-2、图6-3所示。

(2)深度尺：金属制的深度测量尺，有手柄。深度尺测量杆端头直径不小于10mm，分度值不大于0.5mm。

3. 其他：皮尺或钢尺、粉笔等。

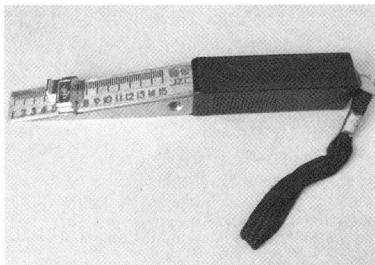

图6-2 楔形塞尺

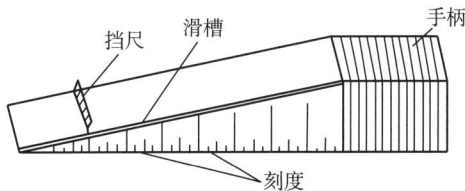

图6-3 塞尺示意图

二、方法与步骤

(一)准备工作

1. 按有关规范规定选择测试路段。

2. 测试路段的测试地点选择:当为沥青路面施工过程中的质量检测时,测试地点应选在接缝处,以单杆测定评定;可用于除高速公路以外的等级公路路基路面工程质量检查验收或进行路况评定,每 200m 测 2 处,每处连续测量 5 尺。除特殊需要者外,应以行车道一侧车轮轮迹(距车道线 80~100cm)作为连续测定的标准位置,如图 6-4 所示。对旧路已形成车辙的路面,应取车辙中间位置为测定位置,用粉笔在路面上做好标记。

3. 清扫路面测定位置处的碎石、杂物等。

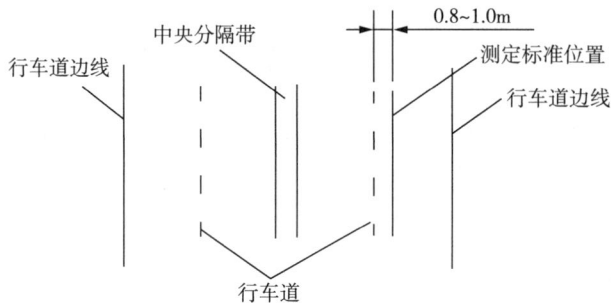

图 6-4 测点位置示意图

(二)测试步骤

1. 施工过程中检测时,根据测试需要确定的方向,将 3m 直尺摆在测试地点的路面上。

2. 目测 3m 直尺底面与路面之间的间隙情况,确定最大间隙的位置。

3. 用有高度标线的塞尺塞进间隙处,量测其最大间隙的高度;或者用深度尺在最大间隙位置量测直尺上顶面距地面的深度,该深度减去尺高即为测试点最大间隙的高度,准确至 0.5mm,如图 6-5 所示。

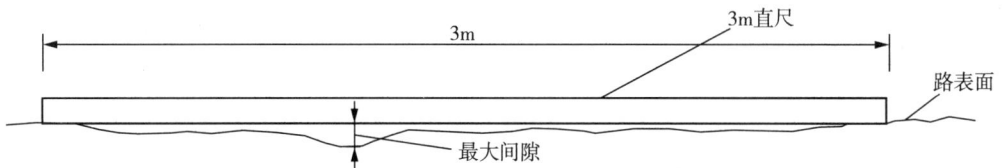

图 6-5 3m 直尺测平整度示意图

三、数据处理

单尺检测路面的平整度计算,以 3m 直尺与路面的最大间隙 δ_m 为测试结果;连续测试 10 尺时,判断每尺最大间隙 δ_m 是否合格,并计算合格率以及 10 个最大间隙的平均值。合格率按下式计算,即

$$合格率 = \frac{合格尺数}{总测尺数} \times 100\% \qquad\qquad (6-1)$$

【学习案例 6-1】

路基、路面平整度检测记录表见表 6-3 所列。

表 6-3　路基、路面平整度检测记录表

桩号及部位	水泥稳定碎石基层						施工日期					2020-08-05
检测方法	3m 直尺法						检测日期					2020-08-16
测试位置（桩号）	检测结果/mm						测试位置（桩号）	检测结果/mm				
	1	2	3	4	5	平均值		1	2	3	4	5	平均值
K12+500	5.5	4.5	5.0	4.0	4.5	4.7	K12+600	6.0	6.5	7.0	5.0	6.0	6.1
K13+500	5.0	5.5	5.0	5.0	6.5	5.0	K13+600	5.0	5.5	4.5	6.5	6.5	5.6
—	—	—	—	—	—	—	—	—	—	—	—	—
—	—	—	—	—	—	—	—	—	—	—	—	—
结论	平均值:5.5mm　检测尺数:20 尺　合格尺数:20 尺　合格率:100%											
	结论:合格						监理意见:					

第三节 连续式平整度仪测定平整度

【学习要求】

1. 了解连续式平整度仪法测定路面平整度的技术要求。
2. 熟悉连续式平整度仪法测定路面平整度的准备工作和测试步骤。
3. 掌握连续式平整度仪法测定路面平整度的数据计算与处理、填写试验检测记录表格、编制试验检测报告等。

【学习内容】

连续式平整度仪是近年来我国测定路面平整度的新型仪器,它的主要优点是可沿路面连续测量。它一般采用先进的微机处理技术,可自动计算、自动打印,自动显示路面平整度的标准差、正负差等各项技术指标,并绘出路面平整度偏差曲线。

连续式平整度仪法适用于连续式平整度仪量测路面纵向相对高程的标准差 σ,用以表征路面的平整度,可供路基路面施工质量评定使用,但不适用于在已有较多坑槽、破损严重的路面上测定。

一、仪具与材料技术要求

1. 连续式平整度仪结构及介绍如下:

(1)整体结构:连续式平整度仪实物及结构示意图如图 6-6、图 6-7 所示。除特殊情况外,连续式平整度仪的标准长度为 3m,其质量应符合仪器标准的要求,中间为一个 3m 长的机架,机架可缩短或折叠,前后各 4 个行走轮,前后两组轮的轴间距离为 3m。

图 6-6 连续式平整度仪实物示意图

(2)地面高差测量传感器:安装在机架中间,可以是能起落的测定轮或激光测距仪。

(3)其他辅助机构:连续式平整度仪的辅助机构有蓄电池电源,距离传感器,与数据采集、处理、存储、输出部分配套的采集控制箱及计算机打印机等。

(4)测试间距为 100mm,每一计算区间的长度为 100m,并输出一次结果。

(5)记录测试长度(单位以 m 计)、曲线振幅大于某一定值(如 3mm、5mm、8mm、10mm

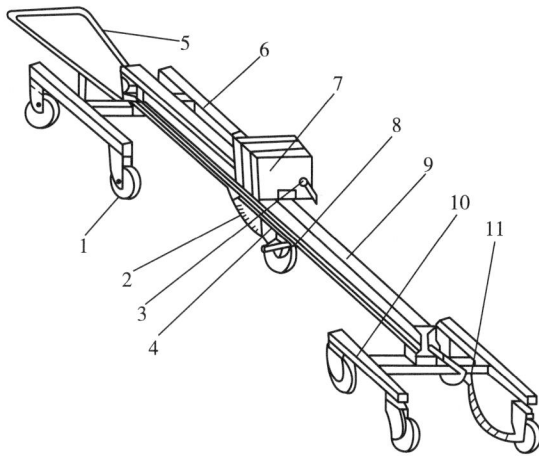

1—脚轮;2—拉簧;3—离合器;4—测量架;5—牵引架;

6—前架;7—记录计;8—测定轮;9—纵梁;10—后架;11—软轴。

图6-7 连续式平整度仪结构示意图

等)的次数、曲线振幅的单向(凸起或凹下)累计值及以3m机架为基准的中点路面偏差曲线图,计算并打印。

(6)机架装有一牵引钩及手拉柄,可用人力或汽车牵引。

2. 牵引车:小面包车或其他小型牵引汽车。

3. 其他:皮尺或测绳。

二、方法与步骤

(一)准备工作

1. 当施工过程中质量检测需要时,测试地点根据需要决定;当路面工程质量检查验收或进行路况评定需要时,通常以行车道一侧车轮轮迹带作为连续测定的标准位置;对已形成车辙的路面,取一侧车辙中间位置为测定位置。

2. 清扫路面测定位置处的碎石、杂物等。

3. 检查仪器检测箱各部分应完好、灵敏,轮胎压应正常,并将各连接线接妥,安装记录设备。

(二)测试步骤

1. 将连续式平整度仪置于测试路段路面起点上,保证测定轮位置在轮迹带范围内。

2. 在牵引汽车的后部,将连续式平整度仪与牵引汽车连接好,按照要求依次完成各项操作。

3. 启动牵引汽车,沿道路纵向行驶,横向位置保持稳定。

4. 确认连续式平整度仪工作正常。牵引连续式平整度仪的速度应保持匀速且沿车道方向行驶,速度宜为5km/h,最大不得超过12km/h。在测试路段较短时,亦可用人力拖拉连续式平整度仪测定路面的平整度,但拖拉时应保持匀速前进。

三、数据处理

1. 以 100m 长度为一个计算区间,按式(6-2)计算该区间内采集的位移值 d_i 的标准差 σ_i,即该区间的平整度,单位以 mm 计,保留 1 位小数,有

$$\sigma_i = \sqrt{\frac{\sum d_i^2 - \left(\sum d_i\right)^2 / N}{n-1}} \qquad (6-2)$$

式中:σ_i——各计算区间的平整度计算值(mm);

d_i——以 100m 为一个计算区间,每隔一定距离(自动采集间距为 10cm,人工采集间距为 1.5m)采集的路面凹凸偏差位移值(mm);

N——计算区间用于计算标准差的测试数据个数。

四、检测报告

计算一个评定路段内各区间平整度标准差的平均值、标准差、变异系数。

【学习案例 6-2】

试验应列表报告每一个评定路段内各测定区间的平整度标准差。各评定路段平整度的平均值、标准差、变异系数以及不合格区间数,其记录格式见表 6-4 所列。

表 6-4 路基、路面平整度检测记录表

桩号及部位		沥青混凝土上面层			施工日期:		
检测方法		连续式平整度法			检测日期:		
序号	测试区间桩号	标准差/mm	平均值/mm	标准差/mm	变异系数/%	合格区间数	合格率/%
1	K12+100	0.48	0.55	0.083	15	9	100
2	K12+200	0.46					
3	K12+300	0.51					
4	K12+400	0.50					
5	K12+500	0.65					
6	K12+600	1.67(桥头伸缩缝)					
7	K12+700	1.00(桥头伸缩缝)					
8	K12+800	0.71					
9	K12+900	0.50					
10	K13+000	0.54					
11	K13+100	0.57					
12	K13+200	0.91(路面污染)					
结论:			监理意见:				
承包人:			专业监理工程师:				

解：测试当中对于桥头（包括通道两侧）伸缩缝、路面污染，其数据应予以剔除。在测试当中这些情况应随时记录在测试记录上。该路段的平整度的均方差的平均值为

$$\bar{\sigma}=\frac{0.48+0.46+0.51+0.50+0.65+0.71+0.50+0.54+0.57}{9}=0.55(\text{mm})$$

查表 6-2，高速公路沥青混凝土面层标准偏差为 1.20mm。

因此 $\bar{\sigma}\leqslant[\sigma]$，所以该层平整度评定为合格。

第四节　车载式颠簸累积仪测定平整度

【学习要求】

1. 了解车载式颠簸累积仪测定路面平整度的技术要求。
2. 熟悉车载式颠簸累积仪测定路面平整度的方法和测试步骤。
3. 掌握车载式颠簸累积仪测定路面平整度的数据计算与处理、填写试验检测记录表格、编制试验检测报告等。

【学习内容】

用车载式颠簸累积仪测量车辆在路面上通行时后轴与车厢之间的单向位移累积值VBI,以此表示路面的平整度,单位以 cm/km 计。本方法适于测定路面表面的平整度、评定路面的施工质量和使用期的舒适性。但不适用于在已有较多坑槽、车辙等病害路面的平整度检测。

车载式颠簸累积仪的工作原理是测试车以一定的速度(以 30km/h 为宜,一般不超过40km/h)在路面上行驶,由于路面凹凸不平,引起汽车的激振,通过机械传感器可测量后轴同车厢之间的单向位移累积值 VBI。VBI 越大,说明路面平整度越差,舒适性也越差。

一、检测器具

(一)车载式颠簸累积仪组成

车载式颠簸累积仪示意图如图 6-8 所示。

1—测试车;2—数据处理器;3—电瓶;4—后桥;5—挂钩;6—底板;7—钢丝绳;8—颠簸累积仪传感器。

图 6-8　车载式颠簸累积仪示意图

(二)车载式颠簸累积仪基本技术要求和参数

1. 测试速度:30～80km/h。
2. 最大测试幅值:±20cm。

3. 垂直位移分辨率:1mm。

4. 距离标定误差:小于 0.5%。

承载车:颠簸累积仪对承载车的要求很高,用户在采购设备时应该根据设备生产商的要求采购车辆,不能随意选择车辆作为承载车,避免整套系统测值不稳定。

二、方法与步骤

(一)准备工作

1. 承载车出现以下情况之一时,均应进行仪器测值与国际平整度指数 IRI 的相关性试验:在正常状态下行驶超过 2000km;相关性试验的时间间隔超过 1 年;减震器、轮胎等发生更换、维修。

2. 检查测试车轮胎气压,应达到车辆轮胎规定的标准气压,车胎应清洁,不得黏附杂物,承载车载重及分布应与仪器相关性标定试验时一致。

3. 现场安装距离测量装置,应确保紧固装置安装牢固,螺丝无松动。

4. 检查测试系统各部分应符合测试要求,不应有明显的可视性破损。

5. 打开系统电源,启动控制程序,检查系统各部分的工作状态。

(二)测试步骤

1. 测试开始之前应让测试车以测试速度行驶 5～10km,按照规定的预热时间对测试系统预热。

2. 测试车停在测试起点前 300～500m 处,启动平整度测试系统程序,按照测试路段的现场技术要求设置完毕所需的测试状态。

3. 驾驶员在进入测试路段前应保持标定时的车速,沿正常行车轨迹驶入测试路段。

4. 进入测试路段后,测试人员启动系统的采集和记录程序,在测试过程中必须及时准确将测试路段的起终点和其他需要特殊标记点的位置输入测试数据记录中。

5. 当测试车驶出测试路段后,测试人员应停止数据采集和记录,并恢复仪器各部分至初始状态。

6. 测试人员进行检查,测试数据文件应完整,内容应正常,否则须重新测试。

7. 关闭测试系统电源,结束测试。

三、数据处理

根据颠簸累积仪测试的颠簸累积值 VBI,以及颠簸累积仪测值与国际平整度指数 IRI 的相关性关系试验,以 100m 为计算区间将颠簸累积值换算成国际平整度指数 IRI,单位以 m/km 计,保留 2 位小数。

四、颠簸累积仪测值与国际平整度指数相关性关系试验

(一)基本要求

由于颠簸累积仪测值受测试速度等因素影响,因此测试系统的每一种实际采用的测试速度均应单独进行试验,建立相关关系式,试验过程及分析结果应详细记录并存档。

（二）试验条件

1. 按照 IRI 值每段间距大于 1.0 的范围选择不少于 4 段不同平整度水平的路段,且有足够加速或减速长度的路段。根据实际测试道路 IRI 的分布情况,可以增加某些范围内的标定路段。

2. 每路段长度不小于 300m。

3. 每一段内的平整度应均匀,包括路段前 50m 的引道。

4. 选择坡度变化较小的直线路段,路段交通量小,便于疏导。

5. 标定宜选择在车道的正常行驶轮迹上进行,明确标出标定路段的轮迹、起终点。

（三）试验步骤

1. 距离标定

(1)选择坡度变化较小的平坦直线路段,长度不小于 500m,标出起终点和行驶轨迹。

(2)标定开始之前应让测试车以测试速度行驶 5～10km,按照规定的预热时间对测试系统进行预热。

(3)将测试车的前轮对准起点线,启动距离校准程序,然后令车辆沿着路段轨迹直线行驶,避免突然加速或减速,接近终点时,看指挥人员手势减速停车,确保测试车的前轮对准终点线,结束距离校准程序。重复此过程,确保距离传感器脉冲当量的准确性,应在允许误差范围之内。

2. 反应值的计算

令颠簸累积仪按选定的测试速度测试每个标定路段的反应值,重复测试至少 5 次,取其平均值作为该路段的反应值。

3. IRI 值的确定

(1)以精密水准仪作为标准仪具,分别测量标定路段两个轮迹的纵断高程,要求采样间隔为 250mm,高程测量精度为 0.5mm。然后用 IRI 标准计算程序对每个轮迹的纵断面测量值进行模型计算,得到该轮迹的 IRI 值,两个轮迹 IRI 值的平均值即为该路段的 IRI 值。

(2)其他符合平整度测试标准的纵断面测试仪具也可以作为确定标定路段标准 IRI 值的仪具。

（四）试验数据处理

用数理统计的方法将各标定路段的 IRI 值和相应的颠簸累积仪测值进行回归分析,建立相关关系式,相关系数 R 不得小于 0.99,即

$$IRI = a + b \cdot VBI_V \qquad (6-3)$$

式中:IRI——国际平整度指数(m/km);

VBI$_V$——测试速度为 V(km/h)时颠簸累积仪测得的颠簸累积值(cm/km);

a,b——回归系数。

（五）检测报告

1. 平整度检测报告应包括颠簸累积值 VBI$_V$、国际平整度 IRI 平均值和现场测试速度。

2. 提供颠簸累积值 VBI$_V$ 与标准国际平整度指数 IRI 在选定测试条件下的相关关系式及相关系数。

第五节 车载式激光平整度仪测定平整度

【学习要求】

1. 了解车载式激光平整度仪测定路面平整度的技术要求。
2. 熟悉车载式激光平整度仪测定路面平整度的方法和测试步骤。
3. 掌握车载式激光平整度仪测定路面平整度的数据计算与处理、填写试验检测记录表格、编制试验检测报告等。

【学习内容】

激光平整度仪为应用激光测距及加速度惯性修正技术测量路面纵断面高程计算路面国际平整度指数的设备。承载车的动态性能会影响其测试结果,使激光平整度仪的国际平整度指数测值与实际路面国际平整度指数有一定的差别,因此,必须通过对比试验,建立相关关系式,将激光平整度仪得到的测值换算为国际平整度指数,才能用于路面平整度评定。

本方法适用于车载式激光平整度仪测量路面国际平整度指数,以表征路面平整度,可供新、改建路面工程质量评定及验收使用。也适用于在无严重坑槽、车辙等病害及无积水、无冰雪、无泥浆的正常通车条件下的路面上进行平整度测试。本方法的数据采集、传输、记录和处理分别由专用软件自动控制进行。

一、仪具与材料技术要求

1. 车载式激光平整度仪(以下简称激光平整度仪)如图6-9所示,由承载车、距离传感器、纵断面高程传感器和主控制系统等组成,基本技术参数的要求如下:

(1)测试速度:30～100km/h。

(2)采样间隔:小于或等于500mm。

(3)传感器测试精度:1.0mm。

(4)距离标定误差:小于或等于0.05%。

2. 设备承载车要求:根据要求选择测试系统承载车辆。

二、方法与步骤

(一)准备工作

1. 检查激光平整度仪的各传感器。

2. 检查承载车轮胎气压,应达到车辆轮胎规定的标准气压,车胎应清洁,不得黏附杂物。

3. 现场安装距离测量装置,应确保机械紧固装置安装牢固,螺丝无松动。

图6-9 车载式激光平整度仪

4. 检查激光平整度仪各部分应符合测试要求,不应有破损。

5. 打开系统电源,启动控制程序,检查各部分的工作状态。

（二）测试步骤

1. 测试开始之前应让承载车以测试速度行驶 5～10km,按照规定的预热时间对激光平整度仪预热。

2. 承载车停在测试起点前 50～100m 处,启动平整度测试系统程序,按照测试路段的现场技术要求设置完毕所需的测试状态。

3. 驾驶员应按照要求的测试速度范围驾驶承载车,测试速度宜为 50～80km/h,避免急加速和急减速,急弯路段应放慢车速,沿正常行车轨迹驶入测试路段。

4. 进入测试路段后,测试人员启动系统的采集和记录程序,在测试过程中必须及时准确地将测试路段的起终点和其他需要特殊标记的位置输入测试数据记录中。

5. 当承载车驶出测试路段后,测试人员停止数据采集和记录,并恢复仪器各部分至初始状态。

6. 测试人员进行检查,测试数据文件应完整,内容应正常,否则须重新测试。

7. 关闭系统电源,结束测试。

三、数据处理

激光平整度仪采集的数据是路面相对高程值,应以 100m 为计算区间长度用 IRI 的标准计算程序计算国际平整度指数值,单位以 m/km 计,保留 2 位小数。

四、激光平整度仪测值与国际平整度指数相关性关系试验

（一）试验条件

1. 选择不少于 4 段不同平整度水平的路段,每段路 IRI 值的间距应大于 1.0,且有足够加速或减速长度的路段,根据实际测试道路 IRI 的分布情况,可以适当增加某些范围内的标定路段。

2. 每路段长度不小于 300m。

3. 每一段内的平整度应均匀,包括路段前 50m 的引道。

4. 选择坡度变化较小的直线路段,路段交通量小,便于疏导。

5. 一台承载车安装的多套平整度测试设备,需要分别试验。

6. 宜选择在车道的正常行驶轮迹上进行试验,明确标记试验路段起终点位置。

（二）试验步骤

1. 距离标定

(1)选择坡度变化较小的平坦直线路段,长度不小于 500m,标记起终点。

(2)标定开始之前应让测试车以测试速度行驶 5～10km,按照规定的预热时间对测试系统进行预热。

(3)将测试车的前轮对准起点线,启动测试系统,然后令测试车沿着路段轨迹直线行驶,避免突然加速或减速,接近终点时,看指挥人员手势减速停车,确保测试车的前轮对准

终点线,输出距离测值。重复此过程,确保距离传感器测试结果和路段标称长度的差值在允许误差范围之内。

2. 测试值的计算

按照以上测试步骤,对试验路段进行 5 次重复平整度测试,取其 IRI 计算值的平均值作为该路段的测试值。

3. IRI 值的确定

(1)以精密水准仪作为标准仪具,测量标定路段上测线的纵断高程,要求采样间隔为 250mm,高程测试精度为 0.5mm;然后用 IRI 标准计算程序对纵断面测量值进行模型计算,得到标定线路的 IRI 值。

(2)其他符合平整度测试标准的纵断面测试仪具也可以作为确定标定路段 IRI 值的仪具。

(三)试验数据处理

用数理统计的方法将各标定路段的 IRI 值和相应的平整度仪测值进行回归分析,建立相关关系式,相关系数 R 不得小于 0.99。

第六节　手推式断面仪测试平整度

【学习要求】

1. 了解手推式断面仪测定路面平整度的技术要求。

2. 熟悉手推式断面仪测定路面平整度的方法和测试步骤。

3. 掌握手推式断面仪测定路面平整度的检测操作、数据计算与处理、填写试验检测记录表格、编制试验检测报告等。

【学习内容】

手推式断面仪是用于连续采集和测量路面信息(包括距离、断面坡度和国际平整度指数)的一种高精度仪器,属于世界银行推出的标准中的一级断面设备。手推式断面仪可用于道路或机场跑道路面施工质量验收,还可为响应式平整度检测仪及其他类平整度检测仪提供标定参照。手推式断面仪适用于测量路面国际平整度指数,以表征路面平整度,也适用于无积水、无积雪、无泥浆的正常通车条件下的路面的平整度测试。

手推式断面仪体型小、携带方便、操作简单,在科研和工程应用领域具有一定的使用需求。测试时,仪器的放置时间、行驶距离以及温度、湿度等都会影响其测试结果,因此该仪器使用前需要进行系统标定,并在测试过程中关注上述因素的变化情况。

一、仪具与材料技术要求

1. 手推式断面仪由传感器、数据采集与处理系统、测定梁、距离测定轮、测脚、车架系统等基本部分组成。其实物和结构示意图如图 6-10 和图 6-11 所示,其技术要求如下:

(1)最大测试速度:0.80km/h。

(2)采样间隔:小于或等于 25.4mm。

(3)距离标定误差:小于或等于 0.1%。

(4)高度测量精度:±0.1mm。

(5)断面精度:±0.381mm。

(6)最大测量纵向坡度:9.5°。

图 6-10　手推式断面仪实物示意图

2. 其他:皮尺或钢卷尺、粉笔、扫帚等。

二、方法与步骤

(一)准备工作

1. 清扫待测路面,检查机械部件有无松动或损坏,检查测脚有无损坏、黏附物等。

2. 将各种数据线连接后,打开电源,按要求进行预热。

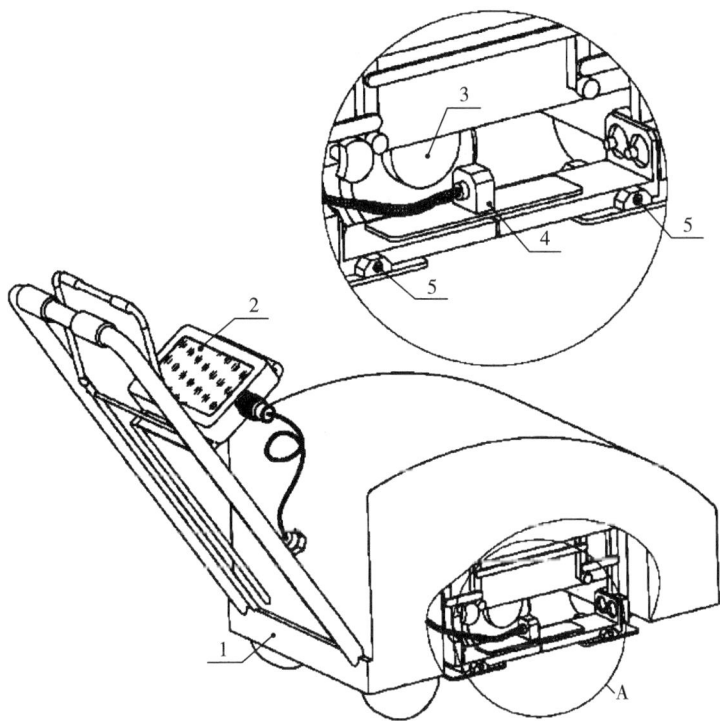

$$\frac{A向}{2:1}$$

1—车架系统；2—数据采集与处理系统；3—距离测定轮；4—传感器；5—测脚；A—测定梁放大图。

图 6-11　手推式断面仪结构示意图

3. 检查电池蓄电情况，确保测试期间电量充足。

4. 使用前应按要求完成系统标定，且宜选择温度变化幅度较小的时段进行测试。

（二）测试步骤

1. 在待测路面上沿行车迹线附近标记起始点的位置。

2. 将设备停放在测量路段起点，启动程序设置所需的测试状态，开始采集数据。

3. 测试人员将手推式断面仪按规定速度沿直线向前匀速推行，并保证两测脚落脚点都在测线上，不要在手柄上施加垂直力。中途如需临时停止，需将测定梁提起到达最高点后锁定距离测定轮。到达测试终点，在测定梁处于提起状态时，锁住距离测定轮。

4. 保存数据，关闭电源。

三、数据处理

根据路面纵断面相对高程数据，以 100m 为计算区间长度用 IRI 的标准计算程序计算国际平整度指数值，单位以 m/km 计，保留 2 位小数。

【课后任务】

1. 平整度的测试设备分为哪几类？最常用的测试设备及测试内容是哪些？

2. 目前路面平整度的测试方法及其相应的技术指标是什么？

3. 颠簸累积仪、连续平整度仪检测结果分别是什么？它们能否互换？

4. 简述 3m 直尺测定路面平整度的主要步骤。

5. 用连续平整度仪测定某一级公路沥青混凝土面层的平整度,检测结果为 1.1mm、1.0mm、1.2mm、0.6mm、1.6mm、1.1mm、1.3mm、1.0mm、0.8mm、1.2mm、1.5mm、0.9mm、1.3mm、1.2mm、1.4mm、1.1mm、0.9mm、1.0mm、1.3mm、1.2mm。规定值为 $\sigma=1.2$mm、IRI$=0.5$m/km,请计算平整度指标的合格率。

第七章　路面抗滑性能检测

第一节　概述

【学习要求】

1. 了解影响路面抗滑性能的因素。
2. 熟悉路面抗滑性能检测的相关规定。

【学习内容】

路面应具备足够的抗滑性能,以保证行车安全。若路面抗滑性能不足,汽车启动会发生空转打滑现象;汽车在弯道上行驶会产生横向滑移;高速行车时紧急制动所需的制动距离会增长。路面滑溜极易引发交通事故。因此,抗滑性能是路面施工质量检验和使用性能评价的重要指标。

影响路面抗滑性能的因素有路面表面特性、干湿状态、温度、行车车速、轮胎特性等。路面表面特性包括路表面微观构造和宏观构造,路面面层所用粗集料满足石料磨光值 PSV 要求,表面粗涩,就可获得较好的微观构造;而宏观构造取决于沥青用量和集料级配等,适当降低沥青用量,采用有棱角、形状接近立方体的集料,开级配集料,路面表面抗滑性能相对较好。干湿状态对路面抗滑性能影响较大,干燥状态下的路面一般是能保证汽车安全行驶,但当路表处于潮湿、积水状态,特别是路表与轮胎之间形成水膜时,或者冬季路面结冰、有积雪,则抗滑性能减小很多。这就是雨雪天发生的事故所占比率较高的原因。一般随着路面温度的升高,抗滑性能会减小。随着车速的提高,抗滑性能将会降低。轮胎特性包括轮胎的磨耗量、表面形状及构造。轮胎的磨耗量增加,抗滑性能降低。轮胎表面形状、轮胎的橡胶性质、轮胎的接触压力、轮重都对抗滑性能有影响。

《公路工程质量检验评定标准》(JTG F80/1—2017)中主要通过构造深度和摩擦系数两个方面来判定路面的抗滑性能,摩擦系数或构造深度越大,说明抗滑性能越高。《公路路基路面现场测试规程》(JTG 3450—2019)中介绍,构造深度的测试方法有手工铺砂法、电动铺砂法以及车载式激光构造深度仪法。摩擦系数的测试方法有摆式仪法、横向力系数测试法以及动态旋转式摩擦系数测试法。路面抗滑性能测试方法比较见表 7-1 所列。

表 7 - 1　路面抗滑性能测试方法比较

测试方法	测试指标	原理	特点及适用范围
制动距离法	摩阻系数 f	以一定速度在潮湿路上行驶的四轮小车或轻货车,当 4 个轮被制动时,测试车辆减速滑移到停止的距离,运用动力学原理,算出摩阻系数	测试速度快,必须中断交通
摆式仪法	摩阻摆值 BPN	摆式仪的摆锤底面装一橡胶滑块,当摆锤从一定高度 h 自由下摆时,滑块同试验表面接触。由于两者间的摩阻作用损耗部分能量,摆锤只能回摆到一定高度。表面摩阻力越大,回摆高度越小(即摆值越大)	定点测量,原理简单,不仅可用于室内测量,而且可用于野外测试沥青路面及混凝土路面的抗滑值
手工铺砂法、电动铺砂法	构造深度 TD/mm	将已知体积的砂摊铺在所要测试路表面的测点上,量取摊平覆盖的面积。砂的体积与所覆盖平均面积的比值,即为构造深度	定点测量,原理简单,便于携带,结果直观。适用于测定沥青路面及水泥混凝土路面的构造深度以及评定路表面的宏观粗糙度、排水性能及抗滑性能
激光构造深度仪法	构造深度 TD/mm	中子源发射的许多光束,照射到路表面的不同深度处,用 200 多个二极管接收返回的光束,利用二极管被点亮的时间差算出所测路面的构造深度	测试速度快,适用于测定沥青路面干燥表面的构造深度以及评价路面抗滑和排水能力,但不适用于多坑槽、显著不平整或裂缝过多的路段
摩阻系数测试车测定路面横向力系数	横向力系数 SFC	测试车安装有试验轮胎,它们对车辆行驶方向偏转一定的角度,汽车以一定速度在潮湿路面上行驶,试验轮胎受到侧向摩阻力作用。此摩阻力除以试验轮上的载重,即为横向力系数	测试速度快,用于标准的摩阻系数测试车测定沥青或水泥混凝土路面的横向力系数,结果作为竣工验收或使用期评定路面抗滑能力的依据

对于沥青混凝土路面面层的抗滑性能,在《公路沥青路面设计规范》(JTG D50—2017)中规定:在设计高速公路、一级公路的沥青混凝土路面面层时,应选用抗滑、耐磨石料,其磨光值应大于 42。其抗滑性能指标如下:

(1)摩阻系数。高速公路、一级公路宜在竣工后第一个夏季采用摩阻系数测定车,以 (50 ± 1) km/h 的车速测定横向力系数。

(2)宏观构造深度。路面在竣工后第一个夏季用铺砂法或激光构造深度仪法测定。

(3)一般于第一个夏季测定沥青面层横向力系数或摆值、路面宏观构造深度。

沥青路面抗滑性能应符合表 7 - 2 的要求。

表 7 - 2　沥青路面抗滑性能标准

公路等级	竣工验收值		
	横向力系数 SFC	摩阻摆值 BPN	构造深度 TD/mm
高速公路、一级公路	≥54	≥45	≥0.55

水泥混凝土路面抗滑性能主要用构造深度表示,《公路工程质量检验评定标准》(JTG F80/1—2017)中规定:高速公路、一级公路水泥混凝土面层抗滑构造深度一般路段不小于 0.7 且不大于 1.1,特殊路段不小于 0.8 且不大于 1.2;其他公路一般路段不小于 0.5 且不大于 1.0,特殊路段不小于 0.6 且不大于 1.1。

本章节主要介绍手工铺砂法、电动铺砂法、摆式仪法以及单轮横向力系数测试系统等常规方法。对于双轮式横向力系数测试系统和动态旋转式摩擦系数测试仪大家可自行查阅相关文献。

第二节　路面构造深度测试方法

【学习要求】

1. 了解手工铺砂法、电动铺砂法测定路面构造深度的适用范围。

2. 熟悉手工铺砂法、电动铺砂法测定路面构造深度的现场准备工作和测试步骤。

3. 掌握手工铺砂法、电动铺砂法测定路面构造深度的数据计算与处理、填写试验检测记录表格、编制试验检测报告。

【学习内容】

构造深度以前称为纹理深度,指一定面积的路表面上凹凸不平的开口孔隙的平均深度,是路面粗糙度的重要指标,它与路表抗滑性能、排水、噪声等都有一定关系。

手工铺砂法与电动铺砂法都是将细砂铺在路面上,计算嵌入凹凸不平的表面空隙中的砂的体积与覆盖面积之比,从而求得构造深度。

激光构造深度仪一般都采用车载式,其测试效率高、测试结果稳定,并能够与平整度、车辙等其他断面指标同步采集测试数据,为大多数检测单位所使用。但由于测试工作原理所限,该设备在具有槽状或坑状表面构造的水泥混凝土路面上使用受到限制。

一、手工铺砂法

(一)适用范围

手工铺砂法适用于测试沥青路面及无刻槽水泥混凝土路面表面构造深度,用以评定路面表面抗滑性能。

(二)仪具与材料技术要求

1. 人工铺砂仪由量砂筒、推平板和刮平尺组成。

(1)量砂筒:其形状尺寸如图 7-1 所示,一端是封闭的,容积为(25±0.15)mL,可通过称取量砂筒中水的质量以确定其容积 V,并调整其高度,使其容积符合规定要求。使用时间专用的刮尺将筒口量砂刮平。

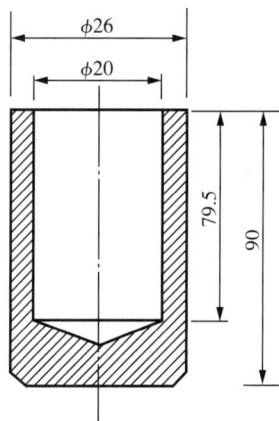

图 7-1　量砂筒形状尺寸

(2)推平板:推平板应为木制或铝制,直径 $\phi50\text{mm}$,底面粘贴一层厚 1.5mm 的橡胶片,上面有一圆柱把手,如图 7-2 所示。

2. 量砂:足够数量的干燥洁净的均匀砂,粒径为 0.15～0.30mm。

3. 量尺:钢板尺或专用构造深度尺。

4. 其他:装砂容器(小铲)、扫帚或毛刷、挡风板等。

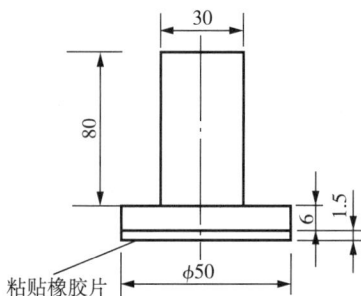

图 7-2　推平板

（三）方法与步骤

1. 准备工作

（1）量砂准备：取洁净的细砂，晾干过筛，取 0.15～0.30mm 的砂置于适当的容器中备用。试验时，量砂只能一次性使用，不得重复使用。

（2）选择测点：对测试路段按《公路路基路面现场测试规程》中随机选点的方法，在行车道上随机选取测点所在的横断面位置。测点应选在车道的轮迹带上，距路面边缘不应小于 1m。

2. 测试步骤

（1）用扫帚或毛刷子将测点附近的路面清扫干净，面积不少于 30cm×30cm。

（2）用小铲向圆筒中缓缓注入准备好的量砂至高出量筒成尖顶状，手提圆筒上部，用钢尺轻轻叩打圆筒中部 3 次，再次装满量砂后用刮尺边沿筒口一次刮平。注意不可直接用量砂筒装量砂，以免影响量砂密度的均匀性。

（3）将砂倒在路面上，用推平板由里向外重复做摊铺运动，稍稍用力将砂向外均匀摊开，使砂填入路表面的空隙中，尽可能将砂摊成圆形，并不得在表面上留有浮动余砂。注意摊铺时不可用力过大或向外推挤。

（4）用钢板尺测量所构成圆的两个垂直方向的直径，取其平均值，准确至 1mm；也可用专用尺直接测量构造深度。

（5）按以上方法，同一处平行测试不少于 3 次，3 个测点均位于轮迹带上，测点间距为3～5m。对同一处测试应该由同一个试验员进行测试。该处的测试位置以中间测点的位置表示。

3. 数据处理

（1）路面表面构造深度测定结果按下式计算，即

$$TD = \frac{1000V}{\frac{\pi D^2}{4}} = \frac{31831}{D^2} \tag{7-1}$$

式中：TD——路面表面构造深度（mm）；

V——砂的体积，25cm³；

D——摊平砂的平均直径（mm）。

（2）每一测试位置均取 3 次路面构造深度的测试结果的平均值作为试验结果，准确至0.01mm。当平均值小于 0.2mm 时，以小于 0.2mm 的试验结果表示。

（3）计算每一个测试路段构造深度的平均值、标准差、变异系数。

【学习案例 7-1】

某高速公路沥青混凝土路面用手工铺砂法评定路面摩擦性能，手工铺砂构造深度试验记录见表 7-3 所列。

表 7-3　手工铺砂构造深度试验记录

桩号	测点位置	砂体积 V/cm³	摊平砂直径 D/mm			构造深度 TD/mm	平均值/ mm	路况描述
			上下 方向	左右 方向	平均 直径			
K0+200	距中线 1.9	25	195	224	210	0.72	0.70	表面密实, 无离析
			199	212	206	0.75		
			234	219	226	0.62		
K0+400	距中线 1.9	25	211	194	203	0.77	0.73	表面密实, 无离析
			219	212	216	0.68		
			211	210	210	0.56		
K0+600	距中线 2.7	25	231	219	225	0.63	0.63	表面密实, 无离析
			238	241	239	0.56		
			215	210	212	0.71		
K0+800	距中线 1.9	25	234	204	219	0.66	0.72	表面密实, 无离析
			204	204	204	0.77		
			208	210	209	0.73		
K1+000	距中线 2.7	25	194	236	215	0.69	0.65	表面密实, 无离析
			223	243	233	0.59		
			231	203	217	0.68		
测点数:15		规定值/mm: ≥0.55		平均值/mm: 0.69		标准差/ mm: 0.04278	变异系数/%:6.24	

二、电动铺砂法

(一)目的和适用范围

本方法适用于测试沥青路面及无刻槽水泥混凝土路面表面构造深度,用以评定路面表面抗滑性能。

(二)仪具与材料技术要求

1. 电动铺砂仪:利用可充电的直流电源将量砂通过砂漏铺设成宽度为 5cm、厚度均匀一致的器具,如图 7-3 所示。

2. 量砂:足够数量的干燥洁净的匀质砂,粒径为 0.15~0.30mm。

3. 标准量筒:容积为 50mL。

4. 玻璃板:面积大于铺砂器,板厚不小于 5mm。

5. 其他:直尺、灌砂漏斗、扫帚、毛刷等。

（a）平面图　　　　　　　　　　（b）*A—A*断面

（c）标定　　　　　　　　　　（d）测定

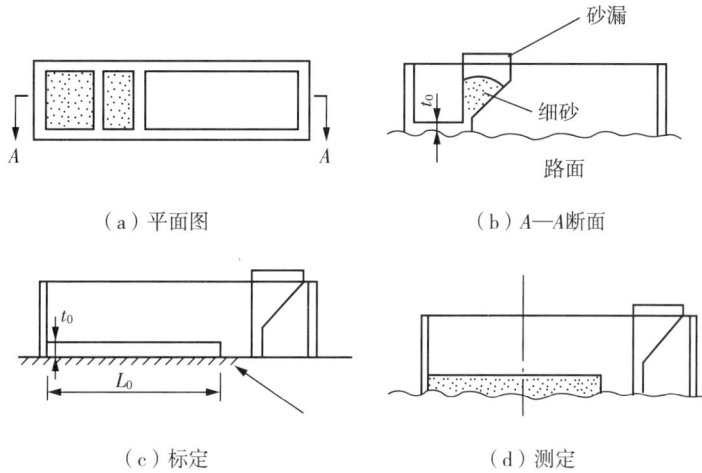

图 7 - 3　电动铺砂仪

（三）方法与步骤

1. 准备工作

（1）量砂准备：取洁净的细砂，晾干过筛，取 0.15～0.30mm 的砂置入适当的容器中备用。试验时，量砂只能一次性使用，不得重复使用。

（2）选择测点：对测试路段按《公路路基路面现场测试规程》中随机选点的方法，在行车道上随机选取测点所在的横断面位置。测点应选在车道的轮迹带上，距路面边缘应不小于 1m。

2. 电动铺砂仪标定

（1）将电动铺砂仪平放在玻璃板上，将砂漏移至电动铺砂仪端部。

（2）使灌砂漏斗口和量筒口大致齐平。通过漏斗向量筒中缓缓注入准备好的量砂至高出量筒成尖顶状，用直尺沿筒口一次刮平，其容积为 50mL。

（3）使漏斗口与电动铺砂仪砂漏上口大致齐平。将砂通过漏斗均匀倒入砂漏，漏斗前后移动，使砂的表面大致齐平，但不得用任何其他工具刮动砂。

（4）开动电动机，使砂漏向另一端缓缓运动，量砂沿砂漏底部铺成如图 7 - 4 所示的宽 5cm 的带状，待砂全部漏完后停止。

（5）由 L_1 及 L_2 的平均值决定量砂的摊铺长度 L_0，准确至 1mm，即

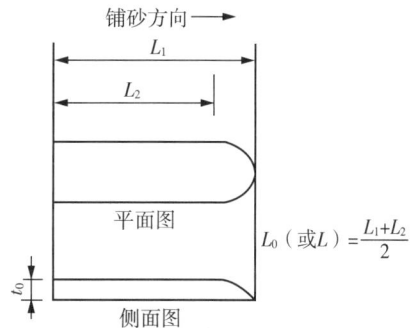

L_0—玻璃板上 50mL 量砂摊铺的长度（mm）；

L_2—路面上 50mL 量砂摊铺的长度（mm）。

图 7 - 4　决定 L_0 及 *L* 的方法

$$L_0 = (L_1 + L_2)/2 \qquad\qquad (7 - 2)$$

式中：L_0——玻璃板上 50mL 量砂摊铺的长度（mm）；

L_1、L_2——按图 7-4 的方法量取的摊铺长度(mm)。

(6)重复标定 3 次,取平均值决定 L_0,准确至 1mm。标定应在每次测试前进行,用同一种量砂,由同一测试人员进行。

3. 测试步骤

(1)将测试地点用毛刷刷净,面积大于电动铺砂仪。

(2)将电动铺砂仪沿道路纵向平稳地放在路面上,将砂漏移至端部。

(3)按以上电动铺砂仪标定过程中步骤(2)～步骤(5)相同的步骤,在测试地点摊铺 50mL 量砂,按图 7-4 中方法量取摊铺长度 L_1 和 L_2,由式(7-3)计算 L,准确至 1mm,即

$$L = (L_1 + L_2)/2 \qquad (7-3)$$

(4)按以上方法,同一处平行测定不少于 3 次,3 个测点均位于轮迹带上,测点间距为 3～5m。该处的测试位置以中间测点的位置表示。

4. 数据处理

(1)按下式计算电动铺砂仪在玻璃板上摊铺的量砂厚度 t_0,即

$$t_0 = \frac{V}{B \cdot L_0} \times 1000 = \frac{1000}{L_0} \qquad (7-4)$$

式中:: t_0——量砂在玻璃板上摊铺的标定厚度(mm);

V——量砂体积,50mL;

B——铺砂仪铺砂宽度,50mm。

(2)按下式计算路面构造深度 TD,即

$$TD = \frac{L_0 - L}{L} \cdot t_0 = \frac{L_0 - L}{L \cdot L_0} \times 1000 \qquad (7-5)$$

式中:TD——路面的构造深度(mm);

L——路面上 50mL 量砂摊铺的长度(mm)。

(3)每一处均取 3 次路面构造深度的测试结果的平均值作为试验结果,准确至 0.1mm。当平均值小于 0.2mm 时,以小于 0.2mm 的试验结果表示。

(4)计算每一个测试路段构造深度的平均值、标准差、变异系数。

电动铺砂法与手工铺砂法虽然基本原理类似,但测试方法有所差别,手工法是通过将固定体积量砂填入凹凸不平的空隙计算其平均深度作为构造深度的,而电动法是将固定体积量砂在路面上的摊铺长度与在玻璃板上的摊铺长度进行比较后,得到构造深度的,所以两种方法测试的构造深度存在差值,使用时应进行换算。

电动铺砂法的标定十分重要,为保证试验结果的准确性,标定应使用与实际试验相同的砂,并由同一测试人员进行。

【学习案例 7-2】

某高速公路沥青混凝土路面用电动铺砂法评定路面摩擦性能,电动铺砂构造深度试验记录见表 7-4 所列。

表 7-4　电动铺砂构造深度试验记录

桩号	L_0/mm	L_1/mm	L_2/mm	L/mm	TD/mm	平均值/mm
K0+200	263	234	215	225	0.64	0.67
		237	214	226	0.63	
		232	212	222	0.70	
K0+400	265	239	215	227	0.63	0.69
		230	211	221	0.75	
		233	215	224	0.69	
K0+600	262	234	214	224	0.69	0.70
		231	213	222	0.73	
		238	212	225	0.67	
测点数:9	平均值/mm:0.69	标准差/mm:0.01	变异系数/%:0.01		合格率/%:100	

第三节　摆式仪测定路面摩擦系数

【学习要求】

1. 了解摆式仪测定路面摩擦系数的目的及适用范围。
2. 熟悉摆式仪测定路面摩擦系数的现场准备工作和测试步骤。
3. 掌握摆式仪测定路面摩擦系数的数据计算与处理、填写试验检测记录表格、编制试验检测报告。

【学习内容】

一、指针式摆式仪测定路面摩擦系数

摆式仪测定路面摩擦系数的原理：为了模拟汽车以一定速度行驶时，汽车轮胎与路面表面之间的摩擦作用，使具有一定质量和一定长度的摆锤，从一定高度自由下摆时，让摆锤底面橡胶片与路面表面接触并滑动一定长度。为了克服摩擦力会损耗部分能量，因而摆锤回摆不到起始高度。摆的势能损失等于安装于摆臂末端橡胶片滑过路面时克服路面摩擦力所做的功。所以，回摆高度越小，与起始高度的差值越大，说明摩擦系数越大。摆值是摆式仪的刻度值，为摩擦系数的 100 倍。

（一）目的和适用范围

指针式摆式仪适用于测试无刻槽水泥路面和沥青路面的摆式摩擦系数值 BPN，用以评定路面或路面材料试件在潮湿状态下的抗滑能力。

（二）仪具与材料技术要求

1. 指针式摆式仪：其结构示意图如图 7-5 所示。测试时由人工通过指针在度盘上直接读值，摆值最小刻度为 2。

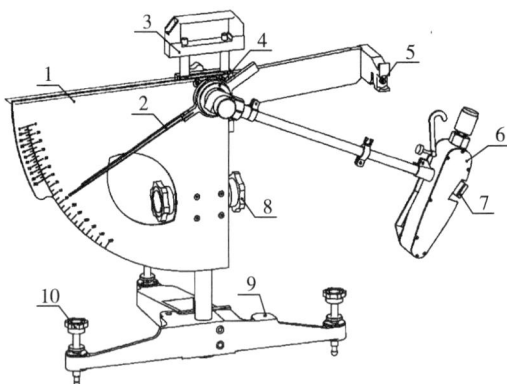

1—度盘；2—指针；3—紧固旋钮；4—松紧调节螺栓；5—释放开关；
6—摆；7—滑溜块；8—升降旋钮；9—度盘；10—水准泡；11—调平螺栓。

图 7-5　指针式摆式仪结构示意图

2. 橡胶片：当用于测定路面抗滑值时，其尺寸为 6.35mm×25.4mm×76.2mm。橡胶质量应符合表 7-5 的要求。当橡胶片使用后，端部在长度方向上磨耗超过 1.6mm、边缘在宽度方向上磨耗超过 3.2mm、有油类污染时，即应更换新橡胶片。新橡胶片应先在干燥路面上测试 10 次后再用于测试。橡胶片的有效使用期从出厂日期起算为 12 个月。

表 7-5　橡胶物理性质技术要求

性质指标	温度				
	0℃	10℃	20℃	30℃	40℃
弹性/%	43～49	58～65	66～73	71～77	74～79
硬度 IR	55±5				

3. 滑动长度量尺：长为 126mm。

4. 喷水壶。

5. 硬毛刷。

6. 路面温度计：分度不大于 1℃。

7. 其他：毛刷或扫帚、记录表格等。

(三)方法与步骤

1. 准备工作：

(1)检查指针式摆式仪的调零灵敏情况，并定期进行滑块压力的标定。

(2)按《公路路基路面现场测试规程》中随机选点的方法选择测试位置，每个测试位置布设 3 个测点，测点间距为 3～5m，以中心测点的位置表示该测试位置。测试位置应选在车道横断面上轮迹处，且距路面边缘不应小于 1m。

2. 测试步骤：

(1)清洁路面：用扫帚或其他工具将测点处路面上的浮尘或附着物打扫干净。

(2)仪器调平。

① 将指针式摆式仪置于路面测点上，并使摆的摆动方向与行车方向一致。

② 转动底座上的调平螺栓，使水准泡居中。

3. 指针调零：

(1)放松紧固旋钮，转动升降旋钮，使摆升高并能自由摆动，然后旋紧紧固旋钮。

(2)将摆固定在右侧悬臂上，使摆处于水平位置，并把指针拨至右端与摆杆贴紧。

(3)右手按下释放开关，使摆向左带动指针摆动，当摆达到最高位置后刚开始下落时，用左手将摆杆接住，此时指针应指零。

(4)指针若不指零，通过转动松紧调节螺栓进行调整后，重复步骤(1)～步骤(3)，直至指针指零，调零允许误差为±1。

4. 校核滑动长度：

(1)让摆处于自然下垂状态，松开固定旋钮，转动升降旋钮使摆下降，并提起举升柄使摆向左侧移动，然后放下举升柄使橡胶片长边下缘轻轻触地，在边侧紧靠橡胶片摆放滑动长度量尺，使量尺左端对准橡胶片触地下缘；再提起举升柄使摆向右侧移动，然后放下举升柄使橡胶片下缘轻轻触地,检查橡胶片下缘是否与滑动长度量尺的右端齐平。若齐平,则说明橡胶片两次触地的距离(滑动长度)符合(126±1)mm 的要求。左右两橡胶片长边边缘应以刚刚接触路面为准,不可借摆的力量向前滑动,以免标定的滑动长度与实际不符。

(2)橡胶片两次触地与量尺两端若不齐平,通过升高或降低摆或仪器底座的高度进行调整。微调时,也可用旋转仪器底座上的调平螺栓调整仪器底座高度,但需注意保持水准泡居中。

(3)重复步骤(1)和步骤(2),直至滑动长度符合(126±1)mm 的要求。

5. 将摆固定在右侧悬臂上,使摆处于水平位置,并把指针拨至右端靠紧摆杆。

6. 用喷水壶浇洒测点处路面,使之处于湿润状态。

7. 按下右侧悬臂上的释放开关,使摆在路面滑过。当摆杆回落时,用手接住,读数但不做记录。

8. 按照步骤5~步骤7,重复操作 5 次,读记每次测试的摆值。5 个摆值中最大值与最小值的差值不得大于 3。如差值大于 3,应重复上述各项操作,至符合规定为止。

9. 在测点处用温度计测记潮湿路表温度,准确至 1℃。

10. 每个测试位置由 3 个单点组成,即需按以上方法在同一测试位置平行测定 3 次,以3 次测定结果的平均值作为该测点的代表值(精确到 1)。

(四)数据处理

1. 计算每个测点 5 个摆值的平均值作为该测点的摆值 BPN_T,取整数。

2. 抗滑值的温度修正。

当路面温度为 $T(℃)$时,测得的摆值为 BPN_T必须按下式换算成标准温度 20℃的摆值BPN_{20},即

$$BPN_{20} = BPN_T + \Delta BPN \tag{7-6}$$

式中:BPN_{20}——换算成标准温度 20℃时的摆值;

$\quad\quad BPN_T$——路面温度 T 时测得的摆值;

$\quad\quad \Delta BPN$——温度修正值按表 7-6 采用。

表 7-6　温度修正值

温度/℃	0	5	10	15	20	25	30	35	40
温度修正值 ΔBPN	-6	-4	-3	-1	0	+2	+3	+5	+7

3. 计算每个测试位置 3 个测点摆值的平均值作为该测试位置的摆值,取整数。

4. 按照测试规程规定的方法,计算一个测试路段摆值的平均值、标准差、变异系数。

5. 注意事项

(1)带刻槽的水泥路面不宜采用摆式仪法测定抗滑性能。

(2)按下释放开关后,摆杆回落时用手接住,减少橡胶片与地面的磨损。

(3)路面温度不为 20℃需按表 7-6 进行温度修正,在中间温度时,可用内插法计算。

二、数字式摆式仪测定路面摩擦系数

指针式摆式仪的指针归零标定步骤非常重要,但长期以来,因我国多数生产厂家受指

针式摆式仪的制造工艺和采用的材料所限,大部分指针式摆式仪指针控制效果不过关,造成测试结果准确性也不能满足要求。数字式摆式仪是在不改变原有指针式摆式仪基本结构和工作原理的基础上,利用计算机、电子、传感器技术,研发的一种集成了自动显示、自动存储、自动温度修正功能的数字化测量系统。数字式摆式仪的测量机构由高精度角度传感器、嵌入式摆值测量系统、温度传感器及算法软件等部分组成。

数字式摆式仪取消了指针和刻度盘,其零位标定和摆值读取均由角度传感器和控制程序自动完成,避免了指针式摆式仪结构零位标定和人工读值方式造成的不稳定性和数据误差,较好地提高了测试结果的稳定性和准确度。

(一)适用范围

数字式摆式仪适用于测试无刻槽水泥路面和沥青路面的摆式摩擦系数值 BPN。

(二)仪具与材料技术要求

1. 数字式摆式仪:其结构示意图如图 7-6 所示。数字式摆式仪主机可输入测点编号,自动测量、存储和显示摆值及温度修正后的结果。

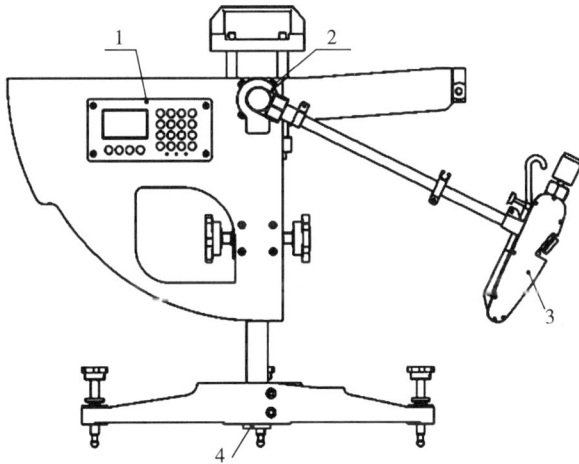

1—主机;2—角度传感器;3—摆;4—温度传感器。

图 7-6　数字式摆式仪结构示意图

2. 橡胶片:各项要求与指针式摆式仪的规定相同。

3. 滑动长度量尺(长为 126mm)。

4. 喷水壶。

5. 毛刷。

6. 路面温度计:分度不大于 1℃。

7. 其他:扫帚、记录表格等。

(三)方法与步骤

1. 准备工作

(1)检查数字式摆式仪的调零灵敏情况,并定期进行滑块压力的标定。

（2）按《路基路面现场测试规程》中规定的现场抽样选点的方法,选择测试位置,每个测试位置布设 3 个测点,测点间距为 3～5m,以中心测点的位置表示该测试位置。测试位置应选在车道横断面上轮迹处,且距路面边缘不应小于 1m。

2. 测试步骤

（1）清洁路面。用扫帚或其他工具将测点处路面上的浮尘或附着物打扫干净。

（2）仪器调平:

① 将仪器置于路面测点上,并使摆的摆动方向与行车方向一致。

② 转动底座上的调平螺栓,使水准泡居中。

（3）零位标定:

① 放松紧固旋钮,转动升降旋钮,使摆升高并能自由摆动,然后旋紧紧固旋钮。

② 将摆固定在右侧悬臂上,使摆处于水平释放位置。

③ 打开数字化摆式仪主机电源,设置测试状态为"标定",按下释放开关,使摆向左摆动,当摆达到最高位置后下落时,用手将摆杆接住,此时数字化摆式仪将自动记录空摆时的初始角度,保存此初始角度,完成零位标定。

（4）校核滑动长度:

① 让摆处于自然下垂状态,松开紧固旋钮,转动升降旋钮使摆下降,并提起举升柄使摆向左侧移动,然后放下举升柄使橡胶片长边下缘轻轻触地,在边侧紧靠橡胶片摆放滑动长度量尺,使量尺左端对准橡胶片触地下缘;再提起举升柄使摆向右侧移动,然后放下举升柄使橡胶片下缘轻轻触地,检查橡胶片下缘是否与滑动长度量尺的右端齐平。若齐平,则说明橡胶片两次触地的距离（滑动长度）符合 126mm 的要求。左右两橡胶片长边边缘应以刚刚接触路面为准,不可借摆的力量向前滑动,以免标定的滑动长度与实际不符。

② 橡胶片两次触地与量尺两端若不齐平,通过升高或降低摆或仪器底座的高度进行调整。微调时,也可用旋转仪器底座上的调平螺栓调整仪器底座的高度,这种方法比较方便,但需注意保持水准泡居中。

③ 重复步骤①和步骤②,直至滑动长度符合 126mm 的要求。

（5）将摆固定在右侧悬臂上,使摆处于水平释放位置,设置测试状态为"就绪"。

（6）用喷水壶浇洒测点处路面,使之处于湿润状态。

（7）按下右侧悬臂上的释放开关,使摆在路面滑过,当摆杆回落时,用手接住,读数但不做记录。然后使摆杆重新置于水平释放位置。

（8）按照步骤（5）～步骤（7）,重复操作 5 次,读记每次测试的摆值。5 个摆值中最大值与最小值的差值不得大于 3。如差值大于 3,应检查产生的原因,并再次重复上述各项操作,至符合规定为止。

（9）在测点处用温度计测记潮湿路表温度,准确至 1℃。

（10）重复步骤（1）～步骤（9）,完成一个测试位置 3 个测点的摆值测试。

（四）数据处理

1. 计算每个测点 5 个摆值的平均值作为该测点的摆值 BPN_T,取整数。

2. 每个测点的摆值按照规定进行温度修正。

3. 计算每个测试位置 3 个测点摆值的平均值作为该测试位置的摆值,取整数。

4. 计算一个测试路段摆值的平均值、标准差、变异系数。

【学习案例 7－3】

某高速公路中粒式沥青混凝土路面用摆式仪测定摩擦摆值,路面抗滑值试验原始记录表见表 7－7 所列。

表 7－7 路面抗滑值试验原始记录表

工程名称:×××工程　路面类型:中粒式沥青　路段桩号:K0＋200～K0＋600　路面温度:25℃

测点位置		测点序号	摆值 BPN						测点摆值BPN	温度修正值	修正后摆值
桩号	横距/m		1	2	3	4	5	平均值			
K0＋200	距中线0.85	1	44	43	46	45	46	45	47	2	49
		2	47	48	45	46	48	47			
		3	46	48	49	47	48	48			
K0＋400	距中线0.90	1	45	46	45	47	46	46	46	2	48
		2	46	47	48	45	46	46			
		3	48	46	49	47	46	47			
K0＋600	距中线0.90	1	49	46	48	49	47	48	45	2	47
		2	45	42	43	44	45	44			
		3	46	43	45	43	44	44			
测点数:9		规定值 BPN:≥45	平均值 BPN:48		标准差 BPN:1		变异系数/%:21			合格率/%:100	

第四节　轮式横向力系数测试系统测定路面摩擦系数

【学习要求】

1. 了解轮式横向力系数测试系统测定路面摩擦系数的目的及适用范围。
2. 熟悉轮式横向力系数测试系统测定路面摩擦系数的现场准备工作和测试步骤。
3. 掌握轮式横向力系数测试系统测定路面摩擦系数的数据计算与处理、填写试验检测记录表格、编制试验检测报告。

【学习要求】

一、单轮式横向力系数测试系统测定路面摩擦系数

我国标准体系中引入的横向力系数测试系统是英国的 SCRIM 系统,其工作原理:与行车方向成 20°偏角并承受一定垂直荷载的测定轮,以一定速度行驶在潮湿路面上,测试轮胎所受到的侧向摩擦阻力与垂直荷载的比值,称为横向力系数,简称 SFC。

由于其他类型的横向力系数测试系统在测试轮的偏角、荷载、轮胎等方面的差别,所测得的横向力系数不同于 SCRIM 测试车。因此,当应用非 SCRIM 系统的横向力系数测试系统测试路面摩擦系数时,应通过对比试验,建立相关关系式,将该横向力系数测试系统的测值转换为 SCRIM 系统的 SFC 值后,才能进行路面抗滑性能的评定。

本方法的数据采集、传输、记录和处理分别由专用软件自动控制进行。

(一)目的和适用范围

单轮式横向力系数测试系统适用于在新、改建路面工程质量验收和无严重坑槽、车辙等病害的正常行车条件下连续采集路面的横向力系数。

(二)仪具与材料技术要求

单轮式横向力系数测试系统由承载车、距离测试装置、横向力测试装置、供水装置和主控制单元组成,单轮式横向力系数测试车示意图如图 7-7 所示,单轮式横向力系数测试系统构造示意图如图 7-8 所示。主控制单元除实施对测试装置和供水装置的操作控制外,同时还控制数据的传输、记录与计算等环节,其主要技术要求如下:

1. 承载车应为能够固定和安装测

图 7-7　单轮式横向力系数测试车示意图

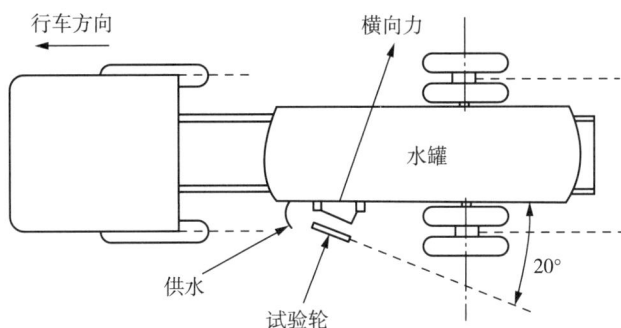

图 7-8　单轮式横向力系数测试系统构造示意图

试、储供水、控制和记录等系统的载重车底盘,具有在水罐满载状态下最高车速大于100km/h 的性能。

2. 测试轮胎类型:光面天然橡胶充气轮胎。

3. 测试轮胎规格:3.00-20-4PR。

4. 测试轮胎标准气压:(350±20)kPa。

5. 测试轮偏置角:19.5~21℃。

6. 测试轮静态垂直标准荷载:(2000±20)N。

7. 拉力传感器非线性误差:小于0.05%。

8. 拉力传感器有效量程:0~2000N。

9. 距离标定误差:小于2%。

（三）方法与步骤

1. 准备工作

(1)每个测试项目开始前或连续测试超过1000km后应按照规定的方法进行系统应力传感器的标定,记录标定数据并存档。

(2)检查测试车轮胎气压,应达到车辆轮胎规定的标准气压。

(3)检查测试轮胎磨损情况,当其直径比新轮胎减小6mm(也即胎面磨损3mm)以上或有明显损伤、裂口时,必须更换新轮胎。新更换的轮胎在正式测试前应试测约2km。

(4)检查测试轮气压,应达到(350±20)kPa的要求。

(5)检查测试轮固定螺栓必须拧紧。将测试轮放到正常测试时的位置,检查其应能够沿两侧滑柱上下自由升降。

(6)根据测试里程向水罐加注足够用量的清洁测试用水。

(7)当出水控制为固定式开关时,需将开关设置在对应的测试速度位置,放下测试轮并检查洒水口出水情况和洒水位置;洒水位置应在测试轮接触地面中点沿行驶方向前方(400±50)mm 处,洒水宽度应为中心线两侧各不小于75mm。

(8)启动控制单元,检查各项功能和技术参数选择状态均应正常。

2. 测试步骤

(1)正式开始测试前首先应按规定的时间要求启动控制单元进行通电预热。

(2)进入测试路段前,测试人员设置所需的系统技术参数,并将测试轮胎至少提前

500m 降至路面上进行预跑。

（3）进入测试路段后,驾驶员应保持较为均匀的行车速度,并沿正常行车轨迹行驶。当为固定出水控制方式时,行驶最高速度不得超过出水开关事先设置所对应的速度。

（4）测试过程中,测试人员应及时准确将测试路段需要标记的起终点和其他特殊点的位置输入测试数据记录中。

（5）承载车驶出测试路段后,测试人员停止测试程序,提升起测量轮并恢复仪器各部分至初始状态。

（6）检查数据文件内容应完整正常,否则须重新测试。

（7）关闭测试系统电源,结束测试。

（四）数据处理

1. SFC 值的速度修正

以测试结果使用时所需的速度作为标准测试速度,其他测试速度条件下得到的 SFC 值应通过式（7-7）转换至标准速度下的等效 SFC 值。

$$SFC_标 = SFC_测 - 0.22(V_标 - V_测) \tag{7-7}$$

式中：$SFC_标$——标准测试速度下的等效 SFC 值；

$SFC_测$——现场实际测试速度条件下的 SFC 测试值；

$V_标$——标准测试速度（km/h）；

$V_测$——现场实际测试速度。

2. SFC 值的温度修正

测试系统的标准现场测试地面温度范围为（20±5）℃,其他地面温度条件下测试的 SFC 值必须通过表 7-8 转换至标准温度下的等效 SFC 值。系统测试要求地面温度为 8～60℃。

表 7-8 SFC 温度修正

温度/℃	10	15	20	25	30	35	40	45	50	55	60
修正	-3	-1	0	+1	+3	+4	+6	+7	+8	+9	+10

3. 计算

计算一个测试路段 SFC 值的平均值、标准差、变异系数。

（五）不同类型摩擦系数测试设备间相关关系对比试验

1. 基本要求

当制动式摩擦系数测试设备或其他类型横向力式测试设备需换算成横向力系数使用时,应进行相关性试验,建立其他类型测试结果与 SFC 值的相关性关系。

2. 试验条件

（1）按 SFC 值 0～30、30～50、50～70、70～100 的范围选择 4 段不同摩擦系数的路段,路段长度可为 100～300m。

（2）试验路段地面应清洁干燥,地面温度应为 10～30℃,天气宜选择在晴天无风条件下。

3. 试验步骤

(1)测试系统和需要进行对比试验的其他类型设备分别按准备工作的方法及其操作手册规定的程序准备就绪。

(2)两套设备分别以 40km/h、50km/h、60km/h、70km/h、80km/h 的速度在所选择的 4 种试验路段上各测试 3 次,3 次测试的平均值的绝对差值不得大于 5,否则重测。

(3)两种试验设备设置的采样频率差值不应超过一倍,每个试验路段的采样数据量不应少于 10 个。

4. 试验数据处理

(1)分别计算出每种速度下各路段 3 次测试结果的总平均值和标准差,超过 3 倍标准差的值应予以舍弃。

(2)用数理统计的回归分析方法建立试验设备测值与速度的相关关系式,相关系数 R 不得小于 0.95。

(3)建立不同速度下试验设备测值 SFC 的相关关系式,相关系数 R 不得小于 0.95。

二、双轮式横向力系数测试系统测定路面摩擦系数

双轮式横向力系数测试系统以英国制造的 Mu Meter 摩擦系数测试系统为代表,其工作原理:互成 15°夹角(与行车方向各成 7.5°偏角),并承受一定垂直荷载的两个测定轮,以一定速度行驶在潮湿路面上,测试轮胎所受到的侧向摩擦阻力与垂直荷载的比值即为横向力系数。

由于 Mu-Meter 摩擦系数测试系统的测试机构、测试轮的偏角、荷载、轮胎等方面与 SCRIM 测试车不同,所测得的横向力系数亦不同于 SCRIM 测试车。因此,应通过对比试验,建立相关关系式,将 Mu-Meter 摩擦系数测试系统的测值转换为 SCRIM 系统的 SFC 值后,才能进行路面抗滑性能的评定。

本方法的数据采集、传输、记录和处理分别由专用软件自动控制进行。

(一)目的和适用范围

双轮式横向力系数测试系统适用于工作原理和结构与 Mu-Meter 相同的摩擦系数测试系统在新建、改建路面工程的质量验收和无严重坑槽、车辙等病害的正常行车条件下测定沥青路面或水泥混凝土路面的摩擦系数。

(二)仪具与材料技术要求

双轮式横向力系数测试系统主要由牵引车、供水系统、测试系统、主控制单元、标定装置等组成,如图 7-9、图 7-10 所示。

1. 牵引车

牵引车最高行驶车速应大于 80km/h,车辆后部可安装专用拖挂装置,车辆应配备警灯及相关警示标志。

2. 测试系统技术要求和参数

(1)双轮式横向力系数测试系统总质量:256kg。

(2)单轮静态标准荷载:1.27kN。

(3)测试轮夹角:15°。

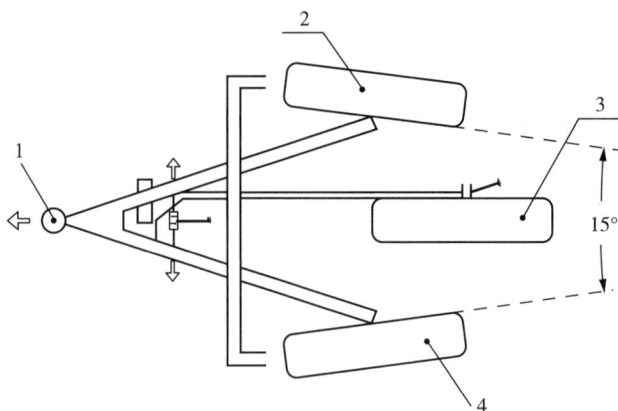

1—曳引点;2—旋转试验轮;3—记录器;4—固定试验轮。

图 7-9 双轮式横向力系数测试系统平面示意图

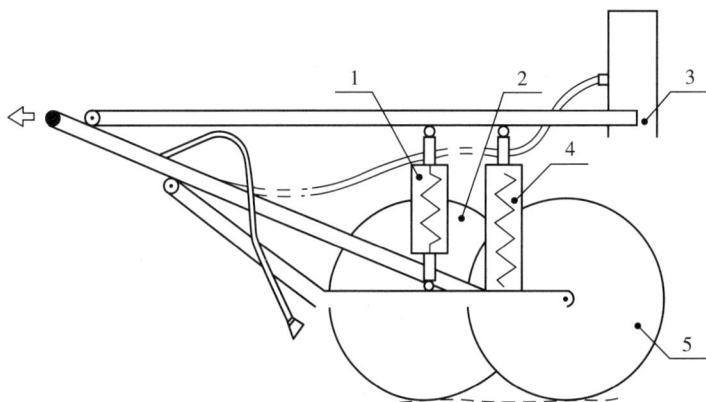

1—阻尼弹簧;2—试验轮;3—记录器;4—低速弹簧;5—记录轮。

图 7-10 双轮式横向力系数测试系统侧视示意图

(4)测试轮标准气压:(70±3.5)kPa。

(5)测试轮规格:4.00/4.80-8 光面轮胎。

(6)洒水量:路面水膜厚度为 0.5~1.0mm。

(7)测试速度范围:40~60km/h。

(8)距离测试轮气压:(210±13.7)kPa。

(三)方法与步骤

1. 准备工作

(1)按照仪器设备技术手册或使用说明书对测试系统进行标定。标定通过后才能用于路面测试。

(2)测试前,设备预热 10min 左右,并检查汽油机是否能正常工作,机油是否需要更换。

(3)降下测试轮,打开水阀进行检查,水流情况应正常,水流应符合要求,检查仪表各项指数应正常,然后升起测试轮。

(4)将牵引车及洒水车、测试仪及控制线路连接线依次连好后,拔出测试车插销,打开电脑进入测试状态,同时发动汽油机,打开水阀,准备测试。

2. 测试步骤

(1)在测试路段起点前约 500m 处停住,开机预热时间不少于 10min。

(2)将车辆驶向测试路段,提前 100～200m 打开水阀,降下测试轮。测试时的车速为 40～60km/h,测试过程中应保持匀速。

(3)测试过程中如遇数值异常或其他特征点,应及时通过控制程序做好标记,以备后查。

(4)当测试完成时,停止测试过程,存储数据文件。

(四)测试数据处理

测定的摩擦系数数据存储在计算机磁盘中。测试系统提供数据处理程序软件可计算和打印出每一个计算区间的摩擦系数值、行程距离、行驶速度、统计个数、平均值及标准差,同时还可打印出摩擦系数的变化图。

(五)数据类型相关性转换

本试验方法得到的直接数据结果应参照单轮式横向力系数测试系统测定路面摩擦系数试验方法中的不同类型摩擦系数测试设备间相关关系对比试验方法,将其转换为 SFC 值后才可进行相关的质量检验和评价。

三、路面横向力系数评定

评定路段内的路面横向力系数按 SFC 的设计或验收标准值进行评定。

SFC 代表值为 SFC 算术平均值的卜置信界限值,按式(7-8)计算,即

$$SFC_r = \overline{SFC} - \frac{t_a}{\sqrt{n}} \cdot S \qquad (7-8)$$

式中:SFC_r——SFC 的代表值;

$\overline{SFC}$——SFC 的平均值;

S——标准差;

n——采集数据样本数量;

t_a——t 分布表中随测点数和保证率或置信度 α 而变的系数,可查附录二。

保证率的要求:高速公路、一级公路为 95％;其他等级公路为 90％。

当 SFC 代表值不小于设计或验收标准时,按单个 SFC 值计算合格率;当 SFC 代表值小于设计或验收标准值时,该路段应评定为不合格。

【课后任务】

1. 收集最新的检测相关规程。

2. 简述"评定标准"中可以用于沥青混凝土面层抗滑性能测试的方法以及各方法的测试原理及适用范围。

3. 简述手工铺砂法测定路面抗滑性能的测试要点。

4. 简述电动铺砂法测定路面抗滑性能的试验过程。

5. 简述指针式摆式仪测定路面摩擦系数的试验过程。

6. 某高速公路,用指针式摆式仪测定沥青路面的摩擦摆值(路面温度为 25℃),测定的平行值见表 7-9 所列,试计算该处路面的摩擦摆值(已知温度修正值为 $\Delta F = 2$)。

表 7-9　测定的平行值

测点桩号	测定平行值 BPN				
	1	2	3	4	5
K0+350	49	52	51	53	51
K0+400	49	48	48	55	50
K0+450	51	52	51	49	50

第八章 路基路面承载能力检测

第一节 概述

【学习要求】

1. 了解加州承载比 CBR 值测试的目的。
2. 熟悉加州承载比 CBR 值现场测试的相关规定。

【学习内容】

为了检验路基路面的材料参数是否达到要求,需要现场进行强度和刚度的测定。本节内容涉及路基路面材料强度的现场测试指标有加州承载比 CBR 值、抗弯拉强度及抗压强度,刚度的现场测试指标为回弹模量。

目前,按我国有关规定,CBR 值仅作为路基填料选择、粒料类基层和底基层材料设计指标,而不作为施工质量检验指标。一般情况下,没有必要进行现场测试。水泥混凝土路面的 28d 抗弯拉强度及抗压强度通常按《公路工程质量检验评定标准》(JTG F80/1—2017)有关规定要求进行试验检测。路基路面各结构层的回弹模量是路面结构设计的重要参数,因其现场测试方法复杂,不要求直接检验,可通过现场检测弯沉的方法间接检验。

加州承载比是由美国加利福尼亚州公路局首先提出来的,是评定土基及路面基层材料强度的一种方法。由于该法简便,试验数据稳定,因此被许多国家采用。

为了合理选择路基填料,确保路基的强度和稳定性,《公路路基设计规范》(JTG D30—2015)、《公路路基施工技术规范》(JTG/T 3610—2019)和《公路沥青路面设计规范》(JTG D50—2017)等相关规范中都规定了路基填料的最小强度,即 CBR 值,路基填料最小强度值和最大粒径要求见表 8-1 所列。在路基施工前,必须对所用填料进行加州承载比试验。

表 8-1 路基填料最小强度值和最大粒径要求

路基部位		路面底面以下深度/m	填料最小加州承载比 CBR/%		
			高速公路、一级公路	二级公路	三级、四级公路
上路床		0~0.3	8	6	5
下路床	轻、中等及重交通	0.3~0.8	5	4	3
	特重、极重交通	0.3~1.2	5	4	—

路基部位		路面底面以下深度/m	填料最小加州承载比 CBR/%		
			高速公路、一级公路	二级公路	三级、四级公路
上路堤	轻、中等及重交通	0.8～1.5	4	3	3
	特重、极重交通	1.2～1.9	4	3	—
下路堤	轻、中等及重交通	1.50 以下	3	2	2
	特重、极重交通	1.9 以下			

注:① 加州承载比试验条件应符合现行《公路土工试验规程》(JTG 3430—2020)的规定。

② 当路基填料的 CBR 值达不到表列要求时,可掺石灰或其他稳定材料对其进行处理。

③ 当三级、四级公路铺筑沥青混凝土和水泥混凝土路面时,应采用二级公路的规定。

值得注意的是,这里介绍的 CBR 值与土工试验的室内 CBR 值有所区别。首先是试验条件不同,这里所指的是在公路现场条件下测定,土基含水率、压实度与室内试验不同,也未经泡水。故应通过试验寻找两者之间的关系,换算为室内试验 CBR 值后,再用于路基施工强度的检验或评定。其次是试验的出发点不同,路基填料的加州承载比试验是为了评价路用材料的强度,而本方法更多是为了衡量路基路面的整体承载能力。

第二节　现场 CBR 值测试

【学习要求】

1. 了解现场 CBR 值测试、动力锥贯入仪测试 CBR 值的目的及适用范围。
2. 熟悉现场 CBR 值测试、动力锥贯入仪测试 CBR 值的准备工作和测试步骤。
3. 掌握现场 CBR 值测试、动力锥贯入仪测试 CBR 值的数据计算与处理方法,填写试验检测记录表格,编制试验检测报告等。

【学习内容】

一、土基现场 CBR 值试验方法

土基的现场 CBR 值的测试原理是:在公路路基施工现场,用载重汽车作为反力架,通过千斤顶连续加载,使贯入杆匀速压入土基。试件抵抗局部荷载压入贯入量达 2.5mm 或 5mm 时的强度与标准碎石压入相同贯入量时强度等级与荷载强度(7.0MPa 或 10.5MPa)的比值,用百分比表示。路基强度越高,贯入量为 2.5mm 或 5.0mm 时的荷载越大,即 CBR 值越大。土基现场 CBR 值测试仪实物图如图 8-1 所示。

土基的现场 CBR 值是指在公路土基现场条件下按规定方法进行贯入试验,得到荷载压强 p-贯入量 l 曲线,读取的规定贯入量的荷载压强与标准压强的比值,以百分数表示。

图 8-1　土基现场 CBR 值测试仪实物图

土基现场 CBR 值测试适用于在现场测试各种土基材料的现场 CBR 值,也适合于测试基层、底基层砂土、天然砂砾、级配碎石等材料的 CBR 值,该值用于评价材料的承载能力。但不适用于填料粒径超过 31.5mm 的土基现场 CBR 值测试。

(一)仪具与材料技术要求

1. 反力装置:载重汽车后轴重不小于 60kN,在汽车大梁的后轴之后设有一加劲横梁作反力架用。
2. 荷载装置:由千斤顶、测力计(测力环或压力表)及球座组成,如图 8-2 所示。千斤顶可使贯入杆的贯入速度调节成 1mm/min。测力计的量程不小于土基强度,测试精度不小于测力计量程的 1%。
3. 贯入杆:直径 ϕ50mm,长约 200mm 的金属圆柱体。
4. 承载板:直径 ϕ150mm,中心孔眼直径 ϕ52mm,每块 1.25kg,共 4 块,并沿直径分为两个半圆块。
5. 贯入量测定装置:由图 8-2 中所示的刚性平台及百分表组成,百分表量程为 20mm,精度为 0.01mm,数量为 2 个,对称固定于贯入杆上,端部与刚性平台接触,平台跨

度不小于 500mm。此设备也可用 2 台贝克曼梁弯沉仪代替。

6. 细砂：洁净干燥的细砂，粒径 0.3～0.6mm。

7. 其他：铁铲、盘、直尺、毛刷、天平等。

(二)方法与步骤

1. 准备工作

(1)将试验地点直径约 30cm 范围的表面铲平，用毛刷刷净浮土，如表面为粗粒土时，应撒布少许洁净的干砂填平，但不能覆盖全部土基，避免形成夹层。

(2)装置测试设备，按图 8-2 所示设置贯入杆及千斤顶，千斤顶顶在汽车后轴上且调节至高度适中。贯入杆应与土基表面紧密接触。

(3)安装贯入量测定装置，将支架平台、百分表(或 2 台贝克曼梁弯沉仪)按图 8-2 安装好。

2. 测试步骤

(1)在贯入杆位置安放 4 块质量为 1.25kg 的分开成半圆的承载板，共 5kg。

(2)试验贯入前，先在贯入杆上施加 45N 荷载后，将测力计及百分表调零，记录初始读数。

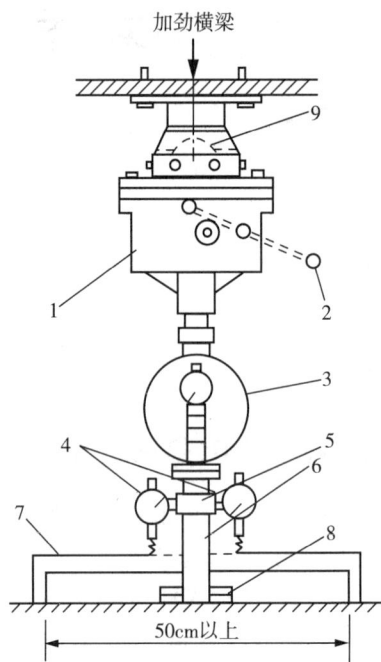

1—千斤顶；2—手柄；3—测力计；
4—百分表；5—百分表夹具；6—贯入杆；
7—刚性平台；8—承载板；9—球座。

图 8-2 加州承载比现场测试装置示意图

(3)用千斤顶连续加载，使贯入杆以 1mm/min 的速度压入土基，分别记录贯入量为 0.5mm、1.0mm、1.5mm、2.0mm、2.5mm、3.0mm、4.0mm、5.0mm、7.5mm、10.0mm 及 12.5mm 时的测力计和百分表读数，每级贯入量测力计和百分表的读数应保持同步。贯入量以两个百分表读数的平均值计，当两个百分表读数差值超过其平均值的 30% 时，应停止测试，并检查原因。根据情况，也可在贯入量达 7.5mm 时结束试验。

(4)卸除荷载，移去测定装置。

(5)在试验点下取样，测定材料含水率。取样数量如下：

最大粒径不大于 4.75mm，试样数量约 120g；

最大粒径不大于 19.0mm，试样数量约 250g；

最大粒径不大于 31.5mm，试样数量约 500g。

(6)在紧靠试验点旁边的适当位置，用灌砂法或环刀法等测定土基的密度。

在贯入杆位置安放半圆形承载板，限制贯入杆的侧向倾斜，当发生细微倾斜时，不应人为扶正；当发生较大倾斜时，应重新试验。

在加荷装置上安装贯入杆后，为了使贯入杆端面与土基表面充分接触，应在贯入杆上施加 45N 的预压力，将此荷载作为试验时的零荷载，并将该状态的贯入量设为零点。绘制的压力和贯入量关系曲线，起始部分呈反弯状，则表示试验开始时贯入杆端面与土表面的接触效果不好，应对曲线进行修正。

试验结束标准应根据土基强度而定，当土基强度较大时，可在贯入量达 6.5mm 时结束试验。荷载压强及贯入量读数不宜过小,一般要求在达到2.5mm贯入量时应不少于5个读数。

（三）数据处理

1. 将贯入试验得到的等级荷重数除以贯入断面积（19.625cm²），得到各级压强（MPa），绘制荷载压强 p-贯入量 l 曲线,如图8-3所示。图上曲线1不需要修正,曲线2起点处有明显凹凸,需要进行修正。修正时在拐点引一切线,与纵坐标交于 O' 点, O' 即为修正后的原点。

2. 从压强 p-贯入量 l 曲线上读取贯入量为2.5mm及5.0mm时的荷载压强 p_1,按式（8-1）计算现场CBR

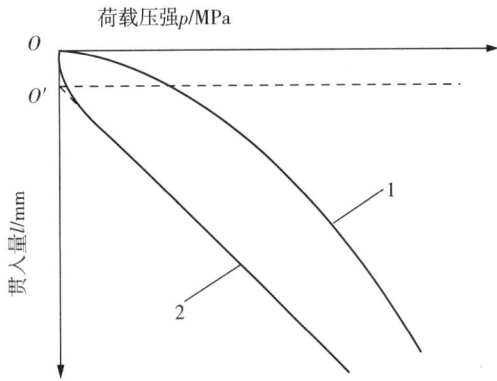

图8-3 荷载压强 p-贯入量 l 关系曲线

值。CBR值一般以贯入量2.5mm时的测定值为准,若贯入量为5.0mm时的CBR值大于2.5mm时的CBR值,应重新试验,如重新试验仍然如此,则以贯入量为5.0mm时的CBR为准,即

$$\text{CBR}_{现场} = \frac{p_1}{p_0} \times 100 \tag{8-1}$$

式中：$\text{CBR}_{现场}$——承载比（%）,准确至0.1%;

　　　p_1——荷载压强（MPa）;

　　　p_0——标准压强,当贯入量为2.5mm时为7.0MPa,当贯入量为5.0mm时为10.5MPa。

土基现场CBR值测试结果对填料粒径较为敏感,一般用于填料粒径小于19.0mm的土基测试,能够取得较好的测试效果。

二、动力锥贯入仪测试路基路面CBR方法

动力锥贯入仪（Dynamic Cone Penetrometer,简称DCP）是一种轻型便捷的地基土原位测试的触探仪实物图如图8-4所示。在英国、美国、南非等国家被广泛用于测定路面结构性能,它通过测定路基路面对锥杆的贯入阻力来评价强度。动力锥贯入仪测定路基路面CBR值的原理通常是:用一定质量的锤从一定高度落下,打击立在路基路面上的锥杆,测定锤击数与锥杆的贯入量;通过贯入度（即平均每次锤击的贯入量）与CBR值的相关关系式,推算路基路面的CBR值。动力锥贯入仪可现场快速测试无结合料材料路基、路面CBR值,用于评估其强度。

图8-4 动力锥贯入仪实物图

（一）仪具与材料技术要求

1. DCP:DCP 的结构与形状示意图如图 8-5 所示,包括手柄、落锤、导向杆、联轴器(锤座)、扶手、夹紧环、探杆、1m 刻度尺、锥头。

标准落锤重量为 10kg,落锤材料应采用 45 号碳素钢或优于 45 号碳素钢的钢材,表面淬火后硬度 HRC=45～50,探杆和接头材料应采用耐疲劳强度的钢材。

锥头锥尖角度为 60°,最大直径为 20mm,允许磨损尺寸为 2mm。锥头尖端最大允许磨损尺寸为 4mm,否则必须更换。

2. 其他:扳手、铁铲等。

（二）方法与步骤

1. 准备工作

(1)放入落锤,将仪器的导向杆与探杆在联轴器处紧固连接,保证不会松动。

(2)将 DCP 竖直立于硬地(如混凝土)上,然后记录零读数。

(3)根据需要选择有代表性的测点,测点应位于平整的路基、路面基层、面层上。如果要探测的层位上面有难以穿透的坚硬结构层时,应钻孔或刨挖至其顶面。

2. 测试步骤

(1)将 DCP 放至测点位置。一人手扶仪器手柄,使探杆保持竖直,一人提起落锤至导向杆顶端,然后松开,使之呈自由落体下落。如果试验中探杆稍有倾斜,不可扶正;如果倾斜较大,造成落锤不是自由落体,则该点试验应废弃。

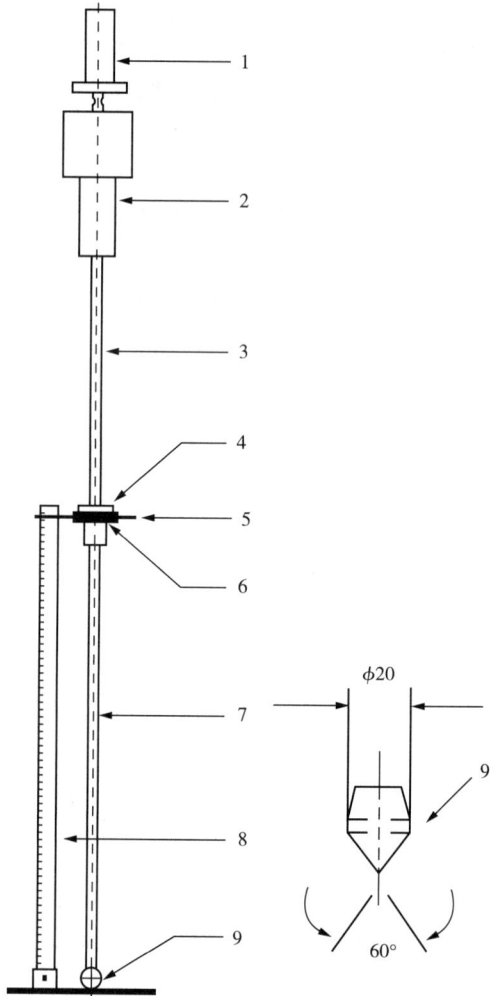

1—手柄;2—落锤;3—导向杆;
4—联轴器(锤座);5—扶手;6—夹紧环;
7—探杆;8—1m 刻度尺;9—锥头。

图 8-5　DCP 的结构与形状示意图

(2)读取贯入深度。每贯入约 10mm 读一次数,记录锤击数和贯入量(mm)。对于粒料基层,可每 5 次或 10 次锤击读数一次;对于比较软弱的结构层,可每 1～2 次锤击读数一次。

(3)连续锤击、测量,直到需要的结构层深度。当材料层坚硬,贯入量低到连续锤击 10 次均无变化时,可以停止试验或钻孔透过后继续试验。

(4)将落锤移走,从探坑中取出 DCP 仪器。

（三）数据处理

1. DCP 的测试结果可用以锤击次数为横坐标、贯入深度为纵坐标的贯入曲线表示。

2. 按式（8-2）计算平均每次的贯入量即贯入度 D_d，按照现场 CBR 值与用 DCP 测试得出的相关性公式计算 CBR 值，即

$$D_d = \frac{D}{n} \tag{8-2}$$

式中：D_d——贯入度（mm）；

D——贯入量（mm）；

n——锤击次数。

$$\lg CBR = a + b \cdot \lg D_d \tag{8-3}$$

式中：CBR——结构层材料的现场 CBR 值；

a、b——换算系数。

也可按式（8-4）计算动贯入阻力 Q_d，按相关性试验得出的相关性公式（8-5）计算 CBR 值，即

$$Q_d = \frac{M}{M+m} \cdot \frac{M \cdot g \cdot H}{A \, D_d} \tag{8-4}$$

式中：Q_d——动贯入阻力（kPa）；

M——落锤质量（kg）；

m——贯入器即被打入部分（包括锥头、探杆、锤座和导向杆等）的质量（kg）；

g——重力加速度（$g = 9.8 \mathrm{m/s^2}$）；

H——落距（m）；

A——探头截面积（$\mathrm{cm^2}$）。

$$\lg CBR = a + b \cdot \lg Q_d \tag{8-5}$$

第三节 路基路面回弹弯沉检测

【学习要求】

1. 了解贝克曼梁法、自动弯沉仪法、落锤式弯沉仪法、激光式高速路面弯沉仪法测定路基路面回弹弯沉的适用范围。

2. 熟悉加贝克曼梁法、自动弯沉仪法、落锤式弯沉仪法、激光式高速路面弯沉仪法测定路基路面回弹弯沉的准备工作和测试步骤。

3. 掌握贝克曼梁法、自动弯沉仪法、落锤式弯沉仪法、激光式高速路面弯沉仪法测定路基路面回弹弯沉的数据计算与处理方法,填写试验检测记录表格,编制试验检测报告等。

【学习内容】

一、概述

路面在荷载作用下会产生竖向变形,在荷载作用后变形会恢复,能够恢复的那部分变形量就是弯沉,它是直接反映路面刚度的一个重要指标。

通常所说的回弹弯沉值是指标准后轴载双轮组轮隙中心处的最大回弹弯沉值。国内外普遍采用回弹弯沉来表征路基路面的承载能力,回弹弯沉值越大,承载能力越小,反之则越大。国际上普遍认为,对路面结构承载力的合理定义为:路面结构在达到不能接受的结构性破坏或功能性破坏之前,所能承受的一定类型车辆的通过次数。沥青路面开裂造成的结构性破坏主要与面层材料中的最大拉应力或最大拉应变有关,路面因出现车辙或平整度降低造成的功能性破坏主要与基层或路基散粒体材料中的最大压应力或最大压应变有关。

回弹弯沉值在我国已广泛使用且有很多的经验及研究成果,它不仅用于施工控制及施工验收中(竣工验收弯沉值),同时还用在旧路补强设计中,是公路工程的一个基本参数,所以正确的测试方法具有重要的意义。

二、弯沉值的测试方法

弯沉值的测试方法较多,目前用得最多的是贝克曼梁法,在我国已有成熟的经验,但由于其测试效率等因素的限制,各国都对快速连续或动态测定进行了研究,现在用得比较普遍的有法国洛克鲁瓦(Lacroix)自动弯沉仪,由丹麦等国家发明并几经改进形成的落锤式弯沉仪(FWD),美国的振动弯沉仪等。几种弯沉值测试方式比较见表 8-2 所列。

表 8-2 几种弯沉值测试方式比较

检测方法	特 点
贝克曼梁法	传统方法,速度慢,静态测试,比较成熟,目前属于标准方法
自动弯沉仪法	利用贝克曼梁法原理快速连续,属于静态测试范畴,但测定的是总弯沉值,因此使用时应用贝克曼梁法进行标定换算

检测方法	特　点
落锤式弯沉仪法	利用重锤自由落下的瞬间产生的冲击荷载测定弯沉值,属于动态弯沉,并能反算路面的回弹模量,快速连续,使用时应用贝克曼梁法进行标定换算

三、贝克曼梁法测定路基路面回弹弯沉

(一)适用范围

本方法适用于测试路基及沥青路面的回弹弯沉,以便评价其承载能力,但不适用于路基冻结后的回弹弯沉检测。

(二)仪具与材料技术要求

1. 贝克曼梁:由合金铝制成,上有水准泡,其前臂与后臂长度比为 2:1。贝克曼梁按长度分为 5.4m(3.6m+1.8m)梁和 3.6m(2.4m+1.2m)梁两种,如图 8-6 所示。长度为 5.4m 的贝克曼梁适用于各种类型的路面结构回弹弯沉的测定;长度为 3.6m 的贝克曼梁适用于柔性基层沥青路面回弹弯沉的测定。

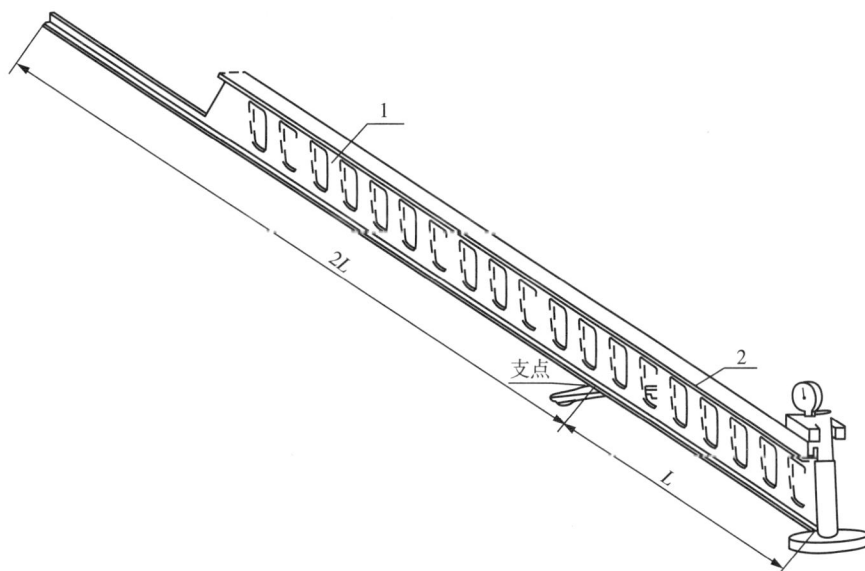

1—前臂;2—后臂。

图 8-6　贝克曼梁结构示意图

2. 加载车:单后轴、单侧双轮组的载重车,双轮轮隙应能满足自由插入贝克曼梁测头的要求,轴载、轮胎气压等技术参数应符合表 8-3 的要求。

3. 百分表及表架。

4. 路表温度计:分辨力不大于 1℃。

5. 其他:钢直尺等。

表 8-3 加载车的参数要求

后轴标准轴载 P/kN	100 ± 1
单侧双轮荷载/kN	50 ± 0.5
轮胎气压/MPa	0.7 ± 0.05
单轮传压面当量圆面积/mm²	$(3.56\pm0.20)\times10^4$
轮隙宽度	应满足能自由插入弯沉仪测头的测试要求

(三)试验方法与步骤

1. 准备工作

(1)检查并保持测试用加载车的车况及制动性能良好,轮胎气压应符合表 8-3 的要求。

(2)给加载车配重,并用地中衡称量后轴总质量及单侧双轮荷载等,均应符合表 8-3 的要求,加载车行驶及测试过程中,轴重不应变化。

(3)若启用新加载车或加载车轮胎发生较大磨损时,应测试轮胎传压面面积。轮胎传压面面积测试方法如下:确保加载车双侧轮载及其轮胎气压满足表 8-3 的要求,在平整光滑的硬质路面上用千斤顶将汽车后轴顶起,在轮胎下方铺一张新的复写纸和一张方格纸,轻轻落下千斤顶,即在方格纸上印上轮胎印痕。用求积仪或数方格的方法测算单个轮胎印迹范围内的面积,均应符合表 8-3 中单轮传压面当量圆面积的要求。

(4)当在沥青路面上测试时,通过气象台了解前 5 日的平均气温(日最高气温与最低气温的平均值)。

(5)记录沥青路面结构层材料类型、设计厚度等情况。

2. 测试步骤

(1)将加载车停放在测试路段的测试位置,后轮一般应置于道路行车轮迹带上。将贝克曼梁插入加载车后轮轮隙处,与加载车行车方向一致,梁臂不得接触轮胎。贝克曼梁测头置于轮隙中心前方 30～50mm 处测点上。用路表温度计测量并记录测点附近的路表温度。可采用 2 台贝克曼梁对双侧轮迹同时进行回弹弯沉测试。

(2)将百分表安装在表架上,并将百分表的测头安放在贝克曼梁的测定杆顶面。轻轻叩击贝克曼梁,确保百分表正常归位。

(3)指挥加载车缓缓前进,速度一般为 5km/h 左右,百分表示值随路面变形持续增加。当示值最大时,迅速读取初读数 L_1。加载车仍继续前进,示值开始反向变化,待加载车驶出弯沉影响范围(约 3m 以上),百分表示值稳定后,读取终读数 L_2。

(4)指挥加载车沿轮迹带前行,驶向下一测试位置,重复(1)～(3)的步骤,完成测试路段的回弹弯沉测试,如图 8-7 所示。

3. 修正

当采用 5.4m 贝克曼梁测试弯沉时,一般可不进行支点变形修正。当有可能引起贝克曼梁支座处变形时,在测试时应检验支点有无变形。如果有变形,此时应将另一台测试用的贝克曼梁安装在测定用贝克曼梁的后方,将其测点架于测定用贝克曼梁的支点旁。当加

图 8-7　贝克曼梁现场检测示意图

载车开出时,同时测定 2 台贝克曼梁的弯沉读数,如检验贝克曼梁百分表有读数,即应该记录并进行支点变形修正。当在同一结构层上测定时,可在不同位置测定 5 次,求取平均值,以后每次测定时以此作为修正值。贝克曼梁支点变形修正原理如图 8-8 所示。

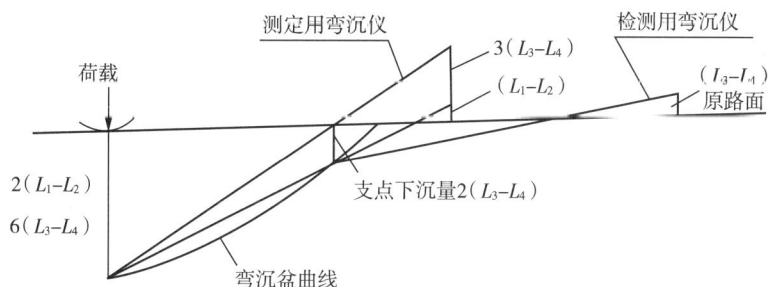

图 8-8　贝克曼梁支点变形修正原理

(四)数据处理

1. 路面测点的回弹弯沉值,计算公式为

$$L_t = (L_1 - L_2) \times 2 \tag{8-6}$$

式中:L_t——在沥青面层平均温度 t 时的回弹弯沉值(0.01mm);

L_1——车轮中心临近贝克曼梁测头时百分表的最大读数(0.01mm);

L_2——加载车驶出弯沉影响半径后,待百分表稳定后的终读数(0.01mm)。

2. 进行弯沉仪支点变形修正时,计算路面测点的回弹弯沉值,即

$$L_t = (L_1 - L_2) \times 2 + (L_3 - L_4) \times 6 \tag{8-7}$$

式中:L_3——加载车中心临近贝克曼梁测头时检验用贝克曼梁的最大读数(0.01mm);

L_4——加载车驶出弯沉影响半径后检验用贝克曼梁的终读数(0.01mm)。

注:此式适用于测定弯沉仪支座处有变形,但百分表架处路面已无变形的情况。

3. 当沥青面层厚度大于 50mm 时,回弹弯沉值应根据沥青面层平均温度进行温度修正,按下列步骤进行。

(1)按式(8-8)计算测定时的沥青面层平均温度,即

$$t = \frac{t_{25} + t_m + t_e}{3} \tag{8-8}$$

式中: t——测定时沥青面层平均温度(℃);

t_{25}——根据 t_0 由图 8-9 决定的路表下 25mm 处的温度(℃);

t_m——根据 t_0 由图 8-9 决定的沥青面层中间深度的温度(℃);

t_e——根据 t_0 由图 8-9 决定的沥青面层底面处的温度(℃);

t_0——测定时路表温度与测定前 5 日平均气温的平均值之和(℃),日平均气温为日最高气温与最低气温的平均值。

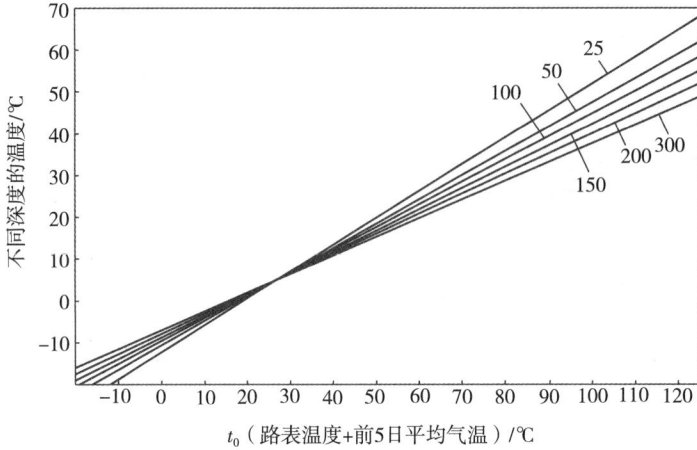

图 8-9 沥青层平均温度的决定

注:线上的数字为纵向路表下的不同深度(单位:mm)

(2)当沥青面层平均温度在(20±2)℃时,温度修正系数 $K=1$。当沥青面层平均温度为其他温度时,应根据沥青面层厚度,分别由图 8-10 及图 8-11 求取不同基层的沥青路面弯沉值的温度修正系数 K。

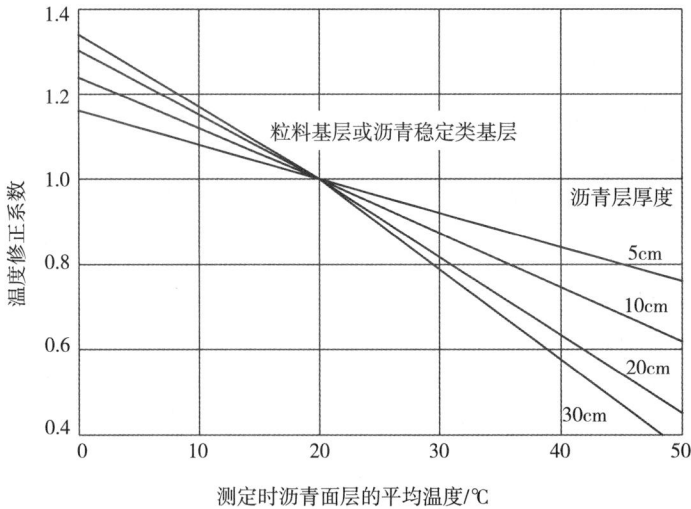

图 8-10 路面弯沉温度修正系数曲线

(适用于粒料基层及沥青稳定基层)

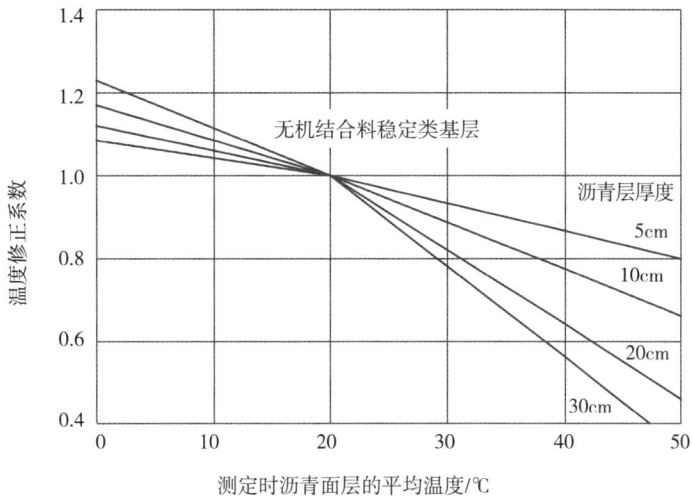

图 8-11　路面弯沉温度修正系数曲线

（适用于无机结合料稳定的半刚性基层）

（3）计算修正后的沥青路面回弹弯沉值为

$$l_{20} = l_t \cdot K \qquad (8-9)$$

式中：K——温度修正系数；

l_{20}——换算为 20℃的沥青路面回弹弯沉值（0.01mm）；

l_t——测定时沥青面层内平均温度为 t 时的回弹弯沉值（0.01mm）。

4. 按照《路基路面现场测试规程》（JTG 3450—2019）中规定的方法，计算一个测试路段的回弹弯沉平均值、标准差及代表值。

四、自动弯沉仪测定路面弯沉

为提高测试效率和准确度，英、法等国于 20 世纪 70 年代末期利用快速发展的电子和计算机技术研制出了自动弯沉仪。自动弯沉仪模仿了贝克曼梁的工作方式，只是采用位移传感器替换了百分表进行自动测量，同时改变了测臂的长度比例，通过工业微机固化程序控制测量机构自动运作，并将所测弯沉值直接自动记录到计算机中，减轻了现场测试人员的劳动强度。自动弯沉仪实物图如图 8-12 所示。

自动弯沉仪测定的是路面结构总弯沉，关于自动弯沉仪所采集的弯沉盆数据，目前还没有统一的认识，因为它所采集的弯沉盆，是在测点不变、荷载位置发生变化的情况下得到

图 8-12　自动弯沉仪实物图

的,与 FWD 的弯沉盆不是一个概念,并非真正意义上的弯沉盆。

(一)适用范围

本方法适用于洛克鲁瓦(Lacroix)型自动弯沉仪测试沥青路面的总弯沉,以评价其承载能力,但不适用于有严重坑槽、车辙等病害以及不具备正常通车条件路面的弯沉测试。

本方法测试的是路面结构体的静态总弯沉,而非回弹弯沉,与贝克曼梁弯沉有所区别。由于采取连续测量的方式,探测梁需要在被测路面上拖动,因此要求路面无严重坑槽、车辙等病害,避免损坏探测梁。

(二)仪具与材料技术要求

洛克鲁瓦(Lacroix)型自动弯沉仪由承载车,测量机架及控制系统,位移、温度和距离传感器,数据采集与处理系统等基本部分组成,如图 8-13 所示。

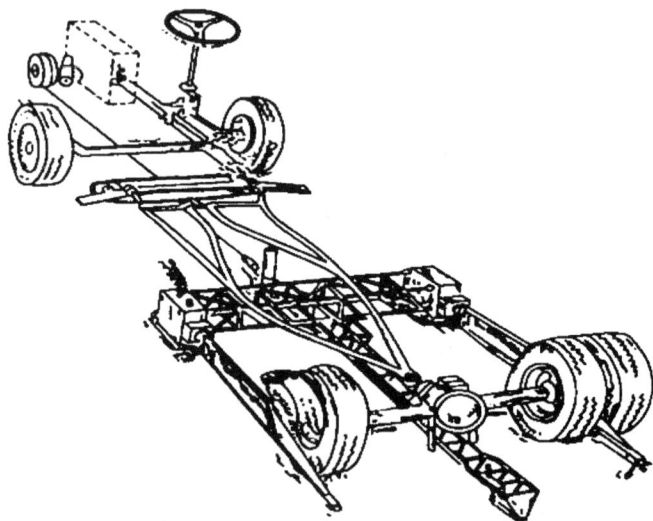

图 8-13 Lacroix 型自动弯沉仪测量机架示意图

(1)承载车:单后轴、单侧双轮组的载重车,其轴载、轮胎气压等参数参考贝克曼梁测定路基路面回弹弯沉试验方法中承载车的标准参数。

(2)位移及距离传感器:

① 位移传感器分辨率:小于或等于 0.01mm。

② 位移传感器量程:大于或等于 3mm。

③ 距离传感器的示值误差:小于或等于 1%。

(三)方法与步骤

1. 准备工作

(1)检查并保持承载车的车况及制动性能良好,轮胎气压应该符合表 8-3 中的要求。

(2)如果承载车因改装等原因改变了后轴载,按贝克曼梁测定路基路面回弹弯沉试验方法中的规定检查设备承载车轮载,确保满足表 8-3 中的要求。

(3)检查测量机架的易损部件情况,及时更换损坏部件。

（4）打开设备电源进行检查，控制面板功能键、指示灯、显示器等应正常。

（5）每次测试之前应进行位移传感器的标定，记录标定数据并存档。

（6）开动承载车试测 2～3 个步距，确保测量系统正常运行。

（7）当在沥青路面上测试时，通过气象台了解前 5 日的平均气温（日最高气温与最低气温的平均值）。

（8）记录沥青路面结构层材料类型、设计厚度、横坡等情况。

一般来说，测试系统需要定期进行传感器标定，尤其是长期停放或长距离行驶后再次使用时。此外，在每次现场测试开始前，必须检查车辆轮胎气压使之满足规定要求。

2. 测试步骤

（1）通电预热测试系统。

（2）开启工程警灯和导向标等警告标志，在测试路段前 20m 处将测量机架放落在路面上。

（3）按照测试路段的现场技术要求设置所需的测试状态参数。

（4）缓慢加速承载车到测试速度，一般应控制在 3.5km/h 以内。当实际采用的现场测试速度超出此范围时，应进行设备的相关性试验对测试结果进行修正。承载车沿正常行车轨迹驶入测试路段，开始测试。在测试过程中，根据承载车实际到达的位置，将测试路段起终点、桥涵等特征位置的桩号输入到记录数据中，同时，应测量并记录路表温度。

（5）当承载车驶出测试路段后，停止采集和记录数据，并缓慢停止承载车，提起测量机架。

（6）检查数据文件的完整性，确保测试内容正常，否则需要重新测试。

（7）关闭测试系统电源，结束测试。

（四）数据处理

1. 自动弯沉仪采集路面弯沉盆峰值为路面总弯沉。左臂测值、右臂测值按单独弯沉处理。

2. 按照贝克曼梁测定路基路面回弹弯沉的规定，对弯沉值进行温度修正。

3. 进行弯沉值的横坡修正。

当路面横坡不超过 4％时，不进行横坡修正，当横坡超过 4％时，横坡修正参照表 8-4 的规定进行。

表 8-4　弯沉值横坡修正

横坡范围	高位修正系数	低位修正系数
>4％	$\dfrac{1}{1-i}$	$\dfrac{1}{1+i}$

注：i 是路面横坡（％）。

4. 当测试速度大于 3.5km/h 时，应根据自动弯沉仪与贝克曼梁弯沉测值进行相关性试验，并对弯沉值予以换算。

5. 按照路基路面现场测试规程规定的方法，计算一个测试路段的弯沉平均值、标准差及代表值。

（五）自动弯沉仪与贝克曼梁弯沉测值相关性试验

1. 试验条件

（1）按弯沉值不同水平范围选择不少于 4 段路面结构相似的路段。路段长度可为 300～500m，标记好起终点位置。

（2）测试路段的路面应清洁干燥，附近不应有重型交通和震动。

（3）试验宜选择在晴天无风的天气条件下进行，测试温度宜在 10～35℃ 范围内，且应选择温度变化不大的时段进行。

2. 试验步骤

（1）按照自动弯沉仪测试步骤，令自动弯沉仪按照正常测试车速测试选定路段，每隔 3 个测试步距或约 20m 标记测点位置。

（2）自动弯沉仪测试完毕后，等待 30min。然后，在每一个标记位置通过贝克曼梁测定路基路面回弹弯沉的方法测定各点回弹弯沉值。

3. 数据处理

从自动弯沉仪的记录数据中按照路面标记点的相应桩号提出各试验点测值，并与贝克曼梁测值一一对应，用数理统计的回归分析方法得到贝克曼梁测值和自动弯沉仪测值之间的相关关系方程，相关系数 R 应不小于 0.95。

由于路面结构和路基条件的不同都会影响相关关系式的建立，因此选择对比试验的路段时，路面路基条件应基本相同。对于一个地区而言，可以选择几种不同的路面结构及路基条件，分别建立相关关系式进行换算。为了使关系式更具有代表性，对比试验路段的弯沉分布范围应尽量宽。在做对比试验时，路段附近应没有重型交通和震动，这两种情况都对测值有较大影响。测试路段宜选在正常横坡、纵坡较小的路段。自动弯沉仪测试速度变化范围较小，一般不考虑测试速度的影响，但由于路面结构承受荷载作用需要一定的反应时间，测试速度不宜过快。

在做贝克曼梁测试时，承载车不可长时间作用在测点的路面上。因此，选择每隔 3 个测试步距确定一个对比点。为了给路面一个充分的恢复时间，当自动弯沉仪测完后，等待 30min 后再进行贝克曼梁弯沉测试。

自动弯沉仪测值不能直接用于路面结构设计或承载能力评价，需要换算成回弹弯沉，故报告中应给出贝克曼梁测值的相关关系式及相关系数。

五、落锤式弯沉仪测定弯沉试验方法

（一）适用范围

落锤式弯沉仪适用于测定在落锤式弯沉仪（FWD）标准质量的重锤落下一定高度所发生的冲击荷载作用下，路基或路面表面所产生的瞬时变形，即测定在动态荷载作用下产生的动态弯沉及弯沉盆，以便评价路基路面承载能力；也可用于调查水泥混凝土路面接缝的传力效果，探查路面板下的空洞等。

（二）仪具与材料技术要求

落锤式弯沉仪（FWD）由荷载发生装置、弯沉检测装置、控制系统与牵引车等组成，如

图8-14、图 8-15 所示,具体要求如下。

图 8-14　落锤式弯沉仪实物图　　　　图 8-15　落锤式弯沉仪测量系统示意图

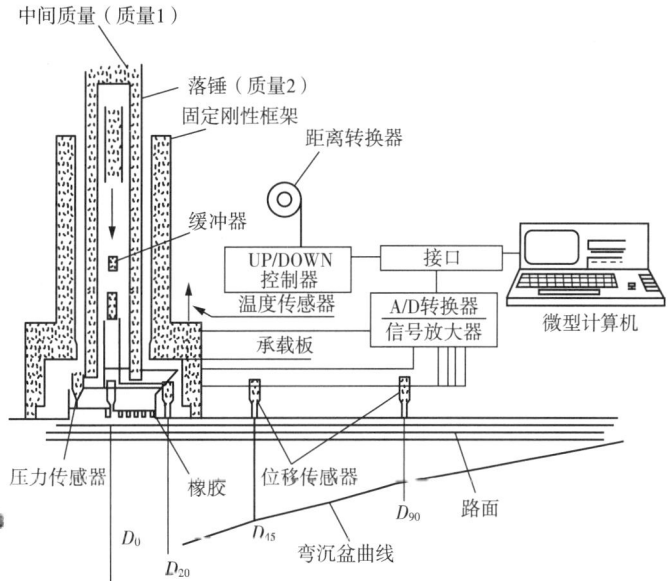

(1)荷载发生装置:重锤的质量及落高根据使用目的与道路等级进行选择,荷载由传感器测试。如无特殊需要,重锤的质量为(200±10)kg,可产生(50±2.5)kN 的冲击荷载。承载板呈十字对称分开成 4 部分,且底部固定有橡胶片,直径一般为 300mm,也可为 450mm。

(2)弯沉检测装置:由一个或多个位移传感器组成,位移分辨力不大于 0.001mm,如图 8-16 所示。承载板中心应设有一个位移传感器,其他位移传感器与中心处传感器呈线性布置,一般分布在距离承载板中心 2500mm 的范围内。用于反算路面结构层模量时,位移传感器总数应不少于 7 个,且应包括 0mm、300mm、600mm、900mm 处四个位置。

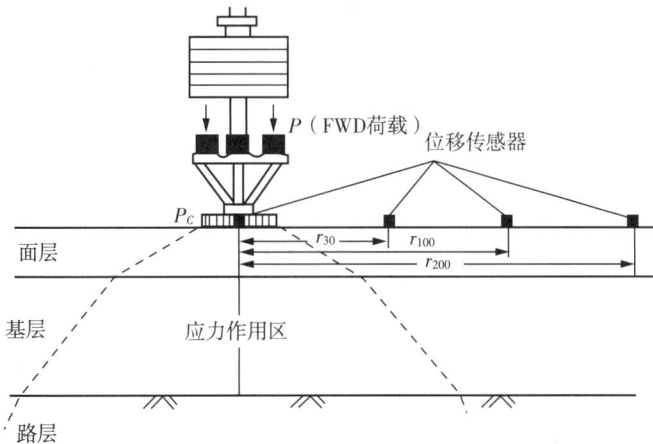

图 8-16　落锤式弯沉仪传感器布置及应力作用状态示意图

（3）控制系统：在冲击荷载作用的期间内，测量并记录冲击荷载及各个位移传感器所在位置的动态变形。

（4）牵引车：牵引 FWD 并安装控制装置的车辆。

（三）方法与步骤

1. 准备工作

（1）调整重锤的质量及落高，使重锤的质量及产生的冲击荷载符合仪具与材料技术要求。

（2）检查 FWD 的车况及使用性能，确保功能正常。

（3）将 FWD 牵引至测试地点，牵引 FWD 行驶的速度不宜超过 50km/h。

（4）开启 FWD，对传感器进行标定。

2. 测定步骤

（1）将 FWD 牵引至测试路段起始位置，输入测试位置信息，设定好状态参数。

（2）将承载板中心位置对准测点，测点一般应布置在车道轮迹带处。落下承载板，放下弯沉检测装置的各传感器。

（3）启动荷载发生装置，落锤瞬间自由落下，冲击力作用于承载板上，又立即自动提升至原来的位置固定。同时，记录荷载数据，各个位移传感器测量并记录路表变形数据，变形峰值即为弯沉值。每个测点重复测试应不少于 3 次。

（4）提起传感器及承载板，牵引车向前移动至下一个测点，重复（2）～（3）步骤完成测试路段的测试。

（四）落锤式弯沉仪与贝克曼梁弯沉仪对比试验步骤

1. 路段选择

选择结构类型完全相同的路段，针对不同地区选择某种路面结构的代表性路段，进行两种测定方法的对比试验，以便将落锤式弯沉仪测定的动弯沉值换算成贝克曼梁测定的回弹弯沉值，选择的对比路段长度为 300～500mm，弯沉值一般有一定的变化幅度。

2. 对比试验步骤

（1）采用与实际使用相同且符合要求的落锤式弯沉仪及贝克曼梁弯沉仪测定车。落锤式弯沉仪的冲击荷载应与贝克曼梁弯沉仪测定车的后轴双轮荷载相同。

（2）标记对比路段起点位置。

（3）按准备工作的要求布置测点位置，按照贝克曼梁测定弯沉的方法用贝克曼梁定点测定回弹弯沉。测定车开走后，用粉笔以测点为圆心，在周围画一个半径为 150mm 的圆，标明测点位置。

（4）将落锤式弯沉仪的承载板对准圆圈，位置偏差不超过 30mm，按前述方法进行测定。两种仪器对同一点弯沉测试的时间间隔不应超过 10min。

（5）逐点对应计算两者的相关关系。

通过对比试验得出回归方程式 $L_B = a + b \cdot L_{FWD}$，式中 L_{FWD}、L_B 分别为用落锤式弯沉仪、贝克曼梁弯沉仪测定的弯沉值。回归方程式的相关系数 R 应不小于 0.95。

由于路面结构和材料、路基状况、温度水文条件、路面使用状况不同，对比关系也有所不同，为了提高数据的准确性，应分各种情况做相关性试验。

(五)水泥混凝土路面板调查的方法

1. 在测试路段的水泥混凝土路面板表面布置测点。

2. 当为调查水泥混凝土路面接缝的传力效果时,测点布置在接缝的一侧,位移传感器分开在接缝两边布置。利用分开在接缝两边布置的位移传感器的测定值的差异及弯沉盆的形状进行判断。

3. 当为探查路面板下的空洞时,测点布置位置随测试需要而定,应在不同位置测定,利用在不同位置测定的测定值的差异及弯沉盆的形状进行判断。

(六)数据处理

1. 舍去承载板中心位移传感器的首次测值,计算其后几次测值的平均值作为该点的弯沉值。

2. 按照《公路沥青路面设计规范》(JTG D50—2017)的规定,对弯沉值进行温度修正。

3. 按桩号记录各测点的弯沉及弯沉盆数据,按数理统计的方法计算一个评定路段的平均值、标准差、变异系数。

六、激光式高速路面弯沉测定仪测定路面弯沉试验方法

激光式高速路面弯沉测定仪是目前世界上最先进的弯沉测试装置,它在高速行驶过程中利用激光多普勒(Laser - Doppler)技术测试地面在荷载作用下的垂直下沉速度,再通过分析程序计算出最大弯沉及弯沉盆数据。

激光式高速路面弯沉测定仪的测试原理是测试系统在高速行驶过程中通过激光多普勒效应来测试地面在荷载作用下的垂直下沉速度,通过一套惯性系统实时记录多普勒激光传感器的振动情况和运行姿态,修正计算路面实际弯沉变化的速度,其测试原理如图 8 - 17 所示。

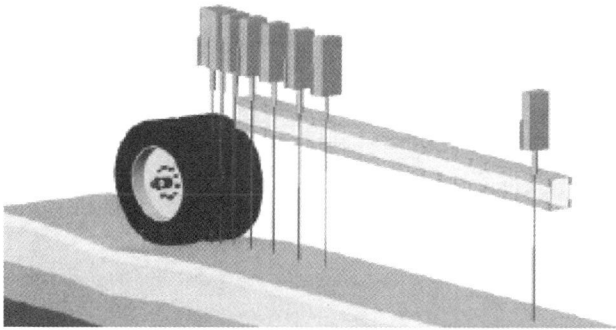

图 8 - 17　激光式高速路面弯沉测定仪测试原理图

激光多普勒效应的原理是当一束频率为 f_{d1} 的光波发射到测试表面时,若测试表面与速度 V 表面发生垂直移动,那么反射光波的频率将变化为 f_{d2}。通过激光多普勒传感器测出频率变化后,计算测试表面垂直移动速度,即

$$V_D = \frac{(f_{d1} - f_{d2})\Delta\lambda}{2} \tag{8-10}$$

式中:V_D——测试表面垂直移动速度;

f_{d1}——光波发射频率；

f_{d2}——光波反射频率；

λ——发射光波波长。

此处认为当测试表面达到最大弯沉时,表面速度应为零,通过对沿弯沉盆分布各点速度变化的分析与计算,能够得到最大弯沉值。激光式高速路面弯沉测定仪因采用非接触检测方式工作,故能够以高达 120km/h 的速度精确测试路面弯沉。

当前我国路面弯沉测试的自动化设备主要有激光自动弯沉仪和落锤式自动弯沉仪两种,这两种设备虽然采用不同的原理对路面进行弯沉测试,但是测量速度一般都控制在 3.5km/h 的范围内,测试效率很低,由于行驶速度慢,此类设备在高速上测试时危险性较高;而激光式高速路面弯沉测定仪的测试速度可在 30～90km/h 的范围内,该类设备可以正常行车速度在高速公路上进行测试,测试效率大大提高,此外,还具有不影响交通、安全性好等优点。

(一)仪具与材料技术要求

激光式高速路面弯沉测定仪由承载车、检测控制系统、多普勒激光传感器、距离测量系统、温度控制系统等基本部分组成,如图 8-18 所示,其基本技术参数的要求如下。

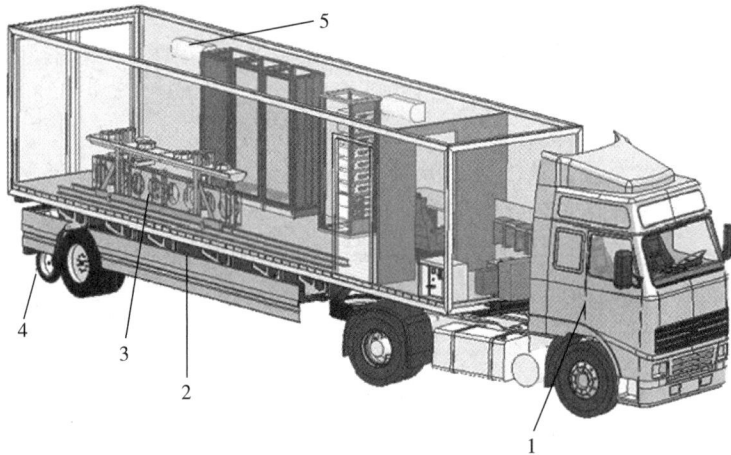

1—承载车;2—检测控制系统;3—多普勒激光传感器;4—距离测量系统;5—温度控制系统。

图 8-18　激光式高速路面弯沉测定仪结构示意图

1. 测试速度的范围:30～90km/h。

2. 激光传感器分辨率:0.01mm/s。

3. 测试激光器数量:不少于 4 个。

4. 距离标定误差:小于或等于 0.1%。

5. 承载车应不少于两轴,中后轴双侧四轮的载重车,其技术参数,如后轴标准轴载、单侧双轮荷载、轮胎气压应符合贝克曼梁法测定路基路面回弹弯沉时表 8-3 的要求。

(二)准备工作

(1)检查承载车后轴标准轴载、单侧双轮荷载、轮胎气压等参数,应符合表 8-3 的要求。

(2)检查承载车和传感器的性能。

（3）开启并检查设备的全部系统,计算机、软件采集与计算状态、警示灯均应正常。

（4）开动激光式高速路面弯沉测定仪进行试测,确保系统正常运行。

（5）当在沥青路面上测试时,通过气象台了解前5日的平均气温(日最高气温与日最低气温的平均值)。

（6）记录沥青路面结构层类型、设计厚度等情况。

（三）测试步骤

1. 通电预热,保证设备舱内达到要求的温度,并开启警示灯及导向灯等警告标志。

2. 放下距离测试轮,按照测试路段的现场技术要求设置所需的测试状态。

3. 加速承载车到正常车速,沿正常行车轨迹驶入测试路段,保持正常行驶。

4. 在承载车到达测试路段起点前开始测量,确保至少有200m的有效路段,并在承载车到达测试路段起点时进行标记。在测试路段中如遇桥面、路面条件差的情况或偏离了当前测试路段等特殊位置时,应做相应的标记来记录桩号等信息。

5. 当承载车到达测试路段终点时,应做终点标记,在车辆驶离终点至少200m后停止采集数据,并将系统各部分恢复至准备状态。

6. 检查测试数据,文件应完整,数据结果应正常,否则需要重新测试。

7. 关闭测试系统电源,结束测试。

（四）数据处理

1. 通过专用的数据处理软件和计算模型,对采集到的数据进行处理。

2. 按贝克曼梁法测定路基路面回弹弯沉的方法进行温度、坡度修正,根据实际需要,得到要求段长的路面弯沉值。

3. 按照路基路面现场测试规程的方法,计算一个测试路段的弯沉平均值、标准差及代表值。

（五）激光式高速路面弯沉测定仪与落锤式弯沉仪测值相关性试验

1. 试验条件

（1）按弯沉值不同水平范围选择不少于4段路面结构相似的测试路段,长度不少于500m,标记好起终点位置。

（2）测试路段应平直、无严重破损、无积水、无污染、无交叉口。

（3）测试路段的路面应清洁干燥,附近不应有重型交通和震动情况。

（4）试验宜选择在晴天无风的天气条件下进行,测试温度宜在10～35℃范围内,且应选择温度变化不大的时段进行。

2. 试验步骤

（1）落锤式弯沉仪按照落锤式弯沉仪测定弯沉试验方法,以正常车速对测试路段进行弯沉测试,每隔约10m标记测点位置。

（2）落锤式弯沉仪测试完毕后,等待10min。然后用激光式高速路面弯沉测定仪测试各点弯沉值。

3. 数据处理

按照落锤式弯沉仪测点对应的桩号,从激光式高速路面弯沉测定仪记录数据中提取各测点的弯沉值,并与落锤式弯沉仪测值一一对应,按照相关性试验方法得到落锤式弯沉仪测值和激光式高速路面弯沉测定仪测值之间的相关性关系式,相关系数 R 应不小于 0.90。

【学习案例 8-1】

路基路面弯沉试验检测记录表(贝克曼梁法)见表 8-5 所列。

表 8-5 路基路面弯沉试验检测记录表(贝克曼梁法)

工程名称:×××一级公路建设工程 　　　　　　　　　　　　　　　　　　　　　　记录编号:

试验单位:			×××试验检测公司				
工程部位		水泥稳定碎石基层		任务编号		RW—2020-SZ3814	
段落桩号		K0+540～K0+920 全幅		检测依据		JTG 3450—2019	
检测环境		温度:21.0℃		检测日期		2020-05-05	
主要仪器设备		贝克曼梁 LU004-1、贝克曼梁 LU004-2、百分表 TG008-3、百分表 TG008-4					
轮胎充气压力/MPa		0.7		测试车车型		BZZ-100	
后轴标准轴载 p/kN		100		设计弯沉值(0.01mm)		27.0	
测试温度/℃		20.0		温度修正系数 K		—	

测试位置		左侧(0.01mm)				右侧(0.01mm)			
		初读数	终读数	回弹弯沉	修正弯沉	初读数	终读数	回弹弯沉	修正弯沉
右二车道	K0+540	21	18	6	—	18	14	8	—
右二车道	K0+560	44	38	12	—	43	38	10	—
右二车道	K0+580	43	41	4	—	18	12	12	—
右二车道	K0+600	31	27	8	—	29	25	8	—
右二车道	K0+620	51	48	6	—	48	42	12	—
右二车道	K0+640	29	23	12	—	34	28	12	—
右二车道	K0+660	25	20	10	—	29	25	8	—
右二车道	K0+680	17	11	12	—	44	39	10	—
右二车道	K0+700	24	19	10	—	35	31	8	—
右二车道	K0+720	16	14	4	—	33	30	6	—
右二车道	K0+740	47	44	6	—	52	48	8	—
右二车道	K0+760	42	37	10	—	53	49	8	—
右二车道	K0+780	18	14	8	—	28	23	10	—
右二车道	K0+800	20	17	6	—	39	36	6	—
右二车道	K0+820	19	13	12	—	38	32	12	—
右二车道	K0+840	28	24	8	—	30	26	8	—
右二车道	K0+860	18	12	12	—	27	21	12	—

测试位置		左侧(0.01mm)				右侧(0.01mm)			
		初读数	终读数	回弹弯沉	修正弯沉	初读数	终读数	回弹弯沉	修正弯沉
右二车道	K0+880	24	20	8	—	26	25	2	—
右二车道	K0+900	31	26	10	—	24	19	10	—
右二车道	K0+920	17	11	12	—	44	38	12	—
测点数/个		40			平均值(0.01mm)		8.95		
标准差(0.01mm)		2.68			代表值(0.01mm)		13.4		
检测结论:所测路段弯沉代表值满足设计要求。									
备注		$Z_a = 1.645$							

检测：　　　　　　复核：　　　　　　日期：　　年　　月　　日

第三节 路基路面回弹模量测定

【学习要求】

1. 了解承载板法、贝克曼梁法测定路基路面回弹模量的仪具与材料技术要求。
2. 熟悉承载板法、贝克曼梁法测定路基路面回弹模量的准备工作和测试步骤。
3. 掌握承载板法、贝克曼梁法测定路基路面回弹模量的数据计算与处理方法,填写试验检测记录表格,编制试验检测报告等。

【学习内容】

回弹模量是指路基、路面及筑路材料在荷载作用下产生的应力与其相应的回弹应变的比值。土基回弹模量表示土基在弹性变形阶段内,在垂直荷载作用下抵抗竖向变形的能力。如果垂直荷载为定值,土基回弹模量值越大,则产生的垂直位移就越小,如果竖向位移是定值,回弹模量值越大,则土基承受外荷载作用的能力就越大。

新建公路路基设计以路床顶面回弹模量为设计指标,以路床顶面竖向压应变为验算指标。路面结构设计的路基回弹模量设计值 E_0 应符合下列规定:路基在平衡湿度状态下,路床顶面的回弹模量不应低于《公路沥青路面设计规范》(JTG D50—2017)和《公路水泥混凝土路面设计规范》(JTG D40—2011)的有关规定,见表8-6所列。

表8-6 路床顶面回弹模量要求 (单位:MPa)

交通荷载等级	极重	特重	中等、重	轻交通
沥青混凝土路面	≥70	≥60	≥50	≥40
水泥混凝土路面	≥80		≥60	≥40

路基回弹模量设计值宜按下列方法确定:

1. 新建公路初步设计时,宜根据查表法(或现有公路调查法)、室内实验法、换算法等,经综合分析、论证,确定沿线不同路基状况的路基回弹模量设计值。

2. 当路基建成后,应在不利季节路基最不利状况下实测各个路段路基回弹模量代表值,以检验是否符合设计值的要求。现场实测方法宜采用承载板法,也可采用贝克曼梁法和便携式落锤式弯沉仪法,若现场实测路基回弹模量代表值小于设计值,应采用翻晒以及补压、掺灰处理等加强路基或调整路面结构厚度的措施,以保证路基路面的强度和稳定性。

一、承载板测试土基回弹模量

压入承载板试验是研究路基土应力-应变特性最常用的一种方法,属于静态回弹模量测试方法。这种方法是以一定尺寸的圆形刚性承载板置于路基顶面,逐级加荷、卸荷,记录施加于承载板上的荷载及由该荷载所引起的沉降变形。根据试验结果,可绘出路基顶面压应力与回弹变形的关系曲线。

现场压入承载板试验适用于在现场土基表面,通过承载板对土基逐级加载-卸载的方法,测出每级荷载下相应的土基回弹变形值,通过计算求得土基回弹模量。现场测定级配碎(砾)石、沥青稳定碎石等柔性基层回弹模量可参考使用,如图 8-19 所示。

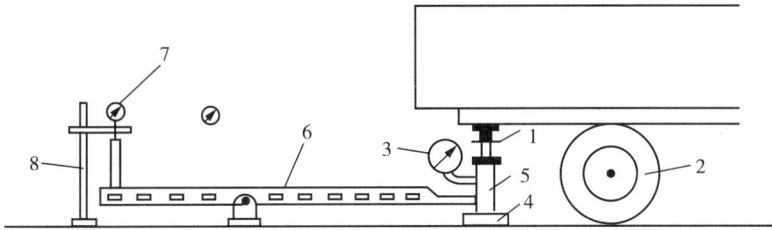

1—支撑小横梁;2—汽车后轮;3—千斤顶油压表;4—承载板;5—千斤顶;6—弯沉仪;7—百分表;8—表架。

图 8-19　承载板法示意图

(一)仪具与材料技术要求

1. 反力装置:载重汽车后轴重量不小于 60kN,在汽车大梁的后轴之后设有一加劲横梁作反力架用。

2. 荷载装置:承载板试验现场测试装置示意图如图 8-20 所示。其由千斤顶、测力计(测力环或压力表)及球座等组成。

3. 刚性承载板一块,板厚 20mm,直径为 300mm,直径两端设有立柱和可以调整高度的支座,以供安放贝克曼梁测头,承载板安放在土基表面上。

4. 贝克曼梁、百分表及其支架 2 套。

5. 液压千斤顶一台,80~100kN,装有压力表或测力环,其量程不小于土基强度,测试精度不小于测力计量程的 1%。

6. 秒表。

7. 水平尺。

8. 其他:细砂、毛刷、垂球、镐、铁锹、铲等。

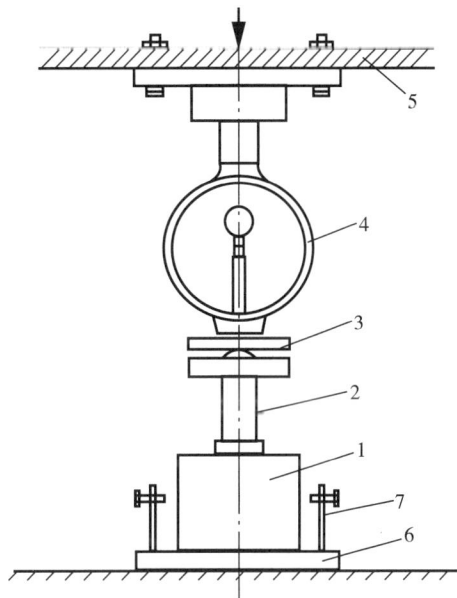

1—千斤顶;2—钢圆筒;3—钢板及球座;4—测力计;
5—加劲横梁;6—刚性承载板;7—立柱及支座。

图 8-20　承载板试验现场测试装置示意图

(二)方法与步骤

1. 准备工作

(1)根据需要选择有代表性的测点,测点应位于水平的路基上,土质均匀,不含杂物。

(2)仔细平整土基表面,撒干燥洁净的细砂填平土基凹处,砂子不可覆盖全部土基表面,避免形成夹层。

(3)安置承载板,并用水平尺进行校正,使承载板处于水平状态。

(4)将试验车置于测点上,在加劲小梁中部悬挂垂球测试,使之恰好对准承载板中心,然后收起垂球。

(5)在承载板上安放千斤顶,上面衬垫钢圆筒、钢板,并将球座置于顶部与加劲横梁接触,如用测力环时,应将测力环置于千斤顶与横梁中间,千斤顶及衬垫物必须保持垂直,以避免加压时千斤顶倾倒发生事故并影响测试数据的准确性。

(6)将两台贝克曼梁的测头分别置于承载板立柱的支座上。

2. 测试步骤

(1)用千斤顶开始加载,注视测力环或压力表,至预压 0.05MPa、稳压 1min,使承载板与土基紧密接触,同时检查百分表的工作情况是否正常,然后放松千斤顶油门卸载,稳压 1min 后,将百分表调零或置于其他合适的初始位置上,记录初始读数。

(2)测定土基的压力-变形曲线。用千斤顶加载,采用逐级加载-卸载法,用压力表或测力环控制加载量,荷载小于 0.1MPa 时,每级增加 0.02MPa,以后每级增加 0.04MPa 左右。为了使加载和计算方便,可适当调整加载数值为整数。每次加载至预定荷载后,稳定 1min,立即读记两支百分表的数值,然后轻轻放开千斤顶油门卸载至 0,待卸载稳定 1min 后,再次读数,每次卸载后百分表不再调零。当两支百分表读数之差小于平均值的 30% 时,取平均值。如超过 30%,则应重测。当回弹变形值超过 1mm 时,即可停止加载。

(3)各级荷载的回弹变形和总变形,按以下方法计算:

回弹变形(L)=(加载后读数平均值-卸载后读数平均值)×贝克曼梁杠杆比

总变形(L')=(加载后读数平均值-加载初始前读数平均值)×贝克曼梁杠杆比

(4)最后一次加载、卸载循环结束后,取走千斤顶,重新读取百分表初读数,然后将汽车开出 10m 以外,读取终读数,按以下方法计算总影响量 α:

总影响量(α)=(百分表初读数平均值-百分表终读数平均值)×贝克曼梁杠杆比

(5)在试验点下取样,测定材料含水率。取样数量如下:

最大粒径不大于 4.75mm,试样数量约 120g;

最大粒径不大于 19.0mm,试样数量约 250g;

最大粒径不大于 31.5mm,试样数量约 500g。

(6)在紧靠试验点旁边的适当位置,用灌砂法、环刀法或其他方法测定土基的密度。

(三)数据处理

(1)各级压力下的影响量 α_i 按下式计算,即

$$\alpha_i = \frac{(T_1 + T_2) \pi D^2 p_i}{4 T_1 Q} \cdot \alpha \qquad (8-11)$$

式中:α_i——第 i 级压力的影响量(0.01mm);

T_1——载重汽车前后轴距(m);

T_2——加劲小梁距后轴距离(m);

D——承载板直径(m),记为 0.3m;

p_i——第 i 级承载板压力(Pa);

Q——载重汽车后轴重(N);

α——总影响量(0.01mm)。

(2)回弹变形计算值 l_i 为各级压力的回弹变形值加上该级的影响量,将各级计算回弹变形值点绘于标准计算纸上,排除显著偏离的异常点并绘出顺滑的 p-l 曲线,如曲线起始部分出现反弯,应按图 8-21 修正原点 O,O' 是修正的原点。

(3)计算相应于各级荷载下的土基回弹模量值,即

$$E_i = \frac{\pi D}{4} \cdot \frac{p_i}{l_i}(1-\mu_0^2) \qquad (8-12)$$

式中:E_i——相应于各级荷载下的土基回弹模量(MPa);

μ_0——土的泊松比,根据部颁路面设计规范规定选用。当无规定时,非黏性土可取 0.3,高黏性土取 0.5,一般可取 0.35 或 0.4;

D——承载板直径(30cm);

p_i——承载板单位压力(MPa);

l_i——相对于荷载 p_i 时的计算回弹变形值(cm)。

本方法采用刚性承载板,压板下土基顶面的挠度为等值,不随坐标 r 而变化,故变形易于测量,压力容易控制。但是板底接触压力随 r 值的变化,呈鞍形分布,如图 8-22 所示。

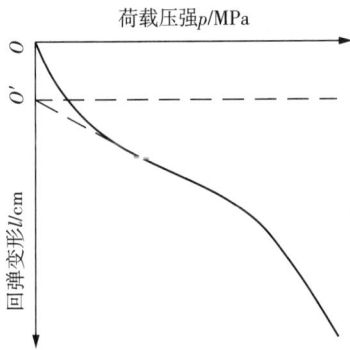

图 8-21 修正原点示意图

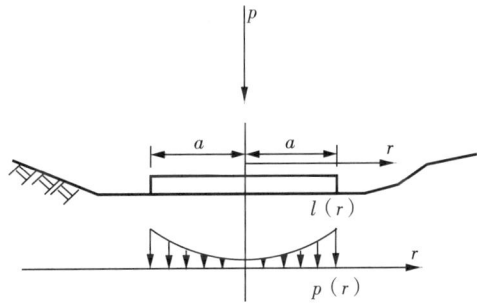

图 8-22 刚性承载板力学模型

根据弹性体系理论,土基的弹性力学模型为半无限体,其板底挠度按下式计算,即

$$l = \frac{pD(1-\mu^2)}{E_i} \cdot \frac{\pi}{4} \qquad (8-13)$$

由上式可以得到反算回弹模量 E_i 的计算式,见式(8-12)。

(4)取试验结束前的各级回弹变形计算值,按线性回归方法,由式(8-14)计算土基回弹模量 E_0 值,即

$$E_0 = \frac{\pi D}{4} \cdot \frac{\sum p_i}{\sum l_i}(1-\mu_0^2) \qquad (8-14)$$

【学习案例 8－2】

承载板测定土基回弹模量记录表见表 8－7 所列。

表 8－7 承载板测定土基回弹模量记录表

测点桩号:K2＋350						横向距离:距路中线 1.90m			
设计回弹模量(MPa):80									
荷载/ kN	承载板压力/ MPa	油压 表读数	百分表读数 (0.01mm)		平均读数 (0.01mm)	回弹变形 (0.01mm)	分级影响量 (0.01mm)	计算回弹弯沉 (0.01mm)	备注
			左	右					
—	0.05	5	21	22	21.5	7	0.047×21 $= 0.987$	7.987	—
—	0	0	18	18	18.0				—
—	0.10	7	28	28	28.0	11	0.094×21 $= 1.974$	12.974	—
—	0	0	21	24	22.5				—
—	0.15	9	30	32	31.0	13	0.141×21 $= 2.961$	15.961	—
—	0	0	25	24	24.5				—
—	0.20	12	37	37	37.0	20	0.188×21 $= 3.948$	23.948	—
—	0	0	27	27	27.0				—
—	0.25	14	39	39	39.0	22	0.235×21 $= 4.935$	26.935	—
—	0	0	28	28	28.0				—
取走千斤顶			17	19	18	总影响量 α_i(0.01mm):21			
车开走 10m 外			9	6	7.5				
承载板直径 D(mm):300		泊松比 μ_0:0.2			$\sum p_i$ (MPa):0.75		$\sum l_i$ (mm):0.8781		
测试车前后轴距 T_1(m):4		小梁距后轴距离 T_2(m):0.8				测试车后轴重 Q(kN):90.0			
土基回弹模量(MPa):193.10									

解:(1)根据上表所列数据可计算出分级影响量为

$$\alpha_i = \frac{(T_1 + T_2)\pi D^2 p_i}{4 T_1 Q} \cdot \alpha = \frac{(4+0.8) \times 3.14 \times 0.3^2 \times 0.05 \times 10^6}{4 \times 4 \times 90 \times 10^3} \cdot \alpha = 0.047\alpha$$

(2)土基回弹模量为

$$E_0 = \frac{\pi D}{4} \cdot \frac{\sum p_i}{\sum l_i}(1 - \mu_0^2) = \frac{3.14 \times 30}{4} \times \frac{0.75}{0.8781 \times 10^{-1}} \times (1 - 0.2^2) = 193.10(\text{MPa})$$

【学习案例 8－3】

某新建公路用承载板测定土基回弹模量,其记录表见表 8－8 所列,请计算该测点的土

基回弹模量。（$\alpha_i = 0.06 \alpha_总$）

表 8-8　某新建公路用承载板测定土基回弹模量记录表

测定层位：土基		桩号：		测定用汽车型号：东风 EQ155（60kN）				
承载板直径：30cm		泊松比 μ_0：0.40		测定日期：　年　月　日				
千斤顶读数	荷载/kPa	承载板单位压力/MPa	百分表读数（0.01mm）		总变形（0.01mm）	回弹变形（0.01mm）	分级影响量（0.01mm）	计算回弹变形（0.01mm）	备注
			左	右					
0	—	0	0	0	—	—	—	—	预压
10	3.08	0.05	15	12	27	—	—		
0	0	0	0	0	0	0	0	0	正式测定
10	3.08	0.05	11	13	24	18	0.06×7	18.42	—
0	0	0	3	3	3				
20	6.16	0.1	31	28	59	32	0.12×7	32.84	—
0	0	0	14	13	27				—
30	9.24	0.15	65	54	119	48	0.18×7	49.26	—
0	0	0	40	31	71				—
40	12.32	0.2	90	83	173	64	0.24×7	65.68	—
0	0	0	56	53	109				—
60	18.47	0.3	148	117	266	94	0.36×7	96.52	—
0	0	0	98	74	172				—
70	21.55	0.35	165	144	309	118	—	—	$L \geqslant$ 1mm,终止加载
0	—	0	108	93	191				
取走千斤顶		0	103		89	7	—	—	
汽车开走后		0	99		86				
总影响量 α_i		$\left[\dfrac{(103-99)+(89-86)}{2}\right] \times 2 = 7$							
土基回弹模量 E_0/MPa：60.24									

解：根据上表所列数据可计算出总影响量为

$$\alpha_z = (89-86) \times 2 = 6(0.01\text{mm})$$

$$\alpha_y = (103-99) \times 2 = 8(0.01\text{mm})$$

$$\alpha_{z+y} = (\alpha_z + \alpha_y)/2 = (6+8)/2 = 7(0.01\text{mm})$$

故各级影响量分别为

$$\alpha_{0.05}=0.06 \quad \alpha_{z+y}=0.06 \times 7=0.42(0.01\text{mm})$$

$$\cdots$$

$$\alpha_{0.20}=0.24 \quad \alpha_{z+y}=0.24 \times 7=1.68(0.01\text{mm})$$

$$\alpha_{0.30}=0.36 \quad \alpha_{z+y}=0.36 \times 7=2.52(0.01\text{mm})$$

故各级计算回弹变形值分别为

$$l_{0.05}=(l_{0.05z}+l_{0.05y})/2=(16+20)/2+0.42=18.42(0.01\text{mm})$$

$$\cdots$$

$$l_{0.20}=(l_{0.20z}+l_{0.20y})/2=(68+60)/2+1.68=65.68(0.01\text{mm})$$

$$l_{0.30}=(l_{0.30z}+l_{0.30y})/2=(100+86)/2+2.52=96.52(0.01\text{mm})$$

考虑到原点修正和消除异常点后的情况(本案例没有),用线性归纳法的公式计算土基回弹模量E_0为

$$E_0=\frac{\pi D}{4} \cdot \frac{\sum p_i}{\sum l_i}(1-\mu_0^2)=\frac{3.14 \times 30}{4}$$

$$\times \frac{(0.05+0.10+0.15+0.20+0.30)}{(18.42+32.84+49.26+65.68+96.52) \times 10^{-3}} \times (1-0.4^2)=60.24(\text{MPa})$$

二、贝克曼梁法测定路基路面回弹模量

贝克曼梁法测定路基路面回弹模量适用于土基且厚度不小于1m的粒料整层表面,用贝克曼梁法测试各测点的回弹弯沉值,通过计算求得该材料的回弹模量值,也适用于在既有道路表面测试路基路面的综合回弹模量。

(一)仪具与材料技术要求

1. 加载车、贝克曼梁、百分表及表架、路表温度计按照贝克曼梁法测定路基路面回弹弯沉的规定选用。

2. 其他:卷尺等。

(二)方法与步骤

1. 准备工作

选择洁净的路基路面表面作为测点,在测点处做好标记并编号。

2. 测试步骤

按照贝克曼梁法测定路基路面回弹弯沉的规定,测试各测点处的路面回弹弯沉值L_i。

(三)数据处理

1. 分别计算全部测定值的算术平均值$\overline{L}$、标准差S和计算自然误差r_0,即

$$r_0=0.675S \tag{8-15}$$

式中:r_0——回弹弯沉值的自然误差(0.01mm);

　　　S——回弹弯沉值的标准差(0.01mm)。

2. 计算各测点的测定值与算术平均值的偏差值$d_i = L_i - \overline{L}$,并计算较大的偏差与自然误差之比d_i/r_0。当某个测点的d_i/r_0值大于表8-9所列d/r极限值时,则应舍弃该测点,然后重新计算所余各测点弯沉的算术平均值$\overline{L}$及标准差S。

表8-9　相对于不同观测次数的d/r极限值

n	5	10	15	20	50
d/r	2.5	2.9	3.2	3.3	3.8

3. 计算代表弯沉值,即

$$L_r = \overline{L} + S \tag{8-16}$$

式中:L_r——计算代表弯沉(0.01mm);

　　　$\overline{L}$——舍弃不符合要求的测点后所余各测点弯沉的算术平均值(0.01mm);

　　　S——舍弃不符合要求的测点后所余各测点弯沉的标准差(0.01mm)。

(4)按式(8-17)计算土基、整层材料路基路面材料的回弹模量(E_1)或既有道路的综合回弹模量,即

$$E_1 = \frac{200p\delta}{L_r}(1-\mu^2)\alpha \tag{8-17}$$

式中:E_1——计算的土基、整层材料路基路面材料的回弹模量或既有道路的综合回弹模量(MPa);

　　　p——测定车轮的平均垂直荷载(MPa);

　　　δ——测试用加载车双圆荷载单轮传压面当量圆的半径(mm);

　　　μ——测试层材料的泊松比,根据相关路面设计规范的规定取用;

　　　α——弯沉系数,为0.712。

【学习案例8-4】

用贝克曼梁法测定某路段路基路面的综合回弹模量,经整理各测点弯沉值如下:38、45、32、42、36、37、40、44、52、46、42、45、37、41、44(0.01mm)。其中,测试车后轴重100kN(轮胎气压为0.7MPa,当量圆半径为10.65cm),请计算该路段的综合回弹模量。〔注:$E_1 = \frac{200p\delta}{L_r}(1-\mu^2) \times 0.712, \mu = 0.3$〕

解:经计算得:平均值$\overline{L} = 41.4$(0.01mm);标准偏差$S = 4.95$(0.01mm);

代表值$L_r = \overline{L} + S = 41.4 + 4.95 = 46.35$(0.01mm);

回弹模量$E_1 = \frac{200p\delta}{L_r}(1-\mu^2) \times 0.712$

$$= \frac{200 \times 0.7 \times 10.65 \times 10}{46.35}(1-0.3^2) \times 0.712 = 208.42 \text{(MPa)}$$

第五节　路基路面弯沉值评定

【学习要求】

掌握路基路面弯沉值评定数据的计算与处理方法,填写试验检测记录表格,编制试验检测报告等。

【学习内容】

弯沉值采用落锤式弯沉仪(FWD)、自动弯沉仪或贝克曼梁测量。每一双车道评定路段(不超过 1km)的测点数应符合表 8-10 规定,多车道公路应按车道数与双车道之比相应增加测点。

表 8-10　弯沉测点数

检测设备	落锤式弯沉仪(FWD)	自动弯沉仪或贝克曼梁
测点数/点	40	80

路基、沥青路面弯沉代表值为弯沉测量值的上波动界限,用式(8-18)计算,即

$$L_r = (\overline{L} + \beta S) K_1 K_3 \qquad (8-18)$$

式中:L_r——弯沉代表值(0.01mm);

$\overline{L}$——实测弯沉的平均值;

S——标准差;

β——目标可靠指数,其值参见表 8-11;

K_1——湿度影响系数,路基顶面弯沉测定时,根据当地经验确定。测定路表弯沉时,根据实测弯沉值通过反算得到路基模量值,修正后得到结构模量值,然后得出测试状态下的弯沉湿度修正系数,或根据当地经验确定;

K_3——温度影响系数,测定路基顶面弯沉时取 1,测定路表弯沉时根据式(8-19)确定,即

$$K_3 = e^{[9 \times 10^{-6} (\ln E_0 - 1) H_a + 4 \times 10^{-3}](20-T)} \qquad (8-19)$$

式中:T——弯沉测定时沥青结合料类材料层中点实测或预估温度(℃);

H_a——沥青结合料类材料层厚度(mm);

E_0——平衡湿度状态下路基顶面回弹模量(MPa)。

表 8-11　目标可靠指标 β 值

公路等级	高速公路	一级公路	二级公路	三级公路	四级公路
目标可靠度/%	95	90	85	80	70
目标可靠指标 β	1.65	1.28	1.04	0.84	0.52

粒料类基层和底基层顶面弯沉代表值应按式(8-20)计算,即

$$L_r = \overline{L} + Z_a S \tag{8-20}$$

式中:L_r——弯沉代表值(0.01mm);

$\overline{L}$——实测弯沉的平均值;

S——标准差;

Z_a——与要求保证率有关的系数,高速公路与一级公路取$Z_a=2.0$,二级公路取$Z_a=$
1.645,二级以下公路取$Z_a=1.5$。

二级及二级以下公路,当路基和粒料类基层、底基层的弯沉代表值不符合要求时,可将
超出$\overline{L}+(2\sim3)S$的弯沉特异值舍弃,对舍弃的弯沉值大于$\overline{L}+(2\sim3)S$的点,应找出其周
围界限,进行局部处理,并对弯沉进行复测后重新计算平均值和标准差。高速公路、一级公
路不得舍弃特异值。

弯沉代表值大于设计弯沉值时,相应分项工程应评为不合格。

【学习案例 8-5】

某高速公路回弹弯沉值检测记录表见表 8-12 所列。

表 8-12 某高速公路回弹弯沉值检测记录表

分项工程称:路基 ☑   柔性基层☐ 沥青路面☐

桩号	弯沉值(0.01mm)				桩号	弯沉值(0.01mm)			
	左幅		右幅			左幅		右幅	
	左侧	右侧	左侧	右侧		左侧	右侧	左侧	右侧
K1+250	80	50	70	56	—	—	—	—	—
K1+300	62	130	36	64	—	—	—	—	—
K1+350	89	74	48	54	—	—	—	—	—
K1+400	58	34	85	52	—	—	—	—	—
K1+450	80	98	76	44	—	—	—	—	—
K1+500	56	50	36	48	—	—	—	—	—
K1+550	84	60	76	46	—	—	—	—	—
K1+600	72	46	90	54	—	—	—	—	—
K1+650	50	46	64	34	—	—	—	—	—
K1+700	50	46	64	34	—	—	—	—	—
—	—	—	—	—					
—	—	—	—	—					
弯沉设计值(0.01mm)$L=120$					弯沉平均值(0.01mm)$\overline{L}=61.2$				
弯沉值标准差(0.01mm)$S=20.329$					弯沉代表值(0.01mm)$L_r=101.9$				
检测点数 $n=40$ 系数 $Z_a=2.0$					质量评定:合格				

$$L_r = \overline{L} + Z_\alpha \cdot S = 61.2 + 2.0 \times 20.329 = 101.9(0.01mm) < l = 120(0.01mm)$$

【学习案例 8-6】

某新建二级公路竣工后,在不利季节测得的某段路面的弯沉值结果见表 8-13 所列,路面设计弯沉值为 40(0.01mm),试判断该路段的弯沉是否符合要求?(保证率系数 $Z_\alpha = 1.645$)

表 8-13 弯沉值检测结果

序号	1	2	3	4	5	6	7	8	9	10	11
L_i	30	29	31	28	27	26	33	32	30	30	31
序号	12	13	14	15	16	17	18	19	20	21	22
L_i	29	27	26	32	31	33	31	30	29	28	28

解:经计算:$\overline{L} = 29.6(0.01mm)$,$S = 2.09(0.01mm)$;

根据以上要求,二级公路取 $Z_\alpha = 1.645$;

代表弯沉值为弯沉检测值的上波动界限,即

$$L_r = \overline{L} + Z_\alpha S = 29.6 + 1.645 \times 2.09 = 33.0(0.01mm)$$

因为代表弯沉值 $\overline{L} < L_d = 40(0.01mm)$,所以该路段的弯沉值是满足要求的。

【学习案例 8-7】

某检测组对某一已完工的二级公路的路基进行弯沉测试,共测得 27 个弯沉值,其数据如下:60、52、104、110、90、156、224、70、140、130、70、100、210、104、170、80、86、74、54、60、104、70、218、100、110、50、40(0.01mm),请计算该路段的弯沉代表值。(采用 2S 法,取 $Z_\alpha = 2.0$)

解:(1)将上述 27 个数据计算得:$\overline{L} = 105(0.01mm)$,$S = 51.6(0.01mm)$,$C_v = 49.1\%$;

采用 2S 法,将超出 $\overline{L} \pm 2S$ 范围的作为特异值,即凡大于 $\overline{L} + 2S = 208$ 的观测值均进行舍弃,有 3 个:224,210,218。

(2)重新计算其余 24 个观测值得:$\overline{L} = 91$,$S = 34$,$C_v = 37.4\%$,

采用 2S 法,将超出 $\overline{L} \pm 2S$ 范围的作为特异值,即凡大于 $\overline{L} + 2S = 129$ 的观测值均进行舍弃,又有 3 个:170,156,140。

(3)重新计算其余 21 个观测值得:$\overline{L} = 82(0.01mm)$,$S = 24.5(0.01mm)$,$C_v = 29.9\%$,无特异值。

(4)计算弯沉代表值 $L_r = \overline{L} + Z_\alpha S = 82 + 2 \times 24.5 = 122(0.01mm)$。

【课后任务】

1. 何谓弯沉值?常用哪几种方法测定?各测定方法有何特点?

2. 论述沥青路面弯沉评定方法。

3. 沥青面层弯沉检测中,应进行哪几方面的修正?为什么?

4. 常用哪几种方法对路基、路面的回弹模量进行检测?

5. 什么叫 CBR? 简述土基现场 CBR 值测试要点。

6. 简述承载板法测定土基回弹模量的主要过程。

7. 简述贝克曼梁法测定路基路面回弹弯沉的测试步骤。

8. 用承载板测定土基回弹模量,其检测结果见表 8-14 所列,请计算该测点的土基回弹模量。$\left[注:\alpha_i = \frac{(T_1 + T_2)\pi D^2 p_i}{4 T_1 Q} \cdot \alpha = 0.97\ p_i\alpha, D = 30\text{cm}, \mu_0 = 0.35, \alpha = 10.4 \times 10^{-2}\text{mm}\right]$

表 8-14　用承载板测定土基回弹模量检测结果

p_i/MPa	0.02	0.04	0.06	0.08	0.10	0.14	0.18	0.22
加载读数(0.01mm)	12.3	21.1	39.4	50.6	58.7	77.5	97.3	127.0
卸载读数(0.01mm)	10.2	12.0	23.1	28.3	32.4	41.2	51.5	61.8

9. 某承载板试验结果见表 8-15 所示,请绘制 $p-l$ 曲线(注: $\alpha_i = 0.79\ p_i\alpha$)。

表 8-15　某承载板试验结果

序号	承载板压力 p/MPa	百分表读数(0.01mm)			
		加载后		卸载后	
		左	右	左	右
1	0.02	14	13	3	3
2	0.04	28	29	7	8
3	0.06	38	40	8	9
4	0.08	52	54	10	11
5	0.10	66	72	12	14
总影响量	0	左　6			
		右　8			

10. 某新建二级公路设计弯沉值 $l_d = 33(0.01\text{mm})$,其中一评定段(沥青混凝土面层)弯沉测试结果如下:17、11、10、14、13、10、16、19、12、14、17、20(0.01mm),试评定该路段弯沉检测结果。

第九章 水泥混凝土强度的检测

第一节 回弹仪测定水泥混凝土强度

【学习要求】

1. 了解回弹仪检测水泥混凝土强度的适用范围。

2. 熟悉回弹仪检测水泥混凝土强度的准备工作和测试步骤。

3. 掌握回弹仪检测水泥混凝土强度的操作、数据计算与处理方法,填写试验检测记录表格,编制试验检测报告等。

【学习内容】

回弹仪测定水泥混凝土强度试验方法适用于快速测定水泥混凝土路面的抗压强度,可供水泥混凝土施工质量控制使用,但这种方法不适用于混凝土路面的强度评定、仲裁试验或工程验收,也不适用于表面与内部质量有明显差异或内部存在缺陷的混凝土强度测定,所检测的水泥混凝土结构厚度不得小于 100mm,使用的环境温度应为－4～40℃。

一、仪具与材料技术要求

1. 混凝土回弹仪:指针直读式混凝土回弹仪如图 9-1 所示,其结构如图 9-2所示,也可采用数字显示式或自记录式回弹仪。回弹仪应符合下列要求:

(1)水平弹击时,在弹击锤脱钩的瞬间,回弹仪的标称能量应为 2.207J。

(2)弹击锤与弹击杆碰撞的瞬间,弹击拉簧处于自由状态,此时弹击锤起点应位于刻度尺的零点处。

(3)在洛氏硬度为(60±2)HRC 的钢砧上,回弹仪的率定值应为 80±2。

图 9-1 指针直读式混凝土回弹仪

(4)数字式回弹仪应带有指针直读示值系统,数字显示的回弹值与指针直读示值相差不应超过 1。

2. 酚酞酒精溶液:浓度为 1%～2%。

3. 游标卡尺:分度值为 0.02mm。

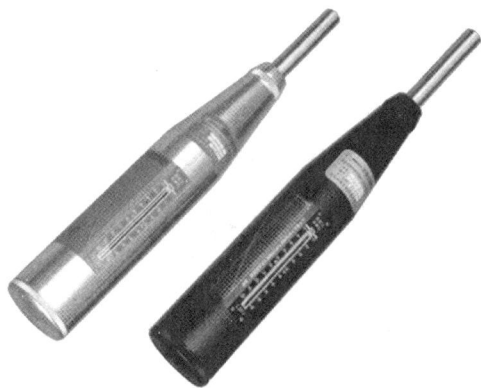

4. 碳化深度测定仪:分度值为 0.25mm。

5. 钢砧:洛氏硬度为(60±2)HRC。

6. 其他:手提式砂轮、凿子、锤、吸耳球等。

二、方法与步骤

(一)准备工作

1. 回弹仪率定

(1)使用回弹仪前,应在钢砧上进行率定,在每天测试完毕后率定一次,测定过程中对回弹值有怀疑时也应进行率定。

(2)回弹仪率定试验,宜在温度为 5~35℃的条件下进行。率定时钢砧表面应干燥、清洁,钢砧应稳固地平放在刚度大的地坪上,回弹仪向下弹击时,弹击杆应分 4 次旋转,每次旋转约 90°,弹击 3~5 次,取其中最后连续 3 次且读数稳定的回弹值,求其平均值作为率定值。

2. 布置测区和测点

(1)按照规定的选点方法确定检测的混凝土板。每个块混凝土板的测区数不宜少于 10 个,相邻两测区的间距不宜大于 2m;测区宜在混凝土板表面上均匀分布,并避开板边板角。

(2)测区表面应清洁、干燥、平整,不应有疏松层、饰面层、粉刷层、浮浆、油垢等以及蜂窝、麻面,必要时可用砂轮清除表面的杂物和不平整处,磨光的表面不应有残留粉尘或碎屑。

(3)一个测区的面积不宜大于 200mm×200mm,每一测区测定 16 个测点,相邻两测点的间距不宜小于 30mm,测点距路面边缘或接缝的距离不应小于 200mm。

(二)测试步骤

1. 回弹值测定

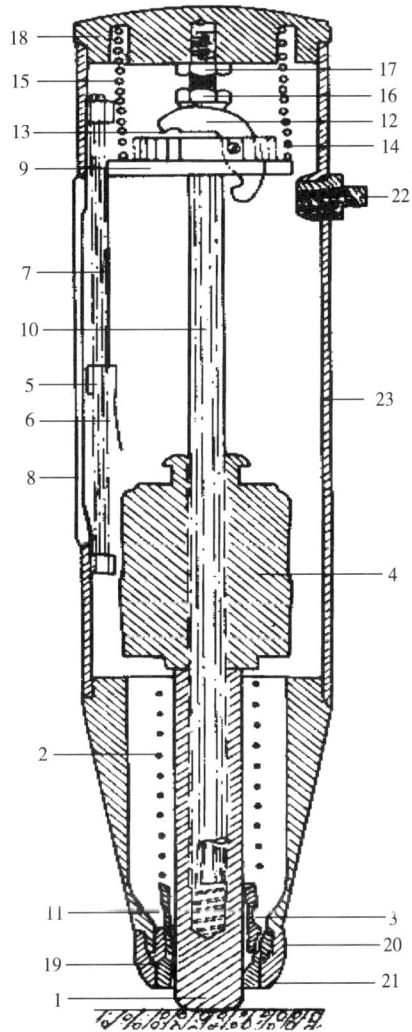

1—弹击杆;2—弹击拉簧;3—拉簧座;

4—弹击重锤;5—指针块;6—指针片;

7—指针轴;8—刻度尺;9—导向法兰;

10—中心导杆;11—缓冲压簧;12—挂钩;

13—挂钩压簧;14—挂钩销子;15—压簧;

16—调零螺丝;17—紧固螺母;18—尾盖;

19—盖帽;20—卡环;21—密封毡圈;

22—按钮;23—外壳。

图 9-2 指针直读式混凝土回弹仪的结构

在测试过程中,回弹仪的轴线应始终垂直于混凝土表面,具体操作应符合下列要求:

(1)将回弹仪的弹击杆顶住混凝土表面,轻压仪器,使按钮松开,弹击杆徐徐伸出,并使挂钩挂上弹击锤。

(2)手持回弹仪对混凝土表面缓慢均匀施压,待弹击锤脱钩,冲击弹击杆后,弹击锤即带动指针向后移动到达一定位置,指针刻度线在刻度尺上的示值即为该点的回弹值,测点不应在气孔或外露石子上，同一测点只弹击一次。

（3）使用上述方法在混凝土表面依次读数并记录回弹值，如条件不利于读数，可按下按钮，锁住机芯，将回弹仪移至别处读数，准确至1个单位。

（4）使用完毕后应将弹击杆压入仪器内，经弹击后按下按钮，锁住机芯，待下一次使用。

2. 碳化深度测定

（1）回弹值测量完毕后，应在有代表性的测区上测量碳化深度值，测点数不应少于构件测区数的30%，应取其平均值作为该构件每个测区的碳化深度值。当碳化深度值极差大于2.0mm时，在每一测区分别测量碳化深度值。

（2）测量碳化深度值时，可用合适的工具在测区表面形成直径约为15mm的孔洞（其深度略大于混凝土的碳化深度），然后用吸耳球吹去孔洞中的粉末和碎屑（不得用液体冲洗），并立即将浓度为1%~2%酚酞酒精溶液洒在孔洞内壁的边缘处，当已碳化与未碳化界限清楚时（未碳化部分变成紫红色），用碳化深度测定仪或深度游标卡尺测量已碳化与未碳化交界面至混凝土表面的垂直距离3次，取3次测量的平均值作为碳化深度检测结果，准确至0.5mm。

3. 数据处理

将一个测区的16个测点的回弹值，去掉3个最大值及3个最小值，其余10个回弹值按式（9-1）计算测区平均回弹值，即

$$\overline{N}_s = \frac{\sum N_i}{10} \qquad (9-1)$$

式中：$\overline{N}_s$—— 测区平均回弹值，准确至0.1，无量纲；

$\quad\quad N_i$—— 第i个测点的回弹值。

根据回弹仪轴线与水平方向的角度将测得的数据按式（9-2）进行修正，计算非水平方向测定的回弹修正值。当测定水泥混凝土路面为向下垂直方向时，测试角度为$-90°$，非水平方向测定的回弹修正值ΔN见表9-1所列。修正值$\overline{N}$为

$$\overline{N} = \overline{N}_s + \Delta N \qquad (9-2)$$

式中：N—— 经非水平测定修正的测区平均回弹值；

$\quad\quad N_s$—— 回弹仪实测的测区平均回弹值；

$\quad\quad \Delta N$—— 非水平测量的回弹值的修正值，由表9-1或内插法求得，准确至0.1。

表9-1　非水平方向测定的回弹修正值

N_s	与水平方向所成的角度							
	$+90°$	$+60°$	$+45°$	$+30°$	$-30°$	$-45°$	$-60°$	$-90°$
20	-6.0	-5.0	-4.0	-3.0	$+2.5$	$+3.0$	$+3.5$	$+4.0$
30	-5.0	-4.0	-3.5	-2.5	$+2.0$	$+2.5$	$+3.0$	$+3.5$
40	-4.0	-3.5	-3.0	-2.0	$+1.5$	$+2.0$	$+2.5$	$+3.0$
50	-3.5	-3.0	-2.5	-1.5	$+1.0$	$+1.5$	$+2.0$	$+2.5$

注：α为回弹仪轴线与水平方向的角度，表中未列入的N_s可用内插法求得。

平均碳化深度按式(9-3)计算,即

$$L = \frac{1}{n}\sum_{i=1}^{n} L_i \qquad (9-3)$$

式中:L——碳化深度(mm);

L_i——第 i 测点碳化深度(mm);

n ——测点数。

如平均碳化深度值等于或大于 6.0mm 时,取 6.0mm。

将回弹值换算为混凝土强度时,宜采用下列方法:

(1)有试验条件时,宜通过试验建立专用测强曲线,但测强曲线仅适用于材料质量、成型、养护和龄期等条件基本相同的混凝土。混凝土标准试块为 150mm × 150mm × 150mm,采用 1.5、1.75、2.0、2.25、2.50 五个灰水比,以便得到不少于 30 对的数据,试件与被测对象有相同的养护条件,到达龄期后,将试块用压力机加压至 30~50kN 稳住,用回弹仪在两侧面分别测定 8 个测点,按式(9-1)计算平均回弹值,然后进行抗压强度试验,用最小二乘法建立二者相关关系的推定式,推定式可为直线式或其他,但相关系数 R 不得小于 0.95。然后根据测区平均回弹值利用测强曲线推定混凝土抗压强度。

(2)在没有条件通过试验建立专用测强曲线时,每个测区混凝土的抗压强度值 R_i 可按照平均回弹值 $\overline{N}$ 及平均碳化深度值 $\overline{L}$ 根据表 9-2 查出。

(3)按标准规定的方法,计算测定对象全部测区的推定混凝土抗压强度的平均值、标准差、变异系数。

表 9-2　测区混凝土抗压强度值换算表

平均回弹值 $\overline{N}$	测区混凝土抗压强度值 R_i/MPa												
	平均碳化深度值 $\overline{L}$/mm												
	0.0	0.5	1.0	1.5	2.0	2.5	3.0	3.5	4.0	4.5	5.0	5.5	≥6
20	10.3	10.1	—	—	—	—	—	—	—	—	—	—	—
21	11.4	11.2	10.8	10.5	10.0	—	—	—	—	—	—	—	—
22	12.5	12.2	11.9	11.5	11.0	10.6	10.2	—	—	—	—	—	—
23	13.7	13.4	13.0	12.6	12.1	11.6	11.2	10.8	10.5	10.1	—	—	—
24	14.9	14.6	14.2	13.7	13.1	12.7	12.2	11.8	11.5	11.0	10.7	10.4	10.1
25	16.2	15.9	15.4	14.9	14.3	13.8	13.3	12.8	12.5	12.0	11.7	11.3	10.9
26	17.5	17.2	16.6	16.1	15.4	14.9	14.4	13.8	13.5	13.0	12.6	12.2	11.6
27	18.9	18.5	18.0	17.4	16.6	16.1	15.5	14.8	14.6	14.0	13.6	13.1	12.4
28	20.3	19.7	19.2	18.4	17.6	17.0	16.5	15.8	15.4	14.8	14.4	13.9	13.2
29	21.8	21.1	20.5	19.6	18.7	18.1	17.5	16.8	16.4	15.8	15.4	14.6	13.9
30	23.3	22.6	21.9	21.0	20.0	19.3	18.6	17.9	17.4	16.8	16.4	15.4	14.7
31	24.9	24.2	23.4	22.4	21.4	20.7	19.9	19.2	18.4	17.9	17.4	16.4	15.5
32	26.5	25.7	24.9	23.9	22.8	22.0	21.2	20.4	19.6	19.1	18.4	17.5	16.4

平均回弹值 $\overline{N}$	测区混凝土抗压强度值 R_i/MPa												
	平均碳化深度值 $\overline{L}$/mm												
	0.0	0.5	1.0	1.5	2.0	2.5	3.0	3.5	4.0	4.5	5.0	5.5	≥6
33	28.2	27.4	26.5	25.4	24.3	23.4	22.6	21.7	20.9	20.3	19.4	18.5	17.4
34	30.0	29.1	28.0	26.8	25.6	24.6	23.7	23.0	22.1	21.3	20.4	19.5	18.3
35	31.8	30.8	29.6	28.0	26.7	25.8	24.8	24.0	23.2	22.3	21.4	20.4	19.2
36	33.6	32.6	31.2	29.6	28.2	27.1	26.2	25.2	24.5	23.5	22.4	21.4	20.2
37	35.5	34.4	33.0	31.2	29.8	28.8	27.7	26.6	25.9	24.8	23.4	22.4	21.3
38	37.5	36.4	34.9	33.0	31.5	30.3	29.2	28.1	27.4	26.2	24.8	23.6	22.5
39	39.5	38.2	36.7	34.7	33.0	31.8	30.6	29.6	28.8	27.4	26.0	24.8	23.7
40	41.6	39.9	38.3	36.2	34.5	33.3	31.7	30.8	30.0	28.4	27.0	25.8	25.0
41	43.7	42.0	40.2	38.0	36.0	34.7	33.2	32.3	31.5	29.7	28.4	27.1	26.2
42	45.9	44.1	42.2	39.9	37.6	36.3	34.9	34.0	33.0	31.2	29.8	28.5	27.5
43	48.1	46.2	44.2	41.8	39.4	38.0	36.6	35.6	34.6	32.7	31.3	29.8	28.9
44	50.4	48.4	46.4	43.8	41.3	39.8	38.3	37.3	36.3	34.3	32.8	31.2	30.2
45	52.7	50.6	48.5	45.8	43.2	41.6	40.1	39.0	37.9	35.8	34.3	32.7	31.6
46	55.0	52.8	50.6	47.9	45.2	43.5	41.9	40.8	39.7	37.5	35.8	34.2	33.1
47	57.5	55.2	52.9	50.0	47.2	45.2	43.7	42.6	41.4	39.1	37.4	35.6	34.5
48	60.0	57.6	55.2	52.2	49.2	47.4	45.6	44.4	43.2	40.8	39.0	37.2	36.0
49	—	60.0	57.5	54.4	51.3	49.4	47.5	46.2	45.0	42.5	40.6	38.8	37.5
50	—	—	59.9	56.7	53.4	51.4	49.5	48.2	46.9	44.3	42.3	40.4	39.1
51	—	—	—	59.0	55.6	53.5	51.5	50.1	48.8	46.1	44.1	42.0	40.7
52	—	—	—	57.8	55.7	53.6	52.1	50.7	47.9	45.8	43.7	42.3	
53	—	—	—	—	60.0	57.8	55.6	54.2	52.7	49.8	47.6	45.4	43.9
54	—	—	—	—	60.0	57.8	56.3	54.7	51.7	49.4	47.1	45.6	
55	—	—	—	—	—	59.9	58.4	56.8	53.6	51.3	48.9	47.3	
60	—	—	—	—	—	—	—	—	—	—	58.3	56.4	

注:采用本表换算的混凝土龄期宜大于 14 天,抗压强度为 10.0～60.0MPa,表中未列入的可用内插法求得。

四、回弹仪和率定钢砧检定和保养

1. 通常有下列情况之一时,由法定计量检定机构进行检定,检定周期为半年。

(1)新回弹仪启用前。

(2)弹击拉簧座、弹击杆、缓冲压簧、中心导杆、导向法兰、弹击锤、指针轴、指针片、指针块、挂钩及调零螺丝等主要零件之一经更换后。

（3）弹击拉簧前端不在拉簧座原孔位或调零螺丝松动。

（4）数字式回弹仪数字显示的回弹值与指针直读示值相差大于1。

（5）经保养后，在钢砧上率定值不合格。

（6）遭受严重撞击或其他损害。

2. 回弹仪有下列情况之一时，需进行保养：

（1）回弹仪弹击超过2000次。

（2）在钢砧上的率定值不合格。

（3）对检测值有怀疑。

3. 回弹仪的保养可按下列步骤进行：

（1）先将弹击锤脱钩，取出机芯，然后卸下弹击杆，取出里边的缓冲弹簧，并取出弹击锤、弹击拉簧和拉簧座。

（2）清洁机芯各零部件，并重点清理中心导杆、弹击锤和弹击杆的内孔和冲击面。清理后，应在中心导杆上涂抹薄薄一层钟表油，其他零部件不得抹油。

（3）清理机壳内壁，卸下刻度尺，检查指针，其摩擦力应为0.5～0.8N。

（4）对于数字式回弹仪，还应按产品要求的维护程序进行维护。

（5）保养时，不得旋转尾盖上已定位紧固的调零螺丝，不得自制或更换零部件。

（6）保养后的回弹仪应进行率定。

回弹仪使用完毕，需使弹击杆伸出机壳，并清除弹击杆、杆前端球面以及刻度尺表面和外壳上的污垢、尘土。回弹仪不用时，需将弹击杆压入机壳内，经弹击后按下按钮，锁住机芯，然后装入仪器箱。仪器箱须平放在干燥阴凉处。当数字式回弹仪长期不用时，须取出电池。

第二节　超声回弹法测定路面水泥混凝土抗弯强度

【学习要求】

1. 了解超声回弹法检测水泥混凝土强度的适用范围。

2. 熟悉超声回弹法检测水泥混凝土强度的准备工作和测试步骤。

3. 掌握超声回弹法检测水泥混凝土强度的检测操作、数据计算与处理方法,填写试验检测记录表格,编制试验检测报告等。

【学习内容】

超声回弹法测定路面水泥混凝土抗弯强度试验方法适用于采用回弹仪、低频超声仪在现场对水泥混凝土路面按综合法快速检测,并利用测强曲线方程推算混凝土的抗弯强度,可供水泥混凝土路面施工质量控制使用。但本方法不适用于隐蔽或外露局部缺陷区、裂缝或微裂区(包括路面伸缩缝和工作缝)、路面角隅钢筋和边缘钢筋处,特别是超声波与钢筋方向相同时和距路面边缘小于 100mm 的部位的水泥混凝土,本方法也不适用于仲裁试验或工程验收。

超声回弹法测定路面水泥混凝土抗弯强度试验方法适用于密度为 $1.9 \sim 2.5 \mathrm{g/cm^3}$,板厚大于 100mm,龄期大于 14 天,强度已达设计强度 80% 以上的水泥混凝土,使用的环境温度应为 $-4 \sim 40℃$。

一、仪具与材料技术要求

1. 超声波检测仪:有良好的稳定性,具有示波屏显示及手动游标测读功能。显示应清晰稳定,声时范围应为 $0.5 \sim 9999 \mu s$,测试精度为 $0.1 \mu s$;声时显示调节在 $20 \sim 30 \mu s$ 范围内时,2h 内声时显示的漂移不得大于 $\pm 0.2 \mu s$。超声波在空气中传播的计算声速与实测声速值相比,误差为 $\pm 0.5\%$,超声回弹仪实物图如图 9-3 所示。

2. 换能器:为厚度振动形式压电材料,其频率在 $50 \sim 100 \mathrm{kHz}$ 范围内,实测频率与标称频率相差不大于 $\pm 10\%$。

3. 耦合剂:采用易于变形,有较大的声阻,有较好黏性且不流淌的材料,通常采用黄蜡油、凡士林等。

4. 回弹仪:回弹仪应符合本规程 T0954 的有关要求。

5. 手持砂轮。

6. 其他:油污清洗剂、毛刷、抹布等。

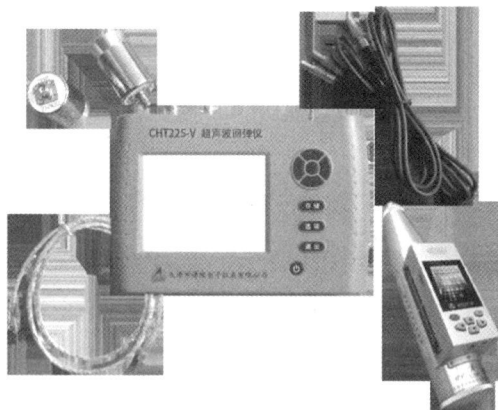

图 9-3　超声回弹仪实物图

二、方法与步骤

(一)准备工作

1. 按照上一节的有关规定进行回弹仪的率定。

2. 布置测区和测点。

(1)按照规定的选点方法确定检测的混凝土板。均匀布置10个测区,每个测区面积不宜小于150mm×550mm,测试面应清洁、干燥、平整,不得有蜂窝、麻面,对浮浆和油垢以及粗糙处应清洗或用砂轮片磨平,并擦净残留粉尘。

(2)每个测区的测点宜在测区范围内均匀分布,但不得布置在气孔或外露石子上,相邻两测点的距离不宜小于30mm。

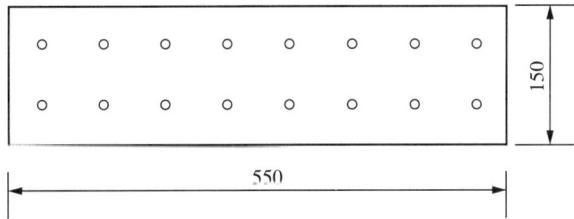

图9-4 回弹值测点分布图(单位:mm)

(二)测试步骤

1. 按回弹仪测定水泥混凝土强度试验的方法,用回弹仪对每个测区的16个测点进行回弹值测定。

2. 超声声时值测量。

(1)在进行回弹值测试的同一测区内布置3条测轴线,换能器布置图如图9-5所示。

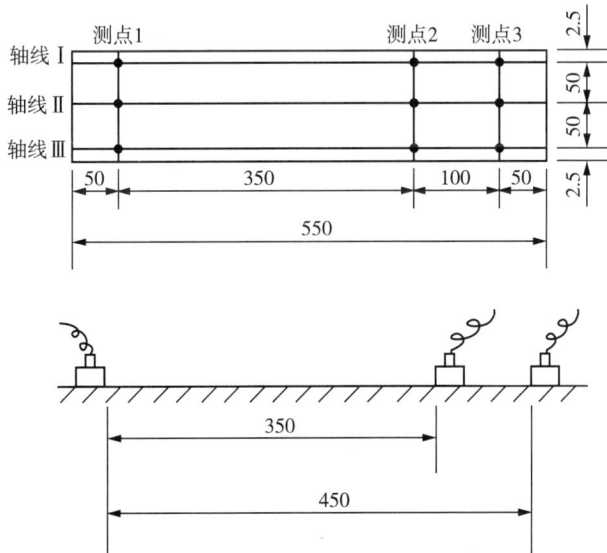

图9-5 换能器布置图(单位:mm)

（2）在换能器放置处抹上耦合剂,测量超声声时时,耦合剂应与建立测强曲线时所用的耦合剂相同。

（3）将换能器分别放置轴线Ⅰ的1点及2点处,换能器与路面混凝土应充分接触,耦合良好,发射和接收两换能器直径与测轴线重合,边缘与测距线相切。超声波仪振幅应调到规定振幅25～30mm。测读声时为t_{11},准确至0.1μs。

（4）放置在1点处的换能器不动,将放置在2点处的换能器移置3点处,再测读声时为t_{12},准确至0.1μs。

（5）按上述方法测量测轴线Ⅱ、Ⅲ,分别得声时为t_{21}、t_{22}、t_{31}、t_{32}。

（三）数据处理

1. 超声波声速计算

按式（9－4）、式（9－5）、式（9－6）、式（9－7）计算测区的超声波声速,精确至0.01km/s,即

$$V_{i1} = \frac{350}{t_{i1}} \quad\quad\quad (9-4)$$

$$V_{i2} = \frac{450}{t_{i2}} \quad\quad\quad (9-5)$$

$$V_i = \frac{1}{2}(V_{i1} + V_{i2}) \quad\quad\quad (9-6)$$

$$V = \frac{V_1 + V_2 + V_3}{3} \qu\quad\quad (9-7)$$

式中:V_{i1}——第i条测轴线测点1与测点3间350mm测距声速（km/s）,$i=1\sim3$;

V_{i2}——第i条测轴线测点1与测点3间450mm测距声速（km/s）,$i=1\sim3$;

V_i——第i条测轴线平均声速（km/s）,$i=1\sim3$;

V——测区平均声速（km/s）;

t_{i1}——第i条测轴线350mm测距声时（μs）;

t_{i2}——第i条测轴线450mm测距声时（μs）。

当3条测轴线平均声速（V_i）中有2条测轴线平均声速与测区的平均声速（V）之差都超过了测区平均声速的15%时,该测区检测结果无效。

2. 混凝土抗弯强度推算

（1）专业测强曲线的确定。

建立专用测强曲线方程。取用与路面混凝土相同的原材料,设计几种不同水灰比的混凝土配合比（一般设计4种配比,其中包括路面施工时的配合比）,对每种配比成型150mm×150mm×550mm的梁式试件（不少于6个）,在标准条件下养护28天后,按上述方法进行超声及回弹检测,并按水泥混凝土试验规程进行抗弯强度试验,再用二元非线性方程按式（9－8）回归,确定回归系数,得出测强曲线方程,相对标准误差e_r应不大于12%。

$$R_f = a V^b e^{cN} \quad\quad\quad (9-8)$$

式中:R_f——混凝土抗弯强度（MPa）;

V——超声声速（km/s）;

N——回弹强度值；

e——自然常数；

a、b、c——回归系数；

e_r 按式(9-9)计算，即

$$e_r = \sqrt{\frac{\sum (R'_{fi}/R_{fi}-1)^2}{n-1}} \times 100 \tag{9-9}$$

式中：R'_{fi}——第 i 块试件实测抗弯强度(MPa)；

R_{fi}——第 i 块试件由超声、回弹推算的抗弯强度(MPa)；

n——试件数(按单块计)。

(2)混凝土路面抗弯强度推定。

① 每一段(或子段)中每一幅为一个单位，作为抗弯强度评定对象。

② 评定抗弯强度第一和第二条件值，按式(9-10)、式(9-11)计算，即

$$R_{n1} = 1.18(\bar{R}_n - m S_n) \tag{9-10}$$

$$R_{n2} = 1.18 (R_{fi})_{min} \tag{9-11}$$

式中：R_{n1}——抗弯强度第一条件值(MPa)，精确至 0.1MPa；

R_{n2}——抗弯强度第二条件值(MPa)，精确至 0.1MPa；

S_n——抗弯强度标准差(MPa)，按式(9-12)计算，精确至 0.1MPa。

$$S_n = \sqrt{\frac{\sum (R_{fi})^2 - n(\bar{R}_n)^2}{n-1}} \tag{9-12}$$

式中：$\bar{R}_n$——抗弯强度平均值(MPa)，按式(9-13)计算，精确至 0.1MPa。

$$\bar{R}_n = \frac{1}{n} \sum R_{fi} \tag{9-13}$$

R_{fi}——第 i 测区推算的抗弯强度(MPa)；

$(R_{fi})_{min}$——所有推算的抗弯强度中的最小值(MPa)；

n——测区数；

m——合格判定系数值，当 $n=10\sim14$ 时，$m=1.70$；$n=15\sim24$ 时，$m=1.65$；$n\geqslant25$ 时，$m=1.60$。

(3)按式(9-14)以第一条件值及第二条件值中的最小者作为混凝土抗弯强度评定值 R_N。

$$R_N = \min\{R_{n1}, R_{n2}\} \tag{9-14}$$

第三节　取芯法测定水泥混凝土路面强度

【学习要求】

1. 了解取芯法检测水泥混凝土强度的目的及材料技术要求。

2. 熟悉取芯法检测水泥混凝土强度的准备工作和测试步骤。

3. 掌握取芯法检测水泥混凝土强度的检测操作、数据计算与处理方法,填写试验检测记录表格,编制试验检测报告等。

【学习内容】

取芯法测定水泥混凝土路面强度的方法适用于取芯测定水泥混凝土路面混凝土劈裂强度、抗压强度值,评价水泥混凝土路面强度,可供水泥混凝土路面施工质量控制和验收使用。

一、仪具与材料技术要求

1. 路面取芯机:手推式或车载式。采用 $\phi150\text{mm}$ 的钻头,具有淋水冷却装置。

2. 游标卡尺:量程不小于 200mm,分度值为 0.02mm。

3. 钢卷尺:量程不小于 5m,分度值为 1mm。

4. 万能角度尺:分度值为 2'。

5. 塞尺:最小分度值为 0.02mm。

6. 钢板尺:长度不小于 300mm。

7. 压力试验机:符合《公路工程水泥及水泥混凝土试验规程》(JTG 3420—2020)中的规定。

8. 劈裂夹具:符合《公路工程水泥及水泥混凝土试验规程》(JTG 3420—2020)中的规定。

9. 其他:岩石切割机、岩石磨平机、铁锹、毛刷等。

二、测试步骤

(一)准备工作

1. 按照规范规定的方法确定测试位置。

2. 将取样位置清扫干净。

(二)测试步骤

1. 按照规范规定的钻芯和切割取样方法在测试位置钻取芯样。

2. 按照以下要求加工芯样:

(1)劈裂试验芯样直径为 $\phi150\text{mm}$,抗压试验芯样直径为 $\phi150\text{mm}$ 或 $\phi100\text{mm}$,高度与直径之比应为 1:1。

(2)芯样试件内不得含有钢筋或钢纤维。

(3)锯切后的芯样应进行端面处理,可采取在磨平机上磨平端面的处理方法。

(4)加工好的芯样应按下列规定测量尺寸:

① 用游标卡尺在芯样试件两端及中部相互垂直的位置上测量,取算术平均值作为芯样直径,精确至 0.5mm;

② 用游标卡尺在芯样端面两个垂直直径方向测量,取算术平均值作为芯样高度,精确至 0.5mm;

③ 用万能角度尺测量芯样试件两个端面与母线的夹角,精确至 0.1°;

④ 将钢板尺侧面紧靠在芯样试件承压面(线)上,用塞尺测量钢板尺和承压面(线)之间的缝隙,最大缝隙为芯样试件的平整度。

(5)芯样试件尺寸偏差超过下列数值时,相应的测量数据无效:

① 芯样试件的实际高径比小于 0.95 或大于 1.05。

② 沿芯样试件高度的任一直径与平均直径相差大于 2mm。

③ 芯样试件端面与轴线的不垂直度大于 1°。

④ 不平整度在每 100mm 长度内超过 0.1mm。

3. 对加工好的芯样按照《公路工程水泥及水泥混凝土试验规程》(JTG 3420—2020)的要求进行劈裂试验。

4. 对加工好的芯样按照《公路工程水泥及水泥混凝土试验规程》(JTG 3420—2020)的要求进行抗压强度试验。

三、数据处理

1. 芯样劈裂强度 f_{ct} 按式(9-15)计算,即

$$f_{ct} = \frac{2F}{\pi d_m l_m} \tag{9-15}$$

式中:f_{ct}——芯样劈裂强度(MPa);

F——极限荷载(N);

d_m——芯样截面的平均直径(mm);

l_m——芯样平均长度(mm)。

2. 芯样抗压强度 f_{cu} 按式(9-16)计算,即

$$f_{cu} = \frac{F}{A} \tag{9-16}$$

式中:f_{cu}——芯样抗压强度(MPa);

F——极限荷载(N);

A——芯样试件抗压截面面积(mm²)。

3. 路面板钻芯、圆柱体劈裂强度与标准小梁弯拉强度与强度换算可按照下列规定进行:

(1)高速公路、一级公路应通过试验得到各自工程的统计公式,用于确定统计公式的试验组数不宜少于 15 组。试验时,试件水泥用量的变动范围宜为 ±50kg/m³;如强度离散型满足统计要求,可将 φ150mm×150mm 钻芯圆柱体和浇筑圆柱体、150mm×150mm×

150mm 立方体三者同龄期的劈裂强度视为同等水平。（2）二级及二级以下公路混凝土路面板钻芯劈裂强度与标准小梁弯拉强度可根据集料岩石的品种和类型，分别按照下列公式换算得出。

石灰岩、花岗岩碎石混凝土为

$$f_c = 1.868 \, f_{sp}^{0.871} \tag{9-16}$$

玄武岩碎石混凝土为

$$f_c = 3.035 \, f_{sp}^{0.423} \tag{9-17}$$

砾石混凝土为

$$f_c = 1.607 + 1.035 \, f_{sp} \tag{9-18}$$

式中：f_c——混凝土标准小梁弯拉强度（MPa）；

f_{sp}——混凝土直径为 150mm 的钻芯圆柱体的劈裂强度（MPa）。

强度测定值的计算及异常数据的取舍原则为：以 3 个试件测值的算术平均值为测定值，结果计算精确至 0.01MPa。如 3 个试件中最大值或最小值中有一个与中间值的差值超过中间值的 15％时，则取中间值为测定值；如有两个测值与中间值的差值均超过上述规定时，则该组试验结果无效。

劈裂强度结果计算准确至 0.01MPa，抗压强度结果计算准确至 0.1MPa。

【课后任务】

1. 简述回弹仪测定水泥混凝土强度试验的步骤。
2. 回弹仪测定水泥混凝土强度的数据处理有哪些？
3. 简述超声回弹法测定路面水泥混凝土抗弯强度的步骤。
4. 简述取芯法测定水泥混凝土路面强度的测试步骤。
5. 取芯法测定水泥混凝土路面强度中的芯样处理有哪些要求？

第十章 沥青路面渗水系数及路面破坏检测

第一节 沥青路面渗水系数检测

【学习要求】

1. 了解沥青路面渗水性能检测材料的技术要求。

2. 熟悉路面渗水仪检测沥青路面渗水系数的准备工作和测试步骤。

3. 掌握路面渗水仪检测沥青路面渗水系数的检测操作、数据计算与处理方法,填写试验检测记录表格,编制试验检测报告等。

【学习内容】

沥青路面渗水性能是反映路面沥青混合料级配组成的一个间接指标,也是反映沥青路面水稳定性的一个重要指标。如果整个沥青面层均透水,则水进入基层或路基,会使路面承载力降低,导致路面结构破坏。相反如果沥青面层中有一层不透水,而表层能很快透水,则又不致形成水膜,对抗滑性能有很大好处。为了使沥青路面结构具有良好的水稳定性,应该限制沥青路面面层的渗水性。因此,按照我国有关规定,沥青混合料配合比设计需要对试件进行渗水试验,其渗水系数应满足要求;在沥青路面成型后应立即测定路面表层渗水系数,以检验沥青混合料面层的施工质量。

渗水系数是指在规定的初始水头压力下,单位时间内渗入路面规定面积的水的体积,以 mL/min 计。

沥青路面渗水系数试验主要适用于在路面现场测定沥青路面的渗水系数。

一、仪具与材料技术要求

1. 路面渗水仪:手动式渗水仪实物图及其主要结构示意图如图 10-1 和图 10-2 所示。上部盛水量筒由透明有机玻璃制成,容积为 600mL,上有刻度,在 100mL 及 500mL 处

图 10-1 手动式渗水仪实物图

有粗标线,下方通过 φ10mm 的细管与底座相接,中间有一开关。量筒通过支架联结,底座下方开口内径为150mm,外径为220mm,仪器附不锈钢圈压重两个,每个质量约为 5kg,内径为 160mm。

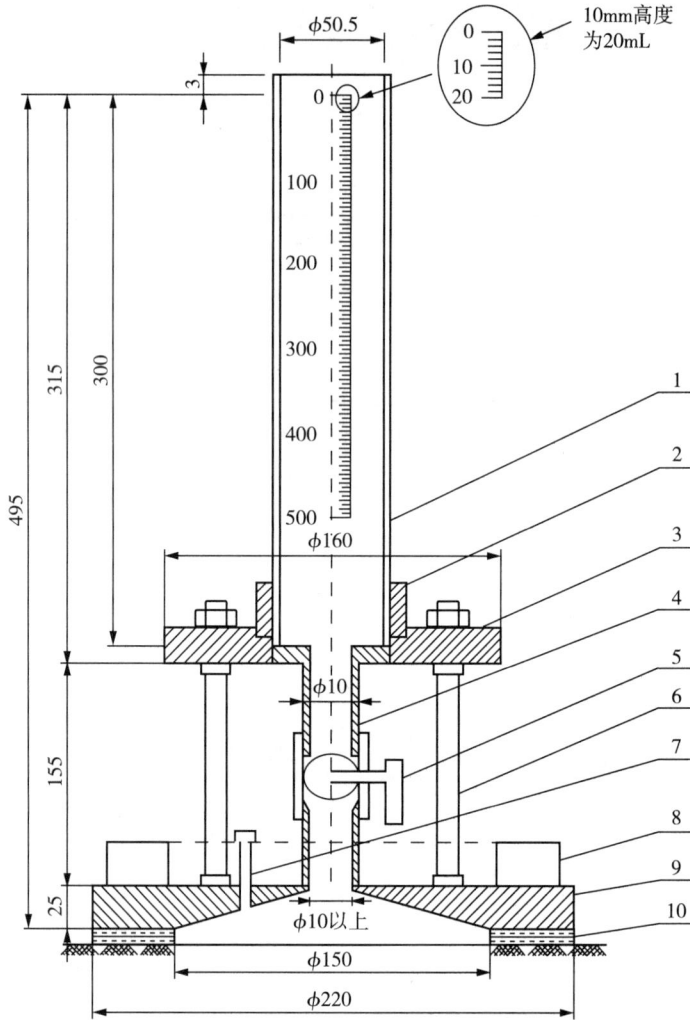

1—盛水量筒;2—螺纹连接;3—金属顶板;4—渗水管;5—阀;
6—立柱支架;7—排气孔;8—压重钢圈;9—底座;10—密封材料。

图 10-2 手动式渗水仪主要结构示意图

2. 套环:金属圆环,宽度 5mm,内径 145mm,主要防止密封材料被挤压进入测试面而导致渗水面积不一致。

3. 水筒及大漏斗。

4. 秒表。

5. 密封材料:防水腻子、油灰或橡皮泥。

用于渗水试验的密封材料对于试验的成败非常重要,因此下面介绍密封剂的选用和需

路基路面试验检测技术

要注意的问题。

油灰:对路面的密封效果好,试验后残留在路面上的材料不容易清洗,可以回收再次利用,因此可以采用油灰作为密封剂。

防水腻子:来源比较广,残留在路面也不会对行车造成危害,而且可以回收再次利用。腻子具有一定的韧性,在一定的水头作用下不至于漏水,但是要注意选用新鲜的腻子,存放时要注意密封,存放时间较长或比较干燥的腻子不能再使用。

玻璃密封胶:玻璃胶是一种很理想的密封材料,密封效果好,不污染路面,测试完成后,基本上在15min后密封胶就可以凝固成一层皮,轻轻一拉就可以全部清除,不留痕迹,但是采用玻璃胶作为密封材料成本较高。

橡皮泥:比较好用,但是试验成本较高。

可见,用来作为密封剂的材料有很多,各使用单位可以根据自己的试验经验,通过实践选择合适的密封剂材料。一般地,防水腻子、橡皮泥较为常用。

6. 其他:水、粉笔、塑料圈、刮刀、扫帚等。

二、方法与步骤

(一)准备工作

1. 每个测试位置选择3个测点,并用粉笔画上测试标记。

2. 试验前,首先用扫帚清扫表面,并用刷子将路表的杂物刷去。

3. 新建沥青路面的渗水试验宜在沥青路面碾压成型后12h内完成。

(二)测试步骤

1. 将塑料圈置于路表的测点上,用粉笔分别沿塑料圈的内侧和外侧画上圈,在外环和内环之间的部分就是需要用密封材料进行密封的区域。

2. 用密封材料对环状密封区域进行密封处理,注意不要使密封材料进入内圈,如果密封材料不小心进入内圈,必须用刮刀将其刮走。然后再将搓成拇指粗细的条状密封材料摆在环状密封区域的中央,并且摆成一圈。

3. 将套环放在路表的测点上,注意使套环的中心尽量和圆环中心重合,然后略微使劲将套环压在条状密封材料表面;采用同样的方法将渗水仪放在套环上且对中,施加压力将渗水仪压在套环上,再将配重加上,以防压力水从底座与路面间流出。

4. 将开关及排气孔关闭,向量筒中注水至超过100mL刻度,然后打开开关和排气孔,使量筒中的水向下流以排出渗水仪底部的空气,当量筒中水面下降速度变慢时,用双手轻压渗水仪使渗水仪底部的气泡全部排出,当水自排气孔顺畅排出时,关闭开关和排气孔,并再次向量筒中注水至100mL刻度。

5. 将开关打开,待水面下降至100mL刻度时,立即开动秒表开始计时,计时3min后立即记录水量,结束试验;当计时不到3min水面已下降至500mL时,立即记录水面下降至500mL时的时间,结束试验。当开关打开后3min时间内水面无法下降至500mL刻度时,则开动秒表计时测定3min内渗水量,即可结束试验。

6. 测试过程中,如水从底座与密封材料间渗出,则底座与路面间的密封性不好,此试验结果评定为无效。关闭开关,采用密封材料补充密封,重新按4~5测试。如果仍然有水渗出,应在同一纵向位置沿宽度方向就近选择位置,重新按照步骤1～5测试。

7. 测试过程中,如水从外环圈以外路面中渗出,可以人为将密封材料在外环圈之外5cm宽度范围内再次进行密封处理,重新按4～5测试,只要密封范围内无水渗出,则认为试验结果为有效。

8. 按照式(10-1)计算渗水系数,以按照以上步骤在同一处(同一个横断面)测定的3个测点的渗水系数的平均值作为检测结果。

(三)数据处理

按式(10-1)计算渗水系数,准确至0.1mL/min。

$$C_w = \frac{V_2 - V_1}{t_2 - t_1} \times 60 \tag{10-1}$$

式中:C_w——路面渗水系数(mL/min);

V_1——第一次计时时的水量(mL),通常为100mL;

V_2——第二次计时时的水量(mL),通常为500mL;

t_1——第一次计时的时间(s);

t_2——第二次计时的时间(s);

以3个测点渗水系数的平均值作为该测试位置的结果,精确至1mL/min。

【学习案例】

路面渗水系数试验记录见表10-1所列。

表10-1　路面渗水系数试验记录

试验单位	×××工程检测试验室			试验规程		JTG 3450—2019
检测段落	K0+270～K0+273			结构层名称		AC-13沥青上面层
主要仪器	路面渗水仪			试验日期		—
测点桩号	横距/m	加水量/mL		时间/s		路面渗水系数/(mL·min⁻¹)	渗水系数平均值/(mL·min⁻¹)	备注

测点桩号	横距/m	第一次读数	第二次读数	第一次读数	第二次读数	路面渗水系数/(mL·min⁻¹)	渗水系数平均值/(mL·min⁻¹)	备注
	—	100	167	0	180	22.3		
	—	100	263	0	180	54.3	38	
	—	100	214	0	180	38.0		

第二节 路面表观损坏测试

【学习要求】

1. 熟悉路面表观损坏测试的仪具与材料技术要求。

2. 掌握路面表观损坏测试的检测操作、数据计算与处理方法,填写试验检测记录表格,编制试验检测报告等。

【学习内容】

路面损坏是进行道路工程质量验收与路面养护质量评估的重要参数。

本测试方法是参考《公路水泥混凝土路面养护技术规范》(JTJ 073.1—2001)、《公路沥青路面养护技术规范》(JTG 5142—2019)及《公路技术状况评定标准》(JTG 5210—2018)中对破损的定义及分类,同时考虑目前路面破损的实际状况和检测技术的发展状况编制的,侧重于测试方法,适用于人工法和图像视频法测试沥青路面和水泥路面裂缝、坑槽、断板等表观损坏,以评价路面技术状况。

(一)仪具与材料技术要求

1. 人工法

(1)量尺,有钢卷尺和钢直尺两种。

① 钢卷尺:5m 量程和 50m 量程,分度值为 1mm。

② 钢直尺:500mm,分度值为 1mm。

(2)其他:粉笔或油漆、安全标志等。

2. 图像视频法

车载式路面图像视频损坏检测系统基本参数:

(1)距离传感器标定误差:小于 0.1%。

(2)有效测试宽度:不小于一个车道宽度的 70%。

(3)最小裂缝分辨宽度:1mm。

(4)裂缝识别的准确率:大于或等于 90%。

(二)方法与步骤

1. 人工调查方法测试步骤

(1)两个测试人员组成一个测试组,沿路肩徒步调查。

(2)量测或收集测试路段的路面长度及宽度。

(3)沿路面仔细观察、量测并在损坏记录表格上填写路面损坏的桩号、位置、类型及尺寸等信息。根据周围交通状况可目测或采用量尺量测各类损坏,沥青路面和水泥混凝土路面具体记录方式分别如下:

① 沥青路面。沥青路面损坏分为裂缝和其他类损坏。

a. 裂缝:包括纵向裂缝、横向裂缝和不规则裂缝等单根裂缝,主要采用钢卷尺或钢直尺量测其长度与宽度。缝宽按照该条裂缝宽度最大值计,宽度准确至 1mm;缝长按照沿裂缝走向累计长度计算,调查结果准确至 0.01m。

b. 其他类损坏:包括龟裂、块状裂缝、坑槽、沉陷、波浪拥包、松散、泛油、修补等,主要量测其面积。按照矩形量测其横断面切向和垂直方向最外边的长度和宽度,矩形面积应覆盖该处损坏面积,调查结果精确至 $0.0001m^2$。外侧矩形边框如图 10-3 所示。

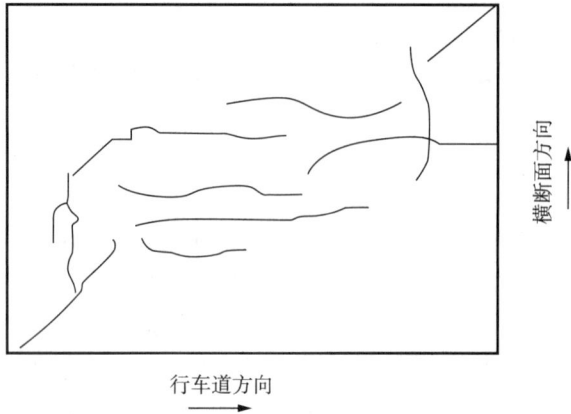

图 10-3　外侧矩形边框

② 水泥混凝土路面。水泥混凝土路面损坏包括裂缝边角剥落、接缝料损坏、唧泥及裂缝修补等以及破碎板、板角断裂、拱起、坑洞、露骨及修补等。

a. 裂缝、边角剥落、接缝料损坏、唧泥及裂缝修补等:主要量测其长度。调查结果精确至 0.01m。

b. 破碎板、板角断裂、拱起、坑洞、露骨及修补等:主要量测其面积。按照涉及的板块、板角或包络面积计算,调查结果精确至 $0.0001m^2$。

(4)必要时在损坏位置用粉笔或油漆做标记且拍摄照片或录像,并记录相应的桩号和照片编号。

2. 图像视频测试方法

图像视频测试方法主要采用视频法自动测试路面裂缝类损坏和人工交互的方式处理其他路面损坏。

(1)准备工作

① 启动设备,调整摄像系统及光源的相应参数,使拍摄的路况图像清晰。

② 确定测试路段,要求无积水、无冰雪、无污染。

(2)测试步骤

① 将测试车辆就位于测试区间起点前一定距离,以保证到达测试区域时能够达到测试要求的稳定车速,启动测试设备并将其调整至工作状态。

② 设定测试系统参数,输入线路名称、起点桩号、测试车道等信息。

③ 测试时应分车道测试,保持测试车中心线与车道中心线重合,测试系统自动记录被测试车道的路面损坏状况。

④ 测试结束,保存数据。

⑤ 采用自动化或者人机交互的方式识别路面损坏图像,并读取裂缝长度、损坏面积等

数据。

3. 数据处理

(1)待测试沥青路面损坏时,计算测试路段的裂缝总长度、其他路面损坏的总面积,根据需要可计算破损率、裂缝率等指标。

裂缝是路面主要的破坏形式之一,对于裂缝损坏可单独进行统计,并可根据需要计算沥青路面破损率、裂缝率等指标。

沥青路面的裂缝率按式(10-2)计算,即

$$C_{\mathrm{K}} = \frac{C_A + L \cdot B}{A} \qquad (10-2)$$

式中:C_{K}——沥青路面裂缝率($\mathrm{m}^2/1000\mathrm{m}^2$);

L——纵、横裂缝长度总和(m);

C_A——龟裂及块裂面积总和(m^2);

A——检测路段路面面积,以 $1000\mathrm{m}^2$ 计;

B——将裂缝长度换算成面积的影响宽度,一般取 $0.2\mathrm{m}$。

(2)待测试水泥混凝土路面损坏时,计算测试路段损坏长度或面积,根据需要可计算破损率、断板率等指标。

在对水泥混凝土路面进行损坏调查时,可根据需要计算水泥路面破损率、断板率等指标。

水泥混凝土路面的断板率按式(10-3)计算,即

$$B_{\mathrm{D}} = \frac{S_{\mathrm{D}}}{S} \times 100 \qquad (10-3)$$

式中:B_{D}——水泥混凝土路面的断板率(%);

S_{D}——已完全折断成两块及以上的水泥混凝土路面板块总数;

S——测试路段的面板总块数。

在实施以路面大中修养护为目的的测试项目时,通常在自动化测试的基础上,通过人工方式补充调查其他类型的路面损坏。

第三节　路面错台与沥青路面车辙检测

【学习要求】

1. 熟悉路面表观损坏、错台、沥青路面车辙检测的准备工作和测试步骤。

2. 掌握熟悉路面表观损坏、错台、沥青路面车辙等检测操作、数据计算与处理方法,填写试验检测记录表格,编制试验检测报告等。

【学习内容】

一、路面错台检测

错台在《公路技术状况评定标准》(JTG 5210—2018)中被定义为一种路面病害,而在《公路工程质量检验评定标准》(JTG F80/1—2017)和《公路工程竣(交)工验收办法实施细则》中将水泥混凝土路面的错台称为相邻板高差。路面错台测试主要用来测定在构造物端部接头、水泥混凝土路面的错台高度,以评价路面行车舒适程度。

(一)仪具与材料技术要求

1. 基准尺:3m 直尺或 2m 直尺。

2. 量尺。

(1)深度尺:分辨率不大于 0.5mm。

(2)钢直尺:量程不小于 200mm。

(3)钢卷尺:量程不小于 5m。

(4)塞尺:分度值不大于 0.5mm。

3. 水准仪或全站仪。

(1)水准仪:精度 DS_3。

(2)全站仪:测角精度为 $2''$,测距精度为 $\pm(2mm+2ppm)$。

(二)方法与步骤

1. 准备工作

检测前,应对检测部位进行清理,保证无浮砂、污泥等影响检测结果的污染物。

2. 测试步骤

选择需要测定的断面,记录位置、桩号,描述错台的情况。路面错台的检测位置应选在接缝高差最大处,根据需要也可选择其他有代表性的位置。根据实际情况选择以下测试方法。

(1)基准尺法

将基准尺垂直跨越接缝并平放于高出的一侧,用塞尺或钢直尺量测接缝处基准尺下基准面与位置较低板块的高差,即为该处的错台高度 D,精确至 1mm。

(2)深度尺法

将深度尺垂直置于高出的一侧,将测头顶出至与沉降面接触为止,稳定后并读数,即为

该处的错台高度 D,精确至 1mm。测点的选择应避开水泥混凝土板块崩边的位置。

(3)水准仪(全站仪)法

将水准仪(全站仪)架设于路面平顺处调平,沿接缝在选定测点的两侧分别量测相对高程,精确至 1mm。塔尺(棱镜)应放置在平整处,避开路面凸起和凹陷的位置。

(三)数据处理

基准尺法和深度尺法的测试结果直接作为错台高度 D,精确至 1mm。水准仪(全站仪)法需计算接缝间的相对高程、差值的绝对值作为错台高度 D,精确至 1mm。

二、沥青路面车辙检测

沥青路面是用沥青材料作为结合料黏结矿料修筑面层,与各类基层和垫层一起所组成的路面结构。从路面类型来分,沥青路面属柔性路面,其强度与稳定性在很大程度上取决于土基和基层的特性。沥青混合料的特点是强度和抗变形能力随温度的升降而产生变化,温度升高时,沥青的黏滞度降低,矿料之间的黏结力削弱,导致强度降低,温度降低时恰好相反。由于沥青混合料强度的这种变化,导致沥青路面稳定性和工作状况变坏,使用性能降低。

车辙则是路面结构层在行车荷载作用下的补充压实以及结构层中材料的侧向位移产生的累积永久变形。这种变形出现在行车轮迹带处,形成路面的纵向带状凹陷。在公路行业,用路面横断面方向上的车辙深度衡量路面车辙的大小,以毫米(mm)为单位。沥青路面车辙的测定,主要在评定路面技术状况时使用,同时也是《公路工程竣(交)工验收办法实施细则》中规定的质量鉴定抽查项目。

(一)仪具与材料技术要求

1. 路面激光车辙仪的技术要求,具体如下:

(1)纵向距离测量误差:小于或等于 0.1%。

(2)纵向采样间距:小于或等于 200mm。

(3)有效测试宽度大于或等于 3.5m,测点不少于 13 点,测试精度为 0.1mm,横向采样间距小于或等于 300mm。

(4)车辙深度测量范围:0~50mm。

2. 横断面尺:路面横断面尺如图 10-4 所示,金属制直尺,刻度间距为 50mm,长度不小于一个车道宽度。顶面平直,最大弯曲不大于 1mm,两端有把手及高度为 100~200mm 的支脚,两支脚的高度相同,作为基准尺使用。

3. 基准尺:金属制,长度不小于一个车道宽度,最大弯曲不超过 1mm,表面平直。

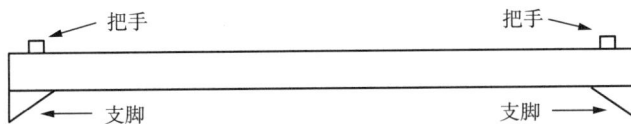

图 10-4　路面横断面尺

4. 量尺,有钢直尺、钢卷尺和塞尺三种。

(1)钢直尺:量程不小于300mm,分度值为1mm。

(2)钢卷尺:量程不小于3000mm,分度值为1mm。

(3)塞尺:分度值不大于0.5mm。

(二)方法与步骤

1. 车辙检测的基准测量宽度应符合的规定

(1)对高速公路及一级公路,以发生车辙的一个车道两侧标线宽度中点到中点的距离为基准测量宽度。

(2)对二级及二级以下公路,有车道区划线时,以发生车辙的一个车道两侧标线宽度中点到中点的距离为基准测量宽度;无车道区划线时,以形成车辙部位的一个设计车道作为基准测量宽度。

2. 横断面尺测试方法

(1)准备工作

确定检测路段,按规程规定的方法选取检测断面,并做好标记。

(2)测试步骤

① 选择需测定车辙的断面,将横断面尺置于该测定断面上,方向与道路中心线垂直,两端支脚置于测定车道两侧。

② 沿横断面尺每隔200mm一点,将钢直尺垂直立于路面上,读取横断面尺底面与路面之间的高差,准确至1mm,如断面的最高处或最低处明显不在测定点上,应加密测点。

③ 记录测试断面的桩号、位置及不同断面处的高差。

3. 基准尺测试方法

当不需要测定横断面,仅需要测定最大车辙时,可采用本方法。

(1)准备工作

确定检测路段,按规程规定的方法选取检测断面,并做好标记。

(2)测试步骤

① 选择需测定车辙的断面,将基准尺置于该测定断面上,方向与道路中心线垂直。

② 若车辙形状为图10-5中(a)(b)(c)型式,则需分别量测左、右轮迹带的车辙深度,将基准尺分别置于左、右轮迹带辙槽两端最高位置,目测确定左、右轮迹带最大车辙位置,用量尺量取基准尺底面与路面之间的高差,精确至1mm,记录车辙深度 R_{U1} 和 R_{U2}。

③ 若车辙形状为其他形式,则直接将基准尺置于断面辙槽两端最高位置,目测确定断面最大车辙位置,用量尺量取基准尺底面与路面之间的高差,精确至1mm,记录车辙深度 R_U。

④ 记录测试断面的桩号、位置及断面处车辙深度。

4. 激光车辙仪测试方法

(1)准备工作

① 确定测试路段,要求测试路段无积水、无冰雪、无污染。

② 将测试设备所有轮胎气压调整为设备所要求的标准气压,检查车辆和测试设备是否正常工作。

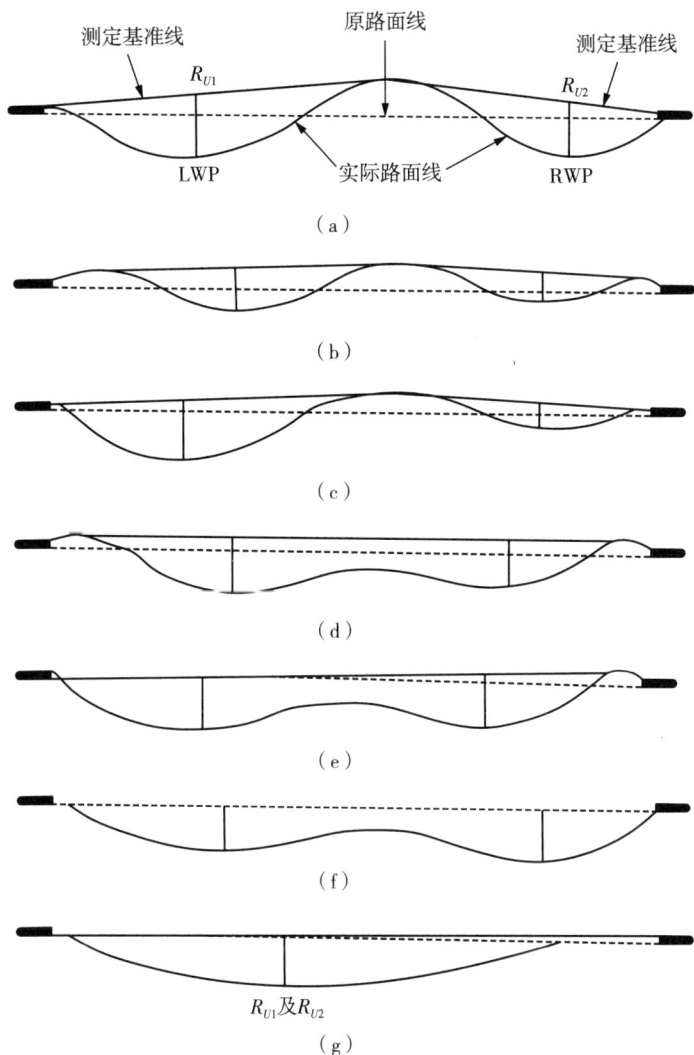

图 10-5 不同形状、不同程度的路面车辙示意图

注:LWP、RWP 表示左轮迹带及右轮迹带,R_{U1}、R_{U2} 表示左轮迹带车辙深度、右轮迹带车辙深度。

③ 查看天气预报,当风速大于 6 级时不宜进行测试。

(2)测试步骤

① 将测试车辆就位于测试区间起点前一定距离,以保证到达测试区域时能够达到测试要求的稳定车速,启动测试设备并将其调整至工作状态。

② 设定测试系统参数,输入路线名称、路段桩号、测试车道和测试方向等信息。

③ 根据交通量、路面状况等实际情况确定测试速度。

④ 测试时应分车道测试,保持测试车中心线与车道中心线重合,测试系统自动记录被测试车道的路面车辙数据。

⑤ 测试结束,保存数据。

（3）数据处理

① 应按照图 10-5 规定的模式计算车辙深度 R_U，根据测试数据按图 10-5 的方法画出横断面图及顶面基准线。

② 在横断面图上确定车辙深度 R_{U1} 和 R_{U2}，精确至 1mm。以其中最大值作为断面的最大车辙深度 R_U。

③ 计算测试路段各测试断面最大车辙深度的平均值，作为该测试路段的平均车辙深度。

第四节　弯沉法测定水泥混凝土路面脱空试验

【学习要求】

1. 了解弯沉法测定水泥混凝土路面脱空试验的材料技术要求。

2. 熟悉弯沉法测定水泥混凝土路面脱空试验的准备工作和测试步骤。

3. 掌握弯沉法测定水泥混凝土路面脱空试验的检测操作、数据计算与处理方法,填写试验检测记录表格,编制试验检测报告等。

【学习内容】

水泥路面板底脱空的存在严重影响其使用性能和疲劳寿命,也是沥青层加铺前旧水泥路面处治中最难处治的一类病害,为做好路面的脱空处治需完成路面水泥板脱空的测定和判别。利用弯沉法进行水泥混凝土路面脱空检测需要采用统一标准的测试方法,以利于相关养护、设计规范的配套使用,推动新仪器、新技术的进一步发展。

当采用 FWD 弯沉比进行脱空判定时,可参考《民用机场道面评价管理技术规范》(MH/T 5024—2009)中的规定进行判定,即当"板边中点弯沉/板中弯沉＞2.0"和"板角弯沉/板中弯沉＞3.0"时可判定为脱空。

《公路水泥混凝土路面养护技术规范》(JTJ 073.1—2001)的板块脱空处治中提到,采用 5.4m 长杆弯沉仪和 BZZ‑100 重型标准汽车所测水泥混凝路面弯沉超过 0.2mm 的,应确定为面板脱空。

本方法适用于落锤式弯沉仪和贝克曼梁弯沉仪测定水泥混凝土路面的板底脱空,可为水泥混凝土路面的养护处治提供依据。

一、仪具与材料技术要求

1. 落锤式弯沉仪:符合《公路路基路面现场测试规程》(JTG 3450—2019)中的技术要求。

2. 贝克曼梁和加载车:采用 5.4m 贝克曼梁,并符合《公路路基路面现场测试规程》(JTG 3450—2019)中的技术要求。

3. 百分表及表架。

4. 其他:钢卷尺等。

二、方法与步骤

(一)落锤式弯沉仪法

1. 准备工作

(1)收集水泥路面材料、结构、厚度等路面资料信息。

(2)确定测试桩号,并标识测点位置。当检测板角或板边位置时,承载板边缘应距纵、横缝不大于200mm。当检测板中位置时,承载板中心与板中距离偏差应不大于200mm,FWD承载板位置摆放平面示意图如图10-6所示。

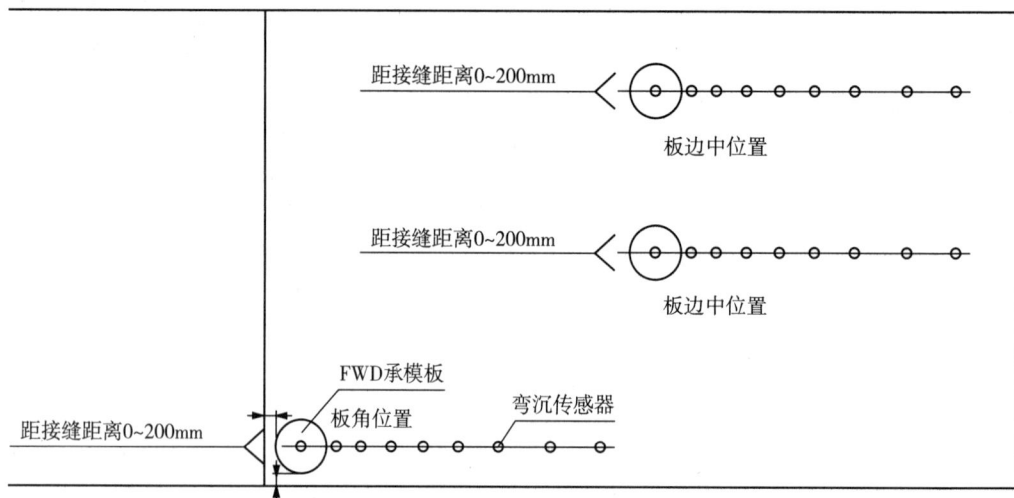

图10-6 FWD承载板位置摆放平面示意图

(3)清扫水泥路面,使测试点位置无明显砂粒、积泥。

(4)脱空检测应避开晴天正午前后温度较高及显著负温度梯度(夜晚或清晨)时段,宜选择在早晚板块上下表面温差较小时段,或者凉爽多云、阴天温差变化不大的天气进行检测。

2.测试步骤

按照《公路路基路面现场测试规程》(JTG 3450—2019)中规定的方法检测测试位置的弯沉。采用截距值判定板底脱空时,应测试板角弯沉,并对同一测点施加3级荷载进行测试。采用弯沉比值判定板底脱空时,应采用同一恒定荷载对板角、板中和板边进行弯沉测试。

(二)贝克曼梁弯沉仪法

1.指挥测试车使其后轮摆放于要求测点处。当检测板角或板边位置时,后轴轮胎外侧边缘应距纵缝100~200mm。

2.当只测试受荷板的板角弯沉时,可将贝克曼梁测头放置于距接缝50~100mm处,贝克曼梁的支座与测点不应在同一块板上。弯沉车车轮和贝克曼梁测头摆放平面示意图如图10-7所示。

3.安放百分表于弯沉仪的测定杆上,用手指轻轻叩打弯沉仪,检查百分表能否稳定回位。百分表回位稳定后,记录初始读数L_1,精确到0.01mm。

4.测定者发令指挥汽车以5km/h左右的速度缓缓前进驶离测试混凝土板块,待表针回转稳定后,读取终读数L_2,精确到0.01mm。

5.检测车向前移动至下一个测点,重复上述步骤1~4进行测试。

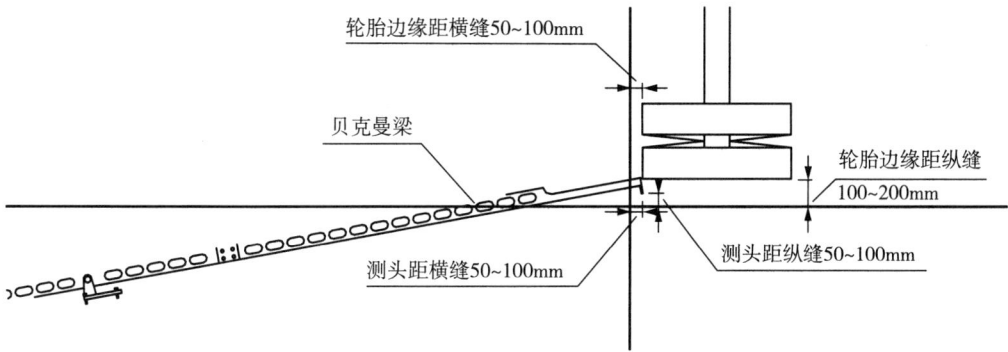

图 10-7　弯沉车车轮和贝克曼梁测头摆放平面示意图

三、数据处理

(一)落锤式弯沉仪法

当采用落锤式弯沉仪进行脱空检测时,可采用截距值法和弯沉比值两种测试方法之一进行脱空判定,具体计算方法如下。

1. 通过 FWD 测试出不同荷载等级的弯沉值,按照线性回归统计方法,计算得到式(10-4)中的回归系数 a、b。

$$W = a \cdot P + b \tag{10-4}$$

式中:W——弯沉值(0.001mm);

P——荷载值(kN);

a——回归曲线斜率;

b——回归曲线截距值。

当测点的线性回归截距值 b 大于 $50\mu m$ 时可判定为脱空。

2. 通过 FWD 测试出水泥混凝土板块不同位置的弯沉值,按式(10-5)、式(10-6)计算弯沉的比值 λ_1、λ_2。

$$\lambda_1 = W_{板角} / W_{板中} \tag{10-5}$$

$$\lambda_2 = W_{板边} / W_{板中} \tag{10-6}$$

式中:λ_1——板角弯沉/板中弯沉的比值;

λ_2——板边中点弯沉/板中弯沉的比值;

$W_{板角}$——水泥混凝土板角处弯沉值(0.001mm);

$W_{板边}$——水泥混凝土板边中处弯沉值(0.001mm);

$W_{板中}$——水泥混凝土板中处弯沉值(0.001mm)。

采用 FWD 分别测试同一板块板中、板边中点和板角位置的弯沉值,当 $\lambda_1 > 3.0$ 且 $\lambda_2 >$

2.0 时可判定为脱空。

（二）贝克曼梁弯沉法

路面测点的回弹弯沉值按式(10-7)计算，即

$$L_t = (L_2 - L_1) \times 2 \tag{10-7}$$

式中：L_t——路面回弹弯沉值(0.01mm)；

L_1——百分表的初读数(0.01mm)；

L_2——百分表的终读数(0.01mm)。

采用单点弯沉测值进行脱空判定时，当弯沉值大于 0.2mm 可判定为该处脱空。

第五节　沥青路面施工控制

【学习要求】

1. 了解沥青路面施工控制的类型。

2. 熟悉沥青路面施工控制的准备工作和测试步骤。

3. 掌握沥青路面施工控制等检测操作、数据计算与处理方法,填写试验检测记录表格,编制试验检测报告等。

【学习内容】

一、热拌沥青混合料施工温度测试方法

沥青混合料的施工温度直接影响着沥青路面的施工质量,是施工质量管理的重点项目之一。热拌热铺沥青混合料的施工温度包括拌和温度、摊铺温度、碾压温度等。

本方法适用于检测热拌热铺沥青混合料的施工温度,包括拌和厂沥青混合料的出厂温度、施工现场的摊铺温度、碾压开始时混合料的内部温度及碾压终了时的内部温度等,供施工质量检验和控制使用。

测试所用温度计要求:常温至300℃,最小读数1℃,宜采用有数字显示或度盘指针显示的金属杆插入式热电偶温度计,测杆的长度不小于300mm。

(一)在运料货车上测试

1. 混合料出厂温度或运输至现场温度应在运料货车上测试,每车检测一次。当运料卡车的侧面中部有专用的温度检测孔(距底板高约300mm)时,用插入式温度计直接插入测试孔内的混合料中测试;当运料卡车无专用的温度检测孔时,可在运料车的混合料堆上部侧面测试。在拌和厂检测的为混合料出厂温度,在运输至现场后检测的为现场温度。

2. 测试时,温度计插入深度不小于150mm,注视温度变化直至不再继续上升为止,读记温度,准确至1℃。

(二)在摊铺现场检测

1. 混合料摊铺温度宜在摊铺机的一侧拨料器前方的混合料堆上测试。在测试位置将温度计插入混合料堆内150mm以上,并跟着向前走,若料堆向前滚,则将其拔出后重新插入,注视温度变化直至不再继续上升,读记温度,准确至1℃。

2. 摊铺温度应每车检测一次,要求符合《公路沥青路面施工技术规范》(JTG F40—2004)的相关规定。

(三)在沥青混合料碾压过程中测定压实温度

1. 根据需要,随时选择初压开始、复压或终压成型等各个阶段的测点,供测试碾压温度及碾压终了温度用。

2. 将温度计仔细插入路面混合料压实层的一半深度处,轻轻压紧温度计旁边松动的

混合料。当温度停止上升后,立即拔出并再次插入旁边的混合料层中测量。当测杆插入路面较困难时,可用螺丝刀先在路面插一个孔后再插入温度计。注视温度变化至不再继续上升为止,读记温度,准确至1℃。

3. 压实温度一次检测不得少于3个测点,取平均值作为测试温度。

（四）报告

1. 每车沥青混合料的出厂温度、到达现场温度、摊铺温度。

2. 压实温度,取3次以上测定值的平均值。

3. 气候状况、测定时间、层位、测定位置等。

二、沥青喷洒法施工沥青用量测试方法

对于采用层铺法施工的沥青表面处治、沥青贯入式路面,沥青洒布量是重要的质量指标之一,也是施工质量管理及检查验收的主要项目。

本方法适用于检测沥青表面处治、沥青贯入式、透层、黏层等采用喷洒法施工的沥青材料喷洒数量,供施工质量检验和控制使用。

（一）仪具

1. 天平:分度值不大于1g。

2. 受样盘:浅搪瓷盘或自制铁皮盘,面积不小于1000cm²,也可用硬质牛皮纸代替。

3. 钢卷尺或皮尺。

4. 地磅。

（二）方法与步骤

1. 用钢卷尺测量受样盘开口面积或牛皮纸的面积,计算准确至0.1cm²,并称取受样盘或牛皮纸的质量m_1,精确至1g。

2. 根据沥青洒布车的沥青用量预计洒布的路段长度,在距两端1/3长度附近的洒布宽度的任意位置上,放置2个搪瓷盘或硬质牛皮纸,但应躲开车轮轨迹。

3. 沥青洒布车按正常施工速度和洒布方法喷洒沥青。

4. 将已接收有沥青的搪瓷盘或牛皮纸小心取走,称取总质量m_2,准确至1g。当采用牛皮纸时,应待沥青稍凝固时将四角稍稍抬起,以防沥青流失。

5. 搪瓷盘或牛皮纸取走后的空白处,应采用适当方式补洒沥青。

6. 沥青洒布车喷洒的沥青用量亦可通过洒布车喷洒沥青的总质量及洒布总面积相除求得。此时,洒布车喷洒前后的质量应由地磅称重正确测定,洒布总面积由皮尺测量求得。

（三）计算

1. 洒布的沥青用量按式(10-8)计算。

$$Q=\frac{m_2-m_1}{F} \tag{10-8}$$

式中:Q——沥青洒布车洒布的沥青用量(kg/m²);

m_1——搪瓷盘或牛皮纸质量(kg);

m_2——搪瓷盘或牛皮纸与沥青的合计质量(kg);

F——搪瓷盘或牛皮纸面积(m^2)。

2. 计算所放置的各搪瓷盘或牛皮纸测定值的平均值,当两个测定值的误差不超过平均值的10％时,取两个数据的平均值作为洒布沥青用量的报告值。

（四）报告

1. 记录试验时洒布车的车速、挡数等数据。

2. 记录施工路段(桩号),洒布沥青用量的逐次测定值及平均值。

三、沥青混合料质量总量检验方法

本方法适用于现场监测热拌沥青混凝土路面在施工过程中各层沥青混合料的厚度、矿料级配、油石比及拌和温度。通过拌和厂对混合料生产质量的总量检验,计算摊铺层的平均压实层厚度。

（一）准备工作

1. 对拌和机的各种称重传感器逐个认真标定,自动采集、记录打印的结果应经过校验,如与实际数量有差值时应求出修正系数,保证各项施工参数的准确性。

2. 开始拌和前应设定每拌和一盘沥青混合料的生产量,各个热料仓、矿粉、沥青等的标准配合比用量,设定各项施工温度。

（二）沥青混合料质量总量测试步骤

1. 拌和过程中计算机通过传感器采集每拌和一盘混合料的各项数据,由计算机自动处理或者逐盘打印这些数据,进行沥青混合料质量的在线监测。当计算机能够实时监测、自动处理、显示、保存所采集的各项数据时,也允许不逐锅打印数据,只打印汇总统计值。

2. 计算机必须逐盘采集各项数据,按各个料仓的筛分曲线,逐锅计算出矿料级配,与工程设计级配范围及容许的施工波动范围进行比较,实时评定矿料级配是否符合要求。当发现有不合格的情况,必须引起注意,如果连续3锅以上都出现不合格情况时,宜对设定值进行适当调整。

3. 计算机必须逐盘采集沥青结合料的实际使用量及沥青混合料的生产量,计算油石比(或沥青用量),与设计值及容许的波动范围相比较,评定是否符合要求。如果连续3锅以上不符合要求时,宜对设定值进行适当调整。

4. 计算机必须实时监测和采集与沥青混合料生产有关的各种施工温度,与施工规范的要求进行比较,评定是否符合要求。

（三）沥青混合料总量检验的计算方法

1. 总量检验的报告周期可以是一个工作日或一个台班。施工停止时,计算机应自动计算并及时打印出各项数据的统计结果。

2. 对沥青混合料的矿料级配打印可以是全部筛孔的结果,但评定是否符合要求可以只根据5个控制性筛孔(0.075mm、2.36mm、4.75mm、公称最大粒径、一档较粗的控制性粒径筛孔)的结果得出。计算全过程各种指标的平均值、标准差、变异系数,进行沥青混合料生产质量的总量检验。

(四)计算平均压实厚度

利用一个评定周期的沥青混合料总生产量、施工总面积、沥青混合料密度,按式(10-9)计算该摊铺层的平均压实厚度。

$$H = \frac{\sum m_i}{A \cdot d} \times 1000 \qquad (10-9)$$

式中:H——该评定周期沥青路面摊铺层的平均施工压实厚度(mm);

m_i——每一盘沥青混合料的质量(t);

i——依次记录的盘次;

$\sum m_i$——一个评定周期内沥青混合料的总生产量(t);

A——该评定周期沥青路面摊铺层的实际总面积(m^2);

d——评定周期内摊铺层的现场压实密度的平均值,由钻孔试件的干燥密度(即试验室标准密度乘以压实度)测定得到(t/m^3)。

沥青混合料生产过程中的动态质量管理按《公路沥青路面施工技术规范》(JTG F40—2004)的相关方法进行。

一个沥青层全部铺筑完成后,应绘制出各个检测指标的变化过程,并计算总的平均值、标准差、变异系数。计算各个指标的总合格率作为施工质量检验的依据。

计算机采集、计算得到的沥青混合料过程控制及施工质量总量检验的数据图表,均必须按要求随工程档案一起存档。

四、半刚性基层透层油渗透深度测试方法

半刚性基层透层油是指为使沥青面层与无机结合料稳定类基层结合良好,在基层上通过喷洒液体石油沥青、乳化沥青、煤沥青而形成的透入基层表面一定深度的薄层。透层油要渗透入基层一定深度,才能起到固结、稳定、联结、防水等作用。

本方法适用于测定半刚性基层透层油的渗透深度,以评价透层油的渗透效果。

(一)仪具与材料技术要求

1. 路面取芯钻机。
2. 钢板尺:量程不大于200mm,最小刻度1mm。
3. 填补钻孔材料:与基层材料相同。
4. 填补钻孔用具:夯、锤等。
5. 其他:毛刷、量角器、棉布等。

(二)方法与步骤

1. 准备工作

在透层油基本渗透或喷洒48h后,在测试段内随机选取芯样位置,钻取芯样。芯样直径宜为100mm,也可为150mm,芯样高度不宜小于50mm。

检查频度为每5000m²取1组,每组为3个芯样。

2. 测试步骤

(1)用水和毛刷(或棉布等)轻轻地将芯样表面黏附的粉尘除净。

（2）将芯样晾干，使其能分辨出芯样侧立面透层油的下渗情况。

（3）用钢板尺或量角器将芯样顶面圆周随机分成 8 份，分别量测圆周上各等分点处透层油渗透的深度（mm），估读至 0.5mm，分别以 $d_i (i=1,2,\cdots,8)$ 表示，如图 10-8 所示。

（三）填补钻孔

清理孔中残留物，钻孔时留下的积水应用棉布吸干。

采用与基层相同的材料（包括配合比）进行填补，并用夯、锤击实。

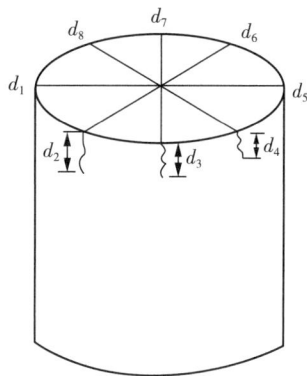

图 10-8　透层油渗透深度测试示意图

（四）计算

1. 单个芯样渗透深度

夫掉 3 个最小值，计算其他 5 点渗透深度的算术平均值。

2. 测试路段渗透深度

取所有芯样渗透深度的算术平均值。

五、层间黏结强度测试方法

在路面设计、交工、竣工、养护过程中，层间黏结问题比较突出，因层间黏结不良导致的路面损坏问题也比较多，如沥青路面水平推移、车辙及壅包等病害，在实际工程中，准确测定层间黏结强度非常重要。本方法适用于测试和评价封层、黏层、透层及防水层（以下统称黏结层）与沥青混凝土层、水泥混凝土层、桥面板（以下统称结构层）等两种不同材料之间的层间黏结强度，也可以评价结构层-黏结层-结构层的黏结强度。

（一）仪具

（1）拉拔仪，包括拉拔仪主机和拉头。

① 拉拔仪主机：室内外能按照规定拉伸速度拉伸试件，拉伸时无明显振动和偏心的拉拔仪均可使用。拉伸速率为（25±15）kPa/s。

② 拉头：黏结在测试路面或试件的表面，便于施加拉力；采用不锈钢或黄铜制作，直径一般为（100±0.1）mm，也可根据测试要求选择相应尺寸的拉头。

（2）扭剪试验仪，包括扭矩计和扭剪盘。

① 扭矩计：一般扭矩计，配备一个扭杆，同时配一个扭矩读盘，显示最大扭矩。扭矩范围为 0～350Nm，精确至 10Nm。设备应配备插槽，其能够被安装和移除。

② 扭剪盘：用于黏结在测试路面或试件的表面，便于安装扭矩计，并施加扭矩；采用低碳钢制作，直径为（95±5）mm，厚度为（14±2）mm。

（3）温度计：分辨力为 0.1℃。

（4）量尺：钢尺、游标卡尺等。

（5）秒表：精确到 1s。

（6）黏结剂：将拉头等黏结在测试路面或试件表面，如快凝性环氧树脂等。

（7）钻芯机：直径为 20mm、100mm 或 200mm。

（二）方法与步骤

1. 拉拔试验

（1）准备工作：

① 试验前，施工的材料应得到充分的养生。根据现场情况，随机选择测试点，并在现场标注。测试、记录测点表面温度。

② 当进行结构层-黏结层层间黏结强度试验时，首先安装拉头、切割环槽。先用游标卡尺测试拉头直径，精确至 0.1mm。清理试验点表面，将拉头底部涂布一层黏结剂，并快速黏附在需测试点表面。待黏结剂涂布后，应在养生、完全固化后，用刀具沿拉头边缘小心切割一个环槽，深度至下卧层顶面。

③ 当进行结构层-黏结层-结构层的层间黏结试验时，首先钻出环槽、安装拉头。在测点处采用钻芯机钻出一个环槽，内径为 100～102mm，深度至下卧层表面 10mm 以下。清理环槽内碎片，后用游标卡尺实际测量环槽内径，精确至 0.1mm。清洗、干燥测点表面后，涂布黏结剂，注意黏结剂不要进入环槽；养生并完全固化后，准备下一步试验。

（2）安装好拉拔仪，开动并进行拉拔测试。拉伸速率为（25±15）kPa/s。当选择其他拉拔速度，则在报告中注明。

（3）试验拉断时，读取最大拉力 F 作为试验结果。

（4）试验拉断后注意观察断裂面情况，应在报告中详细注明。

（5）每个位置需要测试 3 个点，每个测点间距不小于 500mm，总间距控制在 2m 内。

2. 扭剪试验

（1）准备工作：

① 进行现场黏结强度试验测试之前，施工完成的表面处治、封层、黏层、透层及防水层等材料应得到充分的养生。试验之前应先测试层间的温度，并在报告中注明。

② 根据现场情况，随机选择测试点，并在现场标注。

③ 根据黏结层及以上部分厚度的不同，采用不同的方法进行表面处理。

（2）当黏结剂形成足够强度后，将扭矩计安装在扭剪盘上。

（3）测量并记录路面温度。

（4）人工匀速推动扭杆，使得扭杆（30±5）s 内转动 90°，同时需要确保扭杆扭剪盘与测试路面表面或试件表面平行（角度小于 10°），当试验破坏时记录最大扭矩。

（5）检验破坏断面，详细记录。

（6）每个位置需要测试 3 个点，每个测点间距不小于 500mm，总间距控制在 2m 内。

（三）数据处理

1. 每个位置的 3 个测试值应不超过其平均值的 20%，否则该位置的测试结果应舍弃。

2. 采用实测的最大拉力和实测拉头直径（或环槽内径），按下式计算拉拔强度，即

$$\tau_{TAT} = \frac{4F}{3.14 D^2} \tag{10-10}$$

式中：τ_{TAT}——拉拔强度（MPa）；

F——最大拉力（N）；

D——实测拉头直径（或环槽内径）（mm）。

3. 采用实测的最大扭矩和扭剪盘直径，按下式计算扭剪强度，即

$$\tau_{TBT}=\frac{12\times M\times 10^{6}}{3.14\,D^{3}} \tag{10-11}$$

式中：τ_{TBT}——层间扭剪强度（kPa）；

M——扭矩计实测的最大扭矩（Nm）；

D——扭剪盘直径（mm）。

【课后任务】

1. 简述检测沥青路面渗水性能的测试步骤。

2. 沥青路面渗水性能的测试数据处理方法有哪些？

3. 水泥混凝土路面及沥青混凝土路面破损类型有哪些？

4. 简述沥青路面车辙检测的方法及具体检测步骤。

5. 何谓路面错台？为什么要检测路面错台？其检测器具与材料主要有哪些？

6. 沥青路面施工控制的具体检测内容有哪些？

附录一 正态分布概率系数表

附表 1 正态分布概率系数表 $\left(\int_{K_q}^{\infty} \dfrac{1}{\sqrt{2\pi}} e^{-\frac{x^2}{2}} \mathrm{d}x = \beta\right)$

K_q	0.00	0.01	0.02	0.03	0.04	0.05	0.06	0.07	0.08	0.09
0.0	0.5000	0.4960	0.4920	0.4880	0.4840	0.4801	0.4761	0.4721	0.4681	0.4641
0.1	0.4602	0.4562	0.4522	0.4483	0.4443	0.4404	0.4364	0.4325	0.4286	0.4247
0.2	0.4207	0.4168	0.4129	0.4090	0.4052	0.4013	0.3974	0.3936	0.3897	0.3859
0.3	0.3821	0.3783	0.3745	0.3707	0.3669	0.3632	0.3594	0.3557	0.3520	0.3483
0.4	0.3446	0.3409	0.3372	0.3336	0.3300	0.3264	0.3228	0.3192	0.3156	0.3121
0.5	0.3085	0.3050	0.3015	0.2981	0.2946	0.2912	0.2877	0.2843	0.2810	0.2776
0.6	0.2743	0.2709	0.2676	0.2643	0.2611	0.2578	0.2546	0.2514	0.2483	0.2451
0.7	0.2420	0.2389	0.2358	0.2327	0.2296	0.2266	0.2236	0.2206	0.2177	0.2148
0.8	0.2119	0.2090	0.2061	0.2033	0.2005	0.1977	0.1949	0.1922	0.1894	0.1867
0.9	0.1841	0.1841	0.1788	0.1762	0.1736	0.1711	0.1685	0.1660	0.1635	0.1611
1.0	0.1587	0.1562	0.1539	0.1515	0.1492	0.1469	0.1446	0.1423	0.1401	0.1379
1.1	0.1357	0.1335	0.1314	0.1292	0.1271	0.1251	0.1230	0.1210	0.1190	0.1170
1.2	0.1151	0.1131	0.1112	0.1093	0.1075	0.1056	0.1038	0.1020	0.1003	0.0985
1.3	0.0968	0.0951	0.0934	0.0918	0.0901	0.0885	0.0869	0.0853	0.0838	0.0823
1.4	0.0808	0.0793	0.0778	0.0764	0.0749	0.0735	0.0721	0.0708	0.0694	0.0681
1.5	0.0668	0.0655	0.0643	0.0630	0.0618	0.0606	0.0594	0.0582	0.0571	0.0559
1.6	0.0548	0.0537	0.0526	0.0516	0.0505	0.0495	0.0485	0.0475	0.0465	0.0455
1.7	0.0446	0.0436	0.0427	0.0418	0.0409	0.0401	0.0392	0.0384	0.0375	0.0367
1.8	0.0359	0.0351	0.0344	0.0336	0.0329	0.0322	0.0314	0.0307	0.0301	0.0294
1.9	0.0287	0.0281	0.0274	0.0268	0.0262	0.0256	0.0250	0.0244	0.0239	0.0233
2.0	0.0228	0.0222	0.0217	0.0212	0.0207	0.0202	0.0197	0.0192	0.0188	0.0183
2.1	0.0179	0.0174	0.0170	0.0166	0.0162	0.0158	0.0154	0.0150	0.0146	0.0143

K_q	0.00	0.01	0.02	0.03	0.04	0.05	0.06	0.07	0.08	0.09
2.2	0.0139	0.0136	0.0132	0.0129	00.0125	0.0122	0.0119	0.0116	0.0113	0.0110
2.3	0.0107	0.0104	0.0102	0.00990	0.00964	0.00939	0.00914	0.00889	0.00866	0.00842
2.4	0.00820	0.00798	0.00776	0.00755	0.00734	0.00714	0.00695	0.00676	0.00657	0.00639
2.5	0.00621	0.00604	0.00587	0.00570	0.00554	0.00539	0.00523	0.00508	0.00494	0.00480
2.6	0.00466	0.00453	0.00440	0.00427	0.00415	0.00402	0.00391	0.00379	0.00368	0.00357
2.7	0.00347	0.00336	0.00326	0.00317	0.00307	0.00298	0.00289	0300280	0.002727	0.00264
2.8	0.00256	0.00248	0.00240	0.00233	0.00226	0.00219	0.00212	0.00205	0.00199	0.00193
2.9	0.00187	0.00181	0.00175	0.00169	0.00164	0.00159	0.00154	0.00149	0.00144	0.00139

K_q	0.0	0.1	0.2	0.3	0.4	0.5	0.6	0.7	0.8	0.9
3	0.00135	0.03968	0.0^3687	0.0^3483	0.0^3337	0.0^3233	0.0^3159	0.0^3108	0.0^3723	0.0^3481
4	0.0^4317	0.0^4207	0.0^4133	0.0^5854	0.0^5541	0.0^5340	0.0^5211	0.0^5130	0.0^6793	0.0^6479
5	0.0^6287	0.0^6170	0.0^7996	0.0^7579	0.0^7333	0.0^7190	0.0^7107	0.0^8599	0.0^8332	0.0^8182
6	0.0^9987	0.0^9530	0.0^9282	0.0^9149	$0.0^{10}777$	$0.0^{10}402$	$0.0^{10}206$	$0.0^{10}104$	$0.0^{11}523$	$0.0^{11}260$

附录二 t 分布概率系数表

附表 2　t 分布概率系数表

n	双边置信水平			单边置信水平		
	99%	95%	90%	99%	95%	90%
2	45.012	8.985	4.465	22.501	4.465	2.176
3	5.730	2.484	1.686	4.201	1.686	1.089
4	2.921	1.591	1.177	2.270	1.177	0.819
5	2.059	1.242	0.953	1.676	0.953	0.686
6	1.646	1.049	0.823	1.374	0.823	0.603
7	1.401	0.925	0.734	1.188	0.734	0.544
8	1.237	0.836	0.670	1.060	0.670	0.500
9	1.118	0.769	0.620	0.966	0.620	0.466
10	1.028	0.715	0.580	0.892	0.580	0.437
11	0.955	0.672	0.546	0.833	0.546	0.414
12	0.897	0.635	0.518	0.785	0.518	0.393
13	0.847	0.604	0.494	0.744	0.494	0.376
14	0.805	0.577	0.473	0.708	0.473	0.361
15	0.769	0.554	0.455	0.678	0.455	0.347
16	0.737	0.533	0.438	0.651	0.438	0.335
17	0.708	0.514	0.423	0.626	0.423	0.324
18	0.683	0.497	0.410	0.605	0.410	0.314
19	0.660	0.482	0.398	0.586	0.398	0.305
20	0.640	0.468	0.387	0.568	0.387	0.297
21	0.621	0.455	0.376	0.552	0.376	0.289
22	0.604	0.443	0.367	0.537	0.367	0.282
23	0.588	0.432	0.358	0.523	0.358	0.275

n	双边置信水平			单边置信水平		
	99%	95%	90%	99%	95%	90%
24	0.573	0.422	0.350	0.510	0.350	0.269
25	0.559	0.413	0.342	0.498	0.342	0.264
26	0.547	0.404	0.335	0.487	0.335	0.258
27	0.535	0.396	0.328	0.477	0.328	0.253
28	0.524	0.388	0.322	0.467	0.322	0.248
29	0.513	0.380	0.316	0.458	0.316	0.244
30	0.530	0.373	0.310	0.449	0.310	0.239
40	0.428	0.320	0.266	0.383	0.266	0.206
50	0.380	0.284	0.237	0.340	0.237	0.184
60	0.344	0.258	0.216	0.308	0.216	0.167
70	0.318	0.238	0.199	0.285	0.199	0.155
80	0.297	0.223	0.186	0.266	0.186	0.145
90	0.278	0.209	0.175	0.249	0.175	0.136
100	0.263	0.198	0.166	0.236	0.166	0.129

附表3　相关系数检验表(γβ)

n−2	显著性水平 β		n−2	显著性水平 β		n−2	显著性水平 β	
	0.01	0.05		0.01	0.05		0.01	0.05
1	1.00	0.997	15	0.606	0.482	29	0.456	0.355
2	0.990	0.950	16	0.590	0.468	30	0.449	0.349
3	0.959	0878	17	0575	0.456	31	0.418	0.325
4	0.917	0.811	18	0.561	0.444	32	0.393	0.304
5	0.874	0.754	19	0.549	0.433	33	0.381	0.288
6	0.834	0.707	20	0.537	0.423	34	0.354	0.273
7	0.798	0.666	21	0.526	0.413	35	0.325	0.250
8	0.765	0.632	22	0.515	0.404	36	0.302	0.232
9	0.735	0.602	23	0.505	0.396	37	0.283	0.217
10	0.708	0.576	24	0.496	0.388	38	0.267	0.205
11	0.384	0.553	25	0.487	0.381	39	0.254	0.195
12	0.661	0.532	26	0.478	0.374	40	0.181	0.138
13	0.641	0.514	27	0.470	0.367	41	0.148	0.113
14	0.623	0.497	28	0.463	0.361	42	0.128	0.098

参考文献

［1］交通运输部公路科学研究院．公路工程质量检验评定标准　第一册　土建工程：JTG F80/1—2017［S］．北京：人民交通出版社股份有限公司，2017.

［2］交通运输部公路科学研究院．公路路基路面现场测试规程：JTG 3450—2019［S］．北京：人民交通出版社股份有限公司，2019.

［3］交通运输部公路科学研究院．公路工程水泥及水泥混凝土试验规程：JTG 3420—2020［S］．北京：人民交通出版社股份有限公司，2020.

［4］交通运输部公路科学研究院．公路土工试验规程：JTG 3430—2020［S］．北京：人民交通出版社股份有限公司，2020.

［5］交通运输部公路局．公路工程技术标准：JTG B01—2014［S］．北京：人民交通出版社，2014.

［6］中交第一公路勘察设计研究院有限公司．公路路线设计规范：JTG D20—2017［S］．北京：人民交通出版社股份有限公司，2017.

［7］中交第二公路勘察设计研究院有限公司．公路路基设计规范：JTG D30—2015［S］．北京：人民交通出版社股份有限公司，2015.

［8］中交公路规划设计院有限公司．公路水泥混凝土路面设计规范：JTG D40—2011［S］．北京：人民交通出版社，2011.

［9］中交路桥技术有限公司．公路沥青路面设计规范：JTG D50—2017［S］．北京：人民交通出版社股份有限公司，2017.

［10］交通运输部公路科学研究院．公路工程沥青及沥青混合料试验规程：JTG E20—2011［S］．北京：人民交通出版社，2011.

［11］中交第三公路工程局有限公司．公路路基施工技术规范：JTG/T 3610—2019.［S］．北京：人民交通出版社股份有限公司，2019.

［12］交通运输部公路科学研究院．公路路面基层施工技术细则：JTG/TF20—2015［S］．北京：人民交通出版社股份有限公司，2015.

［13］交通运输部公路科学研究院．公路水泥混凝土路面施工技术细则：JTG/TF30—2014［S］．北京：人民交通出版社，2014.

［14］交通运输部公路科学研究院．公路沥青路面施工技术规范：JTG F40—2004［S］．北京：人民交通出版社，2004.

［15］江苏省交通厅公路局，水泥混凝土路面技术委员会．公路水泥混凝土路面养护技术规范：JTJ073.1—2001［S］．北京：人民交通出版社，2001.

［16］交通运输部公路科学研究院．公路沥青路面养护技术规范：JTG 5142—2019［S］．北京：人民交通出版社股份有限公司，2019.

［17］交通运输部公路科学研究院．公路技术状况评定标准：JTG 5210—2018［S］．北京：人民交通出版社股份有限公司，2018.

［18］交通运输部公路科学研究院．公路路面技术状况自动化检测规程：JTG/T E61—2014［S］．北京：人民交通出版社，2014.

［19］费业泰．误差理论与数据处理［M］.2 版．北京：机械工业出版社，2017.

［20］金桃，张美珍．公路工程检测技术［M］.5 版．北京：人民交通出版社股份有限公司，2015.

［21］黄晓明．路基路面工程［M］.6 版．北京：人民交通出版社股份有限公司，2019.

［22］王立军，陈晓明．道路工程检测［M］．北京：人民交通出版社，2015.

［23］周烨，赵同峰．路基路面试验与检测［M］．北京：人民交通出版社股份有限公司，2019.

［24］张超，郑南翔，王建设．路基路面试验检测技术［M］．北京：人民交通出版社，2004.

［25］和松．公路工程试验检测人员考试用书：公路［M］．北京：人民交通出版社，2010.

［26］交通运输部安全与质量监督管理司，交通运输部职业资格中心．公路水运工程试验检测专业技术人员职业资格考试用书．道路工程：2021 年版［M］．北京：人民交通出版社股份有限公司，2021.